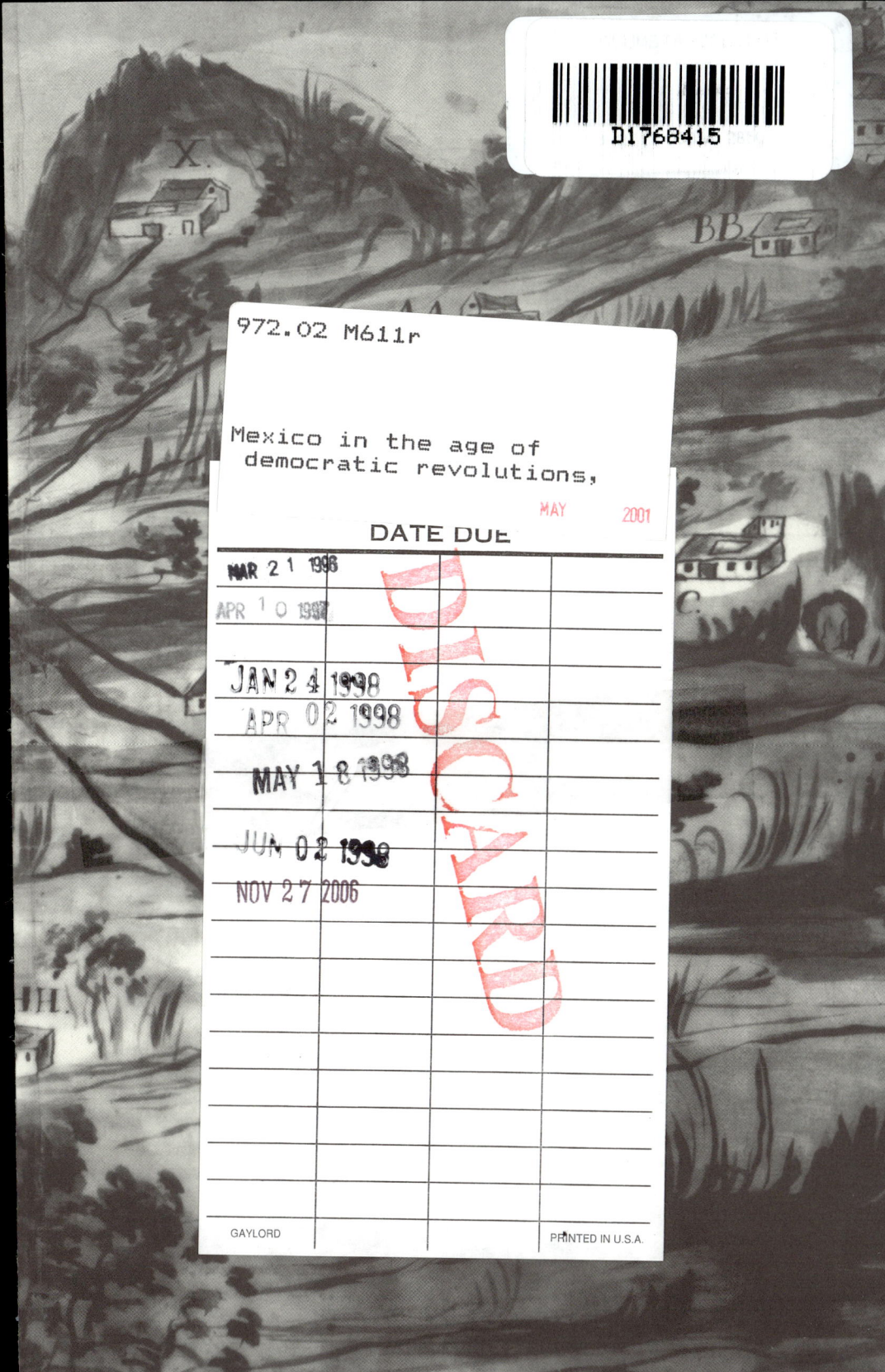

Mexico in the Age of Democratic Revolutions, 1750–1850

❖

José María Fagoaga

Mexico in the Age of Democratic Revolutions, 1750–1850

edited by
Jaime E. Rodríguez O.

Lynne Rienner Publishers ❖ Boulder & London

972.02 M611r

Mexico in the age of
democratic revolutions,

Published in the United States of America in 1994 by
Lynne Rienner Publishers, Inc.
1800 30th Street, Boulder, Colorado 80301

and in the United Kingdom by
Lynne Rienner Publishers, Inc.
3 Henrietta Street, Covent Garden, London WC2E 8LU

© 1994 by the Regents of the University of California. All rights reserved

Front endpaper: Apam
Back endpaper: Mexico City, Plaza de Armas

Sources for Illustrations:
Archivo General de la Nación, México, D.F.; Museo Nacional de Historia, México, D.F.; Library of Congress, Washington, D.C.; Lucas Alamán, *Historia de Méjico desde los primeros movimientos que prepararon su Independencia en el año de 1808 hasta la época presente,* 5 vols. (Mexico, 1849–1854); J. Decaen, ed., *México y sus alrededores: Colección de monumentos, trajes y paisajes,* 2d. ed. (Mexico, 1864); Eduardo L. Gallo, ed., *Hombres ilustres mexicanos,* 4 vols. (Mexico, 1874); *Los mexicanos pintados por sí mismos* (Mexico, 1876); Vicente Riva Palacio, ed., *México a través de los siglos,* 5 vols. (Mexico, 1884–1889); *La Ilustración mexicana; La Orquesta.*

Library of Congress Cataloging-in-Publication Data
Mexico in the age of democratic revolutions : 1750–1850 / edited by
  Jaime E. Rodríguez O.
    p. cm.
  Chiefly English, some Spanish.
  Includes bibliographical references and index.
  ISBN 1-55587-476-2 (alk. paper)
    1. Mexico—History—Spanish colony, 1540–1810. 2. Mexico—
History—19th century.
F1231.M6   1994
972'.02—dc20   93-33325
                                                                CIP

British Cataloguing in Publication Data
A Cataloguing in Publication record for this book
is available from the British Library.

Printed and bound in the United States of America

∞ The paper used in this publication meets the requirements
   of the American National Standard for Permanence of
   Paper for Printed Library Materials Z39.48-1984.

*To the Nettie Lee Benson Latin American Collection,
one of the world's great libraries*

Contents

	Preface	ix
	Contributors	xi
1	Mexico in the Age of Democratic Revolutions *Jaime E. Rodríguez O.*	1

I The Twilight of New Spain

2	Del paternalismo autoritario al autoritarismo burocrático: Los éxitos y fracasos de José de Gálvez (1764–1767) *Felipe Castro Gutiérrez*	21
3	La reforma institucional en ciernes: La gestión de Pedro Corbalán como intendente de Real Hacienda en Sonora y Sinaloa (1770–1787) *Ignacio del Río*	35
4	The Bourbon Reforms, City Councils, and the Struggle for Power in Yucatán, 1770–1796 *Robert W. Patch*	57
5	Ignacio Adalid, un *equilibrista* novohispano *Virginia Guedea*	71
6	The Transition from Colony to Nation: New Spain, 1820–1821 *Jaime E. Rodríguez O.*	97

II The Republic of Mexico

7	Mier y la Constitución de México *Andrés Lira González*	161

8	Issues and Factions in the Constituent Congress, 1823–1824	
	David M. Quinlan	177
9	El federalismo en la construcción de los estados	
	Hira de Gortari Rabiela	209
10	Clerics as Politicians: Church, State, and Political Power in Independent Mexico	
	Anne Staples	223
11	*Hombres de bien* in the Age of Santa Anna	
	Michael P. Costeloe	243

III Comments

12	What Goes Around Comes Around: Political Change and Continuity in Mexico, 1750–1850	
	Christon I. Archer	261
13	The Emperor Goes to the Tailor	
	Barbara A. Tenenbaum	281
	Bibliography	303
	Index	321
	About the Book	330

Preface

FOR SOME TIME NOW, I have been attempting to understand the nature of the political process of nation building in Spanish America, particularly in Mexico. Since the subject is vast, it seemed only reasonable to seek the aid of other colleagues engaged in similar or related inquiries. Therefore, between 1987 and 1992 I organized a series of symposia dedicated to various aspects of the question. The first considered *The Independence of Mexico and the Creation of the New Nation;* the second, *The Revolutionary Process in Mexico*; the third, *Patterns of Contention in Mexican History;* and the fourth, *The Evolution of the Mexican Political System.* This fifth, and for the moment, final volume is devoted to the years 1750–1850—that is, the century that encompasses the colonial era, Independence, and the early decades of the new Mexican nation. It is necessary to examine the politics of that epoch because it was at that time that the people of New Spain/Mexico nurtured the ideas and aspirations, introduced the patterns and the processes, and created the institutions and practices that determined the course of the Mexican republic. Accordingly, I invited a distinguished group of scholars from Mexico, the United States, Canada, and Great Britain to meet at the University of California, Irvine, on May 1–2, 1992, to discuss "A Century of Political Change in Mexico, 1750–1850."

The symposium and this volume owe much to various persons and institutions. The Office of the President of the University of California, through its SCR 43 program; the University of California Institute for Mexico and the United States; and the Mexico/Chicano Program of the School of Humanities, the Academic Senate, and the Office of Research and Graduate Studies at the University of California, Irvine, contributed financial backing both for the symposium and for the publication of this book. I am grateful to President Jack W. Peltason, to Acting Vice-Chancellor Patricia O'Brien, to the UCI Academic Senate Committee on

Research, and to Interim Director Rodolfo Ruibal for their support. As in the past, Linda Alexander Rodríguez, William F. Sater, Virginia Guedea, and Kathryn L. Roberts read portions of this volume, offering valuable suggestions for improvement. Once again, Dr. Guedea aided in coordinating the papers from Mexico. For the fifth time, Karen Lowe proved invaluable in assisting with the symposium and in preparing the papers for publication. Fortunately, Lynne Rienner recognized the importance of these essays and agreed to publish them. As on other occasions, I remain indebted to Leonor Ortiz Monasterio, director of the Archivo General de la Nación, and her staff, for many kindnesses. Once again she generously provided the majority of the illustrations that appear in this volume. Similarly, as before, Juan Manuel Herrera, director of publications, devoted considerable time to locating these materials.

This volume is dedicated to the Nettie Lee Benson Latin American Collection, the world's best Iberian American library. While each American nation possesses more material on itself, nowhere else can one find a larger, more inclusive collection than at the University of Texas at Austin. It was not only my privilege and good fortune to have Nettie Lee Benson as my "doctor mother," but also to spend my formative years as a historian working in the library that now bears her name. I am also grateful to Laura Gutiérrez-Witt, director of the Benson Collection, and to Jane Garner, Wanda Turnley, and Carmen Sacomani, who, over the years, have guided me through the intricacies of the rare book and manuscript holdings in that fabled library and who kindly have facilitated my work in innumerable ways.

Jaime E. Rodríguez O.

Los Angeles
May 21, 1993

Contributors

Christon I. Archer is professor of history at the University of Calgary. He has written extensively on the army of New Spain and on the insurgency as well as on the Northwest Coast in the eighteenth century. His works include *The Army in Bourbon Mexico* (Albuquerque, 1977), which won the Bolton Prize. He is currently working on the insurgency and counterinsurgency during the struggle for independence.

Felipe Castro Gutiérrez is associate research professor at the Instituto de Investigaciones Históricas at the Universidad Nacional Autónoma de México. He has written widely on the Bourbon era. His works include *Movimientos populares en la Nueva España: Michoacán, 1766–1767* (Mexico, 1990). He is currently working on popular rebellions in late eighteenth-century New Spain.

Michael P. Costeloe is professor and head of the Department of Hispanic and Latin American Studies at the University of Bristol. He has published many studies of politics, the Church, and finances of early republican Mexico, as well as of Spain and the independence of Spanish America. His publications include *The Central Republic in Mexico:* Hombres de bien *in the Age of Santa Anna* (New York, 1993).

Hira de Gortari Rabiela is director of the Instituto de Investigaciones Dr. José María Luis Mora. He has written extensively about politics during the early republic as well as regional and urban history in the nineteenth century. His works include *La ciudad de México y el Distrito Federal: Una historia compartida* (with Regina Hernández Franyuti), 4 vols. (Mexico, 1988). He is currently researching the formation of the regions during the early republic.

Virginia Guedea is research professor at the Instituto de Investigaciones Históricas of the Universidad Nacional Autónoma de México as well as visiting research professor at the Instituto de Investigaciones Dr. José María Luis Mora. She has published numerous studies of insurrections, the military, secret societies, and the origins of national politics, particularly during the independence period. Her works include *En busca de un gobierno alterno: Los Guadalupes de México* (Mexico, 1992). She is currently studying electoral processes during the Independence and early national periods.

Andrés Lira González is professor of history at the Colegio de Michoacán. He has published numerous studies of juridical institutions, political processes, and urban issues in the colonial and early national eras. His works include *Comunidades indígenas frente a la ciudad de México: Tenochtitlán y Tlatelolco, sus pueblos y barrios, 1812–1919* (Zamora, 1983). His current research concerns constitutional development in the early republic.

Robert W. Patch is associate professor of history at the University of California, Riverside. He has published widely on the society, economy, and politics of colonial Yucatán. His works include *Maya and Spaniard in Yucatán, 1648–1800* (Stanford, 1993). He is currently working on sociopolitical relations in late colonial Central America.

David M. Quinlan is an independent historian living in Austin, Texas. He is currently engaged in two broad political studies: "An Analysis of the Mexican National Congresses, 1821–1861" and "Biographies of Mexican Politicians, 1821–1861."

Ignacio del Río is research professor at the Instituto de Investigaciones Históricas at the Universidad Nacional Autónoma de México. He has published widely on the evolution of northwestern New Spain during the seventeenth and eighteenth centuries. His works include *Conquista y aculturación en la California jesuítica, 1697–1768* (Mexico, 1984). He is currently studying the Intendancy of Arizpe.

Jaime E. Rodríguez O. is professor of history at the University of California, Irvine, and editor of the journal *Mexican Studies/Estudios Mexicanos*. He has published widely on the early nineteenth century. His works include *The Evolution of the Mexican Political System* (Wilmington, 1993). He is currently working on Mexico's transition from colony to nation.

Anne Staples is professor at the Centro de Estudios Históricos at El Colegio de México. She has published widely on the Church and on education during the eighteenth and nineteenth centuries. Her works include *El* *dominio de las minorias* (Mexico, 1989). She is currently studying mining in the state of Mexico in the early national period.

Barbara A. Tenenbaum is specialist in Mexican culture at the Hispanic Foundation of the Library of Congress. She has published widely on nineteenth-century Mexican finances. Her works include *The Politics of Penury: Debts and Taxes in Mexico, 1821–1856* (Albuquerque, 1986). She is currently researching the evolution of the Mexican state in the later nineteenth century.

1

Mexico in the Age of Democratic Revolutions

Jaime E. Rodríguez O.

FOR A CENTURY, beginning in the 1750s, Europe and America underwent a series of political, economic, and social changes that ushered in the modern world. As Jacques Godechot, Eric Hobsbawm, and Robert R. Palmer have argued, the period was the "Age of Democratic Revolutions," primarily because during those hundred years monarchical societies were transformed into democratic ones.[1] Of course, not all scholars are in agreement. Some consider the independence of the United States and the French Revolution the only true revolutions, while others restrict that appellation solely to the French movement.[2] Even the three principal exponents of the concept disagree about the nature and duration of the revolutions. Godechot and Palmer address primarily political aspects of the epoch and limit their age to the eighteenth century. Hobsbawm, on the other hand, focuses on economic and social change and extends the era of revolutions until 1848. All three historians essentially exclude the Spanish world from the revolutionary process.

Spain and its American possessions, however, constituted a part of the Atlantic world, and participated in the century's process of change.

---

[1] Jacques Godechot, *La Grande Nation: L'expansion révolutionnaire de la France dans le monde de 1789 à 1799*, 2 vols. (Paris: Aubier, 1956); Eric Hobsbawm, *The Age of Revolution: Europe, 1789–1848* (Cleveland: World Publishing, 1962); and R. R. Palmer, *The Age of Democratic Revolution: Political History of Europe and America, 1760–1800*, 2 vols. (Princeton: Princeton University Press, 1959–1964).

[2] See the essays in Peter H. Amann, ed., *The Eighteenth-Century Revolution: French or Western* (Boston: Heath, 1963).

The American continent underwent significant transformations in the wake of the Seven Years' War (1756–1763). Despite local opposition, Spain reordered its empire, a process known as the Bourbon reforms. It established a colonial army, reorganized administrative and territorial boundaries, introduced the intendancy system, restricted clerical privilege, restructured commerce, increased taxes, and limited the appointment of Americans to office in their *patrias* (regions). These changes upset long-standing socioeconomic and political arrangements, often to the detriment of many Americans. But others, such as the new merchants, entrepreneurs, military officers, and officials, profited from these opportunities. The intendancies, a new system of provincial government, for example, provided a mechanism to advance local interests.

The eighteenth-century transformations greatly affected the Viceroyalty of New Spain, the most populous, most developed, and richest area of the Spanish Empire. There, population growth and economic expansion coincided with an increasing sense of "patriotism" and a growing desire to govern at home. Intellectuals in New Spain looked to their past to forge a national myth. The study of pre-Cortesian society introduced the notion of a Mexican empire and postconquest history contributed the idea of an American constitution. Proponents of this line of thought argued that New Spaniards were mestizos who derived their rights both from their Indian progenitors, who originally owned the land, and from their Spanish ancestors, who in conquering Mexico obtained privileges from the Crown. As Father Servando Teresa de Mier, one of the most distinguished exponents of American rights, declared: "Our kings, far from having considered establishing in our Americas a modern colonial system like those of other nations, not only made our [kingdoms] equal with Spain but also granted us the best [institutions] she possessed." He considered the early sixteenth century to have been "the age of the true constitution of America."[3]

---

[3] Servando Teresa de Mier, "Idea de la constitución dada a las Américas por los reyes de España antes de la invasión del antiguo despotismo," in *La formación de un republicano,* vol. 4 of *Obras completas de Servando Teresa de Mier,* ed. Jaime E. Rodríguez O. (Mexico: Universidad Nacional Autónoma de México [UNAM], 1988), 10. Recently, John L. Phelan has argued that

> the Spanish monarchy was absolute only in the original medieval sense. The king recognized no superior inside or outside his kingdoms. He was the ultimate source of all justice and all legislation. . . . The laws that bore the royal signature, however, were not the arbitrary expression of the king's personal wishes. . . . The monarchy was representative and decentralized to a degree seldom suspected. Although there were no formal representative assemblies or cortes in the Indies, each one of the major corporations, such as the cabildos, the various ecclesiastical groups, the universities, and the craft guilds, all of which enjoyed a large measure of self government, could and did speak for their respective constituents.

The People and the King: The Comunero Revolution in Colombia, 1781 (Madison: University of Wisconsin Press, 1978), 82.

Although the Bourbon innovations may have harmed some areas and groups, the Spanish Crown would doubtless have eventually reached acceptable accommodations with all concerned, as it had in the past. Events in Europe, however, precluded an orderly readjustment. The onset of the French Revolution unleashed twenty years of war in which Spain became an unwilling participant. Throughout the conflict, the Spanish Crown demanded that its American kingdoms subordinate their economic needs to those of an imperiled metropolis. The New World's sacrifices could not save Spain; in 1808 the monarchy collapsed after Napoleon invaded the Peninsula. Although members of different social strata in New Spain had specific complaints against the Crown, none of their grievances would have precipitated a struggle for independence but for the imperial crisis of 1808, which was fundamentally a political crisis that would obliterate the Spanish government and unleash a massive political upheaval both in Spain and in America.[4]

In New Spain, the political uncertainty generated by the collapse of the monarchy provided those favoring greater local control an opportunity to press for home rule. In July 1808, the creole-dominated *ayuntamiento* (city council) of Mexico City proposed the formation of a local governing junta, declaring: "In the absence or during the impediment [of the king], sovereignty lies represented in all the kingdom and the classes that form it; and more particularly in those superior tribunals that govern it and administer justice and in those corporations that represent the public."[5] The European Spaniards, however, overthrew the viceroy on September 15, 1808, in order to prevent the establishment of an American junta, which would confer power to local elites.

Unable to defeat the French without the aid of the New World, the government of national defense in Spain, the Junta Suprema Central, which had been functioning since September 25, 1808, recognized the equality of the American kingdoms. In 1809, it invited them to elect representatives to the Junta Central. Then, in 1810, the Spanish regime convened a *cortes* (parliament), requesting the American kingdoms to send delegates. That body, in which many New Spaniards participated with distinction, carried out a "bourgeois" revolution that transformed the Spanish

---

[4] For the secondary literature on these transformations, see my "La independencia de la América española: Una reinterpretación," *Historia Mexicana* 42, no. 3 (January-March, 1993): 571–620.

[5] "Acta celebrada por el Ayuntamiento de México, el 19 de julio de 1808," in *Documentos históricos mexicanos,* 2d ed., 7 vols., ed. Genaro García (Mexico: Secretaría de Educación Pública, 1985), 2:27. See also Virginia Guedea, "Criollos y peninsulares en 1808: Dos puntos de vista sobre lo español" (Licenciatura thesis, Universidad Iberoamericana, 1964); and her "El golpe de Estado de 1808," *Universidad de México: Revista de la Universidad Nacional Autónoma de México* 488 (September 1991): 21–24.

world. It abolished archaic institutions, ended the Inquisition, and established firmer control over the Church. It extended freedom of the press, already a fact in Spain, to the commonwealth.[6]

The *cortes* also realized that the provinces of Spain and America resented the earlier Bourbon efforts toward centralization. Therefore, it recognized the diversity of the Spanish "nation" by creating two new home rule institutions: the provincial deputation and the constitutional *ayuntamiento*. The provincial deputation was an administrative body consisting of locally elected members and an executive appointed by the national government.[7] The second body, the constitutional *ayuntamiento*, substituted popularly elected officials for the elites, who had heretofore controlled city governments.[8] The Constitution of the Spanish Monarchy, promulgated in March 1812, created a unitary state with equal laws for all parts of the commonwealth.

The Constitution of 1812 expanded the electorate and dramatically increased the scope of political activity. The new charter established representative government at three levels: the municipality, the province, and the empire. It allowed cities and towns with a thousand or more active citizens to form *ayuntamientos*. Political power was thus transferred from the center to the localities, as large numbers of people were incorporated for the first time into the political process. The Spanish *cortes*, therefore, provided autonomists in New Spain with a peaceful means to obtain home rule.[9]

New Spaniards eagerly participated in the new political system. They organized themselves to win the elections for constitutional *ayuntamientos*, provincial deputations, and the *cortes*. The overwhelming majority of those elected were Americans who favored home rule. The new political order was short lived. In May 1814, King Fernando VII returned from captivity in France and abolished the *cortes*, nullifying all its acts. By then, however, colonial Mexicans had participated in numerous elections and many had served in constitutional *ayuntamientos*, in provincial deputations, and in the *cortes* in Spain.[10] Their political experience would have profound and lasting effects on the country.

In their quest for autonomy, New Spaniards did not restrict themselves to legal means. After the Europeans overthrew the viceroy in 1808,

---

[6] On the *cortes*, see Nettie Lee Benson, ed., *Mexico and the Spanish Cortes, 1810–1822* (Austin: University of Texas Press, 1966).

[7] On the provincial deputations, see Nettie Lee Benson, *The Provincial Deputation in Mexico: Harbinger of Provincial Autonomy, Independence, and Federalism* (Austin: University of Texas Press, 1992).

[8] On the constitutional *ayuntamientos*, see Roger L. Conniff, "Mexican Municipal Electoral Reform, 1810–1822," in Benson, *Mexico and the Spanish Cortes*, 59–86.

[9] Virginia Guedea, "The First Popular Elections in Mexico City, 1812–1813," in *The Evolution of the Mexican Political System*, ed. Jaime E. Rodríguez O. (Wilmington: Scholarly Resources, 1993), 45–69.

[10] Jaime E. Rodríguez O., "The Constitution of 1824 and the Formation of the Mexican State," in *The Evolution of the Mexican Political System*, 71–90.

some Americans began organizing in secret. They formed clandestine groups, such as the secret society of the Guadalupes, in order to wrest power from the Spaniards. On September 16, 1810, a group of conspirators led by Father Miguel Hidalgo inadvertently unleashed a class and race conflict in the countryside.

The upheavals of the independence period, however, did not constitute a single movement. The conspiracies and political maneuverings of the urban elites diverged greatly from the struggles in the countryside. Whereas the urban leaders desired home rule, the rural insurgents sought to redress social and economic grievances. The autonomists favored neither social revolution nor race war. They cooperated with Father José María Morelos, during the period from 1812 to 1814 when he emerged as the principal insurgent leader, in an effort to influence the direction of the movement. At the same time, they attempted to gain autonomy through the new Spanish political order. However, the political situation changed in 1814 with the king's return from captivity in France and the restoration of absolutism. Subsequently, royalist forces defeated and executed Morelos. Thereafter, the rebellion fragmented into a series of regional insurgencies. No "national" movement remained that might have attracted the urban elites.[11]

The restoration of the old order was temporary. In 1820, the liberals in Spain rebelled, forcing the king to restore the constitution. The return of constitutional order transformed the political system of New Spain for the third time in a decade. In the months that followed, New Spaniards held elections for countless constitutional *ayuntamientos,* provincial deputations, and the *cortes.* They also pursued two avenues to home rule: they proposed to the *cortes* a project for autonomy that took Canada as its model, and they encouraged and supported the royalist colonel Agustín de Iturbide whose Plan of Iguala resembled the proposal presented to the *cortes.* When Spain refused to consider the project for autonomy, the leaders of New Spain declared Independence, creating the Mexican Empire.[12]

The newly emancipated Mexicans carefully followed the precedents of the Spanish constitutional system. They formed a regency to serve as the executive and a Sovereign Provisional Governing Junta to act as a legislative body until a Mexican *cortes* was convened. Conflict rapidly erupted between the executive and legislative branches of the new government. The Soberana Junta, like the First Constituent Congress that

---

[11] Virginia Guedea, "Las sociedades secretas durante el movimiento de independencia," in *The Independence of Mexico and the Creation of the New Nation,* ed. Jaime E. Rodríguez O. (Los Angeles: UCLA Latin American Center, 1989), 45–62; and her *En busca de un gobierno alterno: Los Guadalupes de México* (Mexico: UNAM, 1992).
[12] See Chapter 6 in this volume.

succeeded it, insisted that the legislature, as the representative of the nation, should be supreme, whereas Iturbide, first as president of the regency and later as emperor, believed that he represented the national will and should exercise strong executive power. Although he disbanded congress in 1822, the emperor remained in power only until March 1823, when rebellion in the provinces forced him to abdicate.[13]

The Mexico City–based political elite sought to retain power in the capital, but provincial leaders emerged to contest their authority. The provincial deputation, established by the Spanish Constitution of 1812, provided regionalists the means with which to challenge the national elite. Following Spanish traditions, provincial elites argued that sovereignty reverted to the people because Spain had repudiated independence and because Iturbide's government had been illegal. As the true representatives of the people, they insisted on the creation of a federal republic.

After months of debate, congress established a federal republic in October 1824. Mexicans based their new constitution on the Spanish charter of 1812 because it had been part of their recent political experience. Distinguished New Spaniards had participated in drafting that constitution, and many Mexicans considered it as much their charter as Spain's. They also formed a government with a powerful legislative but a weak executive branch. Similarly, federalism in Mexico arose naturally from earlier political experience; the provincial deputations simply converted themselves into states.[14]

The election of the nation's first president, Guadalupe Victoria, seemed to indicate that peace and prosperity were at hand. As Lucas Alamán recalled: "President Victoria found himself in the most prosperous of circumstances; the republic enjoyed calm; the parties had been controlled; and there was an expectation of a happy future."[15] Unfortunately, those expectations were not to be fulfilled. The wars for Independence had severely damaged agriculture, commerce, industry, and mining—as well as the country's delicate but complex infrastructure. Not only did the new nation have to rebuild its shattered economy, it also faced a lack of demand for its products abroad. Moreover, the long struggle—first the wars in Europe and then the insurgency in New Spain—had not only destroyed

---

[13] Jaime E. Rodríguez O., "The Struggle for Dominance: The Legislature versus the Executive in Early Mexico" (Paper presented at the conference Mexican Wars of Independence, the Empire, and the Early Republic, University of Calgary, April 4–5, 1991); and "The Struggle for the Nation: The First Centralist-Federalist Conflict in Mexico," *The Americas* 49, no. 1 (July 1992): 1–22.

[14] Ibid.

[15] Lucas Alamán, *Historia de Méjico desde los primeros movimientos que prepararon su independencia en el año de 1808 hasta la época presente*, 5 vols. (Mexico: Fondo de Cultura Económica, 1985), 5:812.

Mexico's finances but had also alienated the elite. After Independence they refused to finance the government. Instead, the new regime was forced to rely on foreign loans and customs' revenues. But these resources proved insufficient to sustain post-Independence governments.[16] The national economic crisis only exacerbated political divisions and encouraged the rise of demagogues.[17]

The new republic inherited the political practices and institutions that had emerged during the struggle for emancipation. Because the viceregal government had used its coercive powers to hamstring the opposition, New Spaniards formed secret and loosely organized groups. They developed a pattern of opposition politics based on shifting coalitions established to attain specific purposes. Those political patterns continued in the post-Independence period. Indeed, secret societies became "one of the principal political forces that controlled the public life of the new nation."[18] During the decade of the 1820s political groups coalesced around Masonic lodges: the *escoceses,* in the Scottish-rite lodge, were reputed to be the "aristocratic" party, while the *yorkinos,* of the York-rite lodges, were considered "populists."

Although President Victoria sought to balance competing interests, he proved barely able to govern a country characterized by what one scholar has called "hegemonic insufficiency."[19] The political system was virtually "ungovernable."[20] The federal republic possessed a weak executive and a powerful legislature. Since there were neither literacy nor property qualifications for voting, nearly all adult males were eligible to participate, a situation that encouraged mass politics and demagoguery. And the national government lacked authority vis-à-vis the states, particularly regarding taxation.[21] While a number of questions, from national finances to

---

[16] Barbara A. Tenenbaum, "Taxation and Tyranny: Public Finances during the Iturbide Regime, 1821–1823," in Rodríguez, *The Independence of Mexico,* 185–200; and her *The Politics of Penury: Debts and Taxes in Mexico, 1821–1856* (Albuquerque: University of New Mexico Press, 1986).

[17] Jaime E. Rodríguez O., *Down from Colonialism: Mexico's Nineteenth-Century Crisis* (Los Angeles: UCLA Chicano Studies Research Center, 1983).

[18] Guedea, "Las sociedades secretas," 62.

[19] The concept is used by Virginia Guedea to highlight the debility of the national government during the first decades of the nineteenth century. Personal communication, November 13, 1992.

[20] I owe that term to Marcello Carmagnani who, when I was explaining the nature of the early Mexican political system, exclaimed "era ingobernable." Personal communication, July 15, 1992.

[21] The contrast with the United States is interesting. As Roger H. Brown has argued, Anglo-American elites conducted a "constitutional revolution" in 1787 in order to ensure an effective system of state and national taxation. See his *Redeeming the Republic: Federalists, Taxation, and the Origins of the Constitution* (Baltimore: The Johns Hopkins University Press, 1993).

international relations, concerned politicians, they were rapidly enveloped by the radicalism of the states and by mass politics. Two matters most preoccupied the public: the status of the Spaniards and Church-state relations. Many Mexicans objected to the apparently privileged position the Spaniards retained in the country. They also resented the fact that the pope refused to recognize the nation's Independence and that the bishops, all of whom were Spaniards, had abandoned their sees. In times of economic scarcity and political tension, these issues became the rallying cry for many self-serving politicians.[22]

A political crisis erupted in January 1827 when the Spanish Franciscan, Joaquín Arenas, was discovered plotting to return Spain to power in Mexico. The conspiracy, which appeared to involve prominent Mexicans, created a national scandal, leading to the expulsion of Spaniards from Mexico as well as to state and national political victories for the radical *yorkinos*. Fearful of the growing power of the Left, prominent *escoceses*, among them Vice-President Nicolás Bravo, rebelled in December 1827. Although the movement was rapidly overwhelmed by the government, national politics became more polarized.

The presidential elections of 1828 occurred in the midst of a political and constitutional crisis. After a heated campaign in which secret societies played a leading role, the moderate *yorkino* Manuel Gómez Pedraza won the election with the support of eleven states to the radical *yorkino* Vicente Guerrero's seven. Unwilling to accept the results, the radicals aroused popular sentiment. There were *pronunciamientos* (political revolts) throughout the country; demonstrators in Mexico City demanded that the elections be annulled. When General Guerrero joined the rebels, President-elect Gómez Pedraza resigned on December 4, fleeing the country to forestall civil war.[23] Mass demonstrations continued in the capital, however, ultimately resulting in a riot that destroyed the Parían, the city's principal market.[24]

With the shattering of the constitutional process in 1828, Mexico entered a prolonged period of instability. Between 1821 and 1850, only one president, Victoria (1824–1828), completed his term of office. His

---

[22] On the Spaniards, see Romeo Flores Caballero, *La contrarrevolución en la independencia: Los españoles en la vida política, social y económica de México, 1804–1838* (Mexico: El Colegio de México, 1969); and Harold D. Sims, *The Expulsion of Mexico's Spaniards, 1821–1836* (Pittsburgh: University of Pittsburgh Press, 1990). On the Church, consult Michael P. Costeloe, *Church and State in Independent Mexico* (London: Royal Historical Society, 1978); and Jaime E. Rodríguez O., "The Conflict between the Church and State in Early Republican Mexico," *New World* 2 (1987): 93–112.

[23] Michael P. Costeloe, *La Primera República Federal de México (1824–1835)* (Mexico: Fondo de Cultura Económica, 1975), 87–188.

[24] Silvia M. Arrom, "Popular Politics in Mexico City: The Parian Riot, 1828," *Hispanic American Historical Review* 68, no. 2 (May 1988): 245–268.

"success" is primarily attributable to the two large foreign loans negotiated in 1824 and 1825, which gave his administration financial latitude.[25] Mexico sank into decades of economic depression and political turmoil because of both economic and psychological reasons. The economy was in ruins as a result of the wars of Independence and, especially, as a result of the post-Independence political chaos. In addition, Mexicans had lost confidence in their country's institutions. Legitimacy, that elusive agreement about the nature of government and society, proved difficult to obtain.

The country was riven by conflicts: the divisions between Mexico City and the regions; between urban and rural groups; between mass and elite politics; between the legislature and the executive; between regalists and canonists; between partisans of a strong national government and states' rights; and between order and popular democracy. Although scholars have tended to identify "liberals" with one set of views and "conservatives" with the other, few, if any, individuals were consistently liberal or conservative. Most favored liberal positions on some matters and conservative ones on others.

The nation's economic decline and political chaos convinced many that the country needed a more efficient, more centralized political system with a stronger chief executive. Others, however, feared that the concentration of political power would result in tyranny. In many respects, the division resembled the earlier conflict in the United States between supporters of states' rights, enshrined in the Articles of Confederation, and national authority, embodied in the Constitution of 1787. In both countries the issue also concerned the taxing power of the national government. Mexican proponents of order generally favored limited representative government rather than the mass politics that had emerged during Independence. José María Luis Mora voiced their views when he declared: "All the nations of Europe and even America—France, England, Poland, Sweden, the German Duchies, Holland, the Swiss Confederation, and the United States of the north of our continent—have made property a requisite for citizenship." As a result, they had enjoyed order and prosperity as well as "consolidating the representative system [of government] in a solid and lasting fashion. When Spain, Portugal, Naples, and all the new American nations, which adopted the principles of the Spanish constitution, extended the rights of citizenship to nonproperty holders, they went, without interruption, from one revolution to the next." In his view, a citizen, an individual with political rights, had to possess "real property

---

[25] Jaime E. Rodríguez O., "Mexico's First Foreign Loans," in *The Independence of Mexico*, 215–236.

whose value was not less than $6,000, and a current income of $1,000."[26] Similarly, the defenders of law and order often favored a central instead of a federal republic, which, they believed, might not only control the unruly masses but might also curb regional interests. The conflict between populist and authoritarian and between federal and central regimes characterized the decades after 1828.

In January 1829 the congress annulled Gómez Pedraza's election, selecting Guerrero—who had received the second highest number of votes—as president, and Anastasio Bustamante—who placed third—as vice-president. The president and vice-president represented opposing political tendencies: while Guerrero championed populist forces, Bustamante became the paladin for the proponents of order. Forced to cope with mass politics and high public expectations at a time when the government was virtually bankrupt, in the summer of 1829 the new president also confronted a Spanish attempt to reconquer Mexico. It proved easier to defeat the Spanish invaders than to control discontented groups who rebelled against the government. For the second time in as many years, the vice-president turned against his chief executive. On this occasion, however, the president proved incapable of quelling the uprising and abandoned his office. Once again, congress ratified the change, recognizing Vice-President Bustamante as the new chief executive.[27]

The new regime was determined to restore order, stability, and prosperity. Although certain aspects of the national economy improved during the 1830–1832 biennium, the political climate degenerated. Not content merely to purge radical *yorkinos* and alleged malcontents from public life, in the months that followed the government became authoritarian, elitist, and proclerical. Moreover, it attempted to replace the federal system with centralism. The states opposed such change. Regional discontent increased during 1831 and 1832, culminating in a civil war between the national army and several state militias. The conflict ended in December 1832 with the return to power of Gómez Pedraza and the moderates and liberals.[28]

Although many hoped that the 1833 presidential elections might restore both legitimacy and stability to the nation, the results proved

---

[26] José María Luis Mora, "Discurso sobre la necesidad de fijar el derecho de ciudadanía en la República y hacerlo afecto a la propiedad," *El Observador* (April 14, 1830) in *Obras Sueltas,* 2d ed. (Mexico: Editorial Porrúa, 1963), 630–639. Mora also favored direct elections "siempre que no puedan disfrutar la voz activa sino los propietarios . . . ," "Discurso sobre las elecciones directas," in ibid., 672–679.

[27] Jaime E. Rodríguez O., "The Origins of the 1832 Rebellion," in *Patterns of Contention in Mexican History,* ed. Jaime E. Rodríguez O. (Wilmington: Scholarly Resources, 1992), 145–162.

[28] Ibid.; and Josefina Z. Vázquez, "Los pronunciamientos de 1832: Aspirantismo político e ideología," in Rodríguez, *Patterns of Contention,* 163–186.

contradictory. The popular general, Antonio López de Santa Anna, won the presidency, and the distinguished liberal Valentín Gómez Farías assumed the vice-presidency. Disappointed by the feeble office he had gained, Santa Anna retired to his properties in Veracruz, leaving the government in the hands of the vice-president. Thereafter, Gómez Farías and the "radical" majority in congress moved to "restore a balance" in the country. They set about avenging the excesses of the previous regime— prosecuting former government officials, exiling political opponents, purging many supporters of the Bustamante government both from national and state posts, and replacing them with their own adherents. They also reduced the size of the army, confiscated Church properties, secularized education, and proposed to abolish the *fueros* (privileges) of the Church and the army. These transformations were accompanied by an intense propaganda campaign in the press against wealthy aristocrats, the Church, and private property.

Fearing social dissolution, moderates and conservatives launched a mass campaign to defend their interests and those of the Church and the military. Protests against the "radical" government policies erupted throughout the country. In these circumstances, in February 1834, congress enacted a bill forcing the Church to sell its nonessential property.[29] The widespread discontent that followed induced Santa Anna to resume the presidency in April 1834.[30] Public pressure forced Gómez Farías and other officials to resign and forced radicals, both in the state and national governments, to retreat from their militant actions. Subsequent congressional elections in 1835 shifted the balance of power to the advocates of order.[31] Once again, they proposed introducing a centralist form of government to Mexico.

The threat to the federal system provoked reaction from the states, particularly Zacatecas, which possessed a strong militia. Civil war erupted in 1835. In May, Santa Anna crushed the Zacatecas militia and plundered the state capital and its surrounding area. Although several regions continued in revolt, the president appeared to have suppressed the principal opponents to centralism. But in June, Texas pronounced its support for federalism, initiating a movement that ultimately resulted in its own independence.

Despite the national upheaval, conservatives insisted on transforming the government. Although the majority in the 1835 congress wished to

---

[29] Costeloe, *La Primera República,* 371–413.

[30] Barbara A. Tenenbaum, "'They Went Thataway': The Evolution of the *Pronunciamiento,* 1821–1856," in Rodríguez, *Patterns of Contention,* 194–201.

[31] Michael P. Costeloe, *The Central Republic in Mexico:* Hombres de bien *in the Age of Santa Anna* (New York: Cambridge University Press, 1993), 31–92.

strengthen the nation's political structure, change proved slow and difficult. Unlike their U.S. counterparts, who had carried out a "constitutional revolution" when they drafted the Constitution of 1787, the Mexican legislators had not been elected to a constitutional convention. Many doubted that they possessed the authority to transform the Constitution of 1824.[32] After much debate, on December 30, 1836, congress enacted a new constitution known as Las Siete Leyes (so called because it consisted of seven sections). The new charter established a central state divided into departments. The presidential term was extended to eight years, and a special body, known as Supremo Poder Conservador (Supreme Conservative Power), was established to moderate among the three branches of government. Finally, property qualifications were introduced as a requirement for participating in politics and for holding office.[33]

In the early months of 1837, national elections raised General Anastasio Bustamante to the presidency and elected an "aristocratic" congress. The new central republic proved no more successful than its federal predecessor. Although tax collections increased substantially, the government lacked the funds necessary to maintain an adequate army. Federalist revolts continued to plague the regime. In 1841, a rebellion, which ousted Bustamante and returned Santa Anna to the presidency, also ended the Seven Laws, introducing an ad hoc arrangement known as the Bases de Tacubaya. A constituent congress convened in 1842 to reform the central constitution. The new charter, Bases Orgánicas, promulgated in 1843, was intended to strengthen the government by concentrating power in the executive branch.[34]

One more constitution, however, could not transform a nation crippled by economic stagnation and political chaos. Revolts continued and, indeed, intensified. In August 1846, Mexicans terminated their experiment with centralism and returned to federalism, restoring the Constitution of 1824. Unfortunately, the old charter could not create unity. Political upheavals continued even as the United States invaded Mexico.

The crushing military defeat at the hands of the northern republic and the loss of half the national territory marked a turning point in the country's history.[35] A new generation of liberals emerged at midcentury who, like their earlier namesakes, also struggled against the conservatives and ultimately won. But unlike their liberal predecessors, the new generation

---

[32] Ibid., 93–120.
[33] The Constitution of 1836 may be consulted in Felipe Tena Ramírez, *Leyes Fundamentales de México, 1808–1991*, 16th ed. (Mexico: Editorial Porrúa, 1991), 199–248.
[34] Cecilia Noriega Elío, *El Constituyente de 1842* (Mexico: UNAM 1986), 155.
[35] For an interesting analysis of the last years of the century of democratic revolutions, see Moisés González Navarro, *Anatomía del poder en México (1848–1853)* (Mexico: El Colegio de México, 1977).

transformed liberalism, abandoning notions of popular democracy in favor of stability and prosperity. Although elections, representative government, and federalism remained, they assumed new forms by the end of the century. Ironically, it was the great liberals Benito Juárez and Porfirio Díaz who finally managed to impose *presidencialismo* (executive dominance) and a strong national government on a country determined to achieve political stability and to grow economically.

Although the period from 1750 to 1850 witnessed the emergence and subsequent restriction of popular, representative government in Mexico, historians rarely conceive of the century as a unit. Normally, they divide the epoch into the colonial and national eras, ending one in 1810 or 1821 and starting the other in 1821 or 1824. Often, the years from 1810 to 1821 become the separate Independence period.[36] Such periodization obscures more than it illuminates because, as a result of those divisions, scholars have interpreted Mexico's history as a series of breaks with the past. The time had come, it seemed to me, to explore the continuities in the country's politics. Therefore, I organized a symposium entitled "A Century of Political Change in Mexico, 1750-1850" to examine the epoch. The participants were free to explore any facet of that century so long as they focused on the political aspects of their topic. A distinguished group of scholars from Mexico, the United States, Canada, and Great Britain met at the University of California, Irvine, in May 1992 to examine that century of change. The authors of the papers presented at the meeting have revised them for publication. The volume is divided into three sections: "The Twilight of New Spain," "The Republic of Mexico," and "Comments."

THE TWILIGHT OF NEW SPAIN

Five authors consider the transformations of the late colonial era. In "Del paternalismo autoritario al autoritarismo burocrático: Los éxitos y fracasos de José de Gálvez (1764-1767)," Felipe Castro Gutiérrez examines the nature of "Gálvez's project" in New Spain. He concludes that the *visitador* (inspector) managed to impose reforms, in part by using coercive means. "But the structure of the Spanish state, its principles of legitimation, and the [nature] of social relations prevalent in the colony, blocked, absorbed, and neutralized those innovations realized by force of decree. . . . As nineteenth-century liberals and other future modernizers would

---

[36] On the problems of periodization, see my "La historiografía de la primera República," in *Memorias del Simposio de Historiografía Mexicanista* (Mexico: Comité Mexicanos de Ciencias Históricas, 1990), 147-159.

discover, the exercise of authority and the reformer's will are not sufficient to reform society."

Ignacio del Río discusses the activities of one of the forerunners of the Gálvez reforms in "La reforma institucional en ciernes: La gestión de Pedro Corbalán como intendente de la Real Hacienda en Sonora y Sinaloa (1770–1787)." He demonstrates that the intendancy system was not introduced full blown into the area. Rather, Corbalán, a Gálvez protégé, was selected to introduce some aspects of the new structure in the northwestern provinces of New Spain as an experiment. As might be expected, established interest groups either opposed or hindered his activities. In part, this was the result of poorly defined or undefined authority and responsibility. But "the problem was not merely one of institutional formality, it was also one of power." Presumably, Corbalán received that power when he subsequently became intendant of Veracruz.

In "The Bourbon Reforms, City Councils, and the Struggle for Power in Yucatán, 1770–1796," Robert W. Patch analyzes the impact of the eighteenth-century imperial changes in one of the peripheral regions of the Viceroyalty of New Spain. He demonstrates how innovations from Madrid affected local interests, in this case the cities of Mérida and Campeche. "The political changes occurring in late-colonial Yucatán resulted in the institutionalization of a new structure of power." But Yucatecans also objected when "the Spanish government in effect interfered with the [unwritten] constitution . . . [because] the Bourbon reforms deprived people of powers long held and valued."

Virginia Guedea examines the activities of an individual caught in the maelstrom of the struggle for Independence (1808–1821) in "Ignacio Adalid, un *equilibrista* novohispano." She demonstrates the manner in which a member of New Spain's elite pursued autonomy by "assuming the posture that in a given moment turned out to be most convenient." Adalid supported the regime, participated in the secret society of Guadalupes, backed the insurgents, and sought office via the new constitutional system. He remained active in both the public and clandestine political life of the country throughout the entire Independence period. New Spaniards, such as he, "demonstrated a capacity . . . of varying their [political] posture depending on how their interests were affected. . . ." After Independence those characteristics "would contribute a very peculiar dynamic to the political life of the new country. Furthermore, secret societies . . . would become the most powerful political organizations in independent Mexico."

My essay "The Transition from Colony to Nation: New Spain, 1820–1821" continues the analysis of the new political institutions. It shows how the political processes and the groups that began their drive for autonomy in 1808 continued to press for home rule until 1821. It was the urban elites who participated in the political movements of the

Independence period, not the insurgents nor the army under Agustín de Iturbide, who ultimately obtained Mexico's emancipation. Their achievement was partial, however, because the army also "considered Independence its victory." As a result, during the first half of the nineteenth century, the nation experienced conflict between two traditions that emerged during Independence, "executive power versus legislative dominance."

THE REPUBLIC OF MEXICO

Emancipation did not signify a complete break with the past, as Andrés Lira González notes in his essay "Mier y la Constitución de México." Father Mier and the constitutional convention represented two antagonistic trends from the recent past. The priest, an eternal rebel and iconoclastic thinker, insisted that Mexico possessed its own constitution, independent of Spain and the recent Constitution of 1812. But the constituent convention to which he was elected in 1822 operated under the precedents established by the Cádiz charter. Moreover, the emergence of states' rights in 1823 drew its institutional basis from the provincial deputations created by the Spanish constitution. Although Father Mier argued for the formation of a republic with a strong federal system to maintain the nation united, he could not halt the federalist drive. In the end, he served as a critic of those favoring more extreme forms of confederation.

David M. Quinlan uses "principal components analysis" to examine the "Issues and Factions in the Constituent Congress, 1823–1824." Through a careful examination of roll call votes, he demonstrates that "the level of conflict in the congress was high," and that the "most divisive issue" was the question of "Center vs. Periphery." The nature of government, "Centralism vs. Federalism," while not as crucial as often considered, was nonetheless significant. Two other issues were also of great importance: the relationship between the states and the national government as well as the power of the executive and the legislature. Another crucial question was the fear that Emperor Agustín de Iturbide might reclaim his throne because it constituted a direct threat to the republican form of government.

Hira de Gortari Rabiela examines the constitution from the perspective of the regions in his essay "El federalismo en la construcción de los estados." The provinces, which had sought their own legal identity for decades, insisted on the creation of a federal system that would grant them great power. In such circumstances, congress tried to reconcile the conflicting interests of the nation, on one hand, and the regions, on the other. The Constitution of 1824 constituted a triumph not only for federalists, but also for the champions of legislative supremacy. Provisions that required the states to elect the members of the executive branch further strengthened their position vis-à-vis the federal government. Nevertheless, the new federal system provided the national regime power in many areas, particularly in foreign relations, while retaining important authority for the states.

Anne Staples analyzes the role of one of the most powerful institutions in the country, the Church, in her "Clerics as Politicians: Church, State, and Political Power in Independent Mexico." The Independence period divided the clergy politically as never before in the history of New Spain. The breach continued after emancipation, as many ecclesiastics participated in politics at both the national and local levels. As she indicates, "Instead of a monolithic Church, depicted by some, it is evident that clergymen possessed a wide variety of interests, concerns, political views, styles, and means." The tensions of the time were aggravated by the specter of a rich Church and a poor state. Ultimately, liberals expropriated clerical property and at midcentury excluded ecclesiastics from "active political participation."

In the final essay, *"Hombres de bien* in the Age of Santa Anna," Michael P. Costeloe considers "the opening of the world of politics" during the first half of the nineteenth century. After Independence, "in place of the old ruling elite, there appeared" a new group, known as *hombres de bien*. The *hombre de bien* was "neither aristocrat nor proletariat, but from . . . *la clase media* or middle class." The group, although often divided politically, possessed similar socioeconomic backgrounds and "shared the same aspirations and values." Although some of its members sought to unite the *hombres de bien* to protect their interests, "they failed to achieve their aims." The "changes in ideas and attitudes which emancipation had enabled to be released," could not be restrained by the *hombres de bien*.

COMMENTS

As Christon I. Archer indicates in "What Goes Around Comes Around: Political Change and Continuity in Mexico, 1750–1850," the authors of the papers in this volume have examined the fundamental tensions of that century of change: the nature of political power, regionalism, the role of institutions such as the Church, social classes, and the form of government the nation would adopt. Although these divisions arose in the second half of the eighteenth century, they continued to dominate the life of the nation well into the next century. As Archer concludes, the tensions were so intense that "Mexicans pressed their conflicting political ideals and regional divisions to the point that the only solution was *guerra a muerte* in the era of the Reforma."

In "The Emperor Goes to the Tailor," Barbara A. Tenenbaum assesses the significance of the essays in this volume. She applauds their contribution to a better understanding of "the importance of institutions . . . in the making of the political history of Mexico." And she deplores the fact that the "study of political and juridical thought . . . is out of fashion today, particularly in the United States." But she also expresses her dismay that the authors of the essays "continue in a long-standing tradition of Mexican historiography. Every author to a greater or lesser degree persists in separating politics from economics and fiscal realities." She, therefore, highlights "economic and fiscal issues" to demonstrate their significance to an understanding of Mexican history in that era.

The authors of these essays examine aspects of political change in Mexico during the second half of the eighteenth and first half of the nineteenth centuries. They demonstrate not only the tentative and difficult nature of political innovation, but also highlight the significance of continuity. Despite many upheavals, particularly in the nineteenth century, the country's transformation was evolutionary. The political traditions, institutions, and practices of the new nation evolved naturally from those of New Spain. The essays indicate that Mexico's experience in those years, while a variant, was nonetheless part of the "Age of Democratic Revolutions."

I

The Twilight of New Spain

2

Del paternalismo autoritario al autoritarismo burocrático: Los éxitos y fracasos de José de Gálvez (1764-1767)

Felipe Castro Gutiérrez

UNO DE LOS GRANDES TEMAS en la investigación histórica sobre la dominación colonial en la Nueva España es el de su remarcable estabilidad y permanencia durante más de dos siglos sin graves crisis ni verdaderas amenazas a su existencia. De una u otra forma, este es el problema subyacente cuando abordamos cuestiones vinculadas con las relaciones sociales, las instituciones, el sistema político o las ideas. La comparación con la endémica inestabilidad de los inicios del México independiente fue y sigue siendo material para reflexiones, muchas veces amargas o nostálgicas.

Este artículo tiene como propósito abordar algunos de estos aspectos; en particular, quiero dedicar algunas reflexiones al fundamento de la estabilidad del sistema sociopolítico novohispano como paso previo para analizar las reformas que podríamos llamar el "proyecto Gálvez".

EL FUNDAMENTO DEL ORDEN COLONIAL

Un análisis detenido no tiene que profundizar demasiado para encontrar que las relaciones entre gobernantes y gobernados, entre los súbditos novohispanos y los representantes del rey, no eran aleatorias, sujetas meramente a circunstancias particulares o al carácter individual de los virreyes y personalidades locales. Más bien, podemos hallar entre la Corona y sus súbditos una sutil telaraña de ideas y acuerdos, de entendidos y sobreentendidos, de obligaciones y derechos recíprocos que regulaban las prestaciones personales, los impuestos y la lealtad que circulaban hacia arriba y la protección, los servicios y honores que iban hacia abajo.

La formación de estas relaciones estuvo marcada por la declinante evolución del Imperio español, el enfrentamiento entre eclesiásticos, funcionarios y encomenderos, la resistencia activa y pasiva de los conquistados y los experimentos, fracasos, ajustes y reacomodos de las primeras décadas; puede sostenerse con alguna certeza que en el área central y nuclear del virreinato adoptó una cristalización, dirección definitiva y rasgos característicos a fines del XVI.

En este escenario, la idea de una utopía posible, de un mundo sin reyes ni hacendados, del regreso a alguna edad de oro perdida o la conquista de un paraíso futuro no aparece más que marginal e incidentalmente. Los principios legitimadores de la monarquía se difunden, imponen y llegan paulatinamente a integrarse a las creencias de la población; y hasta la protesta y la subversión adoptan el lenguaje y los símbolos del nuevo orden.[1]

Entre los valores subyacentes fundamentales de estas formas de conciencia política pueden verse ciertas ideas sobre la naturaleza, prerrogativas y obligaciones de los reyes y sus relaciones con los súbditos: el monarca gobierna porque el sistema político es parte de un ordenamiento moral universal dispuesto por Dios. Así, el rey no es el máximo representante de un sistema de dominio, sino la fuente de toda justicia y el símbolo del cuerpo social.

La idea se remonta probablemente al concepto, de raigambre europea y medieval, del monarca como cabeza del reino y vicario de Dios para el gobierno de los hombres, ungido por la Iglesia en el momento de su

---

[1] La progresiva aculturación de la protesta social es tema demasiado amplio para tratarlo aquí. Mencionaré solamente dos manifestaciones muy impresionantes: la reiteración en muchos movimientos rebeldes (entre los tzotziles, en 1712, por ejemplo) de una especie de inversión especular del orden colonial, completa con reyes, alcaldes y obispos; y la insistencia de los seguidores de Hidalgo en reclamar el apoyo de Fernando VII o incluso su presencia física entre sus filas. Teresa Huerta y Patricia Palacios, eds., *Rebeliones indígenas de la época colonial* (México: Instituto Nacional de Antropología e Historia, 1976), 136–173; y Eric Van Young, "Quetzalcoatl, King Ferdinand, and Ignacio Allende Go to the Seashore; or Messianism and Mystical Kingship in Mexico, 1800–1821", en *The Independence of Mexico and the Creation of the New Nation,* ed. Jaime E. Rodríguez O. (Los Angeles: UCLA Latin American Center, 1989), 109–128.

coronación y por lo tanto poseedor de una naturaleza especial, carismática en el sentido litúrgico del término.[2]

Por otro lado, es de tener en cuenta que esta concepción no legitimaba el absolutismo. Desde fechas muy tempranas el pensamiento jurídico-teológico castellano sostuvo que el poder real tenía un origen divino y que, por tanto, no podía conocer limitaciones ni contrapesos institucionales a sus prerrogativas; pero también que el rey no estaba por encima del derecho, tenía el deber de velar paternalmente por sus súbditos en general y por los humildes y desprotegidos en particular, y que un rey injusto se convertía en un tirano.[3] Estas obligaciones y condicionantes de la legitimidad real fueron particularmente importantes en las "Indias". La Corona acabó por privilegiar entre sus "justos títulos" sobre sus nuevas posesiones la donación papal de 1493, que le entregaba el dominio para propagar la verdadera fe entre los habitantes del Nuevo Mundo—esto es, una obligación contractual.[4]

Al mismo tiempo, nos hallamos aquí ante una situación en la cual es difícil decidir si el pensamiento jurídico crea o refleja la realidad social. En el caso particular de la Nueva España, las relaciones entre gobernantes y gobernados mantenían una ambigua dualidad entre la muy arraigada reverencia a la figura del rey junto con una vigorosa tradición de protesta popular contra los abusos del poder. En la acción de muchos de sus grupos sociales puede verse la decisión de defender ciertos derechos consagrados por la ley y la costumbre. Y cuando estos derechos eran violados, cuando se cometía una "injusticia" no dudaban en quejarse, apelar, plantear formalmente sus demandas y, cuando no encontraban eco, recurrían al tumulto y la rebelión, como tuvieron que aprender por la vía difícil algunos funcionarios demasiado celosos de sus prerrogativas. La reverencia al rey y sus representantes era sin duda grande; pero para nada era incondicional. Así, se llegaba a manifestaciones tales como los tumultos realizados al grito de "¡Viva el rey, muera el mal gobierno!"—desconcertantes desde una perspectiva contemporánea. La idea implícita era la de una relación que sin duda implicaba subordinación, pero también reciprocidad e interés mutuo.

---

[2] José Antonio Maravall, *Estudios de historia del pensamiento español,* vol. 1 (Madrid: Cultura Hispánica, 1983), 110 y 111; Manuel García Pelayo, *Del mito y de la razón en el pensamiento político* (Madrid: Revista de Occidente, 1968), 21 y 24.

[3] Luis Weckman, *El pensamiento político medieval y las bases para un nuevo derecho internacional* (México: Universidad Nacional Autónoma de México [UNAM], 1950), 70 y 76.

[4] Así aparecía en la primera línea de todas las reales cédulas, ordenanzas, en la ley primera de la *Recopilación de leyes de Indias* y en los tratadistas como Juan de Solórzano Pereira. Véase su *Política indiana,* vol. 1 (Madrid: Iberoamericana, 1972), 87–116.

La Corona y sus representantes alimentaron conscientemente esta concepción del orden sociopolítico. La práctica gubernativa cotidiana se revestía de paternalismo cristiano, de protección a los débiles y humildes, de mediación entre los grupos en conflicto, de manera tal de reforzar la imagen del rey como figura distante, poderosa y justiciera.

Esta política resultó relativamente fácil de sostener porque durante casi todo el siglo XVII y buena parte del XVIII la presencia y las demandas del Estado pesaron poco en la vida social de la colonia. La Nueva España llegó a alcanzar un sorprendente espacio de autonomía, donde los grupos de poder locales tuvieron gran influencia en la toma de decisiones.

En teoría, el sistema político era centralizado y vertical. En la realidad, casi no existía propiamente una burocracia asalariada, profesional y dependiente del poder central; el sistema fiscal era ineficiente y corrupto y los gobernantes carecían incluso de un ejército o un sistema policial adecuado que les permitiera imponer por la fuerza sus decisiones.

Más aún, en la época de crisis financiera y desgobierno ocurrido a fines del XVI y a lo largo del XVII acabaron por aceptarse como hechos consumados la virtual venta de puestos en la Audiencia y su creciente ocupación por criollos;[5] la asociación de intereses de los alcaldes mayores con los comerciantes a través de la práctica del repartimiento forzoso de mercancías a los indios;[6] se legalizó la venta en almoneda al mejor postor y la herencia de muchos cargos públicos intermedios y en particular de los "regimientos" que componían los ayuntamientos[7] y asimismo, cierto grado de corrupción (esto es, de colusión e identificación de los funcionarios con personajes locales, frecuentemente formalizada por compadrazgos y matrimonios) se tuvo por inevitable. Así, la ejecución de las órdenes del rey pasaba por grupos, corporaciones e individuos con intereses creados que podían influir y limitar su aplicación práctica.

Más notable aún fue la asociación entre Estado e Iglesia. Mientras el rey cuidaba de supervisar, financiar y prestar el brazo secular necesario para la evangelización y la pureza de la fe, los eclesiásticos proporcionaron la justificación de la conquista, controlaron las conciencias y en muchos casos se ocuparon en la práctica del control y administración cotidiana de los indígenas. Muy característico, asimismo, fue el papel decisivo cumplido por los religiosos ante las rebeliones y otros episodios de

---

[5] Mark A. Burkholder y D. S. Chandler, *De la impotencia a la autoridad*, trans. R. Gómez Ciriza (México: Fondo de Cultura Económica, 1984), 33–52.

[6] Rodolfo Pastor, "El repartimiento de mercancías y los alcalde mayores novohispanos: Un sistema de explotación, de sus orígenes a la crisis de 1810", en *El gobierno provincial en Nueva España. 1570–1787*, coord. Woodrow Borah (México: UNAM, 1985), 201–236.

[7] Fabián Fonseca y Carlos de Urrutia, *Historia general de Real Hacienda*, vol. 3 (México: Vicente García Torres, 1849), 63–88.

violencia social, logrando restablecer el orden allí donde las armas habrían fracasado. No es para nada casual que el obispo Abad y Queipo, en su momento, reclamara para el clero el título de conquistador y conservador de las conquistas.[8]

Esta política reducía al mínimo las tensiones con los gobernados, preservaba el prestigio de la monarquía y requería de poca inversión en esfuerzo, dinero y represión.

EL PROYECTO GÁLVEZ

En la década de 1760 los ministros reformistas de la dinastía borbónica se decidieron a volcar sus energías modernizadoras en los dominios coloniales, siguiendo el modelo del colonialismo británico.

El sistema político novohispano había funcionado de una manera eficiente para mantener el equilibrio social, canalizar las tensiones, disolver los conflictos y controlar los episodios de violencia. Sin embargo, tuvo para la metrópoli sus costos a largo plazo: permitió a la sociedad colonial un considerable espacio de autonomía y autogobierno, recortó los ingresos fiscales y limitó considerablemente las posibilidades de la explotación colonial.

La intención de los ministros del rey fue realizar una brusca y completa reestructuración de las relaciones entre la metrópoli y sus colonias. En este sentido, las reformas no fueron medidas casuísticas o un acceso súbito de despotismo; formaban parte de un proyecto global, de dimensiones imperiales. En el fondo, se trata del arribo de un nuevo concepto del poder: el del Estado absoluto, centralizado, "moderno", que pasa por encima de sus obligaciones morales y compromisos tradicionales con los súbditos.

Sin embargo, desde una perspectiva contemporánea pueden subestimarse las dudas y vacilaciones que hubo en la aplicación de este programa; también es posible ignorar que su curso fue inevitablemente afectado por la reacción de la población colonial, cuyas reacciones y resistencias obligaron a importantes rectificaciones.

Esto es particularmente aplicable a las medidas que impulsó en el virreinato novohispano el visitador José de Gálvez entre 1764 y 1767, auxiliado por el virrey marqués de Croix.[9] Las líneas generales, desde

---

[8] Manuel Abad y Queipo, "Representación sobre la inmunidad personal del clero...", en *Crédito público*, comp. José María Luis Mora, adv. de Refugio González (México: UNAM y Miguel Angel Porrúa, 1986), 53.

[9] A pesar del tiempo transcurrido y de las subsiguientes investigaciones, la mejor fuente para el conocimiento del conjunto de la actuación de Gálvez sigue siendo H. I. Priestley, *José de Gálvez, Visitor General of New Spain* (Philadelphia: Porcupine Press, 1980).

luego, pertenecían a directivas metropolitanas; pero al malagueño correspondió darles forma e instituciones concretas, impulsar su aplicación y adaptarlas a la realidad local.

Gálvez se propuso varios objetivos: abandonar la protección a los indígenas; sustituir el laxo paternalismo autoritario con un omnipresente autoritarismo impersonal, burocrático e intolerante; confiar menos en la legitimidad del monarca y más en un amplio aparato represivo como fundamento de la real autoridad; y desplazar a la Iglesia de sus actividades sociopolíticas, relegándola a sus funciones religiosas y a una labor de apoyo incondicional de la Corona.

El consciente divorcio de pasadas políticas aparece muy claro en una carta de Croix, en la cual expresaba que "mucho mal hay hoy en este reino; el fatal y abominable sistema de mis antecesores ha puesto este país en el extremo de la maldad, en la inobediencia, en la impunidad, y sobre todo consentidos todos desde el primero hasta el último, sin exceptuar a nadie, de hacer su antojo sin respetar a Dios ni al rey y con desprecio de las leyes".[10]

Y, refiriéndose a la anterior tolerancia hacia la violencia social, decía que la impunidad de los tumultuarios era "uno de los principales mayorazgos" de la plebe novohispana.[11]

Gálvez, por su lado, escribiría años después que

> la demasiado indulgencia, o más propiamente la absoluta impunidad que por mucho tiempo consiguió la gente popular de los reales de minas y otros pueblos del reino, fue introduciendo el espíritu de rebelión hasta el punto de romper frecuentemente el vasallaje y la obediencia, a que sólo se sujetan los hombres de ningunas obligaciones por el temor del castigo, y como este Imperio estaba desarmado, no era fácil imponer respeto a los delincuentes cuando la justicia no llenaba los vacíos del poder.[12]

La indignación ante la autonomía de la sociedad colonial, la irritación ante el escaso poder real de la Corona y la idea de la fuerza militar como palanca para el sostenimiento de la acción gubernamental, pasando por encima de la opinión y las posibles protestas de los súbditos, están aquí expuestas en toda su crudeza.

---

[10] Croix a Bucareli, 28 de agosto de 1767, Archivo Histórico Nacional (en adelante AHN), Jesuitas, leg. 125.

[11] *Fondo de Origen*, ms. 1031, Croix a Aranda, 15 de julio de 1767, Biblioteca Nacional de México (en adelante BN), f. 84v.

[12] José de Gálvez, *Informe general que en virtud de real orden instruyó y entregó el excelentísimo señor marqués de Sonora, siendo visitador general de este reyno, al excelentísimo señor virrey frey don Antonio Bucareli y Ursúa, con fecha de 31 de diciembre de 1771* (México: Imprenta de Santiago White, 1867), 138.

TRANSICIÓN, PROTESTAS Y RECAPITULACIÓN

La situación política en los años de 1766 y 1767 era particularmente delicada. Las nuevas medidas no encontraban apoyo en ningún sector social. El gobierno actuaba en su propio beneficio, exigiendo más de los vasallos pero sin dar, en esta etapa, nada a cambio. Esto no sería siempre así: pero hasta 1767 los súbditos tenían muchos motivos de agravio y pocos alicientes que incentivaran su amor al rey. Los milicianos temían verse alejados de sus ocupaciones y ser llevados a Veracruz, a la temida tierra del "vómito negro"; los soldados regulares actuaban frente a la población civil como un arrogante ejército de ocupación; los nuevos impuestos caían sobre todos los grupos sociales y por todos lados se veía a los nuevos funcionarios llegados de ultramar, carentes de los viejos vínculos de interés y parentesco que habían unido a los representantes del rey con la sociedad local.

La situación fue comentada con alarma por algunos funcionarios de la vieja escuela. El virrey marqués de Cruillas, por ejemplo, escribió que "la ínfima plebe en tantas turbaciones va sacudiendo el yugo del temor y el respeto; los ánimos de los grandes y pequeños se han agriado excesivamente... nada realmente hay en lo exterior sino unas pasajeras vislumbres, pero sepa vuestra excelencia que hay una masa agitada y extendida en todo el reino que con cualquiera leve chispa puede abrazarlo todo".[13]

Y efectivamente, en estos años comenzaron a circular rumores acerca de conspiraciones independentistas[14] y en 1766 ocurrieron varios tumultos, que al año siguiente se convirtieron en extensas y prolongadas rebeliones en San Luis Potosí, Guanajuato, Michoacán y otros lugares. Las multitudes asaltaron los estancos del tabaco y la pólvora, saquearon comercios y oficinas de Real Hacienda, escalaron las cárceles para liberar a los presos, persiguieron por calles y azoteas a los encargados de expulsar a los jesuitas, apedrearon a milicianos, soldados, funcionarios y pusieron en fuga y pánico a las oligarquías regionales. Peor aun, los alzamientos pasaron de enardecidas protestas a cuestionamientos a la legitimidad del rey: en casi todas las regiones en conmoción hubo muestras contra el soberano y sus "gachupines", y en varios lugares se habló abiertamente de coronar un monarca indiano.[15]

---

[13] *Correspondencia de Virreyes,* Archivo General de la Nación (en adelante AGN), 2a. serie, v. 10, exp. 1064, ff. 287–288.

[14] Hubo al menos dos: un supuesto complot poblano, con hipotético apoyo inglés y un misterioso "príncipe incógnito", aparecido en el noroeste. José de Gálvez, *Informe sobre las rebeliones populares de 1767* (México: UNAM, 1989), 24 y 25; Luis Navarro García, "El virrey marqués de Croix (1766–1771)", en *Los virreyes de Nueva España en el reinado de Carlos III,* ed. Calderón Quijano (Sevilla: Escuela de Estudios Hispanoamericanos de Sevilla, 1967), 189–191.

Bien es cierto que los alzamientos fueron aislados, desorganizados, sin objetivos claros y resultaron incapaces de sostenerse cuando Gálvez dirigió un pequeño ejército en misión represiva. El visitador incluso encontró en esta expedición la ocasión de dar vigor a sus argumentos y forzar la aplicación de muchos proyectos que anteriormente habían sido bloqueados o demorados.

Gálvez asimismo dictó otras disposiciones para restablecer el orden sociopolítico sobre nuevo pie. Se preocupó por fundar o reorganizar las milicias provinciales, dictando medidas para la vigilancia de las ciudades; mandó construir nuevas casas reales en San Luis Potosí, con "cuatro pequeños baluartes en los cuatro ángulos en donde se coloque un proporcionado número de pequeños cajones de artillería o pedreros";[16] declaró que en ningún caso podrían los vasallos proponer condiciones para impedir el ejercicio de la justicia o el obedecimiento a los mandatos gubernamentales bajo la pena de ser castigados como traidores por el sólo hecho de presentarlas; además, tampoco podrían los funcionarios aceptarlas, aunque su propia vida estuviese en peligro;[17] envió a la horca a decenas de indios, a pesar de las disposiciones legales que los protegían; castigó a las comunidades rebeldes con la pérdida de su derecho a elegir gobernadores, colocándolas bajo la vigilancia de los ayuntamientos de españoles; prohibió que los naturales tuvieran, como lo mandaban la ley y la costumbre, libremente sus asambleas, sin asistencia de ministros del rey; mandó que los indios vistieran su propio traje de tilma y cabello en "balcarrota" o guedeja; vedó que los naturales u otros miembros de la plebe usaran armas o montaran a caballo; confiscó lo que consideraba como tierras excesivas de algunos pueblos, mandando repartirlos entre españoles honrados para que vigilaran a los indígenas; y estableció que los mineros de Guanajuato deberían presentar una boleta de buena conducta de su anterior patrón para contratarse con uno nuevo.[18]

---

[15] Sobre San Luis Potosí y su región, véase Primo F. Velázquez, *Historia de San Luis Potosí,* vol. 2 (México: Sociedad Mexicana de Geografía y Estadística, 1947), 499–583; respecto a Guanajuato, Noblet B. Danks, *Revolts of 1766 and 1767 in Mining Communities of New Spain* (Ann Arbor: University Microfilms International, 1979); sobre Michoacán, Felipe Castro Gutiérrez, *Movimientos populares en Nueva España. Michoacán, 1766–1767* (México: UNAM, 1990). Es muy notable que los contemporáneos vieron en estas rebeliones una dirección central y un plan general; un error, sin duda alguna, pero muy revelador de lo que se pensaba probable. Por ejemplo, en José Granados y Gálvez, *Tardes americanas* (México: Matritense, 1778), 443–444; y José María Luis Mora, *México y sus revoluciones,* ed. y pról. Agustín Yáñez, 2a. ed., vol. 2 (México: Editorial Porrúa, 1965), 235 y 236.

[16] Rafael Montejano y Aguiñaga, *El palacio de gobierno de San Luis Potosí* (San Luis Potosí: Academia de Historia Potosina, 1973), 27–31.

[17] Gálvez, *Informe sobre las rebeliones populares,* 55.

[18] Ibid., 45, 55–60, 64–67, 74 y 75.

LOS ÉXITOS Y FRACASOS DE JOSÉ DE GÁLVEZ

El visitador, en un balance triunfalista de sus acciones, expresó más tarde que "no he omitido remedio alguno de los que previenen las leyes y dicta la prudencia a efecto de remover y extinguir hasta las cenizas el espíritu de infidelidad y rebelión que a la verdad reinaba en estos pueblos y queda tan desarraigado que me atrevería sin recelo alguno de incurrir en la nota de temerario a responder por la tranquilidad y subordinación de estas provincias en un centenar de años".[19]

Un análisis cuidadoso permite sin embargo expresar serias objeciones a este malagueño optimismo. La organización política del reino novohispano podía estar, desde el punto de vista del visitador, viciada y llena de defectos, pero tenía una lógica funcional. Esto es cierto particularmente para el sistema de repúblicas indígenas que Gálvez procuró abolir, dejando a los naturales bajo la vigilancia y supervisión de los tenientes de alcalde o alcaldes ordinarios de las villas y ciudades españolas. Su idea era que las organizaciones comunales resultaban innecesarias e incluso inconvenientes dado que, como se había experimentado, podían transformarse fácilmente en vehículos institucionales de una rebelión. Sin embargo, ni el visitador ni ninguno de los altos funcionarios españoles logró establecer un sistema de administración local eficiente, profesional y centralizado, que llevara la real voluntad a todos los rincones del virreinato y permitiera así prescindir y eliminar el sistema de repúblicas.

Esta situación fue muy claramente expresada algunos años después por el alcalde mayor de Michoacán, Felipe Ordóñez, cuando escribió al virrey Bucareli mencionando los graves inconvenientes que la abolición de las repúblicas indígenas traía para el buen gobierno en general y para la recaudación de tributos en particular. Consideraba que era necesario devolver a los naturales su régimen propio, porque aunque había nombrado comisarios para la recaudación de tributos, "hacen mucha falta los referidos oficiales de república, pues son los ejes sobre los que gira el mejor manejo espiritual y temporal sin lo que ni unos ni otros jueces pueden desempeñar sus obligaciones, porque no teniendo los

---

[19] Gálvez a Croix, 8 de octubre de 1767, Archivo General de las Indias (en adelante AGI), México, v. 1365, ff. 914–915. Desde una perspectiva contemporánea, Navarro García, "El virrey marqués de Croix", 272, coincide con el visitador e incluso considera esta expedición como el momento fundacional de la prosperidad borbónica de fines de siglo: "La mision de Gálvez era, realmente, pacificadora. A la salida de cada una de las localidades pasadas, la paz quedaba consolidada en ellas; y no se diga la fácil frase de la paz de los sepulcros, sino la paz del orden y el trabajo que habría de proporcionar a Nueva España una era de prosperidad jamás conocida".

indios esta inmediata subordinación, para nada bueno pueden contar con ellos".[20]

Las graves dificultades con que tropezaron los gobiernos del México independiente para aplicar e incorporar a las comunidades dentro del sistema de gobierno municipal son, en este sentido, muy ilustrativas.

Otro aspecto correlacionado de la labor del visitador—el fin de la política de conciliación y tolerancia frente a las conmociones populares—tampoco tuvo mayor arraigo. Aun antes de que Gálvez acabara con su expedición, otros funcionarios comenzaron a actuar en un sentido que poco tenía que ver con sus ideas. El 17 de octubre de 1767 los indios de Papantla— que ya habían realizado un par de tumultos este mismo año—se levantaron en armas y trataron insistentemente de matar al alcalde mayor Alonso de Barga, quemaron el jacal que servía como casas reales, apedrearon las residencias de varios vecinos españoles, liberaron a los reos de la cárcel y eligieron nuevos oficiales de república, faltando además al respeto al cura párroco. Afortunadamente para los papantlecos, Gálvez estaba por entonces demasiado lejos, sentenciando las causas de los reos de Guanajuato; pero podemos imaginarnos cual hubiera sido su reacción.

En su lugar, el virrey Croix comisionó al oidor Blas de Basaraz, para que acudiera con una partida de dragones a restaurar el orden y castigar a los culpables. Basaraz, no obstante, actuó siguiendo su propio criterio. Las informaciones que recibió en el camino le dieron razón de los excesos de Barga, quien monopolizaba la vainilla y cera, impidiendo la actividad de otros comerciantes, castigaba inmoderadamente a los indígenas y había cometido arbitrariedades tales como mandar talar 1350 árboles frutales. El oidor entró con una pequeña escolta al pueblo y sin necesidad de auxilio armado sometió a los indígenas, mandó encarcelar y procesar al alcalde mayor y marchó de regreso a México acompañado de treinta y tres líderes de la conmoción, sueltos y sin escolta alguna. En su sentencia, los condenó a tres años de trabajos públicos, que deberían cumplir en su pueblo natal en el tiempo que les dejara libre la atención de sus milpas.[21]

No se trataba, desde luego, de un deliberado sabotaje o un simple caso de inercia burocrática. Un Estado puede transitar desde el paternalismo autoritario hacia el autoritarismo burocrático, cambiar las bases de su legitimidad y apoyarse en un bien aceptado aparato represivo. La cuestión es que, por varias razones, el imprescindible aparato represivo no estaba ni estaría disponible.

El establecimiento de un ejército colonial profesional numeroso y confiable tropezó con las limitaciones presupuestarias. Gálvez no consiguió su

---

[20] Felipe Ordóñez al virrey Bucareli, 20 de abril de 1772, AGN, *Tierras*, v. 2786, exp. 15.
[21] AGN, *Criminal*, vol. 303, exp. 3, ff. 262–308.

anhelado fin de establecer una administración fiscal honrada y eficiente;[22] y aunque efectivamente los ingresos tendieron a aumentar, también lo hicieron con aun mayor rapidez las urgencias monetarias de la Corona, empeñada en la difícil y costosa labor de defender y mantener un Imperio cuando sus días de gloria ya habían pasado. En este contexto, los probables beneficios de un numeroso ejército colonial quedaban empequeñecidos ante sus costos a corto plazo.

Las milicias provinciales, que potencialmente podían cubrir esta labor, prontamente fueron inútiles para toda función que no fuera puramente honorífica u ornamental. Las "legiones" creadas por Gálvez en San Luis Potosí y Guanajuato no pasaron de hacer algunas revistas iniciales, y en poco tiempo lo único que subsistió de su estructura fueron los títulos de sus oficiales.[23]

La fundación de un tejido de propietarios españoles en las tierras expropiadas a los pueblos, que en caso necesario sirvieran para controlar y castigar las agitaciones de los indios—otro proyecto acariciado por Gálvez—tampoco tuvo buen fin. En los pueblos fronterizos de Venado y Hedionda, donde se aplicó este plan, quienes realmente hicieron denuncias y obtuvieron mercedes en los predios confiscados fueron grandes hacendados y otros personajes de amplios recursos económicos; de manera que esta medida sirvió para ampliar el latifundio, pero escasamente tuvo un impacto en el poblamiento español y la seguridad de la zona.[24]

Así pues, los funcionarios, librados a sus escasos recursos institucionales, financieros y policiales, regresaron naturalmente a la antigua política de mediación, delegación de autoridad en los grupos de poder locales y volvieron a apoyarse en la autoridad eclesiástica para mantener el orden.

No es sorprendente que desde España funcionarios con mayor visión política llegaran a una evaluación poco optimista de la situación del virreinato. En un parecer de 4 de marzo de 1768 los fiscales del Consejo de Castilla, Moñino y Campomanes, comentaban que "se piensa en la defensa de aquellas vastas regiones, [pero] si se advierten oposiciones a la seguridad interna, quedarán siempre expuestas a la invasión externa y la autoridad pública sin fuerza para hacerse respetar y contener la licencia

---

[22] Linda K. Salvucci, "Costumbres viejas, 'hombres nuevos': José de Gálvez y la burocracia fiscal novohispana (1754–1800)", en *Historia Mexicana* 33, no. 2 (octubre–diciembre de 1983): 224–264, comenta que Gálvez acabó por tolerar la corrupción, la ineficiencia y la vinculación con intereses locales de sus favoritos, inevitable desde que no se proporcionó a los nuevos funcionarios un salario adecuado (pp. 247–249).

[23] Christon I. Archer, *El ejército en el México borbónico. 1760–1810*, trans. C. Valdés (México: Fondo de Cultura Económica, 1983), 32, 52–53.

[24] Velázquez, *Historia de San Luis Potosí*, 2:571, 572, 655, y 656.

popular, que siempre se desenfrena cuando subsiste desavenencia y mala armonía entre las cabezas del gobierno, cuya concordia debe ser el primer objeto de la Corte a toda costa".

En su dictamen, los fiscales iban mucho más allá de una mera crítica, proponiendo una serie de medidas tendientes a restaurar la relación entre la monarquía y sus inquietos súbditos americanos.

El documento es tan interesante y revelador que vale la pena citarlo textualmente. Decían que

> Los vasallos de su majestad en Indias, para amar a la matriz que es España necesitan unir sus intereses porque no pudiendo haber cariño a tanta distancia sólo puede promover este bien haciéndoles percibir la dulzura y participación de las utilidades, honores y gracias. ¿Cómo pueden amar a un gobierno a quien increpan imputándole que principalmente trata de sacar de allí ganancias y utilidades y ninguna les promueve para que les haga desear o amar a la nación, y que todos los que van de aquí no llevan otro que el de hacerse ricos a costa suya?

Los altos funcionarios consideraban que para lograr este fin se requerirían, entre otros medios, no crear nuevos impuestos; combatir el monopolio de Sevilla y Cádiz; atraer a los americanos a estudiar en España, darles cierto número de plazas en las tropas, crear en España regimientos indianos, dar buenos empleos a los criollos en la península pero enviar peninsulares para los puestos en Indias para estrechar la amistad y el espíritu de nación; conceder tres diputados a Cortes para cada virreinato, turnándose las ciudades en la elección, lo que permitiría al gobierno un mejor conocimiento de los asuntos de Indias, evitaría la formación de una aristocracia separada y estimularía el sentimiento de pertenencia a la monarquía, "idea que actualmente no está tan arraigada como conviniera". El Consejo, presidido por Aranda, vio este parecer favorablemente.[25]

La idea de fondo, como puede observarse, era que el futuro del Imperio no podía descansar en la fuerza militar; que los dominios ultramarinos no podían ser tratados simplemente como una fuente inagotable de recursos para la Real Hacienda y de beneficios para la economía peninsular; y que era necesario fomentar y estimular cierto grado de consenso al menos entre los grupos dominantes de las colonias. Algunas modalidades de estas propuestas que, como se ve, nacieron directamente como resultado de la resistencia civil a las reformas de Gálvez, serían progresivamente aplicadas y tendrían notables consecuencias.

En conjunto, las reformas de Gálvez fueron más aparatosas que efectivas. El visitador logró imponer e implantar sus proyectos, incluso

---

[25] AGI, *México,* leg. 2778.

recurriendo a la represión. Pero la propia estructura del Estado español, sus principios de legitimación y las relaciones sociales prevalecientes en la colonia acabaron por imposibilitar, absorber y neutralizar innovaciones realizadas a fuerza de decreto, que no tenían una fuerza social que las respaldase. Como lo descubrirían los liberales decimonónicos y otros modernizadores del futuro, no basta con el ejercicio autoritario de una voluntad reformista para reformar una sociedad.

3

La reforma institucional en ciernes: La gestión de Pedro Corbalán como intendente de Real Hacienda en Sonora y Sinaloa (1770-1787)

Ignacio del Río

P EDRO CORBALAN fue el primer intendente de Real Hacienda con jurisdicción local que entró en funciones en la Nueva España.
Ejerció el cargo en las provincias de Sonora y Sinaloa durante poco más de dieciséis años, de mediados de 1770 a principios de 1787. Concluyó su gestión en esa parte del virreinato al ser nombrado intendente de provincia en Veracruz, empleo que debió desempeñar con arreglo a la Real ordenanza de 1786, por virtud de la cual se estableció el régimen de intendencias en todo el virreinato novohispano. Corbalán sirvió ese otro empleo hasta el año de 1791, en el que obtuvo su jubilación.

En el trabajo que aquí presento voy a referirme a la gestión de Corbalán como intendente de Real Hacienda en Sonora y Sinaloa. Me interesa examinar las motivaciones políticas de su nombramiento y las circunstancias en que hubo de ejercer la autoridad que le fue concedida. El objetivo que persigo al abordar estos temas es el de distinguir y contrastar lo que fueron, por un lado, la voluntad política que se expresó en las reformas institucionales prohijadas por el régimen borbónico y, por el otro, la práctica misma de esa política reformista en un ámbito específico del mundo colonial.

JOSÉ DE GÁLVEZ: LAS INAPLAZABLES REFORMAS

En la instrucción reservada que, en marzo de 1765, se dio a José de Gálvez para que la cumplimentara durante su visita a las reales cajas, tribunales y demás dependencias de la Real Hacienda en la Nueva España, se le ordenó a dicho comisionado que ponderara la conveniencia de establecer en el virreinato novohispano una o más intendencias, ya a la manera de las que entonces funcionaban en la metrópoli, ya con algunas variantes que resultaran propias para las circunstancias de la colonia.[1] Poco más de dos años después, el visitador formalizó su dictamen sobre el asunto. Sus consideraciones y recomendaciones quedaron expresadas en el *Informe y plan de intendencias para el reino de la Nueva España* que en el mes de enero de 1768 suscribió conjuntamente con el virrey marqués de Croix. El documento fue dirigido al rey y, como se especificaba en el título del mismo, tuvo un carácter informativo y, a la vez, propositivo.[2]

La parte argumental de este informe se fundaba en la presunción de que el sistema de gobierno establecido en la Nueva España estaba viciado en sus bases mismas, con grave y evidente perjuicio del buen gobierno, la justicia y los intereses del rey. De este supuesto se hacía derivar la necesidad política de introducir en el virreinato una reforma institucional que permitiera corregir anomalías, establecer un eficaz control del mando gubernamental, restituir a la Corona los derechos económicos que le eran propios y restaurar, en suma, el imperio de la monarquía, que se suponía menoscabado desde mucho tiempo atrás en la colonia. Como, según se decía en el informe, el mal era general, el remedio también debía serlo. La propuesta no fue, por tanto, que se establecieran tal o cual intendencia, sino que se implantara en todo el virreinato el régimen intendencial, según se había hecho ya en la metrópoli. Supuesta la absoluta necesidad de trasladar la institución a la colonia, las precisiones en cuanto al número de intendencias y a las posibles fuentes de financiamiento del nuevo aparato burocrático resultaban secundarias en esta iniciativa que, más que un proyecto detallado de reforma institucional, fue un radical pronunciamiento político, muy acorde, por lo demás, con ciertas ideas que, a la sazón, tendían a prevalecer en los círculos oficiales metropolitanos. El texto de Gálvez y Croix concluía de la siguiente manera:

> Si ocurrieran en la corte otras dificultades omitidas en este informe, creen el virrey y el visitador general de Nueva España que la soberana comprensión de su majestad y el infatigable celo de los señores ministros las allanarán desde luego para que el más rico imperio de los que obedecen al mayor príncipe del mundo se ponga en valor, subordinación

---

[1] La instrucción se publica, traducida al inglés, en Herbert Ingram Priestley, *José de Gálvez, Visitor-General of New Spain* (reprint, Philadelphia: Porcupine Press, 1980), 404–412. El artículo en el que se hace la prevención referida es el XXXI.

[2] El *Informe* se publica en Luis Navarro García, *Intendencias de Indias*, pról. de José A. Calderón Quijano (Sevilla: Escuela de Estudios Hispanoamericanos de Sevilla, 1959), 164–176.

y policía, se uniforme en el gobierno con su metrópoli y haga feliz a la nación gloriosa que lo conquistó.[3]

El hecho de que en los años que siguieron, y hasta su muerte, Gálvez haya sido un impulsor constante de las intendencias americanas es un claro indicio de que fueron muy firmes en él las convicciones que manifestó en el *Informe* de 1768. Es evidente, además, que desde un principio asumió que la reforma respondía a los supremos intereses y fines del Estado y que, por esa razón, debía ser inobjetable. Al formular su dictamen sobre las intendencias no dudó que el rey lo aprobaría desde luego ni en lo sucesivo admitió que las opiniones contrarias al traslado de la institución pudieran ser compatibles con la lealtad debida al monarca.

Pronto el autor del *Informe y plan de intendencias* empezó a pasar de la idea a la acción. En la primavera de 1768 inició su visita a las provincias del noroeste novohispano, donde no tardó en dar los primeros pasos para abrirle cauce a la reforma institucional. Procuraba, entre otras cosas, ir previniendo la recluta de los que habrían de ser intendentes, en los que el visitador exigía, como condición esencial, que hubieran dado pruebas inequívocas de lealtad al régimen que él representaba. Los hombres en los que en todo caso pensó fueron los que ya conocía, los que le habían prestado algún servicio y se habían hecho merecedores de su confianza. A los secretarios que lo acompañaban en la visita, según el testimonio de uno de ellos, les ofreció, cuando se hallaban en la península de California, que pronto habría de hacerlos intendentes.[4] Podría pensarse que éste es un dato sin mayor significación, que no evidencia sino una actitud previsora. Pero el caso es que el visitador promovió el nombramiento de los primeros intendentes aun antes de que el rey aprobara el plan de introducir el sistema de intendencias en la Nueva España. Tanto precipitó Gálvez las cosas que cuando, el 10 de agosto de 1769, el soberano español aprobó en principio la iniciativa de reforma institucional,[5] ya en el virreinato se habían despachado los dos primeros títulos de intendente. Conviene que veamos en seguida cómo y con qué resultados se empezó a poner en marcha esa reforma que se juzgó inaplazable.

A fines de 1768, el visitador le escribió al virrey, desde Cabo San Lucas, solicitándole que nombrara un gobernador-intendente para la provincia de California. Croix atendió la solicitud y el nombramiento recayó

---

[3] Ibid., 176.
[4] *Apunte instructivo de la expedición que el ilustrísimo señor don José de Gálvez, visitador general de Nueva España, hizo a la península de Californias, provincias de Sonora y Nueva Vizcaya...*, *por Juan Manuel de Viniegra...: 1773*, Archivo Histórico Nacional (Madrid), *Estado*, leg. 2845 (1), f. 21.
[5] Navarro García, *Intendencias*, 24-25.

en la persona de Matías de Armona,[6] a quien Gálvez había conocido en Veracruz, precisamente cuando, en 1765, el visitador desembarcó en ese puerto procedente de España. Armona había venido como acompañante de su hermano Francisco, antecesor de Gálvez en la comisión de la visita y fallecido en plena travesía marítima, es decir, antes de pisar tierra americana. Al acaecer la muerte de su hermano, Matías conservó en su poder cierta documentación secreta relativa a la visita, misma que más tarde puso en manos de Gálvez.[7] Esto debe haberle ganado la confianza del visitador sustituto, el que muy probablemente influyó para que poco después Matías de Armona fuera nombrado contador de la renta del tabaco.

En cuanto al nombramiento que se dio a Armona como gobernador-intendente de California podemos decir que prácticamente no tuvo trascendencia. Armona llegó a la península el 12 de junio de 1769 y, antes de cumplir allí las dos semanas, se embarcó rumbo a Sonora con la idea de entrevistarse con Gálvez y solicitarle que le diera otro destino.[8] Sin tener aparentemente el ánimo de servir su empleo, Armona permaneció fuera de la península aproximadamente un año; volvió a ella por obligación,[9] pero al poco tiempo fue relevado en el gobierno de la provincia. El sucesor de Armona fue Felipe Barri, a quien el virrey marqués de Croix le extendió también el título de gobernador-intendente.[10] La intendencia de California, sin embargo, no se constituyó en modo alguno,[11] pese a que Armona y Barri fueron oficialmente sus titulares. A la postre, el propio Gálvez se persuadió de que aquella provincia debía quedar excluida del sistema intendencial.[12]

El otro nombramiento expedido en fechas tempranas a instancias de Gálvez fue el del intendente de Sonora y Sinaloa. También en este caso procuró el visitador que el candidato fuera un sujeto que le hubiera dado pruebas de lealtad y escogió en principio al jurista Eusebio Ventura Beleña, comisionado que había sido para visitar la real caja de Guadalajara y para confiscar los bienes de los jesuitas en esa misma ciudad, y que

---

[6] Ibid., 25; Luis Navarro García, *Don José de Gálvez y la Comandancia General de las Provincias Internas del norte de la Nueva España* (Sevilla: Escuela de Estudios Hispanoamericanos de Sevilla, 1964), 169.

[7] Vid. Jesús Varela Marcos, "Los prolegómenos de la visita de José de Gálvez a la Nueva España (1766). Don Francisco de Armona y la instrucción secreta del marqués de Esquilache", *Revista de Indias* 46, no. 178 (julio-diciembre 1986): 453–470.

[8] Armona se había percatado de que serían insuficientes los recursos financieros con los que contaría su administración. Vid. Priestley, *José de Gálvez*, 263–264.

[9] Ibid.

[10] *Memorial de Felipe Barri al rey:* Durango, 8 de julio de 1779, Archivo General de Indias (en adelante AGI) *Guadalajara*, 301.

[11] Ibid., 292.

[12] Navarro García, *Intendencias*, 31.

obraba, desde 1768, como subdelegado del visitador en las provincias de Sonora y Sinaloa.[13]

Determinado a dejar como intendente de aquellas provincias a Ventura Beleña, Gálvez comunicó su decisión al ministro Múzquiz, al arzobispo Lorenzana y al virrey marqués de Croix. Al primero le decía que se proponía nombrar intendente a Ventura Beleña, pues lo merecía por haber realizado muy útiles trabajos.[14] En la comunicación dirigida al arzobispo aseguraba que Ventura Beleña sería "un admirable intendente"[15] y en la que mandó al virrey manifestaba que el escogido era "propísimo" para el empleo y que tanto se había ganado la estimación de los españoles y los indios de aquellas provincias que unos y otros se resentirían si no se le dejaba en ellas para que ejecutara fielmente las providencias del visitador.[16]

En el ánimo, quizá, de dar un cariz menos personal a sus obsesivas ideas, elaboró Gálvez la falacia de que mineros y comerciantes con los que estuvo reunido en el real de Los Alamos le pidieron que nombrara un intendente para que los protegiera. Al comunicarle al marqués de Croix esta supuesta petición, le recordó que los dos le habían informado ya al rey sobre la necesidad que había de crear esos empleos. Agregaba en seguida:

> Y como en este supuesto debemos esperar que el rey nuestro señor tenga ya resuelta la ejecución de aquel plan, o que se dignará aprobarlo en vista de que a nuestra súplica se juntan los ruegos de sus pueblos, soy de dictamen que vuestra excelencia despache, con el sueldo de 6 mil pesos, el título de intendente de Real Hacienda de estas provincias a don Eusebio Ventura Beleña, que vino comisionado a ellas y su integridad, prudencia y literatura son tan notorias como las regulo precisas para que, arreglándose a mis instrucciones, siguiendo el sistema político y económico que voy estableciendo, se recuperen en poco tiempo estos importantísimos terrenos y reales de minas que no pueden verse, sin dolor, destruidos los unos y en lastimosa decadencia los otros.[17]

Como venía ocurriendo respecto de todas las iniciativas que tomaba Gálvez, ésta la secundó el virrey sin reparo alguno. Apenas recibida la carta del visitador, el marqués de Croix expidió el título solicitado, lo que inmediatamente comunicó al secretario de Indias, Julián de Arriaga, a

---

[13] Vid. Ignacio del Río, "La gestión político-administrativa de Eusebio Ventura Beleña en Sonora y Sinaloa (1768–1770)", *Históricas* (Boletín del Instituto de Investigaciones Históricas de la Universidad Nacional Autónoma de México), no. 23 (febrero 1988): 3–17.

[14] *Fragmento de carta de Gálvez a Miguel Múzquiz:* Santa Cruz de Mayo, 12 de mayo de 1769, AGI, *Guadalajara*, 416, f. 1052v.

[15] *Fragmento de carta de Gálvez al arzobispo de México:* Santa Cruz de Mayo, 12 de mayo de 1769, ibid., f. 1053.

[16] *Carta de Gálvez al virrey:* 10 de junio de 1769, ibid., f. 1057. Hay otro tanto de esta carta en el mismo volumen, ff. 546–549.

[17] Ibid., f. 1056v.

quien le decía, en la misma tónica en que se expresaba Gálvez, que estaba seguro de que Ventura Beleña sería un "ejecutor fiel" de las disposiciones del visitador y adelantaría todas las medidas conducentes "al bien y restauración de las ricas provincias de Sonora y Sinaloa".[18]

Pese a los desmedidos elogios que se hicieron del hombre que había sido escogido para militar dentro de la nueva burocracia, a la confianza que Gálvez y Croix declararon tener en él para que continuara con fidelidad y eficacia la obra reformista y al hecho mismo de haber expedido el virrey el título correspondiente y de que poco después el rey confirmara el nombramiento,[19] Ventura Beleña no llegó a tomar posesión de su cargo porque pronto Gálvez decidió vetarlo.

No podemos detallar aquí las incidencias que fueron reflejando el cambio de actitud de Gálvez respecto de su subordinado. Conviene, sin embargo, señalar que el visitador empezó a mostrarse hostil con Ventura Beleña desde el mes de agosto de 1769, cuando se produjo una rebelión indígena en la región del río Fuerte. Enviado por Gálvez a reprimirla, Ventura Beleña, que no era militar sino letrado, se atrevió a solicitarle a su jefe que no le encomendara esa tarea, lo que dio motivo a una reacción de cólera por parte del visitador, quien, por entonces, ya empezaba a enfermar de lo que luego se manifestó como una demencia recurrente.[20]

No sólo se despachó el título de intendente de Ventura Beleña y se pagaron los derechos de su expedición, sino que ese título fue enviado a Sonora por Juan Antonio Valera, secretario del visitador;[21] pero nunca llegó a manos del interesado. Llamado imperativamente a México por el virrey, en los primeros días de agosto de 1770 Ventura Beleña se enteró de que el intendente de Sonora y Sinaloa no sería él sino Pedro Corbalán.[22]

EL NOMBRAMIENTO Y EL COMETIDO DEL INTENDENTE PEDRO CORBALÁN

El barcelonés Pedro Corbalán era también hombre de confianza de Gálvez. No sabemos cuándo pasó a América, pero sí que en 1761 llegó al

---

[18] *Carta del virrey marqués de Croix a Julián de Arriaga:* México, 29 de julio de 1769, ibid., 416.
[19] *Carta de Eusebio Ventura Beleña al virrey marqués de Croix:* Alamos, 16 de mayo de 1770, ibid., f. 1129.
[20] Algún tiempo después, Ventura Beleña hizo una relación reivindicativa de sus actos y de los procedimientos de Gálvez, que tituló *Manifiesto de la conducta observada por don Eusebio Ventura Beleña en las comisiones puestas a su cargo en esta Nueva España . . . :* México, 9 de abril de 1772, ibid., ff. 1050–1151. Las veleidades de Gálvez se hacen patentes con la lectura de este interesante documento.
[21] Ibid., f. 1070.
[22] Vid. Río, "La gestión político-administrativa", 15–17.

noroeste novohispano, a donde lo llevó en su compañía el gobernador José Tienda de Cuervo. Actuó como "justicia mayor y capitán a guerra de la provincia de Ostimuri", situada entre el río Mayo y el Yaqui, hasta que, en 1763, tuvo que salir de la región con Tienda de Cuervo, que había sido comisionado para hacerse cargo de la defensa militar de Veracruz. Poco después, en 1765, el virrey marqués de Cruillas lo designó alcalde mayor de Taxco. En esta jurisdicción le correspondió establecer el estanco del tabaco y es probable que haya sido entonces cuando tuvo oportunidad de entrar en relación con José de Gálvez. El caso es que en 1766 fue llamado a México por el visitador, quien se ocupaba en preparar la expedición militar que, al mando del coronel Domingo Elizondo, partiría al año siguiente hacia el noroeste novohispano para asegurar la pacificación de la región. Gálvez le propuso a Corbalán que, en calidad de comisario y subintendente de la expedición, marchara a la gobernación de Sonora y Sinaloa a fin de prevenir lo necesario para el abastecimiento de la tropa. Corbalán aceptó, recibió el nombramiento respectivo el 28 de enero de 1767 e inmediatamente después salió de México rumbo a las lejanas provincias del noroeste.[23]

Según Corbalán, al nombrársele subintendente de la expedición militar se le concedieron todas las facultades de intendente de ejército;[24] haya sido o no así, lo cierto es que actuó de manera enérgica y hasta arbitraria, según denunciaron algunos agricultores;[25] pero, al mismo tiempo, con bastante eficacia, lo que le mereció el reconocimiento del visitador.[26] Como estaba determinado que los productos de la renta del tabaco, recientemente establecida en la región, se aplicaran enteramente al sostenimiento de la expedición militar, Corbalán debió tener tratos continuos con Ventura Beleña, que era el encargado de ésta y las demás rentas reales. A menudo, las relaciones entre ambos funcionarios fueron tirantes, tanto porque Corbalán pedía más recursos de los que Ventura Beleña tenía disponibles como porque las competencias y relación jerárquica entre ellos no estaban bien definidas. Aun luego de que Ventura Beleña fue informado por el virrey de que se le había nombrado intendente,[27] Corbalán

---

[23] *Representación de Pedro Corbalán al rey:* Arizpe, 15 de febrero de 1780, AGI, *Guadalajara,* 278, exp. 484. Vid. también Navarro García, *Don José de Gálvez,* 151, nota 54.

[24] *Carta de Pedro Corbalán al virrey marqués de Croix:* Pitic, 11 de diciembre de 1769, Archivo General de la Nación (en adelante AGN) *Provincias Internas* 226, f. 375v.

[25] *Representación que Luis Castillo, vecino de Cumpas, dirige al gobernador [de Sonora y Sinaloa]:* [s.l., s.f.] Biblioteca Nacional de México (en adelante BNM) *Archivo Franciscano* 38/854.1, ff. 1–2.

[26] *Carta de Pedro Corbalán al virrey marqués de Croix:* Pitic, 11 de diciembre de 1769, AGN, *Provincias Internas* 226, f. 375v.

[27] El despacho virreinal en el que se le comunicaba a Ventura Beleña su nombramiento es de fecha 11 de abril de 1770; el 16 de mayo de ese mismo año Ventura Beleña, en carta al virrey, agradeció el nombramiento. Ambos documentos están en ibid., 68, ff. 281–282 y 286–287.

recibió instrucciones de intervenir en algunos asuntos de Real Hacienda, como el establecimiento del estanco de la sal en la provincia de Sonora. En vano solicitó Ventura Beleña que se deslindaran los campos de competencia de él y el comisionado militar.[28] Cuando apenas había enviado a México esa solicitud, se le ordenó dejar las provincias y el cargo que tenía.

Un doble nombramiento se hizo a la sazón en favor de Corbalán. El 18 de junio de 1770, el virrey marqués de Croix le envió un despacho en el que le comunicaba que lo había nombrado intendente de las provincias de Sonora y Sinaloa, por cuyo motivo quedarían a su cargo todos los asuntos que tenía al suyo Ventura Beleña, "sin excepción alguna", y que, al mismo tiempo, quedaría encargado interinamente del gobierno político de aquellas provincias, en virtud de que se había aceptado la renuncia del anterior gobernador, Juan Claudio de Pineda.[29] En oficio que se le envió un mes más tarde le ratificaba el virrey: "Doy a vuestra merced nuevamente las competentes facultades no sólo para el completo arreglo de los ramos de Real Hacienda, sino es también para que ponga y destine en ínterin los sujetos que estime a propósito en los empleos que propone [Ventura] Beleña y para la formación de padrones y cuentas de tributarios, repartimientos de tierras y demás".[30]

Se le encargó también a Corbalán en ese mismo oficio que procurara comunicarse con el obispo de Durango para acordar con él lo relativo a la secularización de misiones y erección de curatos.[31]

Por estas precisiones que el virrey creyó necesario hacer vemos que entre las tareas que debía realizar el intendente se incluían varias que no eran estrictamente de carácter fiscal. El repartimiento de tierras, por ejemplo, no era en rigor un asunto hacendístico, aunque se esperaba que beneficiara indirectamente a la Real Hacienda, pues las tierras que se habrían de repartir eran básicamente las que poseían los indios en comunidad y su reparto se juzgaba indispensable para establecer un sistema de tributación *per capita*.[32] O sea que se pretendía que el intendente fuera, más que un

---

[28] *Carta de Eusebio Ventura Beleña al virrey marqués de Croix:* Alamos, 1 de junio de 1770, ibid., ff. 328–328v.

[29] *Despacho del virrey marqués de Croix:* México, 18 de junio de 1770, AGN, *Correspondencia de Virreyes, primera serie* 68, f. 200 v. Hay otro tanto de este documento en el mismo volumen, ff. 248–248v.

[30] *Oficio [del virrey marqués de Croix] a Pedro Corbalán:* México, 18 de julio de 1770, AGN, *Provincias Internas* 247, f. 239. Los nombramientos a los que se refería el virrey eran seguramente los de comisionados para la formación de matrículas de tributarios y para hacer los deslindes de las tierras de las comunidades indígenas.

[31] Ibid.

[32] Sobre el proceso tributario, que aquí no podremos examinar, vid. Ignacio del Río, "Colonialismo y frontera. La imposición del tributo en Sinaloa y Sonora", en *Estudios de Historia Novohispana* 10 (1991): 237–265.

administrador de los ramos de Real Hacienda, un promotor de las medidas que podían dar como resultado el aumento de los ingresos fiscales.

Sin duda, el doble nombramiento recibido por Corbalán en 1770, aunque haya sido provisional por cuanto que no tenía la sanción del rey, fue considerado por Gálvez como un logro que en mucho favorecería sus planes reformistas. A Corbalán se le había escogido en un principio, de igual manera que a Ventura Beleña, para ser nada más intendente de Real Hacienda. Pero se presentó la oportunidad de fortalecer desde luego su posición. Se había tenido que aceptar la renuncia del gobernador Pineda no sólo porque desde tiempo atrás él venía solicitando su relevo, sino porque llegó el momento en que, por sus enfermedades, Pineda se declaró incapaz de seguir gobernando.[33] Se pensó primeramente en dejar al coronel Domingo Elizondo encargado del gobierno político que quedaba vacante, pero dicho jefe militar se excusó de aceptar ese otro encargo, aun cuando fuera provisionalmente. Así las cosas, el visitador y el virrey aprovecharon la oportunidad para que Corbalán sirviera los dos empleos y quedaran concentradas, en su persona, la autoridad política y la económica.

Hemos de decir que esta pretendida concentración de autoridad se correspondía con una idea expresada en el *Informe y plan de intendencias* de 1768,[34] así que, al decidirla, Gálvez y Croix seguramente pensaron que se daba un paso más en el desarrollo de la reforma institucional. Ahora bien: es claro que la institución que se suponía que habría de ser el instrumento de la nueva política era la intendencia y que, al vincularla con una institución tradicional, como era la gobernación provincial, lo que se esperaba era que la primera obrara como institución dominante, capaz de reorientar el funcionamiento de todo el sistema de gobierno.

Otros aspectos formales de la reforma institucional permanecían, sin embargo, todavía indefinidos. Enterado de su doble nombramiento, y luego de habérselo agradecido al virrey,[35] Corbalán le escribió una carta al titular del virreinato en la que le pedía instrucciones para el manejo de los distintos asuntos que habían quedado a su cargo. Consideraba que, como intendente, debería proceder con arreglo a las ordenanzas e instrucciones de intendentes que estaban en vigor en España, principalmente las de 1718 y 1749; pero hacía ver que no eran aplicables en su totalidad a la

---

[33] *Carta de Juan de Pineda al virrey marqués de Croix:* Pitic, 16 de marzo de 1770, AGN, *Provincias Internas* 70, ff. 137–137v.

[34] Se decía en una parte de dicho documento: "Conviniendo que éstos [los intendentes] lo sean en Nueva España bajo las mismas reglas e instrucciones observadas hasta de presente en la monarquía capital, se han de unir a sus empleos los de corregidores o gobernadores políticos de las capitales y provincias donde se establezcan". Navarro García, *Intendencias*, 171.

[35] *Carta de Pedro Corbalán al virrey marqués de Croix:* Pitic, 23 de agosto de 1770, AGN, *Provincias Internas* 226, ff. 240–241.

situación que se presentaba en el noroeste novohispano.[36] El virrey le respondió en una forma por demás vaga; le dijo que, en cuanto a sus funciones como intendente, debería ajustarse "a las disposiciones dictadas por el señor visitador y a las instrucciones y reglas prescriptas para estos empleos", en tanto no se expidieran las ordenanzas generales que se habrían de hacer para todas las intendencias de la Nueva España.[37] Digo que poco se precisaba con esto porque, si, como Corbalán lo señalaba, los ordenamientos vigentes en España no podían ser puntualmente aplicados en Sonora y Sinaloa, tampoco las disposiciones de Gálvez podían proveer de ese *corpus* legal que se hacía necesario porque esas disposiciones estaban referidas a asuntos muy diversos y ninguna de ellas definía con precisión la figura y las funciones del intendente.

Es de referirse aquí que cuando, a fines de 1769, Ventura Beleña pretendió retirarse de las provincias de Sonora y Sinaloa por haber cumplido ya los encargos que se le habían hecho y por no tener nuevas instrucciones del visitador, que se hallaba incapacitado por su enfermedad y era conducido a México, el virrey le hizo un enérgico extrañamiento y le ordenó permanecer en aquellas provincias para atender los asuntos que quedaban pendientes, en cuya atención debería "seguir uniformemente el espíritu de las providencias y disposiciones dictadas por el ilustrísimo señor visitador general".[38] Son significativos los términos en que se hizo este señalamiento porque dejan ver cómo, en ausencia de instrumentos legales precisos, se apelaba al "espíritu" de la reforma, en este caso encarnada por Gálvez.

Un problema menor que se planteó con el doble nombramiento fue el de que no coincidían los ámbitos jurisdiccionales de la gobernación de Sonora y Sinaloa y de la intendencia de Real Hacienda. Gálvez había previsto que la real caja recientemente establecida en el real de Los Alamos no tuviera jurisdicción sobre las provincias del sur de la gobernación (El Rosario, Maloya y Copala) y esto seguramente llevó a pensar que la intendencia tampoco la tenía. Considerando, pues, esta situación, Corbalán solicitó el 22 de noviembre de 1770 que, a fin de que las jurisdicciones política y económica fueran coincidentes, se agregaran a la intendencia las provincias meridionales.[39] El virrey lo aceptó así[40] y, en consecuencia, los dos gobiernos tuvieron desde entonces el mismo ámbito jurisdiccional.

---

[36] Ibid., ff. 504–509v. (El documento está mal encuadernado).

[37] *Minuta de despacho [del virrey]:* México, 7 de octubre de 1770, AGN, *Provincias Internas* 226, ff. 506–506v.

[38] *Oficio del virrey a Eusebio Ventura Beleña:* México, 11 de abril de 1770, AGI, *Guadalajara,* 416, f. 1097.

[39] *Carta de Pedro Corbalán al virrey marqués de Croix:* Real de los Alamos, 22 de noviembre de 1770, AGN, *Provincias Internas* 226, f. 457.

[40] *Minuta de despacho [del virrey]:* México, 15 de enero de 1771, ibid., ff. 456–456v.

Corbalán ejerció las dos autoridades durante un año y medio aproximadamente. Gálvez y el marqués de Croix habían logrado colocarlo como sucesor de Juan de Pineda, pero sólo provisionalmente, pues otro fue el candidato al que se apoyó en España. Desde el 19 de noviembre de 1770, el rey había dispuesto que el gobernador de Sonora y Sinaloa fuese el sargento mayor del Regimiento de Navarra, Mateo Sastre,[41] quien llegó a Veracruz al año siguiente[42] y, en enero de 1772, a la gobernación que se le había encomendado.[43] Una vez que Sastre tomó posesión de su empleo, Corbalán, excluido ya del gobierno político, quedó ejerciendo únicamente el gobierno económico.

LA INCIERTA INSTITUCIONALIZACIÓN DE LA INTENDENCIA DE REAL HACIENDA

Poco antes de regresar a España, Gálvez precisó que Pedro Corbalán había quedado encargado de "la dirección de los intereses reales en los ramos de quintos, tributos y alcabalas y los estancos de tabaco, pólvora y naipes" que se hallaban "establecidos en su distrito".[44] Esta escueta indicación no podía tener, sin embargo, un sentido restrictivo, ya que la administración hacendística no era sino uno de los campos de acción del gobierno económico, es decir, del gobierno que se debía ejercer a través de la intendencia. En la práctica ocurrió que los diversos campos en los que se pretendía que se diera la acción gubernativa del intendente no pudieron ser claramente definidos. A eso hay que agregar que, durante todo el tiempo que duró la gestión de Corbalán, no dejó de haber incertidumbre en cuanto a las facultades del titular de la intendencia, las que, tanto en su simple enunciado como en su ejercicio, fueron siendo moduladas por múltiples circunstancias de carácter político.

De hecho, Corbalán entró en funciones sin contar con una instrucción u ordenanza que, además de servirle para conocer sus obligaciones, constituyera un fundamento legal para sus actos de gobierno. Ventura Beleña había recibido las ordenanzas generales de las rentas reales que habían quedado a su cargo, entre ellas las de la pólvora, el tabaco y los naipes;

---

[41] *Minuta de real orden:* San Lorenzo, 19 de noviembre de 1770, AGI, Guadalajara, 301.

[42] *Carta de Mateo Sastre al virrey marqués de Croix:* Veracruz, 21 de agosto de 1771, AGN, *Provincias Internas* 82, f. 124.

[43] *Carta de Mateo Sastre al virrey Bucareli:* El Rosario, 24 de enero de 1772, ibid., 81, f. 413.

[44] *Informe general que en virtud de real orden instruyó y entregó el excmo. sr. marqués de Sonora [José de Gálvez] . . . al excmo. sr. virrey frey D. Antonio Bucareli y* Ursúa . . . (México: Imprenta de Santiago White, 1867), 152.

pero esos instrumentos legales, que seguramente pasaron a manos de Corbalán, no suponían la existencia de un gobierno intendencial. Una instrucción formada por Ventura Beleña para el manejo de la real caja de Alamos previno que el oficial real tesorero dependiera de la intendencia, pero no precisó las funciones del intendente.[45] Por su propia iniciativa, Corbalán elaboró luego unas adiciones a la *Instrucción,* según las cuales la real caja quedaría subordinada a la intendencia.[46] Al darle cuenta de esto al virrey decía el intendente que su idea era que la instrucción adicionada fuera observada provisionalmente hasta que hubiera "una ordenanza constante a qué adaptarlo todo".[47] Como no se expidiera esa ordenanza, Corbalán se vio precisado a consultar todo con el virrey, aun los asuntos menores. En 1772 le decía al virrey Bucareli: "Faltando una ordenanza a qué adaptarme contemplo como forzoso, antes de poner en práctica cosa alguna de entidad, obtener la confirmación de vuestra excelencia".[48]

El vacío legal que venimos describiendo fue motivo de desconcierto, incluso en la capital del virreinato. En una Junta de Real Hacienda celebrada en México el 20 de noviembre de 1772 se tomó el curioso acuerdo de preguntar al mismo Corbalán cuáles eran "las facultades concedidas al nuevo empleo de intendente, las instrucciones con que se gobernaba y todas las órdenes que se le hubiesen comunicado desde que se le nombró para servirle".[49] No he podido averiguar qué respondió Corbalán, pero no sería difícil imaginarlo.

Hasta donde sabemos, nunca se reglamentó el ejercicio gubernativo del intendente de Real Hacienda de Sonora y Sinaloa;[50] a Corbalán se le instruyó en todo caso de una manera casuística, de tal suerte que, como funcionario, debió obedecer las órdenes que se le daban, pero sus facultades de decisión fueron sumamente estrechas. Esta limitación de carácter formal fue mayor durante los primeros años de su gestión, pues el título de intendente que expidió en su favor el marqués de Croix no obtuvo expresamente la sanción real, aun cuando dicho virrey la solicitó en junio de

---

[45] Hay una copia esta instrucción en AGN, *Correspondencia de Virreyes, primera serie* 68, f. 196v-208; otra más en el mismo volumen, ff. 335–35lv.

[46] *Adiciones a la Instrucción formada por Eusebio Ventura Beleña para el mejor arreglo de la caja de Los Alamos, por Pedro Corbalán:* Real de los Alamos, 31 de diciembre de 1770, AGN, *Provincias Internas* 226, ff. 500–502v.

[47] *Carta de Pedro Corbalán al virrey marqués de Croix:* Real de los Alamos, ibid., ff. 498–498v y 503.

[48] *Consulta de Pedro Corbalán al virrey Bucareli:* Real de los Alamos, 14 de abril de 1772, ibid., 247, f. 254v.

[49] *Parecer del asesor [de la Comandancia General de las Provincias Internas] Pedro Galindo Navarro:* Arizpe, 22 de febrero de 1780, AGI, *Guadalajara,* 278, exp. 478.

[50] Dice Navarro García: "No se sabe que Corbalán recibiera instrucción para desempeñar su cargo". *Intendencias,* 68.

1771.[51] No resulta extraño, así, que el virrey Bucareli reconociera que la firma de Corbalán carecía de autoridad ni que, por su parte, los empleados de las rentas reales ignoraran al intendente;[52] lo extraño es, como lo hace notar Luis Navarro García, que, a pesar de esta irregularidad, se haya mantenido a Corbalán en su empleo.[53]

En lo que respecta a la real caja obró Corbalán como una especie de supervisor, pues con su "asistencia e intervención" se efectuaba "el tanteo, corte y visita" de la real caja de Alamos.[54] Sin embargo, esa facultad de intervención fue restrigida expresamente por acuerdo de la Junta de Real Hacienda celebrada el 18 de mayo de 1775, la que decidió que en el gobierno y administración de las reales cajas—en ese entonces se consideraba la conveniencia de establecer una real caja en El Rosario y otra en el pueblo de Onabas—"tuviese el intendente las mismas funciones que conceden las leyes a los justicias de los pueblos donde están establecidas, sin que absolutamente pudiese librar cantidad alguna sobre la Real Hacienda si no fuese en el caso de una urgencia extrema, en cuyo evento avisaría con la mayor prontitud a su excelencia para su aprobación".[55]

En el otro campo "natural" de acción del intendente, el de las rentas reales, tampoco se le concedieron a Corbalán facultades que estuvieran por encima de las de los administradores oficiales. Sus funciones fueron más bien de promoción de esas rentas y casi estuvo limitado a informar continuamente sobre lo que se hacía o podía hacerse para incrementarlas. En 1774 se le facultó para intervenir en los asuntos contenciosos de la renta del tabaco, pero no él solo sino con otros dos subdelegados que tendrían la misma función.[56]

Funcionario que no tenía un campo de competencia claramente definido, pero que tampoco tenía superiores jerárquicos en el ámbito de su jurisdicción, el intendente se vio compelido a informar puntualmente al

---

[51] *Carta del virrey marqués de Croix a Julián de Arriaga:* México, 27 de junio de 1771, AGI, *Guadalajara* 416, f. 740. Cfr. Navarro García, *Don José de Gálvez*, 250–251.

[52] Navarro García, *Don José de Gálvez*, 256–257. El propio virrey Bucareli no consideraba necesaria la vigilancia que Corbalán quería efectuar para que no dejaran de pagarse los reales derechos, como era el de la alcabala. En 1772, el intendente solicitó se le informara de todas las mercancías que se remitieran a Sonora y Sinaloa, para verificar que se hubieran satisfecho los derechos correspondientes, pero Bucareli le respondió que darle esa información sería muy gravoso para la Aduana y, además, no resultaba indispensable. *Minuta de oficio [del virrey Bucareli] a Pedro Corbalán:* México, 28 de abril de 1772, AGN, *Provincias Internas* 232, ff. 262–262v.

[53] Navarro García, *Don José de Gálvez*, 257.

[54] *Carta de Pedro Corbalán el virrey Bucareli:* Alamos, 18 de enero de 1774, AGN, *Provincias Internas* 91, ff. 154–154v.

[55] *Parecer del asesor [de la Comandancia General de las Provincias Internas] Pedro Galindo Navarro:* Arizpe, 22 de febrero de 1780, AGI, *Guadalajara*, 278, exp. 478.

[56] *Carta de Pedro Corbalán al virrey Bucareli:* San Miguel [de Horcasitas], 1 de marzo de 1774, AGN, *Provincias Internas* 91, ff. 185–186.

virrey de cuanto hacía o dejaba de hacer. A los cuatro meses de haber tomado posesión como virrey de la Nueva España, Bucareli le mandó una carta a Corbalán reclamándole que no le hubiese informado aún sobre el estado de las provincias que estaban bajo su mando (en ese entonces Corbalán estaba por entregar el gobierno político de Sonora y Sinaloa a Mateo Sastre), los indios reducidos, los placeres de La Cieneguilla y los productos de la real caja de Alamos. Concluía el virrey ordenándole a Corbalán que rindiera inmediatamente los informes referidos y que, en lo sucesivo, mandara cabales noticias en cada correo, hubiera o no "novedad que avisar".[57] En otra carta, escrita ésta en el mes de abril, Bucareli reconvino a Corbalán por haberle dado cierta información al tesorero Juan José de Echeveste sin antes comunicarla al virrey. Le decía Bucareli al intendente: "En ninguna de las cartas que yo he tenido de vuestra merced . . . me da esta noticia, aun sin embargo de todas mis prevenciones para saber cuanto pasa en esas provincias y la precisión que vuestra merced tiene de hacérmelo entender, como que mis disposiciones han de gobernar sus operaciones".[58]

Mientras que de este modo se reafirmaba la obligación de Corbalán de tener al tanto al virrey de todo cuanto el intendente obrara en el ejercicio de su empleo, subsistía la imprecisión original sobre los campos que debían ser propios del gobierno intendencial. Desde un principio se le empezó a reclamar al intendente que informara sobre asuntos, como el de la erección de curatos,[59] respecto de los cuales él no podía resolver cosa alguna, ni siquiera provisionalmente. Se le pidió tiempo después que formara un plan sobre las poblaciones de la región, en el que se especificara cuáles podrían "erigirse en curatos". No pudo hacer a este respecto más que una encuesta entre los ministros religiosos y sugerir, finalmente, que se esperase a que se efectuara la visita del obispo de Durango,[60] la que, por cierto, no llegó a realizarse.

La situación en que actuaba Corbalán era en cierto sentido paradójica. Sus facultades, que, como hemos dicho, siempre le fueron otorgadas en forma casuística, al hacerse más y más específicas fueron cada vez más limitadas; en cambio, la noción misma de "gobierno económico" tendió a ampliarse en la práctica precisamente por no haberse llegado a definir. El

---

[57] *Minuta de carta [del virrey Bucareli] a Pedro Corbalán:* México, 15 de enero de 1772, ibid., 232, ff. 233–234.

[58] *Minuta de carta [del virrey Bucareli] a Pedro Corbalán:* México, 8 de abril de 1772, ibid., ff. 257–257v.

[59] Señalaba Corbalán en 1770 que se le había hecho cargo de atender el asunto de la secularización de misiones, pero que la orden respectiva no se acompañó de documento alguno que dijera "la menor cosa sobre curatos". *Carta de Pedro Corbalán al virrey marqués de Croix:* Pitic, 23 de agosto de 1770, ibid., 226, ff. 444–444v.

[60] Hay un expediente con comunicaciones sobre este asunto en ibid., 245 (segunda parte), ff. 344–350v.

resultado de esto fue que, en la medida en que la capacidad de ejecución venía a menos, la función real del intendente se redujo a lo puramente informativo. Alguna vez Corbalán tuvo que informar sobre descubrimientos hechos hacia la confluencia de los ríos Gila y Colorado,[61] lo que solamente de una manera muy indirecta tenía que ver con las cosas de Real Hacienda. Bucareli le mandó en 1772 que visitara "todos los reales de minas de las provincias de Sonora y Sinaloa" por ser esa "una operación propia del empleo" de intendente y porque de la minería podían "resultar muchas ventajas y utilidades a la Real Hacienda".[62] La minería era obviamente una actividad económica, así que bien podía pensarse que gobernarla era tarea propia del intendente; pero el caso era que no estaba definido en qué consistía gobernar una actividad como ésta. Debo decir que el gobernador Mateo Sastre había iniciado una visita a las minas cuando se enteró de que ésa sería obligación del intendente, así que suspendió la visita[63] y seguramente se desentendió en lo sucesivo de las cosas de minería. Por su parte, Corbalán, al que no se le pidió más que informar, no practicó la visita por falta de medios y se concretó a solicitar informes a los justicias locales y remitirlos a México algún tiempo después.[64] Respecto del repartimiento de tierras ocurrió algo semejante, pues Corbalán se empeñó en hacer los deslindes de las tierras que habían sido tradicionalmente ocupadas por las comunidades indígenas—tarea en la que tuvo no pocas dificultades—pero no sabemos que haya repartido más tierras que unas que se abrieron al cultivo en el Pitic y que se entregaron a indios seris.

La separación de los gobiernos político y económico planteó otro problema que no tuvo una clara solución legal: el de la relación jerárquica entre el gobernador y el intendente. Según la concepción original de Gálvez, tanto aquél como éste debían tener sus respectivas esferas de autoridad; en la práctica, la situación fue confusa y la consecuencia de ello fue que, en muchos aspectos, el intendente no pudiera actuar sin el acuerdo del gobernador. A propósito de ciertas diferencias que se suscitaron entre el gobernador Mateo Sastre y el teniente Pedro Tueros, subdelegado de

---

[61] *Carta de Pedro Corbalán al virrey Bucareli:* Real de los Alamos, 14 de mayo de 1772, ibid., 232, ff. 151–152.

[62] *Minuta de carta [del virrey Bucareli] a Pedro Corbalán:* [s. l.] 27 de abril de 1772, ibid., f. 231.

[63] *Informe de Mateo Sastre al virrey Bucareli:* Real presidio de San Miguel de Horcasitas, 14 de octubre de 1772, AGI, *Guadalajara,* 513, Ro. 5.

[64] Hubo casos en que las autoridades locales fueron remisas en la formulación y envío de los informes que les solicitaba Corbalán. El intendente tuvo que amenazar a Gabriel de Aspiroz, justicia mayor del real de El Rosario, con acusarlo con el virrey por su negligencia; Aspiroz se justificó diciendo que él ya había cumplido con informar al virrey a través de los oficiales reales de Guadalajara, pero que si en la intendencia se necesitaba un duplicado de esa información la mandaría inmediatamente. Estas dos cartas, fechadas en junio de 1773, se encuentran en AGN, *Provincias Internas,* 232, ff. 18–18v.

Corbalán en el real de La Cieneguilla, Bucareli hizo al intendente la siguiente advertencia: "Prevengo a vuestra merced que no se olvide de proseguir la buena armonía—que es indispensable para conservar en quietud y felicidad estos establecimientos—con don Mateo Sastre, en quien, como gobernador, reside el mando de la tierra y se halla encargado por mí de tomar cuantas providencias conspiren a su logro".[65]

Murió el gobernador Sastre en marzo de 1773 y fue pronto sustituido por Francisco Antonio Crespo, con quien Corbalán tuvo que seguir acordando muchos de sus actos, al punto de que el intendente, que residía en el real de Los Alamos, tenía que desplazarse hasta San Miguel de Horcasitas, sede del gobierno político, o bien al puesto del Pitic para tener acuerdos con el gobernador.[66]

En 1775, Corbalán tuvo que viajar a la ciudad de México para aclarar las cuentas que había rendido desde que era subintendente de la expedición militar. En su ausencia, el gobernador Crespo debió atender asuntos que caían dentro de la esfera del gobierno económico, como fue la designación de una persona que manejara provisionalmente los caudales de la real caja de Alamos, siendo así que el tesorero se hallaba agonizante.[67] Esas intervenciones las hizo Crespo en su calidad de gobernador político y no como intendente sustituto, pues, aun estando en México, Corbalán conservó su investidura y seguía percibiendo su sueldo.

Por algo menos de dos años, la dualidad de mandos establecida en Sonora y Sinaloa subsistió por una mera inercia formal; durante ese tiempo, Corbalán permaneció en México y, a distancia, menos pudo ejercer sus ya de por sí menguadas funciones de intendente. Parece ser que Corbalán hubo de prolongar su estancia en México porque no recibía instrucciones de reintegrarse a las provincias del noroeste. Sabemos que el virrey Bucareli se oponía a la subsistencia del gobierno intendencial en aquellas provincias, así que podemos suponer que dicho virrey trató de mantener indefinidamente a Corbalán fuera del ámbito de su jurisdicción. Era ésta una manera de acabar de hecho con la intendencia de Sonora y Sinaloa, ya que la institución se materializaba tan sólo en la persona del intendente. Pero, cualesquiera que hayan sido los designios de Bucareli, el exilio del intendente no fue definitivo; antes de que Corbalán terminara en el desempleo se dejó sentir de nuevo el influjo de Gálvez, ahora desde la corte española.

---

[65] *Carta [del virrey Bucareli] a Pedro Corbalán:* México, 6 de enero de 1773, AGI, *Guadalajara,* 513, exp. 740.

[66] *Carta del gobernador Francisco Antonio Crespo al virrey Bucareli:* San Miguel de Horcasitas, 23 de enero de 1774, AGN, *Provincias Internas* 96, ff. 27–27v.

[67] *Carta de Francisco Antonio Crespo al virrey Bucareli:* Real presidio de San Miguel de Horcasitas, 20 de mayo de 1775, ibid., ff. 197–197v.

Habiendo sido nombrado Secretario de Indias en enero de 1776, José de Gálvez pudo, desde esta posición, lograr que cristalizara otro de sus antiguos planes de reforma institucional: el establecimiento de la Comandancia General de las Provincias Internas del norte de la Nueva España, cuyo primer titular fue el brigadier Teodoro de Croix. Influyó también el flamante secretario para que, el 16 de mayo de 1776, el rey confiriera a Pedro Corbalán el gobierno político y económico de las provincias de Sonora y Sinaloa, "uniendo en él ambos empleos".[68] Bucareli, que para entonces había nombrado a Francisco de Echeagaray por gobernador político de Sonora y Sinaloa, tuvo que revocar este nombramiento y reconocer a Corbalán, el que hizo el juramento de ley ante Teodoro de Croix, luego que éste llegó a la Nueva España. Corbalán tomó posesión de sus empleos en el real de El Rosario el 2 de abril de 1777.[69]

Cuando Corbalán y Teodoro de Croix se entrevistaron en la ciudad de México trataron, entre otros, el asunto de las funciones del intendente. Cabe decir aquí que en el *Informe y plan de intendencias* de 1768 se preveía que las intendencias de Sonora y California estuvieran sujetas a la Comandancia General de las Provincias Internas cuando ésta se creara.[70] También en la instrucción reservada que se dio a Teodoro de Croix al nombrársele comandante general de las Provincias Internas se especificó que el intendente de Sonora debería darle cuenta "individual y exacta" de cuanto ocurriera en las provincias de su mando.[71] Establecida, pues, esta relación de dependencia entre el intendente y el comandante general, aquél le informó a su nuevo jefe de los asuntos que se habían tenido por propios de la intendencia de Real Hacienda y éste mandó esos informes a España con una carta consulta suya fechada el 26 de julio de 1777.[72]

Gálvez trató de aprovechar la coyuntura para fortalecer la función intendencial bajo estas nuevas circunstancias en que un hombre de su entera confianza, Corbalán, pasaba a tener, ahora sí por voluntad manifiesta del soberano español, la autoridad política y la económica. Consiguió el secretario de Indias que el rey prescribiera que el intendente sería la máxima autoridad regional en materia hacendística, y así lo comunicó a Teodoro de Croix casi al finalizar el año de 1777:

> He dado cuenta al rey de la carta de vuestra señoría de 26 de julio de este año ... y de las copias que incluye de las que le dirigió el gobernador in-

---

[68] *Minuta de real orden dirigida a José de Gálvez:* Aranjuez, 16 de mayo de 1776, AGI, *Guadalajara*, 301.
[69] Navarro García, *Don José de Gálvez*, 393.
[70] Navarro García, *Intendencias*, 171.
[71] *Instrucción reservada dada a Teodoro de Croix:* San Ildefonso, 22 de agosto de 1776, AGI, *Guadalajara*, 242.
[72] *Oficio de José de Gálvez a Teodoro de Croix:* Madrid, 21 de diciembre de 1777, AGN, *Provincias Internas* 246, f. 217.

tendente de Sonora, don Pedro Corbalán, sobre el ejercicio de las funciones de intendente. También hice presentes las arregladas y prudentes respuestas de vuestra señoría, que han merecido la real aprobación. Y me manda su majestad avisarle que se está formando la *Instrucción de Intendencia* y que, entretanto, prevenga vuestra señoría [a los] oficiales reales de Los Alamos y demás empleados de Real Hacienda que es su real voluntad que obedezcan y ejecuten las órdenes y libramientos del intendente, en cuya inteligencia dará vuestra señoría las providencias convenientes al efectivo cumplimiento de esta real resolución.[73]

Pese a estas nuevas disposiciones que fortalecían la autoridad hacendística de Corbalán, el comandante general, que entre sus funciones tenía la de ser superintendente de Real Hacienda en todas las Provincias Internas, intervino de una manera decisiva en los asuntos administrativo-fiscales que, bajo otras circunstancias, podían haber sido de la exclusiva competencia de Corbalán, no en su carácter de gobernador político sino de intendente de Sonora y Sinaloa. Hemos de decir que las facultades hacendísticas de Corbalán se vieron limitadas no sólo por la autoridad superior concedida al comandante general, sino porque, desde 1779, éste último fijó su residencia en el pueblo, luego ciudad de Arizpe, localizado en la provincia de Sonora y sede oficial de la Comandancia General. La competencia del superior jerárquico tendió siempre a imponerse sobre la del subordinado.

Un campo que permaneció casi enteramente ajeno a Corbalán fue el de la administración de las rentas reales. Por lo general, la relación del comandante con los factores de las rentas establecidas en la gobernación de Sonora y Sinaloa fue directa,[74] lo que contribuyó a minimizar la figura y las funciones de Corbalán. Luego que, en 1783, Teodoro de Croix entregó la Comandancia General a su sucesor, Felipe de Neve, se le dieron al intendente algunas comisiones específicas, como fue, por ejemplo, la de la subdelegación de Correos y Postas, que se le encargó a partir de 1785.[75] Hubo, en cambio, direcciones generales de rentas reales que, hasta el final de la gestión de Corbalán, obraron como si la intendencia no existiera. En febrero de 1787, Corbalán escribió un oficio al director general de Alcabalas en el que se quejaba de eso precisamente.[76]

La intendencia de Real Hacienda con jurisdicción regional fue, por lo menos durante tres lustros, una fórmula administrativa que resultó extraña

---

[73] Ibid.
[74] *Informe del caballero de Croix a José de Gálvez:* Arizpe, 26 de marzo de 1780, AGI, *Guadalajara,* 278, exp. 504.
[75] *Carta de Pedro Corbalán al virrey conde de Gálvez:* Arizpe, 15 de mayo de 1786, AGN, *Provincias Internas* 91, ff. 429–429v y 431–431v.
[76] Ricardo Rees Jones, *El despotismo ilustrado y los intendentes de la Nueva España* (México: Universidad Nacional Autónoma de México, 1983), 149.

dentro del sistema de gobierno establecido en el virreinato novohispano. Bucareli calificaba de innecesaria y perturbadora esa innovación institucional. Le decía al secretario Arriaga en 1774: "Una intendencia establecida en las provincias de Sonora en el gobierno antecedente, que lleva ya algunos años, no sólo no ha producido ventajas, sino que ocasiona confusión en el gobierno, dando más quehacer que los demás del reino. . . ."[77] Podemos decir nosotros que esos efectos perturbadores se atenuaron en la práctica en la medida en que la nueva institución fue ignorada en los distintos niveles de la administración de la colonia. No fue difícil que esto ocurriera, entre otras razones porque, desde su establecimiento y hasta 1785, en que se nombró un segundo intendente, éste con jurisdicción en la Nueva Vizcaya, la intendencia erigida en Sonora y Sinaloa fue la única existente en el virreinato. Institución pretendidamente innovadora, pero obviamente incapaz de modificar el sistema general de gobierno, esa intendencia no fue una pieza funcional dentro de una estructura administrativa más amplia, sino que su función y su estructura se agotaron en ella misma. Hemos dicho antes que la intendencia se reducía prácticamente a la persona del intendente. Tal situación no cambió ni siquiera luego que Corbalán se hizo cargo simultánea y definitivamente de los gobiernos político y económico. En 1781, siendo gobernador-intendente, Corbalán sólo contaba en su oficina con dos "dependientes de pluma", a los que él, de su personal peculio, cubría sus honorarios.[78]

La modestia de su cargo la compensó Corbalán con la obediencia y lealtad que mostró hacia sus superiores. Teodoro de Croix reconocía en 1778 "el celo y exactitud con que don Pedro Corbalán desempeña la confianza que el rey le ha encargado".[79] Poco tiempo después, el comandante general se refería aun con más detalle a los méritos del intendente-gobernador; Corbalán, certificaba Teodoro de Croix, "debe ser estimado, tenido y reputado por un ministro amante de la verdad, puntual en el cumplimiento de las órdenes superiores, diligente en promover los ramos de Real Hacienda, activo en arreglarlos, vigilante en procurar sus aumentos y fiel en dirigirlos; apreciador de la justicia, desinteresado y equitativo en distribuirla, tan celoso de la felicidad de estas provincias como del servicio de su majestad".[80]

El reconocimiento del comandante general también se hizo patente cuando, en 1780, Teodoro de Croix respaldó una petición hecha por

---

[77] Citado en Navarro García, *Intendencias*, 54.
[78] *Representación de Pedro Corbalán al comandante general:* Arizpe, 22 de septiembre de 1781, AGI, *Guadalajara*, 281 B, exp. 688.
[79] *Carta del caballero de Croix a José de Gálvez:* Chihuahua, 30 de noviembre de 1778, ibid., exp. 310.
[80] *Certificación del caballero de Croix en favor de Pedro Corbalán:* Arizpe, 18 de agosto de 1783, AGN, *Intendentes e Intendencias* 5, ff. 8–8v.

Corbalán en la que éste solicitó al rey que le concediera la gracia de intendente de ejército. Por iniciativa propia, el comandante general propuso luego que se premiara a Corbalán con "la Cruz de la distinguida Real Orden Española".[81]

Después de haber servido por largos años y no pocas dificultades el empleo que se le dio por primera vez en 1770, Corbalán fue designado intendente de provincia en Veracruz. En los primeros meses de 1787 salió de las provincias del noroeste novohispano hacia su nuevo destino.

UNA PERTINENTE NOTA FINAL

José de Gálvez concibió la intendencia americana como un instrumento de la nueva política borbónica. Por esto justamente fue que el traslado de la institución al mundo colonial fue un punto de capital importancia dentro del proyecto reorganizativo del que el político malagueño fue un activo promotor. Según Gálvez lo declaraba ya en el *Informe* de 1768, la adopción del régimen intendencial, que era de suyo una medida reformista, debía ser la condición *sine qua non* de la reforma de la sociedad, de la economía y del sistema hacendístico. La restauración plena del imperio de la monarquía y, con ello, la afirmación de la dependencia del mundo colonial venían a ser los objetivos mediatos de este proyecto de reforma global cuyo desarrollo tendría que descansar en la institución de la intendencia.

Los hombres "nuevos", los que estuvieran comprometidos con la nueva política, eran necesarios para que la institución no perdiera su sentido y, consecuentemente, cumpliera sus fines. Tanto Ventura Beleña como Corbalán fueron tenidos por Gálvez como sujetos que poseían las cualidades que se requerían para integrar la burocracia del reformismo; el primero, Ventura Beleña, no pasó, a juicio de Gálvez, las pruebas decisivas; Corbalán, en cambio, logró conservar la confianza de su protector y no dejó de reconocer que a Gálvez le debió las posiciones que llegó a ocupar. Casi al final de su gestión en Sonora y Sinaloa, Corbalán declaraba que se sentía muy agradecido con el entonces secretario de Indias, "de quien—decía—soy una fiel hechura y deudor, entre otros beneficios, a la intendencia y gobierno de estas provincias de Sonora y Sinaloa".[82]

Si la intendencia fue concebida como el instrumento que facilitaría la realización de las otras reformas, cabría preguntarse si la que se estable-

---

[81] *Representación de Pedro Corbalán:* Veracruz, 4 de noviembre de 1789, ibid., ff. 3-4.

[82] *Carta de Pedro Corbalán al virrey conde de Gálvez:* Arizpe, 24 de julio de 1785, AGN, *Provincias Internas* 91, f. 419v.

ció tempranamente en Sonora y Sinaloa fue eficaz en este sentido. Lo que hemos visto en este trabajo es tan sólo parte de una posible respuesta. Estuvo fuera de nuestro propósito considerar otros factores condicionantes del ejercicio del gobierno intendencial, pero no estará de más que sugiramos ahora una reflexión a ese respecto.

Cuando Ventura Beleña se enteró de que lo habían nombrado intendente de Real Hacienda en las provincias de Sonora y Sinaloa, creyó necesario hacer una solicitud que justificó de esta manera en carta dirigida al virrey marqués de Croix: "Para que mis providencias fuesen más respetadas en este empleo tan nuevo y desconocido en estas provincias como en todos los dominios de América, solicité de su majestad me condecorase con los honores de ministro togado de su Real Consejo de Hacienda u otro tribunal de la corte que fuera de su real agrado".[83]

Ya no a Ventura Beleña sino a Corbalán le tocó experimentar las consecuencias del escaso reconocimiento que, en la región, merecía la autoridad del intendente. Lamentándose de ello escribía Corbalán al virrey en 1773: "Verdaderamente, señor excelentísimo, que yo represento en la actualidad un papel demasiado triste en estas provincias, porque consideran a mi empleo sólo en el nombre y de muy poca duración".[84]

Algo más que la simple falta de estima o de público reconocimiento de lo que representaba el intendente se denuncia en estos textos que acabamos de citar. Para que la Intendencia de Real Hacienda deviniera aquella institución restauradora descrita en el *Informe* de 1768 era necesario que tuviera, además de un programa, una capacidad real para ejecutarlo. En otras palabras: el problema no era solamente de formalidad institucional sino de poder. Podemos decir a este respecto que, en general, el destino de la política de reforma estaría condicionado siempre por las estructuras de poder, que no habrían de transformarse por la sola integración de un renovado aparato burocrático. Un voluntarismo como el de Gálvez no era suficiente para consumar la reforma y controlar su sentido histórico. Alguna vez escribió el virrey Bucareli, refiriéndose a la intendencia de Sonora y Sinaloa: "no todo lo que se cree posible en el papel lo es en la ejecución".[85] De alguna manera hemos visto eso en este trabajo, aunque todavía queda mucho por decir respecto de esa precursora y aislada experiencia de reforma institucional que se dio en el noroeste novohispano.

---

[83] *Carta de Eusebio Ventura Beleña al virrey marqués de Croix:* Alamos, 16 de mayo de 1770, ibid., 68, f. 286v.
[84] *Carta de Pedro Corbalán al virrey Bucareli:* Alamos, 24 de marzo de 1773, ibid., 91, f. 73v.
[85] *Carta de Bucareli a Julián de Arriaga:* México, 22 de febrero de 1772, citada en Navarro García, *Intendencias,* 54.

4

The Bourbon Reforms, City Councils, and the Struggle for Power in Yucatán, 1770–1796

Robert W. Patch

AFTER INDEPENDENCE, Yucatán became one of the most politically unstable states in a republic notorious for its instability. The causes of Mexico's disorder in the nineteenth century are not completely understood, but a good clue regarding the nature of Yucatán's political chaos is provided by the events of 1858. In that year the leaders of a revolt in Campeche City proclaimed the western sections of the peninsula to be an independent and "sovereign" state. The governmental authorities in Mérida, wearied by decades of political strife, made no attempt to stand in the way, and when the federal government in Mexico City went along with the change, the Yucatán Peninsula was thereafter divided into two separate political entities—the states of Campeche and Yucatán. This cutting of the Gordian knot immediately resolved the major issue that had provoked political instability in the past. To be sure, neither Campeche nor Yucatán became stable overnight. Nevertheless, the rivalry between Mérida and Campeche for control of the peninsula was ended, and, as a result, local elites were now ready to enter into new conflicts, especially those arising from national, rather than regional, issues.[1]

---

[1] For an overview of Yucatecan politics after Independence, see Serapio Baqueiro, *Ensayo histórico sobre las revoluciones de Yucatán desde el año 1840 hasta 1864*, 3 vols. (Mérida: Manuel Heredia Argüelles, 1878); and Eligio Ancona, *Historia de Yucatán*, 4 vols. (Mérida: Manuel Heredia Argüelles, 1878–1880), which appeared in a second edition in 1889. A fifth, posthumous volume was published in Mérida in 1905.

The post-Independence instability of Yucatán was thus to a great extent caused by the struggle for power between Mérida and Campeche. But what was the cause of the rivalry? The answer to this question is significant because it helps reveal the impact that the Bourbon reforms had on late colonial Mexico. Scholars have long been aware of the importance of the political and economic changes introduced by the Spanish monarchy in the eighteenth century. Indeed, because the Bourbon reforms constituted what one historian has referred to as the "second conquest of America,"[2] the program clearly contributed significantly to Independence. But what, if anything, did Bourbon policies have to do with post-Independence instability? The purpose of this essay is not to provide a definitive answer but to demonstrate how in one case—that of Yucatán—the Bourbon reforms did in fact contribute to post-Independence political strife, thus suggesting a path for future research on the subject.

Spanish rule in America was based for centuries on the active cooperation of the Crown and local elites. The Bourbon reforms, however, changed the relationship between the royal government and its subjects in America. The result would be the emergence of a much more self-assertive local ruling class. But since Spanish America in fact was made up of numerous regions, in reality each regional ruling class asserted its power not only against the government but also against the ruling classes of other regions. Elite unity was thus shattered, and interelite conflict became a fundamental characteristic of political instability in post-Independence Spanish America.

One suspects that latent conflict between Yucatán's Spanish urban centers existed from the very beginning of the colonial era. However, Bourbon policies laid the basis for heightened tension and conflict of interest between them. Most importantly, in 1770 the Crown included Campeche as one of the American ports given permission to trade with other Spanish and Spanish American seaports. This *libre comercio*—free trade within the empire—had an immediate effect on Campeche. Prior to 1770, it was reported, the commerce of Yucatán's major port had consisted of only 6 to 8 ships departing Campeche for Veracruz, 2 or 3 for Havana, an occasional ship for Portobello, and 2 for the Canary Islands, while inbound ships were very rare—none at all putting in between 1758 and 1770. Then, after the proclamation of *libre comercio*, Campeche's commerce with the outside world increased enormously. By 1802, arrivals and departures were said to have totaled some 960 ships.[3]

---

[2] John Lynch, *The Spanish American Revolutions, 1808–1826* (New York: Norton, 1973), 7.

[3] Representación del Cabildo de Mérida al Rey, December 14, 1804, Archivo General de Indias (hereafter cited as AGI), México 3015.

This commercial expansion is even more remarkable because it coincided with a sharp decline in one important sector of the economy as a result of another Bourbon reform. This was the abolition in 1782 of the *repartimiento* (a system in which the Yucatec Maya were required to pay off debts by weaving cotton textiles, spinning thread, and gathering wax). This policy led to the collapse of Yucatán's traditional export economy and provoked a substantial commercial recession, from which the province did not recover until the 1790s.[4] The late-colonial commercial boom, therefore, was partly the result of, and partly despite, Bourbon policies.

Economic change, as is to be expected, had political implications. First, the weakening of Yucatán's commercial ties with the rest of New Spain (as a result of the collapse of exports of cotton textiles, thread, and wax) and the concomitant strengthening of ties with Cuba (as a result of greatly increased exports of beef, cattle, tallow, hides, wood, and rice) were certainly behind Yucatán's well-known tendency toward separatism—that is, separation from Mexico—in the nineteenth century. Certainly, without strong economic ties to the rest of Mexico, the willingness of Yucatecan elites to contemplate such separation was greater, and this political tendency naturally would exacerbate any other divisive issues that might emerge. Second, the elimination of the *repartimiento* system led to the rapid economic decline of the Valladolid region. As a result, Yucatán's eastern urban center, once a prominent actor in the struggle between royal authority and municipal privilege, ceased to play a significant role in the political struggles in the province. Finally, rapid commercial expansion in other sectors led to the growth of the population and power of Campeche, thereby providing Mérida with what it had heretofore lacked: a rival.

The growing importance of Yucatán's major seaport eventually received royal recognition. In 1772 Campeche, still only a *villa* (town), requested that it be raised to the status of *ciudad*, that is, city. A similar request had been made back in 1722 but had been rejected. This time, however, the Crown acceded to the wishes of the Campechanos and granted Campeche city status in 1777. On the other hand, the royal government chose to restrain the seaport's pretensions by limiting Campeche to ten *regimientos* (positions of *regidor* [councilman] on the city council) rather than allowing the twelve originally requested.[5] Nevertheless, the higher status granted to Campeche was significant: as a full-fledged city it was now ready to compete with Mérida for control of the peninsula. The institutional basis of the struggle for power had now emerged.

---

[4] For the importance of the *repartimiento* system and its late-colonial decline, see Robert W. Patch, *Maya and Spaniard in Yucatán, 1648–1812* (Stanford: Stanford University Press, 1993), chaps. 4 and 6.

[5] Consulta, July 17, 1777, AGI, México 3004.

Campeche's higher status and greater self-confidence soon produced increased conflict with a royal government that was also expanding in power and determination. Inevitably, these disputes were manifested as struggles over jurisdiction. Such conflict, of course, was one of the basic political issues of colonial Spanish America. The struggle emerged in Yucatán as early as the 1550s, and resulted in a Crown ruling of 1558 affirming that the alcaldes of Mérida, Campeche, and Valladolid had jurisdiction, as judges of first instance, over the Indians of the province. Thereafter, the Crown's officials in Yucatán attempted to limit the powers of the municipal magistrates. In 1576 the royal decision in favor of the cities had to be reiterated, and in the future the province's *cabildos* (municipal councils) continually had to remind various governors of municipal prerogatives. This was necessary because the chief executives continually tried to infringe on the rights of the cities. Many governors, for example, attempted to appoint lieutenants with full rights of jurisdiction in Valladolid. Just as often, the *cabildo* of that *villa* resisted the governors, because to lose jurisdiction meant to lose control over the Indians and thus to be eliminated from the profits of the *repartimiento*. Eventually, the governors agreed to appoint the *villa*'s alcaldes to serve as their lieutenants, which in practice meant that Valladolid won the struggle for power. Mérida and Campeche also emerged as winners in various conflicts with the governors over jurisdiction. A Crown ruling of July 18, 1748, reiterated yet again that the magistrates of the capital and of the province's two *villas* had jurisdiction of first instance over the Indians; the governor's powers as superior magistrate were defined as appellate.[6]

The *cabildos* of Yucatán thus succeeded in holding on to their power during a large part of the Bourbon period. However, the more vigorous government of Charles III, whether by design or simply as a result of a more imperious attitude manifested by royal officials, eventually found itself embroiled in conflicts with Yucatán's city councils. Eventually, with the establishment of the intendancy, the *cabildos* would find themselves threatened with the loss of their traditional powers.[7]

This struggle began as a conflict between the Cabildo of Campeche and the Crown's chief military official in that port, the *teniente de rey* (king's lieutenant). Because of the port's substantial military garrison, composed—on paper, of course—of a regular battalion of Castilians and

---

[6] Carta del Cabildo de Valladolid al Virrey, August 20, 1720, AGI, México 1020, contains a history of the conflict between the governors and the cities over jurisdiction. See also Real Cédula, July 18, 1748, AGI, México 3047.

[7] The impact of the intendancy on Spanish American city councils has not yet been adequately investigated. For one of the first studies of the topic, see John Fisher, "The Intendant System and the Cabildos of Peru, 1784–1810," *Hispanic American Historical Review* 49, no. 4 (November 1969): 430–453.

seventeen militia companies, disputes naturally arose because of the different status of regular soldiers and militiamen. In 1785 the *teniente de rey*, Colonel Juan de Piñeyro, commander of all troops in Campeche, informed the king that the city alcaldes were attempting give orders to militia units to provide escort and perform guard duty without first asking his permission. Piñeyro, backed by his superior, Governor–Captain General José de Merino y Ceballos, pointed out that this was contrary to the law and asked for a ruling in his favor to make the city magistrates desist from their usurpation of his authority.[8]

In fact, this was part of a broader conflict of interest between the Cabildo of Campeche and royal military authorities, for only four days after Piñeyro wrote his letter to the king the city council followed suit, alleging that the *teniente de rey* was attempting to infringe on its authority by extending the *fuero militar* (military privilege) to off-duty militiamen. Since almost every adult non-Indian male belonged to the militia, this would have deprived the city alcaldes of jurisdiction as judges of first instance over all non-Indian males. In the end, the Crown ruled that everything should remain as before, that is, that the alcaldes had no right to command active (mobilized) troops, and that militiamen were under the jurisdiction of the *fuero militar*, and hence of the *teniente de rey*, only when they were activated.[9]

This struggle for power between municipal authority and the Spanish military was a regular feature of late-colonial politics. Conflicts between *cabildos* and the army over the *fuero militar* occurred throughout Spanish America.[10] The case of Campeche was far from unique, but the manner in which these struggles were carried out, and the results of such conflicts, were different in every region. In Campeche, for example, political strife between the *cabildo* and royal military officials almost immediately spilled over into other areas and eventually constituted a much more serious threat to municipal power.

---

[8] Carta del Comandante del Batallón de Castilla y Teniente de Rey interino al Rey, June 2, 1785, AGI, México 3065, exp. 2.

[9] Carta de los Alcaldes de Campeche al Rey, June 6, 1785, Informe del Fiscal del Consejo de Indias, February 26, 1786, and decision by the Consejo de Indias, March 9, 1786, ibid., exp. 4.

[10] This is one of the main themes of the literature analyzing the politics and development of Spanish military institutions in America. See Lyle N. McAlister, *The "Fuero Militar" in New Spain, 1764–1800* (Gainesville: University Press of Florida, 1952), 8–10, 25–29, 67–68; Christon I. Archer, *The Army in Bourbon Mexico, 1760–1810* (Albuquerque: University of New Mexico Press, 1977), 125–135, 171–175, 181–182; Leon G. Campbell, *The Military and Society in Colonial Peru, 1750–1810* (Philadelphia: American Philosophical Society, 1978), 193–209; Allan J. Kuethe, *Military Reform and Society in New Granada, 1773–1808* (Gainesville: University Press of Florida, 1978), 27–28, 32–38, 68–70, 108–117, 178–179; and Allan J. Kuethe, *Cuba, 1753–1815. Crown, Military, and Society* (Knoxville: University of Tennessee Press, 1986), 44–49.

This began to become clear in March 1786, when the next *teniente de rey*, Colonel Enrique Grimarest, requested that he be named *corregidor* of the city of Campeche. Most *corregimientos* in America, of course, were held by *corregidores de indios*, that is, magistrates whose primary function was rule over the Indians. However, in some cities the royal government also appointed magistrates called *corregidores de españoles* to rule over Spaniards. Mexico City, for example, had one. Grimarest argued that creation of this position was necessary to correct the abuses perpetrated by the alcaldes, who, he said, ruled only in their own and their relatives' interest, thus depriving the poor of justice. The governor–captain general was too far removed from the scene to do justice because he had to reside in Mérida, yet the *teniente de rey* had only military, not political, power. He was not given a seat on the *cabildo,* and was even excluded from official participation in the celebrations of Corpus Christi, Palm Sunday, and Holy Week. Moreover, Grimarest complained, his lack of power made it possible for the alcaldes to treat him with disrespect. As *corregidor,* however, he would have jurisdiction as judge of first instance and could even take a seat on the *cabildo.*[11]

Needless to say, the *teniente de rey*'s pretensions would have entailed a substantial infringement on traditional municipal rights. Nevertheless, Governor–Captain General Merino supported Grimarest's request.[12] However, after studying the matter thoroughly, the *Consejo de Indias* (Council of the Indies) noted that the creation of the *corregimiento* would deprive the governor of power and thus inevitably lead to conflict between chief executives and *corregidores* over jurisdiction, as Merino would have known "if the governor had thought about it." Moreover, the proposal would also have deprived the city of its jurisdiction. Since the Crown countenanced no such attack on municipal rights, the *consejo* rejected Grimarest's request, thus maintaining Campeche in possession of its traditional power.[13]

Even before this decision had been made, however, the *teniente de rey* and the *cabildo* found more causes to fight over. In September of the same year Grimarest informed the king that he had tried to be cooperative with the city magistrates but had not succeeded because the alcaldes continually harassed his troops and their families. Once again, Governor

---

[11] Carta del Teniente de Rey al Rey, March 31, 1786, AGI, México 3068, exp. 1.

[12] Carta no. 196 del Gobernador Capitán General de Yucatán al Marqués de Sonora (José de Gálvez), March 30, 1786, ibid. Gálvez at the time was the minister of Marine and of the Indies.

[13] Informe del Fiscal del Consejo, December 10, 1786, and decision of the *consejo,* January 9, 1787, ibid.

[14] Carta del Teniente de Rey de Campeche al Rey, September 12, 1786, and Carta no. 236 del Gobernador Capitán General de Yucatán al Marqués de Sonora, November 5, 1786, AGI, México 3068, exp. 3.

Merino took his subordinate's side in the dispute.[14] Only two weeks after that complaint, Grimarest made yet another denunciation of the Cabildo of Campeche, this time alleging that the city magistrates had broken up a dance in a soldier's private house on the grounds that such functions required the prior approval of the alcaldes. Moreover, the magistrates then forced a soldier to give evidence in the case without seeking permission from the *teniente de rey*. This time the *Consejo de Indias* thought that the alcaldes had gone too far, for the dance had been private, and, most importantly, regular soldiers could not be made to give evidence without permission of their superior officers because of *fuero militar*. Therefore, the magistrates were reprimanded.[15]

Campeche was not the only participant in the struggle to maintain municipal privileges, for the provincial capital also felt compelled at times to protest against any threat to its power. To be sure, Mérida's conflicts with the governor–captain general were sometimes merely repeat performances of the perennial disputes—many of them ridiculous by modern standards—that had taken place in Spanish America since the founding of the colony. For example, in 1785 the *cabildo* complained to the king that Merino had arrogantly refused to post the bond required for his *residencia*, intervened in the municipal elections of 1784, treated the *regidores* with disrespect, refused to accept the *cabildo*'s handling of the meat-marketing system (*abasto de carne*), violated proper procedures in criminal investigations, and offended Christian charity, justice, public tranquility, morality, and custom by administering cold-water enemas to drunkards in the main plaza "in plain view of a numerous crowd of persons of all classes and sexes."[16]

More serious, however, was Governor Merino's attempt to extend the *fuero militar* to Mérida's off-duty militiamen, a step that the *cabildo* protested and of which the Crown, as in the case of Campeche, disapproved.[17] Undeterred by this reversal, Merino shortly thereafter decided to create new military districts—called *comandancias de barrio*—in Mérida's suburbs for the purpose of better maintaining public order. This clearly infringed on the powers of the municipal magistrates, and therefore the *cabildo* again complained to the king and the Crown again ruled against the pretensions of the governor.[18]

The royal government's willingness to sustain the city alcaldes' jurisdiction in these disputes shows the lack of any concerted effort thus far on

---

[15] Carta del Teniente de Rey al Marqués de Sonora, September 28, 1786, and Informe del Fiscal del Consejo de Indias, April 29, 1787, ibid., exp. 4.

[16] Carta del Cabildo de Mérida al Rey, June 22, 1785, AGI, México 3065, exp. 3.

[17] Carta del Gobernador Capitán General a José de Gálvez, August 20, 1785, and Informe del Fiscal del Consejo, March 21, 1786, ibid., exp. 11.

[18] Carta no. 44 del Gobernador al Rey, March 31, 1787, and Informe del Fiscal del Consejo, June 11, 1788, AGI, México 3068.

the part of the Bourbon authorities to deprive the municipalities of their traditional political powers. Nevertheless, almost immediately after the resolution of these conflicts in favor of the cities, the Crown abruptly changed policy and began to introduce reforms that, in effect, did constitute an attack on the *cabildos* of Yucatán. In 1786 the royal government decided to introduce the intendancy system in New Spain. This had important implications in Yucatán, which hitherto had been under the jurisdiction of the Audiencia of Mexico but had not been subject to the authority of the viceroy of New Spain.[19] The new intendant, however, was put directly under the control of the viceroy. Thus, the creation of the intendancy of Mérida meant, in the first place, that Yucatán was incorporated much more meaningfully into the political unit that would eventually become the Mexican republic. Since, as already noted, the province's commercial ties with New Spain were being severed at the same time, the permanent attachment of Yucatán to Mexico was in doubt for a long time thereafter.

Just as important, however, were the implications that the intendancy had for municipal privileges. At first it was by no means clear what would be the relationship between intendants and *cabildos*. This was partly because the first intendant, Lucas de Gálvez, appointed in April 1787, had to serve while, at the same time, José de Merino continued as governor–captain general until February 1789. In the meantime, therefore, Gálvez was given the concurrent post of *teniente de rey* in Campeche. But that position included only military power, and until the departure of Merino, the intendant in effect was politically powerless. Gálvez thus requested the additional post of *corregidor de españoles* in Campeche. This time the Crown acceded to the request, and, for the first time, a *corregidor* ruled in Yucatán's western seaport. This anomaly did not last long, however, for when Gálvez assumed the governorship and captaincy general in 1789, and took on the new title of governor–captain general–intendant, he also gave up his two posts in Campeche. The next *teniente de rey*, José Savido de Vargas, immediately asked to be named *corregidor* in imitation of his predecessor, and Gálvez supported the request. However, the Crown chose to limit the *teniente de rey* to military matters and rejected Savido de Vargas's petition.[20]

---

[19] Prior to 1786 the governor–captain general of Yucatán had reported directly to the Crown and was not in the chain of command of the viceroy. Technically, then, the province belonged to New Spain only in the sense that the Philippines, Florida, Cuba, and Central America were also part of New Spain.

[20] Representación no. 38, Lucas de Gálvez a Antonio Valdés, December 5, 1788, AGI, México 3015; no. 1, de Gálvez a Antonio Porlier, February 28, 1789, ibid.; no. 22, May 8, 1789, ibid.; Carta de Savido de Vargas al Rey, October 8, 1789, Carta de Gálvez a Porlier, November 8, 1789, and Informe del Fiscal del Consejo, April 25, 1790, AGI, México 3069, exp. 4.

Nevertheless, the temporary establishment of a *corregimiento* in Campeche meant the permanent loss of power for the *cabildo*. The *corregidor* held the powers of magistrate and thus naturally would come into conflict with the alcaldes, who possessed the very same powers. It is not known how this overlapping of jurisdiction was resolved, and in any case the *corregimiento* was soon eliminated. However, once Gálvez assumed his post in Mérida as governor–captain general–intendant, he immediately replaced the old *capitanes a guerra*, who had exercised only military powers in their districts (*partidos*), with new officials called *subdelegados*, who exercised political as well as military power.

The establishment of the intendancy and its accompanying *subdelegaciones* in fact represented a real threat to municipal power in Yucatán. For what was gained by the *subdelegados* was lost by the city alcaldes. The Crown did not attempt to deprive the municipal magistrates of their jurisdiction within the cities, for that would have entailed a centralization of power well beyond the designs of the Bourbon monarchs. But the alcaldes did lose their political power in the countryside. Before the intendancy, municipal magistrates had exercised jurisdiction over large hinterlands embracing the entire Indian population. After the intendancy, jurisdiction over the villages was exercised by the *subdelegados*. That was the crucial change.

Needless to say, the struggle for power between Crown and city government was also a struggle for wealth. For the *cabildos* of Yucatán had protected the local ruling elites' position in the economy as recipients of a large part of whatever surplus labor and surplus production could be extracted from the Indians. Hence, before the abolition of the *repartimiento* system (1782), positions on the city council in effect included the right to carry out *repartimientos*, and at all times since the conquest the alcaldes had been responsible for allocating labor services demanded from the Maya—legally or otherwise. The institution of the intendancy left the *cabildos* with control over the cities, but in the countryside the *subdelegados* now interfered with relations between Indians and urban Spanish elites. For the most part, the new officials did not carry out *repartimientos*, which in fact came to an end in Yucatán in the 1780s. But the *subdelegados* did introduce changes in the allocation of Indian labor. Most importantly, they allocated laborers to themselves, first and foremost, and to their relatives and friends secondarily. If there were any left over, they were then provided to the urban elites.[21]

The new regime thus affected all the city councils of Yucatán. Valladolid was already so much in decline that it seems to have done nothing to

---

[21] For a discussion of the end of the *repartimiento* and the new allocation of Indian labor in late-colonial Yucatán, see Patch, *Maya and Spaniard*, chap. 6.

defend its traditional power; if it took any action, there is no mention of it in the records. Mérida's *cabildo* was the first to react to the threat. In 1790 the alcaldes informed the rest of the city council that in effect the establishment of the *subdelegaciones* meant that the city's jurisdiction had been reduced to nothing more than the urban center, the barrios, and a few surrounding villages.[22] However, no formal protest was made, and, as far as is known, the capital city learned to put up with the new state of affairs.

Consequently, the *cabildo* that most vigorously opposed the expansion of royal authority at this time was that of Campeche. It is not known whether the city took any step immediately, but in 1790 it effectively snubbed Gálvez by requesting permission from the king to suspend the traditional practice of providing gifts to incoming governors. The Crown, attempting to introduce honesty among its officials—it had agreed to pay Governor–Captain General–Intendant Gálvez a salary of seven thousand pesos while his predecessor, Governor–Captain General Merino, had received only four thousand—acceded to the request.[23] Next, the *cabildo* entered into what turned out to be a lengthy conflict with José Savido de Vargas, who had succeeded Grimarest as *teniente de rey* in Campeche and who would soon become interim intendant upon the assassination of Lucas de Gálvez.

In November 1791 the city council complained to the king that the *teniente de rey* had infringed on municipal power by ordering the city gates to be closed in late afternoon rather than at 8:00 or 9:00 P.M. as had been the custom. Intendant Gálvez refused the *cabildo*'s petition to intervene in the affair, and thus the city council appealed to the Crown. Savido de Vargas defended his action by pointing out that his commanding officer, Gálvez, had ordered him to take strong measures against smuggling, and that the closing of the gates hindered this activity; the only people hurt were the major smugglers, three of whom, he alleged, were *regidores*. Moreover, the *teniente de rey* argued, the *cabildo* was using the issue as simply one more pretext for resisting the Crown's officials in the province. In Spain the Council of the Indies suspected that Savido de Vargas was exceeding his authority, but the ultimate decision made in the case is unclear.[24]

---

[22] Biblioteca "Crescencio Carrillo y Ancona" (Mérida), Archivo del Ayuntamiento de Mérida, Libro 18, Acuerdos, February 9, 1790, f. 121.
[23] Carta del Cabildo de Campeche al Rey, October 16, 1790, and Informe del Fiscal del Consejo, February 15, 1792, AGI, México 3069, exp. 1.
[24] Carta del Cabildo de Campeche al Rey, November 19, 1791, Carta del Intendente (Gálvez) al Cabildo de Campeche, November 10, 1791, Carta del Teniente de Rey (Savido de Vargas) al Rey, March 30, 1792, Informe del Teniente de Rey (Savido de Vargas) al Conde del Campo Alange, March 30, 1792, and Carta del Capitán General interino (Savido de Vargas) al Rey, June 14, 1793, AGI, México 3073, exp. 3.

In any event, the *teniente de rey* shortly thereafter became acting governor–captain general–intendant and from his new position launched a counterattack against the Cabildo of Campeche. Savido de Vargas accused the alcaldes of exceeding their authority by intervening in the case of an abusive slaveholder who, as a member of the navy, was under the captain general's jurisdiction. Only a few days later, he denounced the senior alcalde for having insulted the authority of the king. But the Council of the Indies apparently suspected Savido de Vargas of being vindictive, and therefore it defended the *cabildo*'s jurisdiction in the first case because the events in question took place within the city, and it noted the lack of evidence in the latter case. Finally, both matters were remitted to the Audiencia of Mexico for a decision that never came.[25]

These disputes reveal that the Crown did not countenance the total elimination of municipal power. However, when the matter pertained to the *cabildo*'s jurisdiction outside the city, the royal government defended the power of its appointed officials. And such defense became necessary, for eventually the Cabildo of Campeche, realizing the full extent of the threat to its traditional powers, began what amounted to a full-scale attack on the centerpiece of the Bourbon reforms, namely, the intendancy system itself. And although the leaders of Campeche did not know it, their struggle against the new and powerful government in Mérida was in effect the beginning of a regional conflict that would culminate many decades later in the independence of Campeche from Yucatán.

Since a goal of the reformers in Spain was the establishment of an honest bureaucracy in America, one of the best ways to get the attention of the Crown in this era was to attack government officials for corruption. This was the plan of attack used by the Cabildo of Campeche, which carried out a campaign to discredit the intendancy by demonstrating the dishonesty of the *subdelegados*. It was helped in its efforts by the bishop of Yucatán, Fray Luis Piña y Mazo, who, to defend his nephew, under arrest as the prime suspect in the assassination of Lucas de Gálvez, sought to discredit the investigation being carried out by the new governor–captain general–intendant, the Irish-born Arturo O'Neil. To do so, Fray Piña y Mazo participated in the attack on the *subdelegados* and ordered the diocesan clergy to cooperate with the inquest being carried out by the Cabildo of Campeche.

The city leaders were divided over what to do, and thus it was not until 1795 that the attack on the intendancy began. In that year the *cabildo*

---

[25] Carta no. 126, del Capitán General interino al Conde del Campo Alange, May 18, 1793, and Informe del Fiscal del Consejo, December 3, 1793, AGI, México 3073, exp. 7; Carta del Intendente interino al Rey, May 31, 1793, and Informe del Fiscal de Consejo, December 16, 1793, ibid., exp. 6.

chose as senior alcalde a firebrand, Juan Pedro de Yturralde, who began the proceedings of the inquest in May.[26] For several months witnesses were interviewed for the purpose of gathering evidence regarding the abuses perpetrated against the Indians by the *subdelegados*. As ordered, many parish priests cooperated with the investigation. Meanwhile Governor–Captain General–Intendant O'Neil got wind of what was happening and ordered the inquest to cease on the grounds that the *cabildo* had no jurisdiction outside the city and thus could not compel people in the villages to testify. When that failed, he demanded to be given a copy of the proceedings, but the city council refused.

By September the *cabildo* felt that it had accumulated enough evidence to prove its case and sent the documentation to the king with a letter denouncing the *subdelegados* for carrying out *repartimientos* and for demanding illegal labor services from the Indians. It noted that, according to the *ordenanzas* of the intendancy, intendants were supposed to appoint *subdelegados* to replace the existing *corregidores de indios* or *alcaldes mayores*. But the latter had never existed in Yucatán and thus there was no need to appoint *subdelegados* to replace the *capitanes a guerra*. The *cabildo* therefore requested that the *subdelegaciones* be suppressed and that the *capitanías a guerra* be restored. If the king should want to maintain the *subdelegaciones*, the city council continued, then the *subdelegados* should be deprived of powers of jurisdiction, and the intendant should be required to appoint people recommended to him by the province's three *cabildos*. Finally, it recommended that the Crown prohibit the *subdelegados* from exacting labor services from the Indians.

The province's chief executive soon responded in kind. In November 1795 O'Neil began his own investigation into the alleged abuses of the *subdelegados*, most of whom were his appointees. This inquest revealed that many of the activities denounced by the Cabildo of Campeche were indeed being carried out by the *subdelegados*. The only exception was in the case of *repartimientos*, for only one minor official was found to be engaged in the traditional mechanism for enrichment at the expense of the Maya. All the *subdelegados*, however, were organizing labor drafts of Indians. But, it was clarified, the practice was not illegal. Rather, the Crown had in fact authorized the use of labor drafts, called *mandamientos*, from the Indian communities as a means of providing agricultural workers for

---

[26] For what follows, see Carta del Cabildo de Campeche al Rey, September 25, 1795, AGI, México 3027; Testimonio de Ynformación Recivida sobre los procedimientos de los Subdelegados de esta Provincia de Yucatán, September 22, 1795, ibid.; Testimonio de Ynformes y otros documentos que justifican las operaciones de los subdelegados de esta Provincia de Yucatán, September 22, 1795, ibid.; Testimonio de los Ynformes que los Sres. Curas de esta Prova. de Yucatán dieron sobre los procedimientos de los subdelegados de ella, September 12, 1795, ibid.

the burgeoning haciendas of the region. Indeed, this became the means by which incomes were provided for the new officials. The *subdelegados* were allowed to keep 5 percent of tribute revenues as a nominal salary, but the quantity of money yielded by that source was too small to live on. Consequently, they were also allowed to collect a fee from landowners for every laborer provided through the *mandamiento* system.[27]

The Cabildo of Campeche had thus made a strategic error by focusing on the *subdelegados*' exaction of forced labor as justification for abolishing the *subdelegaciones*. In fact, the Crown looked favorably upon what was taking place in Yucatán, and indeed the same process—the replacement of the *repartimiento* by the *mandamiento*—was also occurring in Guatemala. This suggests a more general Bourbon policy of eliminating one abuse by introducing a new method of extracting surplus labor from the Indians.[28]

Consequently, the request of the *cabildo* was denied, and the intendancy became entrenched. The result was the strengthening of the government in Mérida. Perhaps this explains the absence of open opposition to the intendancy on the part of the *cabildo* in the provincial capital. There, the city council had always had to share power with the chief executive and thus had learned to live and let live. Hence, the political conflicts between the intendants and the city councils should not be exaggerated. *Cabildos* had frequently fought political battles with governors, and it comes as no surprise to find them feuding with governor-intendants. Arturo O'Neil, for example, was being praised by the Cabildo of Mérida and by the cathedral chapter at the very time that he was being maligned by the Campeche city council and the bishop.[29] O'Neil's successor, Benito Pérez, was also praised effusively by the Cabildo of Mérida.[30]

Nevertheless, the political struggle resulting from the implementation of the Bourbon reforms and especially from the creation of the intendancy was to have important implications for the future. Campeche's political elite became recalcitrant, actively participated in the liberal imperial reform movement of 1811–1814, led the province toward independence, and after 1821 made a concerted effort to regain its autonomy. This resulted in

---

[27] Consulta No. 44, September 7, 1796, AGI, México 3005; Diligencias, Mérida, June 16 and July 15, 1796, and Informe del Fiscal del Consejo, February 4, 1797, AGI, México 3047, ff. 1–113; Informe del Fiscal, April 28, 1797, ibid. For a discussion of the relationship between the suppression of the *repartimiento* and the introduction of the *mandamiento*, see Patch, *Maya and Spaniard*, chap. 6.

[28] I am currently engaged in research on this theme with respect to Guatemala in the age of the Bourbon reforms.

[29] Carta del Cabildo de Mérida al Rey, November 28, 1795, and Carta del Cabildo Eclesiástico de Mérida al Rey, January 15, 1796, AGI, México 3015.

[30] Representación del Cabildo de Mérida al Rey, December 14, 1804, AGI, México 3015; Carta del Cabildo de Mérida al Virrey, August 20, 1805, ibid.

political conflict between Campeche and Mérida over who would control Yucatán, and the state was thereafter characterized by political instability on a scale that was considerable even by the standards of post-Independence Mexico.

The political changes occurring in late-colonial Yucatán resulted in the institutionalization of a new structure of power. Most importantly, a significant sector of the creole elite was thereafter deprived of powers that had been held, exercised, and defended for centuries. The Bourbon reforms, moreover, were impositions, introduced without the consent of local people. Yucatán, therefore, serves as still another example of how the Spanish government in effect interfered with the constitution, not in the sense of a formal, written document, but rather, as in contemporary English usage, in the sense of the existing political structure.[31] When this meant the imposition of new taxes, then the local people, elites as well as masses, would resist. In effect, this was what one scholar has referred to as the principle of "no taxation without bureaucratic negotiation."[32] In other cases, as with the gradual exclusion of creoles from high office,[33] the Bourbon reforms deprived people of powers long held and valued.

The important point about such changes is that they were arbitrary. The government in Spain developed "reform" programs and then instituted them in America without even consulting local authorities. The Crown, in effect, was rejecting the Habsburg political modus vivendi; it was moving, as Felipe Castro Gutiérrez notes (in this volume), "from authoritarian paternalism to bureaucratic authoritarianism."

Arbitrary policies of change are never very popular and at several times in history have contributed to the development of political opposition and even revolution.[34] To be sure, the Campechano political elite was far from revolutionary. Still, the Bourbon reforms had resulted in the emergence of a political opposition. When the opportunity arose, as was the case after 1811, this movement would be the basis of the factionalism and regionalism that plagued Yucatán for decades after Independence.

---

[31] John Leddy Phelan, *The People and the King. The Comunero Revolution in Colombia, 1781* (Madison: University of Wisconsin Press, 1978); Anthony McFarlane, "The 'Rebellion of the Barrios': Urban Insurrection in Bourbon Quito," *Hispanic American Historical Review* 69, no. 2 (1989): 297–300, 325, 327, 330.

[32] Phelan, *The People and the King*, 35. For another instance of popular and elite resistance to taxation, see McFarlane, "The 'Rebellion of the Barrios'"; and Kenneth J. Andrien, "Economic Crisis, Taxes and the Quito Insurrection of 1765," *Past and Present* no. 129 (November 1990): 104–131.

[33] See, for example, Mark Burkholder, "From Creole to *Peninsular*: The Transformation of the Audiencia of Lima," *Hispanic American Historical Review* 52, no. 3 (1972): 395–415.

[34] The case of the U.S. Revolution is one well-known example. For another, see Lawrence Stone, *The Causes of the English Revolution* (New York: Harper & Row, 1972), especially 122–135.

5

Ignacio Adalid, un *equilibrista* novohispano

Virginia Guedea

"Los que llaman equilibristas, *que esdecir que tratan de quedar bien con los dos partidos".*
—(Diario de los Guadalupes del 25 de diciembre de 1813)

A PARTIR DE 1808 Y HASTA 1821, en que la Nueva España alcanzara su independencia, la vida política del virreinato sufriría cambios radicales y adquiriría una dinámica distinta. Las nuevas e inusitadas circunstancias en que se encontraron por entonces tanto el imperio español como la propia Nueva España demandaron nuevas e inusitadas respuestas. Y esto daría lugar no sólo a una intensificación de la actividad política sino a nuevas formas del quehacer y del pensar políticos, lo que a la larga devendría en la formación y el desarrollo de una nueva cultura política.

Este proceso de politización se iniciaría con la grave crisis imperial producida por las abdicaciones de los reyes a la corona de España e Indias en favor de Napoleón al tiempo que la península se hallaba invadida por tropas francesas. Los serios problemas que planteaba la ausencia de un monarca legítimo, fundamento del orden político, brindaron a la mayoría de los novohispanos la ocasión sin precedentes de opinar sobre los más importantes asuntos del gobierno del reino y de proponer soluciones a la grave situación que se vivía. También darían ocasión a que se manifestaran los distintos intereses que animaban a los diversos sectores que conformaban la sociedad novohispana, intereses que los llevarían a asumir distintas posturas.

Si bien esto se dio en una primera instancia y de manera muy clara entre los principales grupos de poder, no quedaría limitado a ellos. La gravedad de la crisis y las oportunidades de acción política que vino a abrir hicieron que otros sectores de la sociedad novohispana fueran tomando conciencia de lo que ocurría y asumieran una postura al respecto. Para aquellos sectores compuestos mayoritariamente por los nacidos en el país y cuyos intereses se hallaban orientados hacia el interior de la Nueva España, los sucesos de la península abrían una vía para dar satisfacción a sus deseos de participar de manera activa en la toma de decisiones y de alcanzar una mayor autonomía, por lo que se dispusieron a aprovecharla. Para aquellos que se componían en su mayoría por peninsulares y cuyos intereses se encontraban estrechamente vinculados con la metrópoli, cualquier cambio en el orden de cosas, muy en particular en el sistema de gobierno novohispano, hacía peligrar su situación de privilegio, por lo que se aprestaron a defenderlo.

Esta divergencia de intereses y esta diversidad de posturas se dieron a lo largo y a lo ancho de prácticamente todo el territorio novohispano, pero sería en su capital donde se manifestarían con mayor intensidad. Centro de la toma de decisiones y sede de las más altas autoridades coloniales, la ciudad de México fue el escenario donde el desacuerdo que se daba respecto a la respuesta que la Nueva España debía dar a la crisis imperial quedó evidenciado de manera por demás notoria. Fue también el escenario donde este desacuerdo llegó a convertirse en un enfrentamiento abierto y declarado. Los distintos intereses que animaban a los novohispanos, al no lograr conciliarse, se fueron perfilando y articulando hasta llegar a conformar dos grupos claramente definidos que asumieron posturas antagónicas, las que se apoyaban en dos concepciones, distintas también, del orden político en que se sustentaba el imperio español y del lugar que dentro de él debía ocupar la Nueva España. Esto ocurrió a través de las discusiones que por entonces se dieron entre el Ayuntamiento de la ciudad, por un lado, y la Audiencia de México, por el otro. Para el primero, la Nueva España era un reino incorporado a la corona de Castilla y por ello semejante en todo a los de la península, por lo que podía establecer una junta que se encargara de su gobierno, como lo habían hecho ante la crisis muchos de aquéllos. Para la segunda, la Nueva España era una colonia de la antigua, subordinada a ella y por lo tanto sin muchos de los derechos de los reinos peninsulares.

La actitud que ante este diálogo asumiera el virrey José de Iturrigaray, quien apoyó la propuesta del Ayuntamiento capitalino de establecer una junta de autoridades atraído por las posibilidades de acción que venía a abrirle, aumentó los recelos de la Audiencia y de sus sostenedores, lo que los llevó a dar un exitoso golpe de estado en septiembre de 1808. Pero, a pesar de su éxito inmediato, este golpe de estado tendría muy graves consecuencias. Por un lado, despertaría serias y bien fundadas dudas entre muchos novohispanos sobre la legitimidad del nuevo virrey y de quienes le sucedieron en el cargo. Por otro, radicalizaría ambas posturas y haría casi infranqueables las diferencias entre ellas.[1]

Después del golpe de estado de 1808 el juego político que se dio al interior de la Nueva España se polarizaría en torno a estas dos posturas y a los intereses que las animaban, polarización que se radicalizaría aún más al estallar la insurrección de Miguel Hidalgo en septiembre de 1810. A partir de que se abriera la opción de la lucha armada, del enfrentamiento mediante el uso de la fuerza, los novohispanos debieron definirse con toda claridad, ya como defensores del régimen colonial, ya como sus opositores. Pero esta definición resultó harto difícil para la mayoría. Si bien se dieron estas dos posturas extremas, entre una y otra se dio asimismo una amplia gama de posturas intermedias. Por un lado, el movimiento insurgente vino a ofrecer una alternativa de acción política fuera del sistema, sobre todo a partir de que sus jefes intentaran establecer un órgano de gobierno alterno. Por otro, también dentro del sistema se dieron posibilidades interesantes. Los cambios que en la estructura misma del orden político imperial se fueron haciendo por entonces en la península ofrecieron una vía cada vez más amplia para el quehacer político, muy en particular a partir del establecimiento del orden constitucional en 1812. Y a pesar de que ambas opciones, y con ellas muchas de esas posibilidades de acción que habían venido a abrir, se cerraron con el retorno al antiguo régimen en 1814 y con la derrota de la insurgencia organizada un año más tarde, para 1820 se abrió de nueva cuenta la opción constitucional. Sería hasta 1821, con el movimiento independentista que encabezara Agustín de Iturbide, cuando la mayoría de los novohispanos se decidiría de manera definitiva por una de dichas posturas.

Así, el enfrentamiento casi irreductible, y cada vez más grave, que desde 1808 se dio entre intereses domésticos e intereses imperiales, entre la postura de rechazo al régimen colonial y la de su defensa, no significó necesariamente que la mayoría de los novohispanos asumiera una de estas posturas radicales de manera plena y definitiva. Antes al contrario. Fueron

---

[1] Sobre el proceso que llevó al golpe de estado de 1808 véase, entre otros, Servando Teresa de Mier, *Historia de la Revolución de Nueva España, antiguamente Anáhuac, o verdadero origen y causas de ella con relación de sus progresos hasta el presente año de 1813*, 2a. ed., 2 vols. (México: Imprenta de la Cámara de Diputados, 1922); Lucas Alamán, *Historia de Méjico desde los primeros movimientos que prepararon su independencia en el año de 1808 hasta la época presente*, 5 vols. (México: Imprenta de J. M. Lara, 1849–1852); Enrique Lafuente Ferrari, *El virrey Iturrigaray y los orígenes de la independencia de Méjico* (Madrid: Consejo Superior de Investigaciones Científicas, Instituto Gonzalo Fernández de Oviedo, 1941); Luis Villoro, *El proceso ideológico de la revolución de independencia*, 3a. ed. (México: Coordinación de Humanidades de Universidad Nacional Autónoma de México [UNAM], 1981); Virginia Guedea, "Criollos y peninsulares en 1808. Dos puntos de vista sobre lo español" (Tesis de Licenciatura, Universidad Iberoamericana, 1964), y "El golpe de estado de 1808", *Universidad de México: Revista de la Universidad Nacional Autónoma de México* no. 488 (septiembre de 1991): 21–24.

muchos los que, atraídos por las posibilidades que para promover o defender sus intereses se les ofrecían tanto dentro del sistema como fuera de él, asumieron indistintamente una u otra de estas posturas, o una y otra, o alguna intermedia, dependiendo en buena medida de cómo sus muy particulares circunstancias iban siendo afectadas por lo que ocurría en la Nueva España.

Este fenómeno, que tomaría formas bien diversas, se daría en muy distintas regiones del virreinato y no sería privativo de un determinado sector o grupo de la sociedad novohispana. Sería, además, un factor que incidiría de manera notoria en el juego político que se daba al interior de la Nueva España. Para acercarme a él, me ocuparé aquí tan sólo de un caso, el de Ignacio Adalid. Esta decisión obedece a varios motivos. En primer término, porque Adalid, al igual que muchos otros criollos de posición e influencia, supo utilizar con gran habilidad las dos vías que por entonces le ofrecían las circunstancias novohispanas para promover sus intereses. Así, proporcionó apoyos de consideración al movimiento insurgente al tiempo que llevaba a cabo una destacada actividad política y obtenía cargos de importancia dentro del sistema. Pero también porque, al igual que muchos otros novohispanos de la época, pretendió aparecer como defensor del régimen colonial ante las autoridades superiores y sus sostenedores y como promotor de la insurgencia ante los insurgentes y sus partidarios. Finalmente, porque existe sobre él abundante documentación, entre la que se cuenta la extensa causa que por sus actividades le siguieron las autoridades coloniales,[2] la que permite seguirle los pasos en su difícil y accidentado camino. Camino que, al recorrerlo, mucho deja entrever acerca de los cambios que por entonces sufriera la vida política de la Nueva España y cuáles las opciones que para el quehacer y el pensar políticos estos cambios vinieran a abrir.

LAS ANDANZAS DE ADALID

Don Ignacio Adalid y Gómez, nacido y criado en el reino, era un rico propietario capitalino. Poseía en la ciudad de México varias pulquerías, así como varias haciendas pulqueras en los Llanos de Apan, las que había heredado de su familia.[3] Era, además, un letrado, de cuyos vastos conocimientos de la legislación española quedó plena constancia a lo largo de

---

[2] La causa de Ignacio Adalid, que comprende trece cuadernos, se encuentra en la Bancroft Library, Universidad de California, Berkeley (en adelante BL), M-M, 1–3, *Causa de insurrección formada contra Ignacio Adalid y socios.*

[3] Las pulquerías propiedad de Adalid eran las de Coajomulco, Montiel y Los Pelos, y la haciendas, las de Ometusco, Los Reyes, Acozaque, San Antonio, Tepenacasque y Santa Clara, además de varios ranchos, en la jurisdicción de Otumba. (Borrador de un escrito legal en ibid., vol. 1, cuad. 5º, s. n.)

todo su proceso. Casado con María Concepción Gómez de Pedroso y pariente del conde de Jala, de la condesa de Regla, del conde de la Cortina, del conde de Tepa y del marqués de Selvanevada, estaba emparentado políticamente con la familia Fagoaga, ya que era cuñado de José Juan de Fagoaga.[4] Residía Adalid en la capital, donde gozaba de una destacada posición económica y social y donde tenía establecidos vínculos de muy diversa índole con individuos de toda clase y condición. Viajaba con frecuencia a la región donde se hallaban sus haciendas y ranchos, en la que también era bien conocido y donde igualmente contaba con relaciones de muy diversa índole.

Como muchos otros criollos destacados de la ciudad de México cuyos intereses estaban orientados hacia el interior de la Nueva España y no tenían mayor vínculo con la metrópoli, Adalid consideraba que los americanos debían ser quienes tuvieran en sus manos la toma de decisiones. Era, pues, un autonomista. No obstante, como muchos de ellos, no se aprovechó de las posibilidades de acción política que a partir de la crisis imperial de 1808 les brindaban las nuevas circunstancias novohispanas—o si lo hizo no he encontrado registro de ello—sino hasta que la insurgencia vino a ofrecerles una opción de participación a través de ese órgano de gobierno alterno que intentó ser la Suprema Junta Nacional Americana.

Fue después del establecimiento de la Suprema Junta, ocurrido en agosto de 1811, y sobre todo después de que comenzaran a rendir frutos los esfuerzos de José María Morelos por organizar militar y políticamente a la insurgencia, cuando en la capital se consolidó y funcionó de manera exitosa esa nueva modalidad de organización política que fue la sociedad secreta que conocemos como "Los Guadalupes".[5] Esta sociedad surgió a consecuencia de las experiencias sufridas por un grupo de capitalinos, autonomistas y desafectos con el régimen colonial todos ellos, que después de intentar, sin éxito, distintas vías de acción para promover sus intereses, se convencieron de que ayudar de manera organizada y desde el secreto y el anonimato al triunfo del movimiento insurgente era por entonces el mejor camino.[6] Para ello, organizaron un grupo secreto que estableció

---

[4] Doris M. Ladd, *The Mexican Nobility at Independence 1780–1826* (Austin: University of Texas at Austin, Institute of Latin American Studies, 1976), 263.

[5] Sobre la sociedad de los Guadalupes, véase Wilbert H. Timmons, "Los Guadalupes: A Secret Society in the Mexican Revolution for Independence", *Hispanic American Historical Review* 30, no. 4 (noviembre de 1950): 453–479; Ernesto de la Torre Villar, *Los Guadalupes y la Independencia, con una selección de documentos inéditos*, 2a. ed. (México, Editorial Porrúa, 1985); y Virginia Guedea, *En busca de un gobierno alterno: Los Guadalupes de México* (México: UNAM, 1992).

[6] Sobre algunas de estas experiencias véase Virginia Guedea, "The Conspiracies of 1811. Or How the Criollos Learned to Organize in Secret" (Ponencia presentada en el simposio Mexican Wars of Independence, the Empire and the Early Republic, University of Calgary, 4–5 de abril de 1991).

contactos con los principales jefes insurgentes, el que se compuso de pocos y bien escogidos individuos, vinculados en muchos de los casos por lazos previos de profesión, de familia, de amistad y de clientelazgo. Y para el desempeño de determinadas tareas, los Guadalupes buscaron la ayuda de otras personas vinculadas previamente con ellos, o de quienes tenían intereses afines a los suyos, pero sin descubrirles la existencia del grupo.

Fueron los Guadalupes individuos procedentes de muy diversos estratos socioeconómicos. Si bien el núcleo director de esta sociedad se compuso primordialmente de abogados, también tomaron parte en ella nobles, comerciantes, eclesiásticos, propietarios y letrados, así como los dependientes de algunos de ellos, varias mujeres y hasta algún funcionario indígena. La diversidad de individuos, de relaciones y de intereses que esta sociedad logró articular le permitiría actuar de manera flexible y dinámica. Además, sus integrantes supieron aprovechar todos los recursos que tenían a su alcance para el logro de sus propósitos. También supieron sacar provecho de las distintas opciones que les ofrecían las circunstancias novohispanas para promover de la mejor manera sus intereses. Asimismo supieron mantener en secreto la existencia del grupo. No serían ellos sino los insurgentes los que darían lugar a que las autoridades superiores tuvieran conocimiento de los Guadalupes.

Muchas y muy diversas fueron las actividades que emprendiera esta sociedad en relación con la insurgencia. Entre las que conocemos se contó la de establecer correspondencia de manera regular y segura con los principales jefes insurgentes, para lo que utilizaron distintos pseudónimos, uno de los cuales fue "Los Guadalupes". A través de esta correspondencia discutieron importantes cuestiones y remitieron abundante información sobre muy diversos asuntos. Así, los Guadalupes dieron cuenta de lo que ocurría en la capital; de las actividades emprendidas por las autoridades coloniales, muy en particular las dirigidas a combatir a la insurgencia; del desarrollo, tanto militar como político, de la propia insurgencia en distintas regiones, y de diversos acontecimientos ocurridos fuera de la Nueva España. Otra actividad de los Guadalupes fue el envío de individuos que se incorporaron a las filas insurgentes para el desempeño de distintas tareas, cuyas familias y dependientes se ocuparon de sostener. Otra fue el proveer a los jefes insurgentes de imprentas adecuadas, así como remitirles impresores y escritos. Otra más, la ayuda de todo tipo prestada a partidas de insurgentes de los alrededores de la capital, lo que les fue de vital importancia para mantener un contacto seguro con los principales jefes del movimiento.

Pero si bien el grupo se conformó para brindarle apoyo a la insurgencia, los Guadalupes también supieron sacar provecho de las opciones que ofrecían los cambios que por entonces se daban dentro del sistema para dar la batalla autonomista y así debilitar al régimen colonial. Esto ocurrió sobre todo a través de los distintos procesos electorales que se llevaron a cabo, a consecuencia del establecimiento del sistema constitucional, tanto en el nivel local como en el provincial y en el imperial.

Uno de los miembros de esta sociedad secreta de los Guadalupes lo fue Ignacio Adalid, quien tomó parte en varias de sus actividades. En estrecha relación con los abogados Manuel Cortázar, Félix Lope de Vergara y José Manuel Zozaya Bermúdez,[7] así como con José María Fagoaga, todos ellos también autonomistas y también integrantes de los Guadalupes, fueron algunos de estos lazos, además de sus inquietudes autonomistas, los que muy probablemente lo llevaron a formar parte del grupo. En su decisión de colaborar en forma directa con los principales jefes insurgentes y brindar distintas clases de ayuda al movimiento influyó también su estrecha y vieja vinculación con Eugenio María Montaño, administrador de su hacienda de Ometusco y cuya familia trabajaba para Adalid, de quien éste era amigo desde niño y a quien siempre ayudó. Apoyado por Adalid, Montaño se había unido a la insurgencia desde 1811 y había hecho de la región de los Llanos de Apan su campo de acción. Además de mantener correspondencia con don Ignacio, cuidaba de sus haciendas y ranchos, los que utilizaba para allegarse recursos, principalmente la hacienda de Ometusco, que le sirvió de cuartel general por largo tiempo.[8]

Desde que en septiembre de 1812 establecieran con Morelos una correspondencia regular, mucha de ella firmada con el pseudónimo de "Los Guadalupes", la sociedad que conocemos con este nombre le proporcionó a aquel jefe interesante y precisa información sobre el desarrollo del movimiento insurgente en la región de los Llanos de Apan, en particular sobre Montaño, lo que deja ver el importante papel que en la redacción de parte de esta correspondencia desempeñó Adalid.[9] Fue Montaño uno de los principales conductos utilizados por los Guadalupes para comunicarse

---

[7] Cortázar y Adalid se conocieron, y se hicieron grandes amigos, a causa de que éste debía dinero a la Inquisición y aquél era promotor fiscal. Se visitaban diariamente y Cortázar lo acompañaba a menudo cuando Adalid pasaba a ver sus haciendas. En cuanto a Lope de Vergara, era el abogado que llevaba todos los asuntos de Adalid y, como Cortázar, mantenía con él íntima amistad. Por su parte, Manuel Zozaya Bermúdez fue el abogado de Adalid durante la primera etapa de su proceso.

[8] Carlos María de Bustamante, *Martirologio de algunos de los primeros insurgentes por la libertad e independencia de la América Mexicana* (México: Impreso por J. M. Lara, 1841), 13–14.

[9] Copia de la correspondencia de los Guadalupes con José María Morelos y Mariano Matamoros se encuentra en *Indiferente General 110*, cuaderno 4º, el Archivo General de Indias (en adelante AGI), y en la Universidad de Texas en Austin, (en adelante UT), en Nettie Lee Benson Latin American Collection, García Collection, G. 346, *Correspondencia de los Guadalupes*. Casi toda esta correspondencia ha sido publicada por Ernesto de la Torre Villar r en su libro *Los Guadalupes y la independencia,* 2a ed. (México: Editorial Jus, 1985), pero esta publicación presenta variantes y erratas, por lo que en este trabajo cito también la que se encuentra en el Archivo General de Indias.

con los jefes insurgentes y gozaba de la confianza y del apoyo del grupo, en cuyos trabajos colaboró en diversas ocasiones y cuyas disposiciones siempre acató. Así, después de que en la capital fuera ejecutado Leonardo Bravo, los Guadalupes organizaron la salida de su viuda y de su hija de la ciudad de México hacia Tehuacán, donde se encontraba Morelos, las que llevando importante información de parte del grupo viajaron acompañadas de Francisco de Arce—Guadalupe como Adalid y, como éste, profundo conocedor de la región de los Llanos—y escoltadas por Montaño.[10] Poco después, enterados los Guadalupes de que Morelos estaba "siniestramente instruido" sobre la conducta de Montaño, se vieron obligados a corregir tal equívoco en una larga carta, la que está fechada el 24 de octubre de 1812 y que por la extensa y precisa información que contiene sobre Montaño deja ver que su redacción correspondió en buena medida a Adalid. Dedicada a hacer la apología de Montaño, da cuenta de los estrechos lazos que unían a este insurgente con el grupo. También da cuenta de que los Guadalupes le habían encargado a aquél se ocupara de estorbar la entrada de pulque a la capital, quitando así esta importante fuente de ingresos al régimen colonial, lo que Montaño había llevado a cabo con éxito.[11] Al parecer, los Guadalupes lograron su propósito de hacer que Morelos cambiara de opinión respecto a Montaño, y éste fue uno de los jefes insurgentes que se le unieron para participar en la toma de Oaxaca.[12]

Según se desprende de la correspondencia de los Guadalupes, la ausencia de Montaño se hizo sentir en la región. Para diciembre de ese mismo año comunicaban a Morelos que el insurgente Miguel Serrano se hallaba cerca de Otumba, donde daba mucha guerra y perjudicaba a la zona, así como que el pulque estaba entrando de nueva cuenta en la ciudad de México, por lo que le pedían ordenara a José Francisco Osorno impidiera su remisión.[13] Era Osorno el jefe insurgente más destacado y poderoso de la región. Contaba con los abundantes recursos que ésta producía, y tenía bajo su mando un número considerable de fuerzas; controlaba, además, las zonas aledañas. Pero actuaba con gran autonomía y buscaba sobre todo su propio provecho, lo que hacía que en el territorio

---

[10] Carlos María de Bustamante, *Cuadro histórico de la revolución mexicana, comenzada en 15 de septiembre de 1810 por el ciudadano Miguel Hidalgo y Costilla, cura del pueblo de los Dolores, en el obispado de Michoacán,* vol. 2 (México: Imprenta de J. Mariano Lara, 1848), 162.
[11] Carta de "Los Guadalupes" a José María Morelos, México, 24 de octubre de 1812, AGI, *Indiferente General 110,* cuad. 4º, n. 106, ff. 2v-4; y de la Torre, *Los Guadalupes,* 4–7.
[12] Los Guadalupes preguntaron a Morelos cuál había sido la conducta de Montaño en esta acción, "pues sabe V. E. cuánto nos interesa". (Carta de "Los Guadalupes" a José María Morelos, México, 20 de enero de 1813, AGI, *Indiferente General 110,* cuad. 4º, n. 108, ff. 5–8; y de la Torre, *Los Guadalupes,* 9–13, la que lleva la fecha de enero 2).
[13] Carta de "Los Guadalupes" a José María Morelos, México, 7 de diciembre de 1812, AGI, *Indiferente General 110,* cuad. 4º, n. 107, ff. 4–5; y de la Torre, *Los Guadalupes,* 7–9.

bajo su mando hubiera desórdenes y falta de disciplina y que el movimiento insurgente no alcanzara en él a consolidarse. Esto preocupó enormemente a los Guadalupes, los que en diversas ocasiones dieron cuenta de ello a los principales jefes insurgentes.[14]

La información que los Guadalupes tuvieron sobre lo que ocurría por entonces en la región se debió en buena medida a don Ignacio, tanto por los contactos que en ella tenía como por los viajes que a ella hiciera para visitar sus haciendas y enterarse del estado en que se hallaba la zona. Sabemos que en diciembre de ese año de 1812, acompañado de una mujer y del licenciado Félix Lope de Vergara, que además de ser su abogado y amigo íntimo era uno de los Guadalupes, pasó por San Juan Teotihuacán rumbo a su hacienda de Ometusco, a donde continuó su viaje a pesar de habérsele informado que el camino estaba lleno de insurgentes. Y a su regreso, Adalid preguntó al comandante realista de Teotihuacán, José María Cobián, sobre el número de armas con que contaba la localidad, lo que al decir del comandante fue hecho "con estilo bastante sedicioso".[15] Si bien la conducta de don Ignacio en Teotihuacán impresionó de manera por demás desfavorable al comandante realista, la que observó poco antes en Otumba durante ese mismo viaje produjo el efecto contrario en su colega, el comandante Diego Rubín de Celis. Según éste declararía más tarde, Adalid se le presentó en aquel pueblo y, lamentándose de los perjuicios que le causaba Montaño, le suplicó lo persiguiese, reiterando así la solicitud hecha por Manuel Adalid, hermano de don Ignacio, cosa de un mes antes.[16]

Nuevo viaje emprendería Adalid hacia aquellos rumbos a principios de febrero de 1813, acompañado también del licenciado Lope de Vergara y de una mujer. A su paso por San Juan Teotihuacán no sólo cuestionó de nueva cuenta al comandante Cobián, esta vez sobre el número de tropas que tenía, sino que, según Cobián, le propuso que con su división se pasase a Montaño, el que se hallaba por entonces en Ometusco.[17] Ya en esta hacienda, don Ignacio se encontró con los insurgentes,[18] y de allí pasó a reunirse con Osorno, acompañado del licenciado Lope y de Juan Vargas Machuca, administrador de la hacienda de Tepetates con el que mantenía

---

[14] Véase la carta de "Onofre" (pseudónimo del marqués de San Juan de Rayas) a "Onofre Crespo" (pseudónimo de Carlos María de Bustamante), México, 2 de julio de 1813, BL, *Causa de insurrección formada contra Ignacio Adalid y socios,* vol. 1, cuad. 1º, ff. 6–7v.

[15] Declaración de José María Cobián, México, 16 de junio de 1813, ibid., vol. 1, cuad. 3º, f. 93v.

[16] Declaración de Diego Rubín de Celis, 9 de agosto de 1814, ibid., vol. 1, cuad. 1º, f. 70.

[17] Declaración de José María Cobián, México, 16 de junio de 1813, ibid., vol. 1, cuad. 3º, f. 94.

[18] Certificación, México, 21 de junio de 1813, ibid., vol. 1, cuad. 3º, ff. 101–101v.

estrecha relación y quien también prestaba su ayuda a los insurgentes de la zona.[19]

Para principios de junio de 1813, al tiempo que se había enviado una expedición de tropas realistas contra Montaño, Adalid se hallaba de nuevo en la región de los Llanos de Apan. Llegó a su hacienda de Ometusco acompañado de cuatro individuos, entre ellos el licenciado Manuel Cortázar, íntimo amigo suyo y uno de los Guadalupes, y Francisco Lope, hermano del licenciado Lope de Vergara, así como de una mujer. Esta fue identificada como María Ignacia García, viuda de un sargento de Tulancingo y de veintiún años, quien al parecer había sido la mujer que lo acompañara en sus viajes anteriores. Adalid pasó después a la hacienda de Jala, donde se hallaban las tropas que al mando del teniente coronel Carlos María Llorente habían sido enviadas a perseguir a Montaño y a sus fuerzas, muy probablemente con el propósito de obtener información sobre los planes de la expedición contra los insurgentes. Dos cosas llamaron la atención de los realistas en esa ocasión. Una, el hecho de que Adalid viajara, llevando sortijas y relojes de oro y sin más escolta que sus criados, por una región llena de insurgentes sin sufrir ningún percance. La segunda, que virtiera expresiones contrarias a las tropas del rey, a las que acusó de causar perjuicios en la región.[20]

El gran interés que los Guadalupes mostraran por Montaño continuaría hasta después de la muerte de este insurgente, ocurrida el 23 de julio de 1813 y que les causó "una pesadumbre de muy alta consideración", según sus propias palabras.[21] Dirigieron entonces a sus tropas una proclama, destinada a animarlas a seguir luchando por la libertad de los americanos, así como a nombrar como nuevo jefe a Diego Manilla.[22] Titulada *Proclama de los mexicanos,* está, sin embargo de su título, redactada en primera persona, lo que me hace suponer que su autor fuera el propio Adalid, quien tan bien conocía a Montaño, a sus tropas y a la región donde actuaban. De esta intervención por demás directa en los asuntos de la guerra dieron los Guadalupes debida cuenta a Morelos, explicándole

---

[19] "Diario del mes de febrero de 1813", en Archivo Histórico del Centro de Estudios sobre la Universidad, Universidad Nacional Autónoma de México (en adelante AH CESU), *Prontuario de causas de los insurgentes del año de 1810, y extracto de muchas correspondencias que los comandantes del gobierno español les tomaron en acciones de guerra,* leg. 20, n. 6, ff. 220–220v.

[20] Oficio del virrey Félix María Calleja a José Ignacio Berazueta, México, 13 de junio de 1813, BL, *Causa de insurrección contra Ignacio Adalid y socios,* vol. 1, cuad. 3º, f. 89v; y Declaración de Manuel Cobián, México, 16 de junio de 1813, ibid., vol. 1, cuad. 3º, ff. 95v–96.

[21] Carta de "Los Guadalupes" a José María Morelos, México, 5 de agosto de 1813, AGI, *Indiferente General 110,* cuad. 4º, n. 114, ff. 12–13v; y de la Torre, *Los Guadalupes,* 45–48.

[22] "Proclama de los mexicanos", s. l. y s. f., AGI, *Indiferente General 110,* cuad. 4º, n. 114, ff. 14–15.

haberlo hecho por parecerles lo más oportuno para evitar se dividiesen dichas tropas y se inutilizaran así los esfuerzos de Montaño; y terminaban diciendo: "Dios quiera que con estos consejos que les hemos dado veamos revivir a Eugenio".[23]

Por lo que la propia correspondencia de los Guadalupes deja ver, los esfuerzos del grupo por mantener en orden a estas tropas, así como porque Manilla se ocupara de dirigirlas, no fueron del todo exitosos. En noviembre de 1813 escribieron a Mariano Matamoros para hacer de su conocimiento que el sucesor de Montaño, el coronel Pedro José Espinosa, "no acierta a mandar el regimiento". Quienes lo integraban, "incomodados y violentos" con su nuevo jefe, deseaban que lo sustituyera Manilla. Por ello, los Guadalupes le solicitaban tomara las medidas más oportunas para que estas tropas volvieran al orden en que las tenía Montaño, ya que eran las únicas de toda esa zona que servían como era debido a la insurrección. Y para mayor información le remitían copia de una esquela que les había enviado un individuo de Otumba, hombre de bien y de toda su confianza, "muy buen americano, y que se ha sacrificado en cuanto ha alcanzado al bien de su patria, siendo su mayor empeño el buen orden de disciplina militar y arreglo de la división de nuestro amado difunto D. Eugenio Montaño".[24] La esquela a que hacían referencia los Guadalupes, que daba cuenta de la pésima conducta observada por estas tropas y pedía se les diera por jefe a Manilla para evitar se perdiera la zona y todo lo que habían proporcionado muchos de sus vecinos, está firmada con la inicial "V".[25] Esto, así como la descripción que los Guadalupes daban de su autor, me hace pensar que muy bien pudo haber sido enviada a Adalid por Juan Vargas Machuca, aquel administrador de la hacienda de Tepetates que estaba en estrecho contacto con don Ignacio, quien fuera uno de los apoyos con que contaron los insurgentes en la región y que más tarde sería acusado de ser tesorero de Manilla.[26]

Una semana después de fechada esta carta, el 25 de ese mismo mes, los Guadalupes informaron a Morelos que Manilla, quien era hombre de bien y fiel a su patria, por cumplir con las órdenes que de Morelos recibiera se había hecho de muchos enemigos entre los hacendados de los

---

[23] Carta de "Los Guadalupes" a José María Morelos, México, 5 de agosto de 1813, ibid., cuad. 4º, n. 114, ff. 12–13v; y de la Torre, *Los Guadalupes*, 45–48.

[24] Carta de "Los Guadalupes" a Mariano Matamoros, México, 17 de diciembre de 1813, AGI, *Indiferente General 110,* cuad. 4º, n. 117, ff. 16–16v; y de la Torre, *Los Guadalupes*, 51–52.

[25] Carta de "V." a "Estimado amigo", 1º de noviembre de 1813, AGI, *Indiferente General* 110, cuad. 4º, n. 117, f. 16.

[26] Declaración de Manuel Sáenz de Enciso, México, 4 de junio de 1814, BL, *Causa de insurrección formada contra Ignacio Adalid y socios,* vol. 1, cuad. 1º, ff. 26–26v.

Llanos de Apan, los "que como sujetos ricos y de conexiones entre ambos partidos" no era difícil intrigaran en su contra.[27] Y para diciembre de ese año dieron cuenta de nuevo, tanto a Morelos como a Matamoros, de lo perjudicial que era la división del insurgente Serrano, quien protegía a quien no debía, como era el caso del conde de Santiago, del que había sido su criado y de quien había recibido de regalo un elegante coche. Dicho conde era, al decir de los Guadalupes, "un degradado americano y sujeto muy despreciable y que no piensa en el bien de su patria", ya que había gastado 60,000 pesos en vestir al Regimiento de Milicias de México por haber sido nombrado su coronel. Los Guadalupes habían sabido que Osorno tenía orden de arrestar a Serrano, pero no le había dado cumplimiento y Serrano seguía igual que antes, "dejando entrar a México pulques y cualquiera otra cosa, como sea de sus favoritos", por lo que se hallaba el rumbo bien desordenado.[28]

En febrero de 1814 Adalid se dirigió una vez más a los Llanos de Apan. Varios fueron los motivos que lo llevaron a emprender este viaje. Uno fue el visitar sus haciendas y enterarse de la situación que guardaba la región, al igual que en anteriores ocasiones. Otro, el sacar de la capital a Josefa Fajardo, esposa del insurgente José Osorio. Otro más, entrevistarse con Osorno para discutir con este jefe insurgente varios asuntos, entre ellos un plan gubernativo para poner en orden a la región.

Era doña Josefa Fajardo una de aquellas personas a quienes los Guadalupes protegían dentro de la ciudad de México. Su marido, quien se había pasado a las filas insurgentes desde Teotihuacán, había sido secretario de Matamoros y había conseguido que el grupo la ayudara con dinero para su manutención. El licenciado Manuel Cortázar había sido quien se encargara de establecer contacto con ella, lo que había ocurrido desde agosto de 1813, así como de entregarle el dinero. Después de que los insurgentes fueran derrotados en Puruarán en enero de 1814, derrota en la que fuera tomado prisionero Matamoros y en la que cayera su archivo en manos de los realistas, Osorio escribió a los Guadalupes para pedirles ocultaran a su esposa y la ayudaran a reunirse con él. Cortázar la llevó entonces a casa de Ana de Villasusana, una amiga suya, quien a su vez la condujo a la casa de María Ignacia García, aquella mujer que acompañara a Adalid en varios de sus viajes, casa de cuyo sostenimiento se encargaba

---

[27] Carta de "Los Guadalupes" a José María Morelos, México, 25 de noviembre de 1813, AGI, *Indiferente General 110*, n. 119, ff. 17–17v; y de la Torre, *Los Guadalupes*, 53–54.

[28] Carta de "Los Guadalupes" a José María Morelos, México, 31 de diciembre de 1813, AGI, *Indiferente General 110*, cuad. 4º, n. 123, ff. 19–19v; de la Torre, *Los Guadalupes*, 66–67; carta de "Los Guadalupes" a Mariano Matamoros, México, 31 de diciembre de 1813, AGI, *Indiferente General 110*, cuad. 4º, n. 122, f. 18–18v; y de la Torre, *Los Guadalupes*, 64–65.

el propio don Ignacio. Éste le entregó un pasaporte y dispuso su salida de la ciudad, la que se efectuó por la Villa de Guadalupe. Allí se encontró doña Josefa, quien llevaba consigo a sus dos hijos, con Adalid y con otros dos individuos, y todos ellos emprendieron el viaje hacia Otumba en el coche de don Ignacio. En Otumba se quedaron en casa de José Miguel Montaño, hermano de Eugenio y quien estaba encargado de cuidar de los intereses de las haciendas de Adalid,[29] y de allí pasaron a la hacienda de Tepetates, donde doña Josefa se reunió con su marido y Adalid se entrevistó con Vargas Machuca y con Manuel Sáenz de Enciso, el licenciado José María Aguilar y Bustamante y Antonio María Cardona. Después de conversar sobre las recientes derrotas insurgentes y sobre otros asuntos relacionados con el movimiento, Osorio y su mujer fueron llevados en el coche de don Ignacio a la hacienda de Ocotepec.[30]

Cardona, Sáenz de Enciso y Aguilar habían formado un plan de gobierno para el territorio de los Llanos de Apan, el que en Tepetates discutieron con Adalid y con Vargas, ya que este último les había sido recomendado para que presentara el plan a Osorno por tener gran ascendiente sobre él.[31] Adalid habló entonces sobre la necesidad de organizar la insurgencia en la región, señalando "que los insurgentes debían formar regimientos entre ellos, comer en rancho y guardar arreglo, en cuyo caso concebía que se aumentaría la opinión, que todos se prestarían a auxiliarlos, y los desastres serían menos".[32] Según declararía más tarde el propio Adalid, el plan en cuestión era relativo a que no se hiciera mal a ningún hacendado, así como que los efectos de la región pudiesen entrar en la capital mediante el pago de una pensión, lo que contó con su aprobación porque le proporcionaba el uso de sus intereses.[33] De acuerdo con lo que registra el *Prontuario de causas de los insurgentes,* este plan "es un reglamento provisional para el buen orden y método de los cuatro ramos en el Departamento del Nordeste del cargo de Osorno y presentado por D. Manuel Sáenz de Enciso, Dn. Antonio María Cardona y Lic. D. José María Aguilar".[34]

De dos de los autores de este plan tengo alguna información. Sáenz de Enciso había mostrado sus inclinaciones autonomistas desde 1809, cuando tomara parte en las juntas que en la capital un grupo de desafectos al

---

[29] Declaración de Ignacio Adalid, México, 5 de junio de 1814, BL, *Causa de insurrección formada contra Ignacio Adalid y socios,* vol. 1, cuad. 1º, ff. 27v–30.
[30] Declaración de Josefa Fajardo, México, 2 de junio de 1814, ibid., vol. 1, cuad. 1º, ff. 18–20v; y Certificación de Julián Roldán sobre la declaración de José Osorio, México, 3 de junio de 1814, ibid., vol. 1, cuad. 1º, ff. 23v–25.
[31] Declaración de Manuel Sáenz de Enciso, México, 4 de junio de 1814, ibid., vol. 1, cuad. 1º, ff. 26–26v.
[32] Declaración de Manuel Sáenz de Enciso, México, 4 de junio de 1814, ibid., vol. 1, cuad. 1º, ff. 26–26v.
[33] Declaración de Ignacio Adalid, México, 6 de junio de 1814, ibid., vol. 1, cuad. 1º, ff. 30–36v.
[34] AH CESU, *Prontuario de causas de los insurgentes del año de 1810,* f. 77v.

régimen colonial celebraba en casa del licenciado Ubaldo Indalecio Bernal, y en abril de 1811 había sido detenido por sospechoso de participar en la conspiración descubierta entonces contra el virrey Francisco Xavier Venegas.[35] Por su parte, el licenciado Aguilar era sobrino del licenciado José Antonio de Bustamante, a quien se le acusaría de ser uno de los Guadalupes, quien se correspondía con Morelos con el pseudónimo de "El Serpentón" y quien enviaba dinero y cartas a los insurgentes.[36]

Adalid y Vargas pasaron después a Zacatlán, a donde llegaron el 9 de febrero[37] y donde se reunieron con Sáenz de Enciso, Aguilar y Cardona y se encontraron con Osorno, a quien presentaron el plan de gobierno en junta a la que asistieron varios jefes insurgentes.[38] Esto ocurrió durante las fiestas del carnaval, en las que Adalid se dejó ver públicamente en compañía de aquel jefe insurgente, asistiendo a una comedia, loa o mitote que se le hizo en la plaza. Además, ante la insistencia de Osorno, don Ignacio prolongó su estancia en Zacatlán, donde pasó buena parte del tiempo con aquel jefe insurgente y hasta jugó al monte con él.[39]

Adalid alegaría más tarde que no había ido a ver a Osorno para que éste aceptara el plan de gobierno sino porque Manilla le había embargado todas sus haciendas por haber sabido que aquél le había propuesto a Montaño que se indultase. También que su visita había tenido éxito, puesto que Osorno le levantó el embargo y le fijó una pensión mensual, con lo que logró que entrasen a la capital algunos de sus pulques.[40] Si bien es cierto que los ingresos que don Ignacio percibía de sus propiedades en la región se habían visto afectados en grado considerable a causa del estado de guerra en que ésta se hallaba y que el pulque de sus haciendas había dejado de entrar a la ciudad de México, resulta igualmente cierto que esto se había debido en buena medida a su decisión de ayudar al movimiento con los recursos de sus haciendas, no sólo como particular sino como miembro de los Guadalupes. Por otra parte, su vinculación con los insurgentes de la zona, en particular con Montaño, y la ayuda que les prestara, además de favorecer a la insurgencia le habían producido ciertos beneficios personales. Sus propiedades no habían sido dañadas por los insurgentes y

---

[35] Sobre esta conspiración, véase Guedea, "The Conspiracies of 1811".
[36] AH CESU, *Prontuario de causas de los insurgentes del año de 1810*, ff. 1v–2.
[37] Diario del mes de febrero de 1813, ibid., ff. 220–220v.
[38] Certificación de Julián Roldán sobre la declaración de José Osorio, México, 3 de junio de 1814, BL, *Causa de insurrección formada contra Ignacio Adalid y socios*, vol. 1, cuad. 1º, ff. 23v–25.
[39] Oficio de Carlos María Llorente al virrey Félix María Calleja, Texcoco, 2 de abril de 1814, ibid., vol. 1, cuad. 3º, f. 107; declaración de Manuel Sáenz de Enciso, México, 14 de junio de 1814, ibid., vol. 1, cuad. 1º, ff. 26–26v; y careo entre Ignacio Adalid y Manuel Sáenz de Enciso, México, 7 de junio de 1814, ibid., vol. 1, cuad. 1º, f. 39.
[40] Declaración de Ignacio Adalid, México, 6 de junio de 1814, ibid., vol. 1, cuad. 1º, ff. 30–36v.

la remisión de los productos de sus haciendas no se interrumpió del todo, como sucedió a otros hacendados de la región. Recibió en ocasiones algún ganado, el que puso a la venta en la ciudad de México, y hasta algo de pulque, amén de algunas cantidades de dinero y otros efectos.[41] Así, pues, muy bien pudo haber tratado con Osorno tanto sus asuntos privados como la conveniencia de poner en práctica dicho plan de gobierno. Después de todo, este plan consistía, como el mismo Adalid confesara más tarde, en hacer extensivo a las haciendas de la jurisdicción lo que don Ignacio obtuviera de Osorno para las suyas.[42] Por otra parte, los Guadalupes siempre se interesaron por el buen orden del movimiento insurgente en la región. Por ello, pienso que el plan en cuestión, cuyos autores estaban vinculados con el grupo, bien pudo haberse elaborado a instancias de los Guadalupes, lo que justificaría plenamente la presencia de Adalid en su presentación a Osorno.

Pocos resultados obtuvieron estas gestiones, y los insurgentes de los Llanos de Apan prosiguieron en el desorden y la indisciplina. Además, para entonces el movimiento insurgente organizado había sufrido ya terribles derrotas, se hallaba a la defensiva y comenzaba a desintegrarse. Como muchos otros partidarios de la insurgencia, Adalid dio por ese tiempo muestras de estar perdiendo la fe en el triunfo del movimiento. Así lo hacen ver las conversaciones que sostuvo poco después en la ciudad de México con Osorio, el que ya se había indultado. Éste, que conocía tanto las actividades de don Ignacio a favor de la insurgencia como el que "era un hombre poderoso" y "que sus influjos hacia el gobierno eran muchos", pasó a verlo para informarle que iba a declarar cuanto sabía sobre la insurrección.[43] Además de decirle que no declarara nada sobre su persona ni sobre Cortázar, Adalid se portó de manera generosa con Osorio, quizá para que no lo delatase. Le prestó dinero y lo llevó en dos ocasiones con el licenciado Lope de Vergara para que le ayudara a redactar un memorial dirigido al virrey pidiendo la restitución de su empleo.[44] Además, le comentó "que el desorden de la insurrección era terrible... y que mientras no hubiera orden y arreglo jamás se conseguiría el fin", así como "que

---

[41] Véase declaración de Hipólito Ondraíta, México, 21 de junio de 1813, ibid., vol. 1, cuad. 3º, ff. 99–100v; carta de José Miguel Montaño a Ignacio Adalid, 19 de enero de 1813, ibid., vol. 1, cuad. 2º, ff. 85–86; carta de José Miguel Montaño a Ignacio Adalid, 2 de mayo de 1813, ibid., vol. 1, cuad. 2º, ff. 82v–83v; y carta de Rafael Cristóbal Montaño a Ignacio Adalid, 7 de marzo de 1814, ibid., vol. 1, cuad. 2º, f. 84.
[42] Declaración de Ignacio Adalid, México, 6 de junio de 1814, ibid., vol. 1, cuad. 1º, ff. 30–36v.
[43] Certificación de Julián Roldán sobre la declaración de José Osorio, México, 3 de junio de 1814, ibid., vol. 1, cuad. 1º, ff. 23v–25.
[44] Declaración de Ignacio Adalid, México, 6 de junio de 1814, ibid., vol. 1, cuad. 1º, ff. 30–36v; y careo entre Ignacio Adalid y José Osorio, México, 7 de junio de 1814, ibid., vol. 1, cuad. 1º, ff. 38–38v.

no estaba la insurrección para que entraran hombres decentes, por el desorden con que se manejaban".[45]

Por entonces Adalid no sólo dio muestras de abrigar dudas sobre el triunfo de la insurgencia. También las dio de querer cooperar al éxito de las fuerzas realistas. Así, al comandante de los Llanos de Apan José Barradas le proporcionó información tanto sobre los habitantes de la zona como "de los puntos más frecuentes de la residencia de los forajidos, haciéndome el trato de los primeros y la persecución de los segundos conocer dicha memoria fue dictada bajo los más sólidos principios de veracidad y celo patriótico". No sólo esto. Don Ignacio le pidió al comandante exigiese de sus haciendas "fuertes contribuciones a favor de las tropas del rey, pues cuanto percibiese de ellas, en otro tanto escaseaba al enemigo". Además, Adalid tenía, al decir de Barradas, la mejor opinión entre los buenos. Por último, según el comandante los administradores de don Ignacio habían recibido órdenes de éste de franquear todo auxilio a las tropas realistas.[46] Igual conducta asumió con el comandante Francisco de las Piedras, a quien dio avisos de la situación de los rebeldes y de los planes que tenían y cuyas tropas recibió siempre en sus fincas con toda comodidad y sin aceptar pago por los gastos que le causaban. Y algo más. Decidió establecer patriotas realistas en sus haciendas, lo que comunicó a de las Piedras y para lo que había empezado "a contribuir mensualmente con ciento cincuenta pesos, caballos y forrajes".[47]

Pero para los descontentos con el régimen colonial la insurgencia no era el único camino que se les presentaba para alcanzar los cambios que deseaban. También, como ya señalé, se habían abierto opciones dentro del sistema, sobre todo a partir de 1812, cuando se estableciera el régimen constitucional. Al igual que muchos otros novohispanos descontentos, don Ignacio se encontraba dispuesto a aprovecharse de estas opciones para promover sus intereses, tanto en lo particular como miembro de los Guadalupes.

Si bien el sistema constitucional gaditano no fue implementado plenamente por las autoridades coloniales, ya que venía a reducir sus poderes al tiempo que se enfrentaban a una insurrección armada cada vez más fuerte y a un desafecto cada vez más extendido, se vieron obligadas a poner en práctica algunos de sus aspectos, como fueron la libertad de imprenta y los procesos electorales. De acuerdo con la Constitución de Cádiz,

---

[45] Careo entre Ignacio Adalid y José Osorio, México, 7 de junio de 1814, ibid., vol. 1, cuad. 1º, ff. 38–38v.

[46] Oficio de José Barradas al virrey Félix María Calleja, México, 9 de agosto de 1814, ibid., vol., cuad. 1º, ff. 73v–74.

[47] Oficio de Francisco de las Piedras a José Antonio de Noriega, Tulancingo, 29 de octubre de 1814, ibid., vol. 1, cuad. 1º, ff. 28v–30.

producto de unas Cortes dominadas por individuos decididos a reorganizar y modernizar el sistema político del imperio español y en las que la participación americana fue definitiva para el triunfo liberal, esta reorganización y esta modernización debían darse a partir del establecimiento de ayuntamientos constitucionales y de diputaciones provinciales, así como de la designación de diputados a Cortes. Para ello debían celebrarse complejos procesos electorales, en cuya primera etapa debían tomar parte grandes sectores de la población, los que vinieron a abrir una amplia y satisfactoria vía de acción política para muchos de los novohispanos. También vinieron a abrir una amplia y novedosa vía para el pensar político. A través del ejercicio electoral y de la libertad de imprenta, las ideas liberales sobre la participación popular y la representación ciudadana fueron hallando acogida en la Nueva España y comenzaron a ser puestas en práctica.

Las primeras elecciones populares celebradas en la ciudad de México, llevadas a cabo el 29 de noviembre de 1812, correspondieron a la designación de los electores de parroquia que a su vez debían nombrar a los nuevos integrantes de su Ayuntamiento constitucional. En esta primera etapa del proceso electoral, en la que participaron tanto pública y abiertamente como de manera oculta y encubierta varios de los Guadalupes, el triunfo de los americanos fue completo, ya que lograron articular los intereses de autonomistas, desafectos y proinsurgentes, así como los de los indígenas capitalinos, muy en particular los de sus funcionarios.[48] Como los mismos Guadalupes informaron a Morelos, "salieron electos veinticinco americanos todos honrados y del mejor modo de pensar",[49] entre los que se contaron varios de los integrantes de la sociedad: el canónigo magistral José María Alcalá, los licenciados Antonio Ignacio López Matoso y Pedro Dionisio de Cárdenas y el exgobernador de la parcialidad de San Juan Dionisio Cano y Moctezuma. Y por si alguna duda quedaba todavía a las autoridades coloniales sobre el sentir de los capitalinos, este triunfo fue celebrado multitudinaria y estrepitosamente por gran parte de los mexicanos con festejos que duraron buena parte de la noche y hasta el siguiente día.

---

[48] Sobre estas elecciones véase Nettie Lee Benson, "The Contested Mexican Elections of 1812", *Hispanic American Historical Review* 26, no. 3 (agosto de 1946): 336–350; Antonio Annino, "Pratiche creole e liberalismo nella crisi dello spazio urbano coloniale. Il 29 novembre 1812 a Città del Messico", *Quaderni Storici* n. 69, año 23, núm 3 (diciembre de 1988): 727–763; y Virginia Guedea, "Las primeras elecciones populares en la ciudad de México: 1812–1813", *Mexican Studies/Estudios Mexicanos* 7, no. 1 (invierno de 1991): 1–28. Sobre la conducta observada por entonces por algunos funcionarios indígenas, véase Virginia Guedea, "De la fidelidad a la infidencia: Los gobernadores de la parcialidad de San Juan", en *Patterns of Contention in Mexican History*, ed. Jaime E. Rodríguez O. (Wilmington: Scholarly Resources, 1992), 95–123.

[49] Carta de "Los Guadalupes" a José María Morelos, México, 7 de diciembre de 1812, AGI, *Indiferente General 110*, n. 107, ff. 4–5; y de la Torre, *Los Guadalupes,* 7–9.

Preocupados por los resultados de estas elecciones y por las victorias militares que por entonces obtenía Morelos, quien poco antes había tomado la ciudad de Oaxaca, el virrey Venegas y el Real Acuerdo decidieron suspender tanto la libertad de imprenta como el proceso electoral. Dado que en las elecciones se habían presentado ciertas irregularidades, las autoridades iniciaron averiguaciones y diligencias para poner en claro si eran o no válidas. Se procedió, además, contra algunos de los electores con distintos pretextos. Así, se ordenó la detención del licenciado Carlos María de Bustamante, elector por la parroquia de San Miguel y quien se había aprovechado de la libertad de imprenta para publicar su periódico *El Juguetillo,* en el que había atacado al régimen colonial. Bustamante decidió entonces pasarse a los insurgentes, lo que efectuó, probablemente auxiliado por los Guadalupes, por la vía de Zacatlán, donde se unió a Osorno. Su esposa saldría poco después de la capital, acompañada de Cortázar y de otros miembros del grupo.[50]

El proceso electoral para elegir al Ayuntamiento constitucional de la ciudad de México no se reanudaría sino hasta el 4 de abril de 1813, cuando el nuevo virrey, Félix María Calleja, decidió implementar en lo posible la Constitución para atraerse las simpatías de los partidarios del sistema constitucional, como bien lo entendieron los Guadalupes y se lo hicieron saber a Morelos.[51]

Nada he encontrado sobre una posible participación de Adalid en la primera etapa del proceso electoral. Sí, en cambio, aparece en la segunda. Al igual que ocurriera en el mes de noviembre anterior, en abril de 1813 los americanos triunfaron en toda la línea. A pesar de las presiones ejercidas por el virrey y el arzobispo, los electores parroquiales no eligieron a ningún peninsular; tampoco a ningún americano adicto al régimen colonial. Y entre los integrantes del nuevo Ayuntamiento se contaron tres Guadalupes: Francisco Manuel Sánchez de Tagle, Ignacio Moreno y Barrios, marqués de Valle Ameno, y el propio don Ignacio.[52]

No sólo en el nivel local darían la batalla los americanos, entre ellos los Guadalupes. También lo harían en el nivel provincial y en el nivel imperial, con los mismos resultados. Así, el 18 de julio de 1813 fueron designados catorce diputados a Cortes y cuatro suplentes, todos ellos americanos, entre los que se contaron dos Guadalupes: los licenciados Félix Lope de Vergara y Manuel Cortázar,[53] íntimos amigos de don Ignacio. Al

---

[50] Carta de "Onofre Lizana" (pseudónimo de Manuel Cortázar) a "Onofre Crespo" (pseudónimo de Carlos María de Bustamante), México, 5 de marzo de 1813, BL, *Causa de insurrección formada contra Ignacio Adalid y socios,* vol. 1, cuad. 1º, ff. 1–2v.

[51] Carta de "Los Guadalupes" a José María Morelos, México, 9 de abril de 1813, AGI, *Indiferente General 110,* n. 111, ff. 10–10v; y de la Torre, *Los Guadalupes,* 24–25.

[52] "Nómina del Nuevo Ayuntamiento de México", en de la Torre, *Los Guadalupes,* 23.

[53] Acta de la sesión de la junta de electores del 18 de julio de 1813, Archivo General de la Nación (en adelante AGN), *Historia,* vol. 448, exp. VI, ff. 98–102.

día siguiente se eligieron dos diputados por la provincia de México para la Diputación Provincial correspondiente a la Nueva España, y uno de ellos lo fue José María Fagoaga, que aunque nacido en la península era conocido autonomista además de ser uno de los Guadalupes. Para suplente lo fue el licenciado José Antonio del Cristo y Conde, integrante también de esta sociedad y también conocido autonomista, como los propios Guadalupes informaron a Morelos.[54] Los Guadalupes igualmente informaron a Morelos del desarrollo de estos procesos electorales, y de los triunfos de los americanos, desde su primera etapa.[55] Asimismo le hicieron saber de sus resultados, los que habían sido a su entera satisfacción, ya que habían salido electos únicamente americanos "del mejor modo de pensar, buenas cualidades y grande amor a su patria", con lo que habían dado "segundo ataque dentro de esta capital a nuestros feroces enemigos, siendo la victoria nuestra completamente".[56]

Los Guadalupes también tomaron parte en el proceso electoral que a fines de diciembre de 1813 se efectuó en la ciudad de México para renovar por mitad a su Ayuntamiento constitucional. De nueva cuenta todos los electos fueron americanos, si bien "uno que otro de ellos de los que llaman *equilibristas,* es decir que tratan de quedar bien con los dos partidos", como los Guadalupes registraron en su diario.[57] Poco antes, a principios de ese mes, se había iniciado otro proceso electoral, por el que debían designarse nuevos diputados a Cortes. En la primera etapa del proceso volvieron a participar los Guadalupes, tanto de manera encubierta para influir en sus resultados como de manera formal, por ser varios de ellos miembros del Ayuntamiento. Uno de éstos fue don Ignacio, quien como regidor tomó parte en su organización y presidió dos juntas electorales de parroquia. No sólo esto. Adalid resultó, además, elector parroquial por el Sagrario. Este proceso electoral finalizaría hasta el 14 de marzo de 1814, y en su última etapa volvemos a encontrarnos con don Ignacio, quien fuera elegido entonces diputado a Cortes.[58]

Al parecer, las opciones de acción política que para los Guadalupes, y en particular para Adalid, se abrían por entonces dentro del sistema les

---

[54] Carta de "Los Guadalupes" a José María Morelos, México, 5 de agosto de 1813, AGI, *Indiferente General 110,* cuad. 4º, no. 114, ff. 12–13v.; y de la Torre, *Los Guadalupes,* 45–48.

[55] Carta de "Los Guadalupes" a José María Morelos, México, 5 de julio de 1813, AGI, *Indiferente General 110,* cuad. 4º, no. 113, ff. 11v–12; y de la Torre, *Los Guadalupes,* 41–43.

[56] Carta de "Los Guadalupes" a José María Morelos, México, 5 de agosto de 1813, AGI, *Indiferente General 110,* cuad. 4º, no. 114, ff. 12–13v.; y de la Torre, *Los Guadalupes,* 45–48.

[57] Diario de los Guadalupes del 12 y 25 de diciembre, AGI, *Indiferente General 110,* cuad. 4º, no. 126, f. 27; y de la Torre, *Los Guadalupes,* 80 y 82–83.

[58] Ramón Gutiérrez del Mazo, "Lista de los Señores que han sido nombrados para diputados en Cortes y suplentes en la Junta Electoral de provincia celebrada este día", México, 14 de marzo de 1814, AGN, *Historia,* vol. 445, f. 405.

resultaban más prometedoras que las que ofrecía un movimiento insurgente que si bien había logrado establecer hacía poco un órgano de gobierno alterno, el Supremo Congreso Nacional Americano, comenzaba ya a desintegrarse. Al igual que otros novohispanos, para esas fechas don Ignacio se hallaba dispuesto a abandonar la Nueva España y pasar a la península para defender en las nuevas Cortes los intereses de su grupo y los suyos propios.

EN LA CUERDA FLOJA

Pero las andanzas de Adalid en apoyo de la insurgencia no habían pasado desapercibidas para las autoridades coloniales, y desde junio de 1813 se habían iniciado averiguaciones reservadas sobre su conducta. El 9 de ese mes el teniente coronel Llorente, quien comandaba la expedición que por entonces se envió contra Montaño, había informado a las autoridades superiores tener conocimiento que Adalid se trataba familiarmente con Montaño, que visitaba sus haciendas ocupadas por este insurgente y que viajaba desarmado y llevando joyas, además de tener un lacayo insurgente.[59] Se llamó entonces a declarar a varios oficiales realistas y a algunos vecinos de la región, así como a los encargados de las garitas y a un primo de Adalid, los que casi en su totalidad confirmaron lo informado por Llorente y dieron amplios detalles de las actividades de don Ignacio y de su vinculación con los insurgentes, así como de sus viajes en compañía de Lope de Vergara y de Cortázar. Entre ellos se contó el capitán José María Cobián, aquel comandante de San Juan Teotihuacán a quien don Ignacio hiciera tantas preguntas, y su hermano Manuel, quien era teniente coronel.[60] En cuanto a Agustín Prudencio López, primo de Adalid, además de confirmar las sospechas que sobre éste se tenían de su inclinación a la insurgencia, declaró que desde que se iniciara la insurrección había peleado con su primo por haberle dicho don Ignacio que era llegado el mejor momento de la América para conseguir su independencia. Lo acusó asimismo de odiar a los europeos y de mantener estrecha relación con Montaño, al que había sacado de la Cárcel de la Acordada cuando López lo acusara de ladrón, por lo que los insurgentes dejaban pasar sus pulques y otros productos de sus haciendas. También lo acusó de

---

[59] Oficio del virrey Félix María Calleja a José Ignacio Berazueta, México, 13 de junio de 1813, BL, *Causa de insurrección contra Ignacio Adalid y socios*, vol. 1, cuad. 3º, f. 89v.

[60] Declaración de José María Cobián, México, 16 de junio de 1813, BL, *Causa de insurrección formada contra Ignacio Adalid y socios*, vol. 1, cuad. 3º, f. 94; y declaración de Manuel Cobián, México, 16 de junio de 1813, ibid., vol. 1, cuad. 3º, ff. 95v–96.

comprar a los insurgentes el ganado que le habían robado al declarante, el que había sido vendido en México por Manuel Adalid, hermano de don Ignacio.[61]

A causa de ser éstas averiguaciones secretas, no se llamó a declarar por entonces ni al propio Adalid ni a sus amigos Cortázar y Lope de Vergara ni a María Ignacia García, su compañera de viaje. El auditor encargado de estas averiguaciones fue de parecer que había mérito suficiente para aprehender a Adalid e instruirle proceso. Pero, por "consideraciones de política", recomendaba no proceder contra él sino solamente estar a la mira de su conducta y de su correspondencia, recomendación que fue aceptada por el virrey.[62] El cuidado mostrado por las autoridades coloniales con Adalid por ese entonces se debió tanto a las difíciles circunstancias por las que atravesaba el régimen colonial como al "carácter y muchas relaciones" de don Ignacio, como bien señalara el auditor en su parecer, ya que era un hombre poderoso y de gran influjo, como expresaría más tarde Osorio. Así, las autoridades decidieron esperar tiempos más propicios para proceder en su contra, si bien Calleja dio cuenta al ministro de la Gobernación de Ultramar de que el regidor Adalid se hallaba complicado en delitos de infidencia.[63]

Nueva información sobre las andanzas de don Ignacio proporcionaría el teniente coronel Llorente en abril de 1814. Al saber que Adalid había sido electo diputado a Cortes, comunicó al virrey que aquél había estado en Zacatlán con Osorno durante el carnaval. También le informó que en varios puntos de la zona había sabido "que en México varios de sus vecinos (cuyos nombres ignoro) forman una junta secreta con la denominación de Guadalupe, donde se disponen frecuentemente planes para sustentar la insurrección y de donde dan aviso a los rebeldes de lo que ocurre digno de su noticia en la capital".[64]

Calleja ordenó entonces se investigara tanto sobre los Guadalupes como sobre las actividades de Adalid.[65] También consultó si podía suspenderse la elección de don Ignacio como diputado a Cortes, dado que se le seguía causa,[66] si bien el auditor fue de parecer de que no se suspendiera

---

[61] Declaración de Agustín Prudencio López, México, 16 de junio de 1813, ibid., vol. 1, cuad. 3º, ff. 96–98.
[62] Parecer de José de Galilea, México, 9 de julio de 1813, ibid., vol. 1, cuad. 3º, ff. 105–106.
[63] Oficio del virrey Félix María Calleja al ministro de la Gobernación de Ultramar, México, 22 de junio de 1813, en de la Torre, *Los Guadalupes*, 39.
[64] Oficio de Carlos María Llorente al virrey Félix María Calleja, Texcoco, 2 de abril de 1814, BL, *Causa de insurrección contra Ignacio Adalid y socios*, vol. 1, cuad. 3º, f. 107.
[65] Oficio del virrey Félix María Calleja a Carlos María Llorente, México, 5 de abril de 1814, ibid., vol. 1, cuad. 3º, ff. 107v–108.
[66] Oficio del virrey Félix María Calleja a José Galilea, México, 26 de abril de 1814, ibid., vol. 1, cuad. 3º, ff. 108v–109.

sino que en su lugar quedara el suplente.[67] En cuanto a los Guadalupes, nuevas noticias de su existencia proporcionaron José Osorio, Manuel Sáenz de Enciso y el licenciado José María Aguilar al indultarse, así como Josefa Fajardo, esposa de Osorio.[68] Las declaraciones de todos ellos también se refirieron a Adalid. Osorio precisó que éste y Cortázar eran de los Guadalupes, y doña Josefa dio cuenta de la ayuda que le proporcionara Cortázar y de que don Ignacio fuera quien la sacara de la capital. Además de señalar a ambos como Guadalupes, esta última informó que durante el viaje Adalid le había dicho "que los mismos trabajos que iban experimentando en esta ocasión tuvo él cuando sacó de México a Da. Leona Vicario, y aun le enseñó a la declarante el lugar donde la había tenido oculta en un pueblo que está por Tepetates".[69]

Ante tal cúmulo de testimonios en contra de Adalid, las autoridades superiores no esperaron más y el 4 de junio don Ignacio fue arrestado y puesto preso en La Ciudadela. Comenzó entonces para Adalid un larguísimo, y costosísimo, calvario. Desde su primera declaración se ocupó de negar todos los cargos y acusaciones en su contra y mantuvo esta posición a lo largo de todo el proceso, tanto en sus declaraciones como en los numerosos careos que sostuvo con sus acusadores. Escribió, además, extensos alegatos y promovió todo tipo de diligencias, entre ellas el llamar a declarar a numerosos testigos, para demostrar su inocencia. Por su parte, las autoridades intentaron probar todos los cargos en su contra, así como averiguar lo más posible sobre los Guadalupes. No lograron plenamente ni una ni otra cosa. Esto se debió, por un lado, a la tenacidad con que Adalid se defendió y a que muchos de los testigos llamados a declarar le fueron favorables. Por el otro, a que si bien varios testigos coincidieron en haber oído hablar de los Guadalupes, poco pudieron decir sobre quiénes conformaban al grupo o sobre las actividades que éste llevaba a cabo.

Sin embargo del escaso éxito que obtuvieran las autoridades por averiguar la composición y las actividades de los Guadalupes, esta sociedad dejaría de actuar como tal poco después. Esto se debió a varios motivos. En primer término, a la desaparición del movimiento insurgente organizado, lo que hacía difícil prestarle ayuda y seguir en contacto con sus dirigentes. También a la abolición del sistema constitucional, que cerró las

---

[67] José Galilea al virrey Félix María Calleja, México, 30 de abril de 1814, ibid., vol. 1, cuad. 3º, ff. 109–110.

[68] Certificación de Julián Roldán sobre la declaración de José Osorio, México, 3 de junio de 1814, ibid., vol. 1, cuad. 1º, ff. 23v–25; declaración de Manuel Sáenz de Enciso, México, 4 de junio de 1814, ibid., vol. 1, cuad. 1º, ff. 26–26v; declaración de José María Aguilar, Puebla, 16 de mayo de 1814, ibid., vol. 1, cuad. 1º, ff. 24v–26; y declaración de Josefa Fajardo, México, 2 de junio de 1814, ibid., vol. 1, cuad. 3º, ff. 18–20v.

[69] Declaración de Josefa Fajardo, México, 2 de junio de 1814, ibid., vol. 1, cuad. 3º, ff. 18–20v.

nuevas vías de acción política que se habían abierto dentro del sistema y permitió a las autoridades coloniales proceder con gran libertad contra los desafectos. Varios de los Guadalupes fueron detenidos y procesados, y algunos de ellos desterrados de la Nueva España, lo que alteró y afectó seriamente la composición de la sociedad.

En su proceso, don Ignacio se ocupó, en un principio, de demostrar la falsedad de las acusaciones en su contra, para lo que le fue de suma utilidad su preparación como letrado y para lo que contó con el auxilio del licenciado José Manuel Zozaya Bermúdez, uno de los Guadalupes. Con el paso del tiempo, y dado que el sistema constitucional fuera abolido en agosto de 1814 y que al año siguiente la insurgencia organizada acabara por desaparecer, se empeñó también en demostrar su apoyo y adhesión al régimen colonial. Así, pretendió probar a través de numerosos testigos, muchos de ellos peninsulares, que desde los inicios de la insurrección había dado pruebas de su afecto a los europeos,[70] a los que había protegido en más de una ocasión.[71] Asimismo que había intentado formar un cuerpo de patriotas en sus haciendas, y que trataba muy bien a los realistas que pasaban por sus propiedades. Igualmente que había hecho que el cuerpo de cosecheros de pulque pidiera al virrey se enviasen divisiones para mantener en quietud a la región.[72] Cambió, además, de asesor, y el licenciado Agustín Pomposo Fernández de San Salvador, acérrimo enemigo de la insurgencia y uno de los más decididos defensores del régimen colonial, ocupó el lugar del licenciado Zozaya Bermúdez. Por último, ofreció contribuir con dinero de sus haciendas para socorrer a las tropas realistas.[73]

De nada sirvieron tan enormes esfuerzos. Lo único que obtuvo Adalid fue que a través de su extenso proceso fuera quedando claramente de manifiesto el doble juego que había sostenido al apoyar a insurgentes y realistas. Esto le ocasionó serios problemas. Sus propiedades fueron seriamente dañadas por los insurgentes. Así, fue saqueada su hacienda de los Reyes, y quemadas las trojes de la de Santa Clara. En la de Ometusco fueron arrancadas las puertas, las que sirvieron de leña, y en la de Acosaque derribadas las cercas de piedra de los potreros. Se suspendió el envío de pulques, sus sirvientes fueron despedidos y el mayordomo de San Ignacio de las Palmillas fue asesinado.[74] Para mayo de 1815 el insurgente Pedro

---

[70] Declaración de Antonio Gutiérrez, México, 4 de octubre de 1814, ibid., vol. 1, cuad. 7, ff. 95–96.
[71] Declaración de Manuel Ortiz, Tulancingo, 28 de octubre de 1814, ibid., vol. 2, cuad., 6, ff. 37v–39v.
[72] Defensa de Ignacio Adalid, México, 20 de diciembre de 1814, ibid., vol. 2, cuad. 8, ff. 99–155.
[73] Oficio de Ignacio Adalid al virrey Félix María Calleja, México, 10 de mayo de 1815, ibid., vol. 3, cuad. 11, ff. 25v–26v.
[74] Declaración de Ignacio Adalid, México, 9 de junio de 1815, ibid., vol. 3, cuad. 10, ff. 13–16.

José Espinosa ordenó no se le llevara nada de su hacienda de Ometusco.[75] Por su parte, las autoridades lo mantuvieron en prisión, aunque atendieron a las peticiones de Adalid y de su esposa de mejorar sus condiciones a causa de estar aquejado de "accidentes venéreos" y de que le era necesario someterse a un tratamiento adecuado.[76] Como el mismo don Ignacio señalara en uno de sus innumerables escritos, "¡Los rebeldes me tratan como el más decidido realista, y los realistas como a un rebelde!"[77] El parecer del auditor Miguel Bataller sobre la causa de Adalid resulta muy revelador respecto a la actitud que éste asumiera. Según él, "La suerte de Dn. Ignacio Adalid es la que por lo común tienen todos los que en las revoluciones se proponen estar bien con los dos partidos, que es la de hacerse primero sospechosos y después odiosos a uno y otro".[78]

Convencido de que si permanecía en la Nueva España no podría arreglar su situación, Adalid insistiría en repetidas ocasiones en que se le permitiera pasar a la península, y para septiembre de 1815 el virrey accedería a su solicitud.[79] No obstante, saldría de la capital hasta el 14 de mayo de 1816, viaje que emprendería en compañía del licenciado Antonio Ignacio López Matoso, Guadalupe como él y, como él, procesado por sus actividades y su desafecto al régimen. Ya en España, Adalid recibió "la condecoración de la cruz de comendador de la orden de Isabel", instituida por Fernando VII para premiar la fidelidad de los americanos,[80] lo que muestra que continuó en la península sus empeños por demostrar su fidelidad al régimen. Regresaría a la Nueva España, con permiso de la corte, hasta 1820, y de inmediato volvió a sus actividades políticas. En junio de ese mismo año resultó de nueva cuenta electo como regidor constitucional, al igual que Francisco Manuel Sánchez de Tagle y el licenciado Manuel Zozaya Bermúdez, ambos antiguos Guadalupes, y como síndico lo fue el licenciado Benito José Guerra, quien también fuera miembro de la sociedad.[81] Poco después dio comienzo un nuevo proceso electoral para designar diputados a Cortes, y don Ignacio obtuvo votos para compromi-

---

[75] Orden de Pedro José Espinosa, Ometusco, 10 de mayo de 1815, ibid., vol. 3, cuad. 9, ff. 3v–4.

[76] Véase AGN, *Infidencias*, vol. 151, ff. 56–98.

[77] Oficio de Ignacio Adalid, México, antes del 30 de junio de 1815, BL, *Causa de insurrección formada contra Ignacio Adalid y socios*, vol. 3, cuad. 9, ff. 4–8v.

[78] Parecer del auditor Miguel Bataller, México, 13 de septiembre de 1815, ibid., vol. 3, cuad. 12, ff. 29–31.

[79] Decreto del virrey Félix María Calleja, México, 19 de septiembre de 1815, AGN, *Infidencias*, vol. 151, f. 92.

[80] L. Alamán, *Historia de Méjico*, 4:447.

[81] Timothy E. Anna, *The Fall of the Royal Government in Mexico City* (Lincoln: University of Nebraska Press, 1978), 195.

sario, al igual que varios otros de sus compañeros Guadalupes, si bien no resultó electo en esta ocasión.[82]

A pesar de que la sociedad de los Guadalupes dejó de funcionar hacia 1815, la gran mayoría de sus integrantes proseguiría en sus empeños autonomistas, para lo que unirían esfuerzos y se aprovecharían de las vías que tendrían a su alcance. Una de ellas, como acabamos de ver, lo sería el retorno al régimen constitucional, cuando muchos de los desterrados regresaron a la Nueva España. Otra lo sería la masonería, que comenzaba a organizarse en el virreinato al tiempo que los Guadalupes dejaban de actuar. Otra más, la definitiva, lo sería el movimiento independentista que encabezara Iturbide, la que les permitiría ver realizado uno de sus más caros anhelos, el establecimiento de una junta de gobierno, la que contaría entre sus integrantes a varios de los que habían sido miembros de la sociedad de los Guadalupes.

Porque hasta 1821 muchos novohispanos, entre ellos don Ignacio, creyeron que podían alcanzar los cambios que deseaban ya actuando dentro del sistema, ya fuera de él. Sólo hasta que se convencieron de que su condición colonial representaría siempre un freno a sus aspiraciones de lograr una verdadera autonomía dentro del imperio, de alcanzar la deseada igualdad con la metrópoli, optaron por emanciparse de España. Las nuevas y cambiantes circunstancias que se les presentaron a partir de 1808 les brindaron distintas opciones para el ejercicio de la actividad política, lo que les permitió promover sus intereses de diversas maneras. Así, muchos de ellos asumieron la postura que en un determinado momento les resultó más conveniente. Esto, si bien prolongaría el proceso de emancipación, también enriquecería la vida política novohispana. Y las experiencias obtenidas durante esos años servirían de punto de partida una vez alcanzada la independencia. La capacidad mostrada por muchos novohispanos para ir variando de postura dependiendo de cómo iban siendo afectados sus intereses, de no asumir en forma consistente un determinado papel político, fue no sólo mantenida por los recién independizados mexicanos sino desarrollada aún más. Así, mostraron tanto una gran flexibilidad para ajustar sus objetivos a corto y mediano plazo de acuerdo con las circunstancias como una gran habilidad para establecer alianzas coyunturales, articulando muy distintos intereses, lo que contribuiría a darle a la vida política del nuevo país su muy peculiar dinámica. Además, las sociedades secretas, esa

---

[82] Véase la lista de compromisarios, así como la "Lista de los señores que fueron nombrados electores en las Juntas Parroquiales verificadas el domingo 18 de junio de 1820, con objeto de formar el Ayuntamiento Constitucional de esta N. C.", AGN, *Ayuntamientos,* vol. 193.

"enfermedad del siglo"[83] cuya primera y exitosa manifestación novohispana había sido la sociedad de los Guadalupes, se convertirían en las organizaciones políticas más poderosas del México independiente.

---

[83] "Historia de la masonería" (Archivo de Palacio, *Papeles de Fernando VII*, vol. LVII), en Iris M. Zavala, *Masones, comuneros y carbonarios* (Madrid: Siglo XXI de España Editores, 1971), 220.

6

The Transition from Colony to Nation: New Spain, 1820–1821

Jaime E. Rodríguez O.

> *Si alguna vez la necia antipatía*
> *Con la malignidad más insolente*
> *Sembró el rencor entre una y otra gente*
> *De la vasta Española Monarquía:*
> *Si alguna vez la negra tiranía*
> *Con mano armada en este Continente*
> *Nuestra sangre virtió: ya felizmente*
> *Vimos el fin al azarozo día.*
> *La América y la España se están dando*
> *Las manos, en señal muy expresiva*
> *de su UNION que se están felicitando*
> *Y ambas entronan ya con voz festiva*
> *Viva la libertad, la UNION, FERNANDO*
> *Y la CONSTITUTION por siempre viva.*
> —José Joaquín Fernández de Lizardi (1820)

> *Esta América se reconocerá por nación soberana e*
> *independiente, y se llamará en lo sucesivo Imperio*
> *Mexicano.* —Artículo 1, Tratados de Córdoba (1821)

THE MEXICAN NATION, which for three hundred years has possessed neither its own will nor the use of its voice, emerges today from the oppression in which it has lived."[1] Thus begins the

---

[1] "Acta de Independencia del Imperio Mexicano," in Felipe Tena Ramírez, *Leyes fundamentales de México, 1808–1991*, 16th ed. (Mexico: Editorial Porrúa, 1991), 122–123.

Declaration of Independence of September 28, 1821. The majority of its signatories consisted of former autonomists, such as Juan Francisco de Azcárate, the marqués de San Juan de Rayas, Francisco Manuel Sánchez de Tagle, Juan Bautista Raz y Guzmán, José Miguel Guridi y Alcocer, and José María Fagoaga. These leaders of the Mexico City–based national elite had pursued, since 1808, various avenues to autonomy: they aspired to home rule, participated in the secret society of the Guadalupes, and distinguished themselves as parliamentarians and constitutionalists. The autonomists considered the 1821 document the culmination of their more than decade-long effort to achieve power. Emancipation, however, required the aid of the military. Thus, while the autonomists believed it to be their triumph, the army, headed by Agustín de Iturbide, considered Independence its victory.

As Virginia Guedea has demonstrated, members of the national elite sought autonomy in 1808, conspired to win home rule between 1809 and 1820, and grasped for political power through constitutional means in the elections of 1812, 1813, 1814, and 1820–1821. All the while they flirted with the insurgents. Indeed, some autonomists seriously contemplated joining an insurgent government, the Supreme American National Congress, in 1813 and 1814 when that body appeared to have a chance of success. They went underground in 1814 and 1815 when the Constitution of 1812—the Constitution of Cádiz—and the insurgent movement seemed doomed, remaining active in clandestine groups until the liberals in Spain restored the constitution in 1820. *Equilibristas,* the appellation the insurgents gave them, epitomized their attitude.[2]

The autonomists, a key element of the national elite, were an extensive and flexible group. New Spain's upper class—which included nobles, great magnates, merchants, professionals, and intellectuals, among them many clergymen—resided primarily in Mexico City. Although some possessed properties and interests in the provinces or, in some cases, lived

---

[2] Virginia Guedea has proven to be their most persistent student; see her "Criollos y peninsulares in 1808: Dos puntos de vista sobre lo español" (Licenciatura thesis, Universidad Iberoamericana, 1964); *En busca de un gobierno alterno. Los Guadalupes de México* (Mexico: Universidad Nacional Autónoma de México [UNAM], 1992); "Las sociedades secretas durante el movimiento de independencia," in *The Independence of Mexico and the Creation of the New Nation,* ed. Jaime E. Rodríguez O. (Los Angeles: UCLA Latin American Center, 1989), 45–62; "The Conspiracies of 1811. Or How the Criollos Learned to Organize in Secret" (Paper presented at the conference Mexican Wars of Independence, the Empire, and the Early Republic, University of Calgary, April 4–5, 1991); "Las primeras elecciones populares en la ciudad de México, 1812–1813," *Mexican Studies/Estudios Mexicanos* 7, no. 1 (Winter 1991): 1–28; "El pueblo de México y las elecciones de 1812," in *La ciudad de México en la primera mitad del siglo xix,* ed. Regina Hernández Franyuti (Mexico: Instituto J. M. Mora, in press); "Los procesos electorales insurgentes," *Estudios de historia novohispana* 11 (1991): 201–249; and "De la fidelidad a la infidencia: Los gobernadores de la parcialidad de San Juan," in *Patterns of Contention in Mexican History,* ed. Jaime E. Rodríguez O. (Wilmington: Scholarly Resources, 1992), 95–123.

there, the elite interpreted the well-being of the Viceroyalty from the perspective of Mexico City. The group, however, possessed a proto-nationalist attitude. Their "America," New Spain, while not an independent nation, was, in their view, a real entity.

Since the activities of the autonomists were largely undocumented, it is necessary to reconstruct their efforts through indirect evidence. One must judge their role based on past actions and on subsequent outcomes because the members of the group proved extremely reluctant to discuss their endeavors after Independence had been achieved. Indeed, we know about their earlier activities only because the authorities seized some of their correspondence when they captured certain insurgents and because of judicial proceedings instigated against some members of the group.[3] Because the viceregal regime used its coercive powers against them, the autonomists developed a pattern of politics based on shifting coalitions formed to attain specific ends. United by ties of family, profession, interest, and opportunity, they planned and reached decisions in informal and often clandestine gatherings at their houses, at meetings of professional organizations, such as the college of lawyers, and at social occasions like *tertulias* (a social gathering to exchange ideas), dinners, dances, and receptions. Since these groups were secret and their compositions changed, depending on the time and issue involved, it is difficult or perhaps impossible to identify all the participants and futile to assign to them a consistent political role. When individuals' interests diverged, they withdrew from the group.[4]

Although it is impossible to identify precisely the autonomists, it is evident from their activities that they possessed extensive contacts and communication networks. Viceroy Félix María Calleja, the regime's most able defender, described them as "counts and marqueses, judges, councilmen, and other individuals like doctors, lawyers, and merchants," characterizing their network "as a kind of Freemasonry . . . that protects them from all investigations regarding conspiracy. They are all united, they seek one goal, they work for the same principles, and they never give themselves away."[5] Nonetheless, as Calleja indicated, they operated in a loose manner:

> [They] do not need to convene or agree; each one works for the general project according to his possibilities and resources: the judge and his subordinates, covering up and dissimulating offences; the priest persuading the justice of insurrection in the confessional, and often even in the pulpit; writers corrupting opinion; women seducing by their charms,

---

[3] The Guadalupes remain the best example of that sort of clandestine activity. See Guedea, *En busca de un gobierno alterno*, 67–286.

[4] Ibid., 287–342, 361–383.

[5] Félix María Calleja to Minister of Gracia y Justicia, Mexico, July 30, 1814, in Ernesto de la Torre, ed., *Los Guadalupes y la Independencia*, 2d ed. (Mexico: Editorial Porrúa, 1985), 104. See also Guedea, *En busca de un gobierno alterno*, 293–306, 310–311.

even prostituting themselves, to get government troops to join the rebels; the [government] employee paralyzing and revealing the dispositions of his superiors; the young man taking arms; the old man providing information and passing the mails; the rich man giving money; the scholar offering advice and direction; the corporations exacerbating by their actions the eternal divisions with the Europeans, by never admitting one into their body and by ensuring that they do not win popular elections; making all aid to the government difficult; making it odious; . . . all, in short, toppling the edifice of the state.[6]

Although somewhat exaggerated—some did convene and agree, for example—Calleja clearly described the activities of the autonomists.

During the restored absolutist period (1814–1820), the autonomists survived as best they could. Although some continued their covert activities, most attempted to lead quiet inconspicuous lives, hoping that the authorities would find no evidence or grounds to prosecute them for their earlier actions. Others were not so fortunate. Some were detained in New Spain, while others were sent to the Peninsula. A few, like José Miguel Ramos Arizpe and José Mariano Michelena, found themselves in prison or in exile in Spain; others, like Judge Jacobo Villaurrutia, had been forced to accept a post there; still others, like José María Fagoaga and Ignacio Adalid, had to defend themselves from charges of disloyalty in the Peninsula.[7]

The final stage in the process of emancipation began with the restoration of the Spanish Constitution in 1820. The years of absolutism had demonstrated the value of the home-rule institutions created by the Constitution of 1812—the provincial deputations and the constitutional *ayuntamientos*. New Spain's[8] elite, who had conspired in favor of autonomy

---

[6] Lucas Alamán, *Historia de Méjico desde los primeros movimientos que prepararon su independencia en el año de 1808 hasta la época presente,* 5 vols. (Mexico: Fondo de Cultura Económica, 1985), 4:475.

[7] Ibid. Also consult Doris M. Ladd, *The Mexican Nobility at Independence, 1780–1826* (Austin: University of Texas, Institute of Latin American Studies, 1976), 117–131, as well as the notes for that section of her book.

[8] There were two entities with the name New Spain in 1820: the larger Viceroyalty of New Spain and the Kingdom of New Spain. The Constitution of 1812 eliminated the Viceroyalty when it established provincial deputations and reduced the office of viceroy to that of *capitán general* (captain general) of the former Viceroyalty of New Spain and *jefe político superior* (superior political chief) of the Provincial Deputation of New Spain, the former Kingdom of New Spain. Nonetheless, a quasi-Viceroyalty remained both in popular usage and in practice because the former viceroy retained some forms of authority in his capacity of *capitán general* and *jefe político superior,* and was generally called "viceroy" until Independence. The "Viceroyalty" consisted of six provincial deputations: the Kingdom of New Spain, the Kingdom of Nueva Galicia, the Province of Yucatán, the Province of San Luis Potosí (which also included Guanajuato), the Provincias Internas de Oriente, and the Provincias Internas de Occidente. (The Kingdom of Guatemala—the provinces of Central America—which also possessed a provincial deputation, was in a vague and inconsistent way considered a part of the Viceroyalty of New Spain.) The Provincial Deputation of New Spain consisted of the following provinces: Mexico, Puebla, Michoacán, Oaxaca, Veracruz, Tlaxcala, and Querétaro. The people of the Viceroyalty in general were usually known as *americanos* (Americans) and

during the period of restored absolutism,[9] eagerly grasped the second opportunity to achieve political power at home.

The restoration of the constitution unleashed widespread political activity in the Viceroyalty. Without waiting for instructions from the viceroy, the coastal cities of Mérida and Campeche took oaths of allegiance to the charter of Cádiz in early May. Veracruz and Jalapa followed later that month. Although he would have preferred to await formal instructions, public pressure in Mexico City forced Viceroy Juan Ruiz de Apodaca to proclaim the constitution on May 31.[10] (That charter transformed Apodaca's role to that of *capitán general* [captain general] of the former Viceroyalty of New Spain and *jefe político superior* [superior political chief] of the Provincial Deputation of New Spain, the former Kingdom of New Spain.) Shortly thereafter, the authorities dispatched nearly a thousand copies of the constitution to officials throughout the realm.[11] In the following months, cities and towns throughout the Viceroyalty reported that they had sworn allegiance to the constitution in formal ceremonies and that they had established or restored constitutional *ayuntamientos*.[12] The "principal *vecinos*" (citizens) of Tlaxcala, for example, reported on June 6 that, together with civil, ecclesiastic, and military authorities, they had proclaimed their support of the constitution in the main square, celebrated a Te Deum in the cathedral, held public ceremonies, and generally rejoiced at the restoration of the constitutional system.[13] Since the constitution allowed urban areas with a politically eligible citizenry of a thousand or more to establish *ayuntamientos,* the charter radically expanded the number of cities and towns in New Spain that could possess municipalities. By year's end the authorities in Mexico City had

---

the residents in Mexico City were called *mexicanos* (Mexicans). It was only *after* Independence, with the creation of the Mexican Empire, that the country as a whole adopted the name Mexico. Thus, historians generally refer to the people of the colonial era as *novohispanos* (New Spaniards) and to those of the post-Independence era as Mexicans.

[9] José Hipólito Odoardo, *fiscal* of the *audiencia,* reported to the Ministro de Gracia y Justicia on October 24, 1820, that New Spain had endured a "conspiración habitual contra el Gobierno." Odoardo's *Informe* is published in Alamán, *Historia de Méjico,* 5:42–49. On clandestine political activity, see also Alamán, *Historia de Méjico,* 5:1–31; and Guedea, *En busca de un gobierno alterno,* 287–358.

[10] Reports on the oaths of allegiance to the constitution are located in Archivo General de la Nación (hereafter cited as AGN), Gobernación, leg. 13, exp. 13; *Gazeta Extraordinaria del Gobierno de México,* June 7, and 13, 1820; and *Gazeta del Gobierno de México,* June 13, 1820. See also Rafael Alba, ed., *La Constitución de 1812 en la Nueva España,* 2 vols. (Mexico: Imprenta Guerrero Hnos., 1912–1913), 2:169–180. On events in Veracruz see *Viva el Rey, por la Constitución* (Veracruz: Oficina de Priani y Compañía, 1820); and Abraham López Lara, "La proclamación de la Constitución de la Monarquía Española en Veracruz, 1820," *Boletín del Archivo General de la Nación* (hereafter cited as *BAGN*), 6, no. 4 (1965): 715–755.

[11] "Número de ejemplares de la Constitución repartidos en circular de 19 de junio de 1820," AGN, Historia, vol. 404, f. 329.

[12] See the reports in AGN, Ayuntamientos, vol. 120, and Gobernación, sin sección, caja 8.

[13] "Vecinos principales de Tlaxcala to conde del Venadito," June 6, 1820, AGN, Operaciones de Guerra, vol. 755. There are similar reports from many other areas in that volume.

received hundreds of reports of urban centers that had established constitutional *ayuntamientos*. In the province of Puebla alone, 164 constitutional city councils, among them many in Indian towns, had been erected by January 31, 1821.[14]

The leaders of the Viceroyalty of New Spain also restored the second tier of local government, the provincial deputations. Six provincial deputations—New Spain, Nueva Galicia, Yucatán, San Luis Potosí, Provincias Internas de Oriente, and Provincias Internas de Occidente—had been established during the first constitutional period. Two provinces reinstated their old deputations in 1820, Yucatán on May 13[15] and New Spain on July 20;[16] the others were apparently not restored because new elections were to be held shortly. As had occurred in 1812–1813, New Spain established a preparatory junta to organize the elections.[17] Similar processes occurred in the other regions. Yucatán and Nueva Galicia held elections in August, New Spain and San Luis Potosí in September, the Provincias Internas de Oriente in October, and the Provincias Internas de Occidente in November 1820.[18] Thus, by the end of the year, six newly elected provincial deputations functioned in the former Viceroyalty of New Spain.

The printing press, which became the indispensable instrument of politics, fueled the explosion of political activity in the former Viceroyalty. Important notices, decrees, laws, circulars, minutes of special meetings, reports of elections, statements from prominent persons, and other matters of interest were published almost immediately both in Mexico City and in the provincial capitals. Politically active New Spaniards learned of significant events within days of their occurrence; they possessed copies of important documents; and they made certain that they exercised their rights.[19]

Thousands of pamphlets, newspapers, and broadsides circulated in which writers discussed the significance of the restored constitutional order and lauded the constitutional heroes of the Peninsula.[20] The

---

[14] "Lista de los Ayuntamientos Constitucionales establecidos en este Reyno como consta en las actas de su instalación recibidas hasta el dia . . . ," AGN, Ayuntamientos, vol. 120.

[15] Nettie Lee Benson, *La Diputación Provincial y el federalismo mexicano* (Mexico: El Colegio de México, 1955), 44.

[16] Carlos Herrejón Peredo, ed., *Actas de la Diputación Provincial de Nueva España, 1820–1821* (Mexico: Cámara de Diputados, 1985), 27.

[17] *Gazeta del Gobierno de México,* July 13, 1820. On the earlier elections see Guedea, "Las primeras elecciones," 16–28.

[18] Benson, *La Diputación Provincial,* 47.

[19] Jaime E. Rodríguez O., "La Constitución de 1824 y la formación del Estado mexicano," *Historia Mexicana* 40, no. 3 (January-March 1991): 516.

[20] See the publications for 1820 compiled by Amaya Garritz, Virginia Guedea (coordinator), and Teresa Lozano, *Impresos novohispanos, 1808–1821,* 2 vols. (Mexico: UNAM, 1990), 2:699–914. The newspaper *La Abeja poblana,* for example, appeared on November 30, 1820, declaring itself to be "primer periódico que se publica en esta ciudad de la Puebla de los Angeles en uso de los derechos que ha declarado la Constitución política de nuestra monarquía española jurada en 3 de junio de 1820." Although published in Puebla, *La Abeja* sought to become a national paper; from the outset it was also distributed in other important cities, such as

voluminous literature that was published is indicative not only of the enthusiasm with which the public viewed the constitutional system, but also of the intense debate about the kind of government New Spaniards desired. As Vicente Rocafuerte later recalled, "The rebirth of . . . [the constitution's] second epoch was welcomed with great joy. It received the most tender praises. No public paper nor poem was published which did not have as its object to praise it and to recommend it [to the people]."[21] Some referred to the constitution as the "Sacred Code," the "Divine Charter," "la Niña bonita" (the pretty girl). They reprinted countless publications from the earlier constitutional era.

Several political catechisms appeared, devoted to extolling its virtues. As one indicated, the Spanish nation consisted of all the possessions of the monarchy; all people were not only citizens but also Spaniards; the king was "a citizen, just like everyone else, who obtains his authority from the nation"; and the rights of Spaniards consisted of "liberty, security, property, and equality."[22] At least one writer addressed his comments to the Indians of central Mexico in their tongue in a publication entitled *The Malinche of the Constitution in the Mexican and the Castillian Language*. The anonymous author declared that the natives were now free, that they were Spaniards, that is, the equal of any other citizen, and that their future was assured so long as the constitution remained in effect.[23] Even former insurgent supporters like Carlos María de Bustamante maintained, in a pamphlet entitled *The Constitution of Cádiz, or Why I Love the Constitution*, that the charter best addressed New Spain's needs.[24]

The constitutional regime in Spain also contributed to the dissemination of political ideas when, on April 14, 1820, it required that "all the

---

Mexico, Veracruz, Orizaba, and Oaxaca. An interesting early pamphlet dated June 7, 1820, is *Carta de un constitucional de Méjico a otro de La Habana* (Mexico: Alejandro Valdés, 1820). Javier Ocampo examines some of these political debates in his *Las ideas de un día. El pueblo mexicano ante la consumación de su Independencia* (Mexico: El Colegio de México, 1969). Although he considers a few publications that discuss the Constitution of 1812, because he is concerned with Independence, Ocampo generally fails to examine the extensive constitutional debate of the time.

[21] [Vicente Rocafuerte], *Bosquejo ligerísimo de la Revolución de Méjico desde el grito de Iguala hasta la proclamación imperial de Iturbide* (Philadelphia: Imprenta de Teracrouef y Naroajeb, 1822), 4.

[22] D. J. C., *Catecismo político arreglado a la Constitución de la Monarquía Española; para la ilustración de la juventud, y uso de las escuelas de primeras letras* (Puebla: Imprenta de San Felipe Neri, 1820).

[23] *La Malinche de la Constitución. En los idiomas mejicano y castellano* (Mexico: Oficina de Alejandro Valdés, 1820). See also, among many other publications, the writings of José Joaquín Fernández de Lizardi, *Obras,* Vol. 4, *Periódicos* (Mexico: UNAM, 1970); M. T. y C., *Idea sucinta de las Cortes* (Mexico: Imprenta de Juan Bautista Arizpe, 1820); *La defensa de las feas y su superioridad entre las bonitas* (Mexico: Ontiveros, 1820); *La Constitución en triunfo* (Mexico: D. J. M. Benavente y socios, 1820).

[24] Carlos María de Bustamante, *La Constitución de Cádiz o motivos de mi afecto a la Constitución* (Mexico: Federación Editorial Mexicana, 1971).

schools of first letters and humanities in the realm" explain "the constitution in a clear fashion, taking into account the age and comprehension of the children." Indeed, the authorities believed the constitution should be used as a primer for learning to read.[25] The decree, which was published in Mexico on August 17, was already being implemented in the city's schools by the end of the year. Teachers, however, complained that the cost of the printed copy of the constitution, ten reales, was too great. Many substituted the popular *Political Catechism Based on the Constitution,* which not only cost less, three reales, but which provided a much simpler and clearer explanation of the complex political concepts embodied in the new constitutional system.[26]

The dissemination of constitutional ideas intensified in the months that followed. While most publicists discussed the issues raised by the restored charter, some focused on education: writers not only published political catechisms to instruct the public, priests read portions of the constitution to the faithful at Sunday mass.[27] Arguing that "only through communicating his ideas does man learn about and concern himself with his duties and obligations," some proposed the establishment in Mexico City of a Patriotic Constitutional Academy, devoted to the study and discussion of government, law, society, morals, arts, and sciences. Then "this vast portion of the monarchy, from Veracruz to Taos and Acapulco to Béjar," would benefit from the "enlightenment of *sabios* [scholars] from this continent." Thus, "the magnificent plans and vast ideas of the sovereign *cortes* [parliament] regarding public education would be realized." The proponents concluded by inviting the civil and ecclesiastic authorities to support the project, which "would contribute to the general well-being and to the progress of civilization and culture."[28]

Although political debate attracted public attention, elections, perhaps more than any other activity, politicized New Spain's society.[29] Probably more than a thousand cities and towns held elections for constitutional *ayuntamientos* in the second half of 1820. Since there were neither literacy nor property qualifications for voting, nearly all adult males were

---

[25] *Gazeta del Gobierno de México,* August 17, 1820.

[26] D. J. C., *Catecismo político;* M. T. y C., *Idea sucinta de las Cortes; Cartilla o catecismo del ciudadano constitucional* (Mexico: Ontiveros, 1820); *El padre nuestro constitucional* (Mexico: Ontiveros, 1820). See also Dorothy Tanck Estrada, "Los catecismos políticos: De la Revolución francesa al México independiente," in *La Revolución francesa en México,* ed. Solange Alberro, Alicia Hernández Chávez, and Elías Trabulse (Mexico: El Colegio de México, 1992), 72–73.

[27] Francisco Sánchez de Tagle discusses the role of the clergy in his secret report to the Constitutional Ayuntamiento of Mexico, January 9, 1821, AGN, Ayuntamientos, vol. 178.

[28] *Prospecto para el establecimiento de la Academia Patriótica Constitucional en Méjico* (Mexico: Oficina de Alejandro Valdés, 1820).

[29] Guedea, "Las primeras elecciones," 27–28.

eligible to participate. "The electoral procedures established by the *cortes* were not only indirect but also lengthy and complex. There were two stages for elections to the constitutional *ayuntamientos:* the selection of parish electors and the designation of the new alcaldes, *regidores* [councilmen], and syndics by the electors."[30] In addition, the more populous parishes of the larger cities often possessed more than one electoral junta. "The election of deputies to the *cortes* and to the provincial deputations was even more intricate. Elections to these two bodies occurred at three levels: parish, *partido* [district], and province. Because of their complexity, preparatory juntas were necessary to organize and to conduct them."[31] Elections for the six provincial deputations of the Viceroyalty of New Spain occurred between August and November. Two separate elections were held for deputies to the *cortes:* one rapidly in the autumn of 1820 for the *cortes* of 1821–1822 and a second starting in December 1820 for the 1822–1823 session of parliament.[32] Thus, from June 1820 until March 1821, electioneering and elections preoccupied the politically active population of New Spain—perhaps numbering in the hundreds of thousands.

Such intense political activity could not fail to engender fears among various groups. In the provinces teachers complained that pupils no longer heeded them; *curas* reported that Indians did not respect them and refused to attend mass; and other officials charged that people no longer obeyed the authorities because they believed the constitution had relieved them from most obligations.[33] In Mexico City Councilman Francisco Manuel Sánchez de Tagle reported that some ecclesiastics appeared hostile to the constitution. "I note with sadness," he declared, "that every day the constitutional system loses more and more support while its enemies are making rapid conquests." He also indicated, however, that among those undermining the *cortes* and the constitution were "some members of the secular and regular clergy (few of them seducers and the majority seduced). . . . The feminine sex and, in general, the lower and middle [groups] of the people" were falling prey to the anticonstitutional propaganda

---

[30] Ibid., 6.

[31] Ibid.

[32] Even after publishing the Plan of Iguala, *La Abeja poblana* reported on the elections of deputies to the *cortes* and the representative to the Provincial Deputation of New Spain from the province of Puebla. See no. 16, March 15, 1821. See also Charles R. Berry, "The Elections of the Mexican Deputies to the Spanish Cortes, 1810–1822," in *Mexico and the Spanish Cortes, 1810–1822,* ed. Nettie Lee Benson (Austin: University of Texas Press, 1966), 32–33. J. Ignacio Rubio Mañé provides extensive information and documentation on deputies elected to the 1821–1822 *cortes* in his "Los diputados mexicanos a las Cortes Españolas y el Plan de Iguala, 1820–1821," BAGN 12, nos. 3–4 (1971): 349–395.

[33] I am grateful to Christon I. Archer for information on conditions in the provinces in 1820. Personal communication, November 6, 1992.

of the clergy.³⁴ The *fiscal* (crown attorney) of the *audiencia* José Hipólito Odoardo also reported that many ecclesiastics opposed the constitutional order.³⁵ Carlos María de Bustamante, too, expressed concern about the clergy's attitude. In a pamphlet, he attempted to allay their fears that the constitution threatened religion and their status. As he concluded: "Venerable parsons, allow a simple member of the faithful to dare to entreat you to examine your interests and obligations carefully in the constitution and to apply your influence so that others may understand [their own] through your voice. Let us disabuse the people and not fear to shout, 'The Constitution is the only anchor which sustains the state!'"³⁶

The military, like the clergy, was ambivalent about the restored order. The newly erected *ayuntamientos* rapidly seized upon constitutional guarantees to end the collection of war taxes and to prohibit royal officers from raising militia forces in their regions. Since many units had not been paid for months, lacked supplies and equipment, and could not continue to operate without the wartime levies, their officers viewed the restoration of the constitution as a mortal blow. In addition, earlier, particularly during the absolutist period, army commanders had become accustomed to overruling civilian officials in their efforts to end the insurgency, eventually exercising political control over their regions. Some also set up veritable fiefdoms for their personal profit, amassing wealth by misappropriating funds, bribery, and extortion. The new policies of the constitutional *ayuntamientos* not only weakened the institutional integrity of the royal army and eliminated the economic and political power of some officers, but also threatened many with prosecution for their earlier abuses.³⁷

"Radical" decrees passed by the restored *cortes* aroused military and clerical hostility to the constitution. These measures consisted primarily of the suppression of the monastic orders and of the Jesuits and the abolition of ecclesiastical and military immunity from civil prosecution.³⁸ Whereas the decrees of the *cortes* intensified the disaffection of those two key

---

³⁴ Francisco Sánchez de Tagle's secret report to the Constitutional Ayuntamiento of Mexico, January 9, 1821, AGN, Ayuntamientos, vol. 178.

³⁵ Odoardo's *Informe* in Alamán, *Historia de Méjico*, 5:42–49.

³⁶ Bustamante, *La Constitución de Cádiz*, 53.

³⁷ Christon I. Archer, "Politicization of the Army of New Spain during the War of Independence, 1810–1821," in *The Evolution of the Mexican Political System*, ed. Jaime E. Rodríguez O. (Wilmington: Scholarly Resources, 1993), 17–45.

³⁸ Lucas Alamán and several generations of historians have relied upon these measures to argue that the Church and the army backed Independence as a conservative reaction to the radical politics of Spain. Alamán, *Historia de Méjico*, 5:27–56. For more recent expressions of that view see James M. Breedlove, "Effect of the Cortes, 1810–1822, on Church Reform in Spain and Mexico," and Neill Macauley, "The Army of New Spain and the Mexican Delegation to the Spanish Cortes," in Benson, *Mexico and the Spanish Cortes*, 113–133, 134–152.

Recently, Doris Ladd and Timothy Anna have asserted that the Plan of Iguala did not constitute reaction but the culmination of autonomist aspirations. Anna also maintains that

groups, their discontent arose from more immediate factors. The case of the army is clear. As Christon I. Archer has indicated, the restoration of the constitution ended the military's hopes of victory over the insurgents. At best, they could look forward to the ignominious oblivion of "defeat"; at worst, they might face punishment for their excesses. The impact of the restored constitution upon the clergy was less uniform, resulting in divisions within the Church. The political instability of the times adversely affected many ecclesiastics, such as the members of the monastic orders. But many other clergymen participated in the new politics with great success. Indeed, some of the most radical "anticlerical" politicians were churchmen. Perhaps, as Odoardo declared, the traditional segments of the military and the clergy resented the loss of their privileged status. Once the bulwark of the state, many of them believed themselves to be abandoned to opportunist politicians.[39]

The disenchantment within the army and the clergy, while vexing to the Mexico City–based national elite, as Sánchez de Tagle's, Odoardo's, and Bustamante's writings indicate, was not sufficient to disrupt the restored constitutional system. Too many provincial deputations and constitutional *ayuntamientos* had been established and too many elections had been held for the two privileged corporations simply to overturn the new order. Thus, it appeared that the restored constitutional system would provide New Spaniards with the home rule they had been seeking for more than a decade.

In 1820, the autonomists followed two roads in their efforts to achieve home rule: the constitutional process and, as in 1813 when they had considered joining the insurgent regime, other means toward an "alternative government."[40] Initially, they viewed the constitutional process as a more manageable and more attractive alternative. The autonomists gained control of the provincial deputations and constitutional *ayuntamientos* and won elections to the *cortes*. While they were willing to

---

the anticlerical and antimilitary acts of the *cortes* could not have provoked those corporations to opt for Independence because news of the decrees did not arrive in New Spain until January 1821, after decisions had been made to oppose the constitutional system. Ladd, *The Mexican Nobility*, 121–131; Timothy Anna, *The Fall of Royal Government in Mexico City* (Lincoln: University of Nebraska Press, 1978), 199–209.

While it is true that Independence did not represent a conservative reaction, it is incorrect to argue that the acts of the *cortes* did not influence politics in New Spain. Long before those decrees were enacted in Madrid in September 1820, they were being discussed in the colony. Indeed, pamphlets defending and opposing the orders and the military appeared in 1820, one dated October 28, 1820. *El Amante de la Constitución* (Mexico: Alejandro Valdés, 1820); *Defensa del Instituto Religioso* (Mexico: Alejandro Valdés, 1820); *Justo reclamo de la América a las Cortes de la Nación* (Mexico: Alejandro Valdés, 1820); *Los Amantes de la verdad contra el liberal poblano* (Mexico: Juan Bautista Arizpe, 1820).

[39] Odoardo's *Informe* in Alamán, *Historia de Méjico*, 5:42–49.
[40] Guedea, *En busca de un gobierno alterno*, 244–245.

follow the constitutional road to autonomy, they remained determined to govern at home.⁴¹

The provinces, however, were not content with the small number of deputations allocated to the Viceroyalty of New Spain by the earlier *cortes*. Each immediately organized to obtain its own provincial deputation. Shortly after being reestablished, the Constitutional Ayuntamiento of Puebla, for example, sent a formal representation to the *cortes* requesting that it be allocated a provincial deputation in accord with Article 325 of the constitution, which stated: "In each province there shall be a deputation called provincial, to promote its prosperity, presided by the political chief."⁴² Indicating that the decree of May 23, 1813—which postponed the allocation of deputations to all the provinces of the Viceroyalty of New Spain until new territorial divisions had been formed in the Spanish dominions and which created the Provincial Deputation of New Spain consisting of seven provinces—was no longer applicable, the Ayuntamiento of Puebla urged the *cortes* to implement the national charter and approve deputations for each province in New Spain.

The *ayuntamiento* argued that distance and population size justified the creation of local provincial deputations.⁴³ On September 18, 1820, during the elections of deputies to the *cortes,* the electoral junta of Puebla addressed another representation to the restored parliament reaffirming the province's need for a local deputation. "The Spaniards on the other side of the ocean," it declared, "are not lesser beings than the Peninsulars." If the kingdoms of Old Castilla and León merited nine provincial deputations, the Poblanos argued, then the much larger province of Puebla de los Angeles with its greater population should not lack "the provincial deputation which the fundamental law of the monarchy grants it."⁴⁴

The provinces of the Viceroyalty insisted that each of them obtain provincial deputations. The *cortes,* however, authorized only one new deputation in 1820, that of Michoacán and Guanajuato, with its seat at Valladolid. The American deputies regrouped during the parliamentary recess from November 10, 1820, to March 1, 1821. New proprietary

---

⁴¹ On the elections of 1820 see AGN: Historia, vol. 405; Gobernación, sin sección, caja 8; Ayuntamientos, vols. 120 and 168; Berry, "The Election of Mexican Deputies," 29–42; and Herrejón Peredo, *Actas de la Diputación Provincial,* 27–28.

⁴² Article 325, "Constitución Política de la Monarquía Española," in Tena Ramírez, *Leyes fundamentales de México,* 97.

⁴³ Ayuntamiento de Puebla, *Representación que hace a S. M. las Cortes el . . . , para que en esta ciudad, cabeza de provincia, se establezca Diputación provincial, como dispone la Constitución* (Puebla: Imprenta del Goberno, 1820).

⁴⁴ Junta Electoral, *Representación, que hace al soberano congreso de Cortes la . . . de la provincia de la Puebla de los Angeles en N.E., para que en ella se establezca Diputación Provincial conforme al artículo 325 de la Constitución* (Puebla: Oficina de Pedro de la Rosa, 1820).

deputies arrived reinforcing the group, but, most of all, the provinces themselves strengthened the hands of their representatives by submitting detailed petitions for new deputations.[45] In New Spain some individuals demanded immediate action. Juan N. Troncoso, a provincial elector in Puebla, insisted that there was no need to wait for approval by the *cortes* since the constitution clearly authorized provincial deputations for each province.[46] The big push occurred in the 1821 *cortes* when the American deputies insisted that each former intendancy in the New World be granted a provincial deputation. After considerable debate, on May 8, 1821, the *cortes* agreed.[47] The New World representatives had won a significant concession in their effort to obtain home rule.

Implementing the decree proved more difficult, however, as Michoacán's experience demonstrated. The region was the only one of New Spain's provinces to be allocated a deputation prior to May 1821, in part because its deputy to the *cortes*, José Mariano Michelena,[48] worked closely both with the Ayuntamiento of Valladolid and with one of New Spain's most experienced parliamentarians, José Miguel Ramos Arizpe. Although the *cortes* approved the new provincial deputation on November 6, 1820, four days before it adjourned until March 1, 1821, the royal decree did not arrive in New Spain until much later. Michelena, however, immediately sent the Ayuntamiento of Valladolid the relevant documents,

---

[45] Benson, *La Diputación Provincial,* 49–55.

[46] José Nepomuceno Troncoso, *Aviso al público* (Puebla: Oficina de Pedro de la Rosa, 1820).

[47] Benson, *La Diputación Provincial,* 54–59.

[48] Born in Valladolid, Michoacán (ca. 1780) into one of the region's most prominent families, José Mariano Michelena was educated there and in Mexico City, becoming a lawyer. As a scion of a prominent elite family, he entered the army with a lieutenant's commission. In 1808, he and other American officers were deeply offended by the Europeans' coup and their disdain for the rights of New Spaniards. The following year, believing that France would conquer Spain, Michelena and others organized an extended conspiracy for autonomy. Although discovered, the Valladolid plotters were freed because the authorities could only prove that they sought to prevent the French from conquering New Spain. Significantly, their defense lawyer was Carlos María de Bustamante. Michelena was then posted to Jalapa where he became involved in the ill-fated Veracruz conspiracy of 1812. This time he was imprisoned in the fortress of San Juan de Ulúa for a year. He was amnestied in 1813 on the condition that he serve in the army in Spain. There he distinguished himself, eventually attaining the rank of colonel.

Michelena remained in Spain in the army after the war apparently because he feared prosecution for his conspiracies if he were to return to America. When the constitution was restored in 1820 he managed to have himself appointed substitute deputy for Michoacán and, because of his connections at home, he was elected proprietary deputy in the 1820 elections. All the while, he maintained close communications both with his family and the Ayuntamiento of Valladolid. José Mariano Michelena, "Verdadero origen de la revolución de 1809 en el Departamento de Michoacán," in *Documentos Históricos Mexicanos,* 2d ed., 7 vols., ed. Genaro García (Mexico: Secretaría de Educación Pública, 1985), 1: 467–471; Carlos María de Bustamante, *Cuadro histórico de la Revolución Mexicana,* 3 vols. (Mexico: Cámara de Diputados, 1961), 1:22–23; Alamán, *Historia de Méjico,* 1:314–419, 2: 461–466, 4:88–89, 5:23.

including the official government gazette that printed the decrees. As a result, on February 25, 1821, the municipal council of Valladolid requested that Jefe Político Superior Juan Ruiz de Apodaca schedule elections for the new provincial deputation in March. Since he had not received formal notification from Madrid, Apodaca referred the matter to the Provincial Deputation of New Spain, which possessed jurisdiction over the province of Michoacán. Already besieged by numerous boundary disputes among the hundreds of constitutional *ayuntamientos* in its jurisdiction, that body opted to delay, declaring that "although it did not doubt the truth of the resolution cited [in the request], it had yet to receive through appropriate channels the sovereign decree."[49] Undeterred, the Ayuntamiento of Valladolid convinced the interim *jefe político* of Michoacán to hold elections on March 12. The political chief, however, refused to install the newly elected provincial deputies until he received the royal decree.[50]

Ever since the restoration of the constitution in 1820, New Spain's elites had insisted that only the full implementation of the charter could end New World discontent. The constitutional *ayuntamientos*, in particular, instructed their representatives to the *cortes* to press as rapidly as possible for all concessions that might grant home rule.[51] But, preoccupied by the turbulent politics of the Peninsula, the Spanish majority in the *cortes* procrastinated when it came to the "American question."[52] The failure of the *cortes* to address promptly their concerns demonstrated to the American representatives that they had to propose other means to ensure home rule in their region.

Proposals for American autonomy had been discussed for decades. Spain's earlier participation in the international conflict that coincided with the independence of the United States convinced some Spanish

---

[49] Herrejón Peredo, *Actas de la Diputación Provincial*, 253; Benson, *La Diputación Provincial*, 59–60.

[50] As Benson indicates, electing a provincial deputation for Michoacán-Guanajuato would have also required reallocating representation among the remaining provinces that constituted the Provincial Deputation of New Spain. See her *La Diputación Provincial*, 60–61.

[51] See, for example, Ayuntamiento Constitucional de México, "Instrucción a los diputados a Cortes," Nettie Lee Benson Latin American Collection, University of Texas, Austin (hereafter cited as BLAC), Hernández y Dávalos Papers, 14–2.1333.96, and Diputación Provincial de Yucatán, "Instrucciones a los Diputados a Cortes," in Hernández y Dávalos Papers, 13–4.1288, and the secret report by Juan Gómez de Navarrete and Tomás Murfi, "Noticias importantes sobre nuestra independencia dadas por los S.S. Diputados a las Cortes de España," AGN, Gobernación, sin sección, caja 23. Also consult W. Woodrow Anderson, "Reform as a Means to Quell Revolution," in Benson, *Mexico and the Spanish Cortes*, 197–207.

[52] I have examined the issue in my *The Emergence of Spanish America: Vicente Rocafuerte and Spanish Americanism, 1808–1832* (Berkeley: University of California Press, 1975), 32–38.

authorities that the New World possessions should be granted a form of autonomy. In 1781, the intendant of Caracas, José de Abalos, proposed that autonomous political and military "monarchies" be established in America to defend the region from England and the emerging United States.[53] Two years later, the conde de Aranda recommended to Carlos III that Spain retain the Antilles while establishing three monarchies in the rest of the continent: New Spain, Costa Firme (northern South America), and Peru. These realms were to be ruled by Spanish princes who would retain political, economic, and military ties to Spain.[54] In 1797, Manuel Godoy suggested that Louisiana become a federated kingdom with a Spanish prince on the throne. Later, in 1804, he proposed the creation of American regencies ruled by Spanish princes. In October 1806, Carlos IV considered the establishment of New World kingdoms in the viceroyalties of New Spain, New Granada, Peru, and La Plata, once again governed by Spanish princes.[55]

In 1811, Dr. José Beye de Cisneros, representative to the *cortes* from the Province of Mexico, proposed "to erect Provincial Juntas in every viceroyalty and superior government in America, composed of subjects named by their own peoples."[56] Under this plan, the provincial juntas would recognize the *cortes* as an overarching imperial parliament superior to them. Beye de Cisneros further suggested that the imperial government could transfer to one of those provincial juntas and continue the struggle should the Peninsula fall to the French. Finally, in December 1820 Fernando VII wrote to Viceroy Apodaca in Mexico City indicating that he might flee to New Spain where he would rule as an absolute monarch.[57]

Sometime in 1820, Michelena developed a plan that combined elements of earlier proposals for American autonomy with the new system of constitutional government. Since he was in communication both with his

---

[53] Carlos E. Muñoz Ora, "Pronóstico de la Independencia de América y un proyecto de Monarquías en 1781," *Revista de Historia de América* no. 50 (1960): 439–473.

[54] Some have questioned the authenticity of Aranda's proposal; see Arthur P. Whitaker, "The Pseudo-Aranda Memoir of 1783," *Hispanic American Historical Review* 17, no. 3 (August 1937): 287–313; and Almond R. Wright, "'The Aranda Memorial' Genuine or Forged?" *Hispanic American Historical Review* 18, no. 4 (November 1938): 445–460. For a careful analysis of the question, see Ramón Ezquerra, "La crítica española de la situación de América en el siglo XVIII," *Revista de Indias* nos. 87–88 (1962): 212–214.

[55] Ezquerra, "La crítica española," 158–286; Demetrio Ramos, "Los proyectos de independencia para América preparados por el Rey Carlos IV," *Revista de Indias* 28, nos. 111–112 (January-June 1968): 85–123; Manuel Godoy, *Memorias,* 2 vols., Biblioteca de Autores Españoles (Madrid: Gráfica Orbe, 1956), 1:381–382.

[56] Cited in Anna, *The Fall of Royal Government,* 101. See also Anderson, "Reform as a Means," 188–192.

[57] Fernando VII to Juan Ruiz de Apodaca, December 24, 1820, BLAC, Zeitlin Collection. Although some have questioned the authenticity of the letter, it has been published by a number of nineteenth-century historians who believed it to be true. See, for example, Alamán, *Historia de Méjico,* 5: Apéndice, 6–7.

family in Michoacán and with the Constitutional ayuntamiento of Valladolid, the outlines of his plan became widely known both in New Spain and in the Peninsula. In Madrid, the substitute deputies discussed the Michelena plan at a series of meetings at the residence of the prominent New Spaniard Francisco Fagoaga, a man of great wealth with extensive contacts both in Europe and America and who, like Michelena and Ramos Arizpe, had ties with Masonic groups.[58]

Once again, internal problems prevented the government from resolving the "American question." Shortly after the *cortes* reconvened in March 1821, the king dismissed the ministry, provoking a political crisis. When the monarch named a new moderate government of unknown *doceañistas* (men of the first constitutional period), a group of extreme radicals known as the *comuneros* appealed to the masses, inciting them to turn against the government. The new moderate ministry managed to control Madrid, but the *comuneros* dominated the provincial cities. In Barcelona, they took over the municipality and deported alleged absolutists. Similar acts occurred in Galicia, Cádiz, Sevilla, Málaga, Algeciras, and Cartagena. In Alcoy, workers burned the textile mills. Spain rapidly was becoming an armed camp where the radical masses in the towns opposed both the moderate government in Madrid and a conservative countryside.[59]

Despite such difficulties, the American deputies insisted that more attention be paid to New World problems. Their position was strengthened when the newly elected proprietary deputies from New Spain, who arrived in May, approved the Michelena proposal. Earlier, on May 3, at the suggestion of the conde de Toreno, the *cortes* named a committee of four Spaniards and five Americans—four New Spaniards, Lorenzo de Zavala, Lucas Alamán, Francisco Fagoaga, and Bernardino Amati, and the Venezuelan Fermín Paul—to consider the matter.[60] It appeared at the time that the government was disposed to grant some form of dominion status for America. In mid-May the minister of overseas affairs convened a meeting, which included former viceroys, captains general, and inspectors then

---

[58] On the wide-ranging nature of these discussions see Miguel Ramos Arizpe's letter to his brother published as: *Carta escrita a un americano sobre la forma de gobierno que para hacer practicable la Constitución y las leyes, conviene establecer en Nueva España atendida su actual situación* (Madrid: Ibarra, Impresor de Cámara de S. M., 1821); see also his D.U.L.A., *Idea general sobre la conducta política de D. Miguel Ramos Arizpe, natural de la provincia de Coahuila, como diputado que ha sido por esta provincia en las Cortes generales y extraordinarias de la monarchía [sic] española desde el año de 1810 hasta el de 1821* (Mexico: Imprenta de Herculana de Villa, 1822).

[59] Charles W. Fehrenbach, "A Study of Spanish Liberalism: The Revolution of 1820" (Ph.D. diss., University of Texas, Austin, 1961), 202–225; Miguel Artola, *La España de Fernando VII* (Madrid: Espasa Calpe, 1968), 695–705; José L. Comellas, *El trienio constitucional* (Madrid: Ediciones Rialp, 1963), 208–295.

[60] Alamán, *Historia de Méjico*, 5:548–549.

in Madrid, "to agree upon a general project which ought to be presented [to the *cortes*]." The officials concluded that three "regencies," which the king would rule by means of Spanish princes under the constitution, should be established in the New World. Fernando VII, however, convinced that the project was a plot by his enemies to "drive him to the guillotine," refused to "send a prince to America." As a result, the mixed committee of the *cortes* failed to offer the parliament a meaningful recommendation.[61]

The Americans, however, insisted upon presenting the Michelena plan to the *cortes*. On June 25 they proposed dividing the New World into three kingdoms: New Spain and Guatemala; New Granada and the provinces of Tierra Firme; and Peru, Chile, and Buenos Aires. Each kingdom would possess its own *cortes* and govern under the Constitution of 1812. A Spanish prince or a person appointed by the king would preside over each area. Spain and the American realms would maintain special relationships in trade, diplomacy, and defense. Finally, the new kingdoms would pay a portion of Spain's foreign debt.[62] The following day, Ramos Arizpe and José María Couto submitted an alternative proposal for the autonomy of New Spain. In contrast to the earlier American plan, theirs did not require the appointment of a Spanish prince as ruler and provided closer ties with the mother country by requesting that some deputies from the legislature in America also serve in the Spanish parliament.[63] Neither proposal obtained the approval of the *cortes*.

Earlier, the deputies from New Spain achieved a significant concession that would have far-reaching consequences. From the time the *cortes* reconvened in 1820 the American representatives had argued that peace would be restored in the New World only if the authorities respected the constitution and the rights of Americans. They charged that many royal officials currently serving in the New World were not only associated with the earlier repression but also were anti-American.[64] Their assertions gained credence when bureaucrats, like the *fiscal* of the Audiencia of Mexico, recommended that the constitution be suspended in order to ensure tranquility.[65] Deputies

---

[61] Ibid.; Jaime Delgado, *España y México en el siglo XIX*, 3 vols. (Madrid: Consejo Superior de Investigaciones Científicas, 1950), 1:103–104.

[62] Alamán, *Historia de Méjico*, 5:549–550; "Exposición presentada a las Cortes por los diputados de ultramar en la sesión de 25 de junio de 1821, sobre el estado actual de las provincias de que eran representantes, y medios convenientes para su definitiva pacificación; redactado por encargo de los mismos diputados por D. Lucas Alamán y D. José Mariano Michelena," in Alamán, *Historia de Méjico*, 5: Apéndice, 49–65.

[63] "Proyecto de ley para hacer que la Constitución de la monarquía española se cumpla y ejecute en la América española del Norte, conservando la integridad de la misma monarquía con mutua y verdadera utilidad en ambas Españas," in Delgado, *España y México en el siglo XIX*, 1:104–106.

[64] See the discussion in Spain. Cortes, *Diario de las sesiones de Cortes: Legislatura de 1820*, 3 vols. (Madrid: Imprenta de J. A. García, 1871–1873).

[65] Odoardo's *Informe* in Alamán, *Historia de Méjico*, 5:42–49.

Michelena and Ramos Arizpe of New Spain were among the most active in seeking the removal of the "anticonstitutional" and "brutal anti-American" officials, among them Viceroys Joaquín de la Pezuela of Peru and Apodaca of New Spain as well as Generals Pablo Morillo of Venezuela and José de la Cruz of Nueva Galicia.[66] While Pezuela, Morillo, and Cruz had indeed distinguished themselves by their ferocious opposition to the insurgency in America and by their hostility to the constitution, Apodaca had not only sought to restore harmony to New Spain during the earlier absolutist period, but also had fully implemented the constitution when it was restored.[67]

The representatives of New Spain endeavored to replace the moderate Apodaca with an individual who shared their particular vision of New World autonomy. Michelena, a well-known army officer and Mason, and Ramos Arizpe, another Mason and a distinguished *doceañista,* relied on their extensive contacts among military men, liberals, and fellow Masons to achieve their ends. They ultimately succeeded when, in January 1821, the government appointed General Juan O'Donojú captain general and superior political chief of New Spain. The new official, a distinguished officer, a liberal, and a Mason, had served as minister of war during the first constitutional period, and then was serving as political chief of the province of Seville.[68]

O'Donojú was well aware of the aspirations of the New Spaniards. Michelena and Ramos Arizpe, and possibly others, met with him to discuss their plan of "regencies."[69] That project appeared to have the support of the government as well as of the American deputies at the time

---

[66] Alamán, *Historia de Méjico,* 5:33.

[67] On Apodaca see Anna, *The Fall of Royal Government,* 182–200.

[68] Alamán, *Historia de Méjico,* 5:33–34; Delgado, *España y México en el siglo XIX,* 1:54–59.

[69] Michelena, for example, informed the *cortes* that he had met with O'Donojú to discuss that and other issues concerning New Spain. See Spain. Cortes, *Diario de las sesiones de Cortes: Legislatura de 1821,* 3 vols. (Madrid: Imprenta de J. A. García, 1871–1873), 2:2046.

[70] See, for example, the comments of the Colombian envoys to Madrid: José Revenga to William White, Madrid, June 15, 1821, Colombia, Academia de Historia, *Archivo Santander,* 24 vols. (Bogotá: Editorial Aguila Negra, 1914–1932), 7:138. As Ramos Arizpe reported at the time:

> Es ciertamente glorioso el cuadro que presenta Madrid, y toda la Peninsula, sirviendo de teatro enteramente libre para tratar francamente las cuestiones mas importantes de política practica, relativas a la suerte de la América Española. Cuestiones que pocos años ha era un crímen indicar en conversaciones privadisimas, ahora se tratan con la mas absoluta libertad: se tratan en tertulias, se tratan en las sociedades públicas patrióticas por discursos y muy sólidas arengas, se tratan en papeles públicos, se tratan en reuniones de Diputados, y se tratan en una comisión especial de Córtes, nombrada publicamente a que asisten con gusto los Señores Secretarios del Despacho, y muchos diputados españoles y americanos.

Carta escrita a un americano, 3–4.

O'Donojú departed for New Spain.[70] In addition, the *cortes* was then preparing to approve the formation of deputations for every province in America. Indeed, Ramos Arizpe urged the legislature to pass the measure in time for O'Donojú "to take with him the order to establish provincial deputations in all the intendancies."[71] Clearly, O'Donojú left the Peninsula believing that he had been charged with strengthening the constitutional order in New Spain and that, in all likelihood, he would also introduce the new system of "regencies." The situation when he landed in Veracruz on July 30, 1821, was not what he expected to find, however.

In New Spain, the autonomists had also been busy. They not only managed to win control of the new constitutional bodies, they were also exploring alternative means for obtaining home rule. In Mexico City, members of the national elite, who were concerned about the need to retain autonomy, kept in close touch with like-minded individuals in the provincial capitals.[72] Many issues worried them. The intense involvement of the people in the political process was new and unsettling. The discontent of segments of the clergy and the military augured ill for the success of the restored constitutional system. One faction, apparently led by the higher clergy, had sought in May 1820 to postpone implementation or to suspend the constitution. But mass popular support for the charter ended such a possibility immediately.[73] Perhaps most distressing to the autonomists were reports about the political disintegration of the Peninsula. Was social revolution imminent? If so, what should be done to protect orderly representative government in New Spain? Perhaps the time had come to act? Some spoke openly of independence! One group, which included various factions, among them discontented clergymen, army officers, and government officials as well as large numbers of autonomists, seems to have concluded that independence might be necessary in order to retain home rule *under the Constitution of 1812*, that is, to establish a limited

---

[71] Cited in Benson, *La Diputación Provincial*, 57.
[72] See, for example, Alamán, *Historia de Méjico*, 5:36.
[73] There is no reason to reject the so-called plot of La Profesa, as Ladd and Anna do, simply because the evidence is indirect and often provided by Iturbide's enemies. (See Ladd, *The Mexican Nobility*, 123; and Timothy Anna, *The Mexican Empire of Iturbide* [Lincoln: University of Nebraska Press, 1990], 8–9). A number of contemporaries, not merely Iturbide's opponents, refer to it. Alamán, who may distort but does not lie, states that he obtained information on the plan from José Odoardo, the *fiscal* of the *audiencia* who recommended to Spain that the constitution be suspended, and from José Zozaya Bermúdez, a former Guadalupe and a close friend of Iturbide's, who also published an account of his discussions with him. Alamán, *Historia de Méjico*, 5:50; José Zozaya Bermúdez, *Oración cívica pronunciada en la Alameda el 27 de octubre de 1841* (Mexico: Oficina de Ignacio Cumplido, 1841). Often forgotten is the point Alamán makes so clearly that "todo este plan quedó desconcertado por haberse visto el virrey en la necesidad de proclamar precipitadamente la Constitución." Alamán, *Historia de Méjico*, 5:57–58. None of this is inconsistent either with past or with future events.

constitutional monarchy in New Spain.⁷⁴ In a sense, the ideas being discussed were no more than variations of the plans for autonomy that had been debated in New Spain since 1808.

Although the members of the national elite gathered to discuss their country's future in a variety of places, one of the most prominent was the Mexico City salon of María Ignacia Rodríguez de Velasco, popularly known as la Güera Rodríguez. A notorious lady of fashion, la Güera was not only related to the realm's leading families, noble and nonnoble, she had also been involved with the insurgents and, possibly, with the conspirators of the first constitutional period.⁷⁵ Among the many individuals attracted to la Güera's salon during the years from 1816 to 1820 was a then-unemployed royal army colonel, Agustín de Iturbide.⁷⁶

An efficient and ruthless officer, Iturbide had lost his command in 1816 when charged with corruption and abuse of authority. Although not prosecuted, Iturbide never managed to clear his name. Hence, in 1820, he found himself without command and, apparently, with no future in the royal army.⁷⁷ Alienated by the authorities, he appears to have grown receptive to arguments for autonomy. Iturbide, the discredited counterinsurgent, desperate to restore his wealth and status,

---

⁷⁴ Such a proposal is totally consistent with the aspirations of the autonomists, joining, as it did, the older notion of home rule with the more recent concept of a limited constitutional monarchy. In that regard, it was the same sort of proposal that was being discussed in Spain, not only by the Americans but also by Crown officials. The nature of the planning is, of course, difficult to identify. As Alamán indicated: "Cuales fuesen los planes que se hubiesen concebido y los que por fin se adoptaron; quienes tuviesen parte en ellos y contribuyesen a su ejecución, es hoy imposible de averiguar, porque habiendo tenido el intento un resultado muy diverso del que se propusieron sus actores, estos han tomado el mayor empeño en ocultar la participación que en él tuvieron, y en hacer desaparecer todos los documentos que pudiesen hacerlo conocer." Alamán, *Historia de Méjico*, 5:61.

⁷⁵ On la Güera's social role see Ladd, *The Mexican Nobility*, 120–129. I am grateful to Virginia Guedea for information on la Güera's ties to the insurgents in the earlier period. Personal communication, November 23, 1992. See also Virginia Guedea, "Una nueva forma de organización política: La sociedad secreta de Jalapa, 1812" (Paper presented at the 107th Annual Meeting of the American Historical Association, Washington, D.C., December 27–30, 1992); and her *En busca de un gobierno alterno*, 305–306.

⁷⁶ According to Ladd: "Iturbide frequented the Rodríguez salon during his retirement in April 1816 until his wife joined him in January 1817. He may have been introduced by his father-in-law, who bought a hacienda from the Güera's first husband. By 1822 Iturbide was said to be romantically involved with Güera's daughter Antonia, Marquesa-consorte de Aguayo." *The Mexican Nobility*, 122–123, 264. Modesto de la Torre, an aide to O'Donojú, noted that la Güera, whom he called "la famosa Huera Rodríguez," exercised great influence upon Iturbide. See the excerpts from de la Torre's "Apuntaciones," in Carlos Olmedilla, "México, 1808–1821: Algunas aportaciones históricas," *Historia Mexicana* 9, no. 4 (April-June 1960): 586–600.

⁷⁷ William Spence Robertson, *Iturbide of Mexico* (Durham: Duke University Press, 1952), 36–50; Brian R. Hamnett, "Royalist Counterinsurgency and the Continuity of Rebellion: Guanajuato and Michoacán, 1813–1820," *Hispanic American Historical Review* 62, no. 1 (February 1982): 24–42.

decided to act.[78] Initially, he planned simply to force the "viceroy" to recognize a new regime.[79] But, as Manuel Gómez Pedraza reminds us, wiser heads prevailed, convincing Iturbide that the plan was impractical since he lacked command of troops.[80] In the end, such desperate measures proved unnecessary because on November 9, 1820, Apodaca appointed Iturbide to command the southern military district, an area where insurgents remained active.[81]

The new command ended years of uncertainty and appeared to rejuvenate the creole officer who abandoned the autonomists to devote himself wholeheartedly to the task of defeating the insurgents. As the extensive correspondence to his intimate friend Juan Gómez de Navarrete demonstrates,[82] Iturbide believed that he could restore order to the region. On November 25 he expressed the belief that his "plan of pacification will be completed with all happiness, and perhaps in January we shall gather laurels in Mexico City."[83] Things did not go entirely as he hoped. Despite favorable reports to the viceroy, Iturbide could not subjugate the insurgents. On the contrary, his forces faced strong resistance and sometimes

---

[78] The reasons for his actions have been highly debated. Iturbide later declared that, after reviewing the situation in New Spain, he reached the conclusion that "muy pronto debían estallar mil revoluciones, mi patria iba a anegarse en sangre, me creía capaz de salvarla, y corrí por segunda vez a desempeñar tan sagrado deber." Agustín de Iturbide, *Carrera militar y política de Don Agustín Iturbide, o sea memoria que escribió en Livorna* (Mexico: M. Ximeno, 1827), 11. Others have advanced less charitable interpretations. Vicente Rocafuerte, for example, stated that "disipó todo lo que había robado en Guanajuato, y el estado de decadencia a que llegó fue el que milagrosamente le transformó de realista sanguinario en patriota exaltado. El temió que restablecido el sistema constitucional los oprimidos usarían de su libertad política para acusarle de sus crímenes." *Bosquejo ligerísimo*, 261. Alamán, the most balanced of the contemporary observers, indicated that "menoscabó en gran manera el caudal que había formado con sus comercios en el Bajío, hallándose en muy triste estado su fortuna, cuando el restablecimiento de la constitución y las consecuencias que produjo, vinieron a abrir un nuevo campo a su ambición de gloria, honores y riqueza." Alamán, *Historia de Méjico*, 5:56. His friend Gómez Pedraza declared: "Yo lo conocí en 1812 y frequenté su casa los años 18 y 19: varias veces por accidente hablamos acerca del estado del país, él no gustaba de la democracia, y nuestras opiniones discordaban: el año de 20, sea disgustado de la conducta que se había tenido con él, sea convencido de la justicia de la independencia, pensó en ella y se propuso declararse." Manuel Gómez Pedraza, *Manifiesto que Manuel Gómez Pedraza, ciudadano de la República de Méjico dedica a sus compatriotas o sea una reseña de su vida pública* (New Orleans: Imprenta de Benjamín Levy, 1831), 6–7.

[79] Removing the viceroy became a common goal among many conspirators ever since the Spaniards succeeded in winning control of New Spain in that fashion in 1808. For other similar plans see, for example, the conspiracies discussed by Guedea, in "The Conspiracies of 1811."

[80] Gómez Pedraza, *Manifiesto*, 7–8.

[81] Although Vicente Rocafuerte and others have argued that Iturbide obtained the appointment as a result of the intervention by conservative clergymen, such special action was not necessary. As Christon I. Archer has indicated, given the weakened state of the royal army, Iturbide was the best officer available at the time. Rocafuerte, *Bosquejo ligerísimo*, 6–43; Archer, personal communication, November 6, 1992. Alamán's account seems accurate and is consistent both with an earlier intervention by conservatives and with the changed circumstances. As he reminds us, Iturbide received the post because of "la escasez de jefes aptos para desempeñar con acierto un mando importante." Alamán, *Historia de Méjico*, 5:66.

lost. Worried about reaction in the capital, he wrote Gómez de Navarrete in December: "I regret to say that in the last mail I have not received a single letter either from you or from any of my itinerant friends." And he confessed that "I am suffering a great affliction of the spirit." Later he wrote a relative that he was constantly in a perturbed state of mind.[84]

The political ferment of the time compounded the difficult military situation. As Iturbide commented to Gómez de Navarrete, "The Constitution has many true supporters because of the advantages which it offers. Others fear it because of the heterogeneity of the Kingdom. Some believe it will be the means of assuring a permanent union of the Americas with the Peninsula; and not a few persons love the Constitution because they believe it to be the most certain means by which independence may be attained."[85]

Denied military victory—and thus the opportunity to advance his career—Iturbide turned increasingly to politics. He worked hard to establish good relationships with important people residing in the region under his jurisdiction. On December 7, he wrote Gómez de Navarrete that "leaders and officials" indicated they were in his favor. A week later he declared: "People have assured me that in the Province of Guanajuato the inhabitants wish independence, that many persons in San Luis Potosí also desire it, that even among soldiers, both from this country and the Peninsula, they speak with much freedom about independence, and that, *if there was a leader with ideas who would place himself at the head of a movement, they would follow him blindly.*" The situation, however, was fraught with danger; the wrong person might lead the nation to disaster. "This [possibility]," Iturbide declared, "leaves me trembling because a mass movement [*un movimiento tumultuario*] would unleash a thousand evils. Perhaps," he feared, "this is the last spring of our beautiful country."[86]

By the end of 1820, Iturbide, diffidently and carefully, had begun to pursue the possibility of independent action. He surrounded himself with men he knew and trusted by obtaining the transfer of his old Celaya regiment to his new command. He also consulted a number of people, among

---

[82] Iturbide, who called Gómez de Navarrete "Juanito," wrote several times a week during the period November 1820–February 24, 1821, when he issued the Plan of Iguala. See the correspondence in the Library of Congress (hereafter cited as LC), Iturbide Papers.

[83] He also indicated that his military activities were well under way, telling Gómez de Navarrete about his preparations against insurgents such as "Padre Yzquierdo, Pedro Asencio, Guerrero y un inglés de los que vinieron con Mina." Agustín de Iturbide to Juan Gómez de Navarrete, November 25, 1820, LC, Iturbide Papers.

[84] Iturbide to Gómez de Navarrete, December 15, 1820; Iturbide to D. Malo, January 9, 1821, LC, Iturbide Papers.

[85] Iturbide to Gómez de Navarrete, November 25, LC, Iturbide Papers. Apparently, Gómez Pedraza provided Iturbide with detailed information about "las personas influyentes del territorio" under his command. Gómez Pedraza, *Manifiesto*, 8–9.

[86] Iturbide to Gómez de Navarrete, December 7 and 15, 1820, LC, Iturbide Papers. Italics added.

them his friend and deputy to the *cortes,* Juan Gómez de Navarrete; his lawyer, friend, and former Guadalupe, José Zozaya Bermúdez; his old military colleague and deputy to the *cortes,* Manuel Gómez Pedraza; and other army friends and colleagues, among them Pedro Celestino Negrete.[87]

The new year found Iturbide determined to act decisively. On January 10, he wrote Vicente Guerrero, the south's most important insurgent leader, suggesting that they, or their representatives, meet to resolve existing differences. While Iturbide emphasized the need to support the *cortes,* he also indicated that "if contrary to our expectations, we should not be granted justice, I shall be the first person to contribute with my sword, with my fortune, and with all my ability to the defense of our rights." Guerrero responded ten days later, challenging Iturbide to pursue the nation's true interests. The insurgent declared that he did not seek a pardon from the government; that his motto was *"liberty, independence, or death."* He ended by affirming that "anything that did not concern total independence . . . would be disputed in the field of battle."[88] The exchange suggests that Iturbide did not genuinely seek Guerrero's support. It was intended to fulfill Apodaca's mandate to settle amicably the conflict and to lay the foundation for an accommodation in the future.

Iturbide's plans were solidifying by the end of the month. On January 25, he began to circulate a proposal that would become the basis for Independence. Later, defending his actions, Iturbide declared: "I formed the plan known of as Iguala; it is mine because I alone conceived it, elaborated, published it, and carried it out."[89] But it is evident that the document possessed a more complex history. Contemporaries attributed authorship of the plan to various individuals, among them Matías Monteagudo, rector of the university and canon of the metropolitan cathedral; Antonio Joaquín Pérez, former deputy to the 1812 *cortes* and then bishop of Puebla; and prominent lawyers Juan José Espinosa de los Monteros, Juan Francisco de Azcárate, José Zozaya Bermúdez, and Juan Gómez de Navarrete. Later, while attempting to unravel these events, Carlos María de Bustamante concluded that all those individuals took part in framing the document.[90]

---

[87] On these contacts see Robertson, *Iturbide,* 52–83; Alamán, *Historia de Méjico,* 5:50–131; Gómez Pedraza, *Manifiesto;* Zozaya Bermúdez, *Oración cívica.*

[88] The letters are published in Bustamante, *Cuadro Histórico,* 3:111–116.

[89] Iturbide, *Carrera militar y política,* 11.

[90] Carlos María de Bustamante, "Copia de la *Memoria* de Iturbide con comentarios," BLAC, Hernández y Dávalos Papers, HD, 17–8.4255; Alamán, *Historia de Méjico,* 5:121; Bustamante, *Cuadro histórico;* Rocafuerte, *Bosquejo ligerísimo,* 5–6; José R. Malo, *Apuntes históricos sobre el destierro, vuelta al territorio y muerte del libertador* (Mexico: Imprenta de la "Revista Universal," 1869), 52; "Copias de documentos relativos a la consumación de la Independencia de México e Imperio de Iturbide," Archivo General de la Secretaría de Relaciones Exteriores de México, H/ 310.11. "822"/ 40–16–153. There is an undated plan by Gómez de Navarrete that is quite similar to the one Iturbide proclaimed; see "Proyecto del C. Juan Gómez de Navarrete," LC, Iturbide Papers.

The plan evolved over time. It is likely that, as traditional historiography asserts, clergymen and conservatives[91] formed the initial proposal in the former Jesuit oratory of San Felipe Neri, known as La Profesa, to prevent the restoration of the constitution in 1820.[92] Monteagudo and Pérez, the reputed authors of the proposal, had strong reasons to oppose the restoration of the constitutional order. The former was well known for his role in the 1808 overthrow of Viceroy José Iturrigaray and for his opposition to many of the *cortes*'s reforms, while the latter—despite having participated in the drafting of the Constitution of 1812—had earned the hostility of the supporters of the restored charter because he had been one of the *Persas,* the deputies who had welcomed the return of Fernando VII in 1814. The conspirators had selected Iturbide to conduct the operation, a fact upon which both his friends and enemies agreed. But, as Alamán reminds us, the project had to be abandoned when the viceroy was forced to implement the constitution.[93]

The restoration of the charter of Cádiz nullified the plan of La Profesa. It had, however, aroused the interest of Iturbide, a man who "until then had lived a private life, without wishing to involve himself in public affairs."[94] Determined to act, he consulted with leading persons in Mexico City. They dissuaded him from his initial plan to capture the viceroy. But, sometime after Iturbide received command of the south, la Güera Rodríguez proposed the development of an alternative proposal that might attract both Europeans and Americans, the clergy and the military, and conservatives as well as liberals.[95] While the project of La Profesa sought independence to preserve the old order, the new plan would maintain the constitutional system through independence.

Iturbide then moved along two fronts: he attempted to obtain the support of leading persons in the Viceroyalty and he sought assistance in formulating a program. He accomplished his first goal by corresponding with prominent military, ecclesiastic, and government leaders and by dispatching trusted emissaries to discuss his project with "influential persons." He wrote, for example, to Pedro José de Fonte, the recently consecrated

---

[91] The opposing groups were known as *serviles* and *liberales*. The terms *conservatives* and *conservative* are used in this work in the same sense that *serviles* and *servil* were used at the time.

[92] As Ladd indicates, Iturbide's house "was located on Calle San Francisco, across the street from the ex-Jesuit chapter house, La Profesa." Ladd, *The Mexican Nobility,* 122.

[93] Alamán obtained confirmation of that fact from the *fiscal* Odoardo, Zozaya Bermúdez, Gómez de Navarrete, and Iturbide's nephew, José Malo. Alamán, *Historia de Méjico,* 5:50–51; Rocafuerte, *Bosquejo ligerísimo,* 5–6.

[94] Rocafuerte, *Bosquejo ligerísimo,* 41.

[95] Ibid., 41–42.

archbishop of Mexico; Antonio Joaquín Pérez, bishop of Puebla; Juan Cruz Ruiz Cabañas, bishop of Guadalajara; and Miguel Bataller, a prominent judge of the Audiencia of Mexico. But the individuals he courted most carefully were leading army officers like Pedro Celestino Negrete, José de la Cruz, Luis Quintanar, Domingo Luaces, Anastasio Bustamante, Luis Cortázar, Antonio Flon, and Juan de Horbegoso. Realizing that these men were crucial to his success, Iturbide crafted letters to each one emphasizing how the proposal would best serve their personal interests while maintaining, to the degree possible, the status quo. In his correspondence Iturbide argued that the best way to preserve and protect the interests of the Church, the army, and the nation was to form an autonomous monarchy in the name of the king and the constitution.[96] At the same time, he consulted about the text of the plan with many persons, among them Zozaya Bermúdez, Espinosa de los Monteros, Monteagudo, Gómez de Navarrete, and Gómez Pedraza,[97] asking them to suggest changes, modifications, or revisions.

Satisfied with his preparations, Iturbide issued his plan at the village of Iguala on February 24, 1821. A carefully crafted compromise document, the Plan of Iguala combined the long-discussed autonomous "regency" with the constitution—as did the Michelena plan. In addition, the Plan of Iguala provided protection for the clergy, the army, and the Europeans. Article 1 established the Roman Catholic faith as the official religion, "to the exclusion of all others." Article 2 declared "absolute independence" for the kingdom. Article 3 instituted a constitutional monarchy. Article 4 invited Fernando VII, a member of his family, or someone from another ruling dynasty, to govern. Article 5 established an "interim [governing] junta until a *cortes* meets to implement the plan." Article 11 required the *cortes* to draft the imperial constitution. Article 12 determined

---

[96] This correspondence may be consulted in Bustamante, *Cuadro histórico*, 3:117–163; and Mexico. Secretaría de Guerra y Marina, *Colección de documentos históricos mexicanos*, 4 vols. (Paris and Mexico: Librería de la Vda. de Ch. Bouret & Antigua Imprenta de Murguía, 1920–1924), vol. 2, ed. Roberto Olagaray, 13–133.

[97] Malo stated that Iturbide dictated the project to Antonio Mier at Teloloapan and that Mier took the document to Mexico City to Espinosa de los Monteros and others. According to Malo, Monteagudo made no changes, while Espinosa de los Monteros introduced some modifications. Malo, *Apuntes históricos*, 52. Alamán confirms that assertion when he writes: "En poder de los hijos de D. Juan José Espinosa de los Monteros existe la copia que Iturbide remitió a este desde Teloloapan. . . . Dicha copia es de letra de Mier, dependiente de Iturbide, con correcciones y adiciones de mano del mismo Iturbide." Alamán, *Historia de Méjico*, 5:121. Iturbide informed Espinosa de los Monteros that his plan was "en el estado avanzado." Nevertheless, he requested of his friend: "Sírvase Ud. corregir o variar francamente, si gusta, la proclamita." Iturbide to Espinosa de los Monteros, January 25, 1821, in Vicente Riva Palacio, ed., *México a traves de los siglos*, 17th ed., 10 vols. (Mexico: Editorial Cumbre, 1981), 6:284. Later, however, Iturbide maintained that "después de extendido el plan . . . lo consulté con aquellas personas mejor reputadas de los diversos partidos sin que de una solo dejase de merecer la aprobación, ni recibió modificaciones, ni disimulaciones, ni aumentos." Iturbide, *Carrera militar y política*, 11. Bustamante declared: "que si él mismo no trabajó en todas sus partes [el plan], a lo menos lo redactó y emendó, como lo he visto y tenido en mis manos original tachado de su letra." Bustamante, *Cuadro histórico*, 3:118–119.

that all the kingdom's inhabitants were citizens and qualified for "any [government] job." Article 13 protected individual and property rights. Article 14 retained the *fuero* and the properties of the secular and regular clergy. Articles 15, 16, 17, and 18 provided for orderly continuity in civil and military posts and for the incorporation of other persons into the army. A new force, the Army of the Three Guarantees—religion, independence, and union—would support the new regime.

Iturbide set the tone in the preamble by inviting "Americans, by which I understand not only those born in America, but also the Europeans, Africans, and Asians who reside therein" to join him. "For three hundred years," he declared, "North America has lived under the tutelage of the most Catholic and pious, heroic and magnanimous nation. . . . The Europeans believe this and so do the Americans of all origins." An addendum established the governing junta: president, "Viceroy" Apodaca; vice-president, Miguel Bataller, regent of the Audiencia of Mexico; José Miguel Guridi y Alcocer, provincial deputy from Mexico; conde de la Cortina, president of the *consulado* (merchants' guild) of Mexico; Juan Bautista Lobo, provincial deputy from Veracruz; Matías Monteagudo, canon of the metropolitan cathedral; Isidro Yañez, judge of the Audiencia of Mexico; José María Fagoaga, provincial deputy from Mexico; Juan José Espinosa de los Monteros, *fiscal* of the *audiencia;* Juan Francisco Azcárate, syndic of the Ayuntamiento of Mexico; and Rafael Suarez Pereda, judge. The substitute members of the junta consisted of Francisco Manuel Sánchez de Tagle, councilman of the Ayuntamiento of Mexico; Ramón Osés, judge of the Audiencia of Mexico; Juan José Pastor Morales, provincial deputy from Valladolid; and Colonel Ignacio Aguirrevengoa.[98]

The Plan of Iguala thus provided a compromise, a way of retaining representative constitutional government that did not preclude an understanding with Spain. Following Hispanic traditions and the practices introduced in 1808, the plan established a ruling junta until a congress was convened. The proposed governing committee consisted primarily of former autonomists, Guadalupes, and constitutionalists. While it contained two *audiencia* judges, it included only one conservative clergyman, Monteagudo, and one military man, nominated as a substitute. Significantly, Iturbide assigned himself no role other than the one he possessed, de facto head of the Army of Three Guarantees. Clearly, he did not yet consider himself a dominant figure; he was merely seeking to achieve a more prominent role in the military and, through it, in society.

Although the Plan of Iguala was signed on February 24, Iturbide did not formally present to his senior officers until March 1. At a private

---

[98] "Proclama en la cual va inserto el plan de independencia," in Bustamante, *Cuadro histórico,* 3:126–129.

meeting in his headquarters Iturbide explained his intentions and the need for independence. After reading the plan and the composition of the proposed governing junta, the officers responded with enthusiasm, according to the movement's paper, *El Mejicano independiente*. The following day, in a formal ceremony, Iturbide took an oath to support the independence of the Mexican Empire; his officers and men followed; and the ceremonies ended with a Te Deum chanted at the local church.[99]

The delay between the signing of the plan and the oath of allegiance occurred because of difficulties in printing the document. Early in February Iturbide dispatched one of his confidants, Miguel Cavaleri, to Mexico City to discuss the final draft of the plan and the preparations for its declaration with leading individuals in the capital and locate a press to publish the document. Unable to fulfill the second mission, Cavaleri sent a trusted agent, Captain Magan, to Puebla in hopes of obtaining the services of the prominent liberal publisher, Pedro de la Rosa. Despite entreaties and offers of large sums, de la Rosa proved unwilling to publish the proclamation. Magan then utilized the extensive autonomist network to locate and convince Father Joaquín Furlong, a member of a prominent family in Puebla, and a presbyter at the oratory of San Felipe Neri, to publish the plan and accompanying documents.

Clandestine discussions with important individuals in Puebla won the first adherents for the plan of independence. Father Furlong's brother Patricio, deputy from Puebla to the Provincial Deputation of New Spain, and other prominent Poblanos found the Plan of Iguala acceptable, provided it recognized the province's right to its own provincial deputation. Father Furlong also contributed portable type and the services of one of his printers to the movement. In addition, former insurgent José Manuel de Herrera joined the cause, traveling to Iguala to establish *El Mejicano independiente,* a paper in which, as Carlos María de Bustamante indicated, "is found the major portion of the history of independence."[100]

On March 2, immediately after taking the oath of allegiance to the Plan of Iguala, Iturbide wrote Captain General and Superior Political Chief Apodaca, formally inviting him to participate in the

---

[99] Bustamante reproduces the *Mejicano independiente* in his *Cuadro histórico,* 3:121–125.

[100] According to Miguel Cavaleri "se me destinó en 2 de febrero de 1821 para pasar a esta corte donde llegué el 5 a conferenciar con algunos sugetos, puntos referentes al plan (todos permanecen aqui felizmente si se necesita comprobarlo) en cuya comisión me mantuve hasta el 17 del mismo en que me dirigí a las jurisdicciones de Cuernavaca y Quautla para tomar medidas conducentes al projecto y solicitar una imprenta en Puebla, pues aqui me fue imposible conseguirla, ni aun la impresión de algunos papeles de mucho interes, pues entonces hacia mucho miedo para los independientes septembristas." Miguel Cavaleri to editors of *El Sol,* Mexico, April 18, 1822, *Suplemento al Núm. 40 del Sol.* Bustamante, *Cuadro histórico,* quote in 3:119, 118–122; Alamán, *Historia de Méjico,* 5:93–96.

movement.[101] Later, on March 16, Iturbide informed the *cortes* and the king of his actions. Expressing his patriotism and his desire to protect the constitution and the Crown, Iturbide urged the authorities to recognize the necessity of acknowledging New Spain's desire for home rule.[102] Apodaca rejected the rebel's entreaty, as did, initially, most of the ecclesiastic, civil, and military authorities of the realm.

Following the proclamation of the Plan of Iguala, Iturbide proceeded to implement his program. First, he ensured adequate finances by appropriating more than one-half million pesos to be shipped to Acapulco.[103] Then he focused attention on winning the support of Vicente Guerrero, the most important insurgent leader. The old insurgent agreed to back the Plan of Iguala on March 9. The two men met the following day at Iturbide's headquarters in Teloloapan, agreeing that Guerrero would retain authority in the south. In essence the turncoat colonel co-opted the old insurgent by recognizing the power he already possessed. As Alamán indicated, Iturbide's primary concern was preventing Guerrero from "impeding or detaining the revolution."[104]

The most critical task, however, was winning the support of the clerical, civilian, and military authorities. These consisted of the bishops and cathedral chapters; the provincial deputations and constitutional *ayuntamientos;* the former intendants, now *jefes políticos,* and the principal regional commanders. To the higher ecclesiastical authorities Iturbide offered respect and protection. Although initially cautious, the prelates ultimately responded positively. Indeed, Bishop Pérez of Puebla eventually contributed twenty-five thousand pesos to the cause. Only Archbishop Fonte of Mexico City steadfastly refused to accept the Plan of

---

[101] Iturbide notified Apodaca of the Plan of Iguala and invited him to accept the presidency of the governing junta upon signing the plan on February 24. He indicated to the captain general and superior political chief the extent of the desire for autonomy: "Cuántos otros planes, señor Escmo., se están formando hoy sin duda en Oajaca, en Puebla, en Valladolid, en Guadalajara, en Querétaro, en Guanajuato, en San Luis . . . en la misma capital, en rededor de V. E . . . tal vez dentro de su misma habitación! ¿Y habrá quien pueda deshacer la opinión de un reino entero?" Iturbide to Apodaca, February 24, 1821, in Bustamante, *Cuadro histórico,* 3:130. Considering the locations of future provincial autonomist movements, it is evident that Iturbide was informed of the provinces' desire for local government, even if he did not fully comprehend it. See also Iturbide to Apodaca, February 24, 1821, Olagaray, *Colección de documentos históricos,* 2:33.

[102] The correspondence is published in Bustamante, *Cuadro histórico,* 3:129–144 and in Olagaray, *Colección de documentos históricos,* 2:36–62.

[103] Alamán, *Historia de Méjico,* 5:95–96.

[104] Alamán observed: "Iturbide . . . aparentó dar a su unión con Guerrero, la consideró siempre como un mal por el que había sido preciso pasar, pero nunca se comprometió mucho de su cooperación ni hubo entre ellos sinceridad." Ibid., 149. Subsequently, Iturbide confirmed that Guerrero's high rank conferred upon him command over the south. Agustín de Iturbide to Vicente Filisola, July 28, 1821, in Agustín de Iturbide, *Correspondencia y diario militar, 1810–1821,* 3 vols. (Mexico: AGN, 1923–1930), 1:176.

Iguala.[105] Winning the backing of other authorities was more complicated. It required bridging the fundamental conflict between civilian and army interests. Civil and military leaders were divided not only over the continuation of war taxes and of recruitment, but also over the nature of government. The men who controlled the provincial deputations and constitutional *ayuntamientos* insisted upon the traditional civil dominance over the military; they no longer accepted wartime exigencies as reasons for officers to overrule civilian authority. In addition, many regions that earlier had possessed intendancies demanded the establishment of provincial deputations as the constitution promised. It would take several months to reach an accommodation acceptable to the various groups.

At the end of March, the Army of the Three Guarantees consisted of approximately eighteen hundred men, many of them Guerrero's irregular forces. It had won few battles and appeared unlikely to defeat the constituted authorities. The situation of the royal army, however, was dismal. Not only did *ayuntamientos* refuse to continue supporting the army with money and men, but many soldiers began to desert. Short of funds, supplies, clothes, and even food, some commanders were forced to cope with large civilian demonstrations in favor of independence. The publication of the Plan of Iguala in a supplement of the paper *La Abeja poblana* on March 2, for example, "caused wild festivities [in the city of Puebla], during which the crowd forced [Brigadier] Llano to fire three cannonades and to call out the town musicians. As he later explained to the viceroy, to have resisted the populace would have caused a general riot."[106]

The discontent of the American commanders, however, constituted the greatest weakness of the royal army. After years of dedicated service, many American-born officers found themselves stymied "in their military careers and excluded from high political offices."[107] As a result, some senior American commanders, such as José Joaquín de Herrera, Anastasio Bustamante, and Luis Cortázar, as well as junior officers like Antonio López de Santa Anna, joined the movement. Although some royalist commanders defended their areas, others simply abandoned their posts

---

[105] See his letters to the archbishop of Mexico and the bishops of Guadalajara and Puebla in Olagaray, *Colección de documentos históricos*, 2:73–81, 85–87. See also Fernando Pérez Memen, *El Episcopado y la independencia de México, 1810–1836* (Mexico: Editorial Jus, 1977), 145–181.

[106] Christon I. Archer, "Where Did All the Royalists Go? New Light on the Military Collapse of New Spain, 1810–1821," in *The Mexican and Mexican American Experience in the 19th Century*, ed. Jaime E. Rodríguez O. (Tempe: Bilingual Press, 1989), 41; *La Abeja poblana*, March 2, 1821, *Suplemento al Núm. 14;* see also *La Abeja poblana*, no. 15.

[107] Christon I. Archer, "The Militarization of Mexican Politics: The Role of the Army, 1815–1821," in *Five Centuries of Mexican History/Cinco siglos de historia de México*, ed. Virginia Guedea and Jaime E. Rodríguez O., 2 vols. (Mexico: Instituto J. M. Mora, 1992), 1:298.

because they could not control their troops. During April, May, and June, large parts of the Bajío and Nueva Galicia accepted the Plan of Iguala.[108]

The conflict in the provinces was also played out in the capital. There, Apodaca was forced to contend with two uncooperative institutions: the provincial deputation and the constitutional *ayuntamiento*. Tensions erupted shortly after the Plan of Iguala was made public in the capital. When Apodaca attempted to restrict the flow of information, both the provincial deputation and the *ayuntamiento* challenged his authority to limit the freedom of the press. Similarly, they opposed his efforts to raise forces to fight the new rebels, citing the protection of the constitution.[109] While careful not to back the Iturbide movement, the two constitutional bodies also proved loath to defend the interests of the Crown.

Frustrated by Apodaca's inability to defend the realm from the new insurgency, the royal army units in Mexico City forced him to resign on the evening of July 5, 1821. The former viceroy "transferred" his authority "for the good of the nation" to Field Marshall Francisco Novella.[110] Notified the following day, the Provincial Deputation of New Spain refused to accept the coup. It declared the action null, "first because ... it is well known that violence accompanied the act; second because Your Excellency does not possess the authority to transfer power to whomsoever you select." The constitutional *ayuntamiento* immediately seconded the provincial deputation.[111] Despite such opposition, Novella assumed control of royal government in the city. But it proved difficult to extend his power beyond the confines of the capital. The two constitutional bodies continued to oppose him, albeit with care because he possessed military power.

In the provinces, the cause of independence gained support. Royal officers, such as Luis Quintanar and Pedro Celestino Negrete, as well as former insurgents, such as Guadalupe Victoria and Nicolás Bravo, joined the movement. The most important victory, however, occurred in Puebla at the end of July. Provincial leaders, particularly those in the Constitutional Ayuntamiento of Puebla, negotiated with the new insurgents, agreeing to support the movement in exchange for the creation of a provincial deputation. Once an accord was reached, Iturbide entered Puebla in triumph on

---

[108] The "campaign" for Independence is best described in Alamán, *Historia de Méjico*, 5:150–290; and Robertson, *Iturbide*, 83–104.

[109] See Mexico. Ayuntamiento, *Actas del Ayuntamiento Constitucional, 1821* (Mexico: n.p., 1916), 174–258; Herrejón Peredo, *Actas de la Diputación Provincial*, 256–326.

[110] Bustamante, *Cuadro histórico*, 3:269–273. See also Timothy E. Anna, "Francisco Novella and the Last Stand of the Royal Army in New Spain," *Hispanic American Historical Review* 51, no. 1 (February 1971): 97–102.

[111] Herrejón Peredo, *Actas de la Diputación Provincial*, 345; Mexico. Ayuntamiento, *Actas del Ayuntamiento Constitucional*, 448–452.

August 2. Carlos García, former intendant and interim *jefe político,* ordered elections held on September 1.[112]

When O'Donojú arrived in Veracruz at the end of July, large parts of the realm were in the hands of the insurgents and, in the capital, Spanish troops had overthrown the legally constituted authorities. O'Donojú faced a delicate task. As a Spaniard he was committed to maintaining ties between the mother country and New Spain, and as a liberal he was determined to ensure that constitutional rule was firmly implanted in New Spain. Under the circumstances, the only course of action open to him was to enter into negotiations with Iturbide. The two men met in the city of Córdoba on August 23, 1821. The following day they signed a treaty that recognized the Independence of New Spain. They reached an accord quickly because the Plan of Iguala was essentially the same as the Michelena proposal that O'Donojú expected the *cortes* to ratify. As Iturbide later declared, the Spaniard accepted the American's proposal "almost as if he had helped me write the plan."[113]

The Treaty of Córdoba not only ratified the Plan of Iguala but also established the procedures by which the independent government would be formed. Article 1 declared: "This America is recognized as a sovereign and independent nation, called hereafter, the Mexican Empire." Article 2 established that the government of the empire would be a "moderate constitutional monarchy." Article 3 determined that the ruler would be either Fernando VII, a Spanish prince, or someone designated by the imperial *cortes.* Articles 6, 7, and 8 stipulated that, "in accord with the spirit of the Plan of Iguala," a provisional governing junta would be established, and that O'Donojú would be a member of that body. Article 9 provided for the election of a president of the junta, chosen "by an absolute plurality of the votes." Article 11 required the junta to name a regency of three persons. And Article 14 declared that "executive power resides in the regency and legislative [authority] in the *cortes.*"[114] Like the Plan of Iguala, the Treaty of Córdoba did not grant Iturbide any specific role.

O'Donojú acted immediately to implement the accord. Believing that the *cortes* in Spain had probably already approved the project of "regencies," he informed his government of the agreement and urged its rapid approval.[115] The chief obstacle now lay in the capital where Novella retained control. That officer was unwilling to recognize the agreement

---

[112] See the official documents and other observations published in *La Abeja poblana,* August 9, 1821, no. 37; August 16, 1821, no. 38; *Suplemento al Núm. 38; Suplemento al Núm. 39;* September 6, 1821, no. 41.

[113] Cited in Nettie Lee Benson, "Iturbide y los planes de Independencia," *Historia Mexicana* 2, no. 3 (January-March 1953): 442.

[114] "Tratados de Córdoba," in Tena Ramírez, *Leyes fundamentales,* 116–119.

[115] Robertson, *Iturbide,* 118–119.

reached in Córdoba. On August 30, he convened a meeting of the civil, ecclesiastic, and military corporations to discuss the situation. Although both the provincial deputation and the constitutional *ayuntamiento* voted to send representatives, they attended only as observers. At the meeting, the civil and ecclesiastical representatives, speaking as individuals, declared that O'Donojú was the lawful captain general and political chief and should be allowed to enter the capital peacefully. The following day, both the provincial deputation and the constitutional *ayuntamiento* wrote to O'Donojú welcoming him to the kingdom and informing him of their actions and of the meeting held by Novella. The Mexico City commander, however, took the position that O'Donojú had signed the Treaty of Córdoba under duress. The newly arrived captain general and superior political chief, now in Puebla, tersely informed Novella that he expected him to comply with his obligations.[116]

Unwilling to surrender power easily, Novella attempted to win the backing of the capital's corporations at a meeting he convened on September 9. The officer, who had been using the title of captain general and political chief, requested that the representatives of the capital's corporations confirm those titles. But, as in the previous meeting, those present were there as individuals and not as representatives of their entities. The provincial deputation and the *ayuntamiento,* which hoped to resolve the impasse, agreed to dispatch a delegate to meet with O'Donojú. They selected José Miguel Guridi y Alcocer, a distinguished autonomist, drafter of the Constitution of 1812, former Guadalupe, and then member of the Provincial Deputation of New Spain. Novella picked one of his aides, Lieutenant Colonel Bals del Castillo Luna, to accompany Guridi y Alcocer.[117]

The commission sealed Novella's fate. Guridi y Alcocer informed O'Donojú of the constitutional bodies' desire that he end "the scandalous occurrences in the capital and abolish the irregularities of individual pretensions [to power]." Consequently, the captain general granted Novella twenty-four hours to return legality to the city. O'Donojú agreed, however, to overlook the officer's violation of the constitution and the military code of conduct, provided he submitted immediately. Novella yielded to the new captain general on September 12. The following day, accompanied by Novella, as commander of the capital's garrison, the provincial deputation, and the constitutional *ayuntamiento,* in formal attire and

---

[116] Olagaray has published the *actas* of the meetings convened by Novella and the correspondence of all parties; see *Colección de documentos históricos,* 2:221–224, 172–220. See also Herrejón Peredo, *Actas de la Diputación Provincial,* 361–365; and Mexico. Ayuntamiento, *Actas del Ayuntamiento Constitucional,* 568–584.

[117] Olagaray, *Colección de documentos históricos,* 2:224–229; Mexico. Ayuntamiento, *Actas del Ayuntamiento Constitucional,* 608–612.

carrying their maces of office, traveled to the Hacienda de la Patera at the outskirts of the city for a meeting with O'Donojú. On September 14, at a joint meeting of the provincial deputation and the constitutional *ayuntamiento* in the capital, Novella formally accepted O'Donojú as captain general and superior chief of New Spain.[118] Since O'Donojú had recognized the independence of New Spain, the ceremony, in essence, acknowledged the country's new status.

Earlier, while in Puebla, O'Donojú and Iturbide had agreed on the composition of the transitional government. They expanded the regency from three to five and increased the size of the governing junta to thirty-eight members. The body consisted of the most important men of the realm, among them leading autonomists, constitutionalists, former Guadalupes, and a few conservative clergymen and officers. Alamán described them as

> the most notable . . . by virtue of their birth, education, and position. . . . [Included among them were] the subjects who most took part in the preparation of the Plan of Iguala, such as the Canon Monteagudo, Lic. Espinosa de los Monteros, the Bishop of Puebla [Pérez], the Archdeacon of Valladolid Bárcena; the judges Ruz and Martínez Mancilla; several distinguished lawyers, such as Azcárate, Guzmán, and Jáuregui; Brigadier Sotarriva; Colonels Bustamante and Horbegoso; don José María Fagoaga and [Guridi y] Alcocer of the provincial deputation; [Sánchez de] Tagle [of the constitutional *ayuntamiento*], and other persons.[119]

The body initially convened at Tacubaya, outside Mexico City, on September 22, 1821, to be sworn formally into office. At its second meeting it unanimously voted that "the junta will possess the exclusive exercise of the national expression until the *Cortes* meets." It also arrogated to itself "all the governing powers established by the [Spanish] *Cortes* and the Constitution of 1812." Further, it asserted that "the [Mexican] Regency would have the same powers that the Spanish Regency had possessed, providing they did not contradict the Treaty of Córdoba." The junta also affirmed that the provisional governing bodies "would function *interim* a *cortes* meets and *interim* the king of Spain presents himself in Mexico."[120]

Captain General and Superior Political Chief O'Donojú entered the capital on September 26 to the sound of bands, the ringing of bells, and

---

[118] Olagaray, *Colección de documentos históricos,* 2:189–200; Mexico. Ayuntamiento, *Actas del Ayuntamiento Constitucional,* 620–628; Herrejón Peredo, *Actas de la Diputación Provincial,* 365–367.

[119] Alamán, *Historia de Méjico,* 5:326.

[120] Mexico. Soberana Junta Provisional Gubernativa, *Diario de las sesiones de la soberana junta provisional gubernativa del Imperio mexicano* (Mexico: Imprenta Imperial de Alejandro Valdés, 1821), 3–6.

the firing of cannon. "The *ayuntamiento* offered him refreshments, dinner, and lodging, as was the custom when receiving viceroys."[121] The provincial deputation and other corporations paid their respects to the "effective collaborator of our independence," as Carlos María de Bustamante noted.

The Army of the Three Guarantees entered the capital the following day. O'Donojú and ecclesiastic and civil officials received Iturbide at the former viceregal palace. After the army paraded before the authorities, the archbishop celebrated a Te Deum at the cathedral. That evening, the *ayuntamiento* welcomed the heroes of Independence at a lavish dinner in the palace. After many toasts and speeches Councilman Sánchez de Tagle read an ode in which he declared that the American people thanked O'Donojú, that "superhuman mortal . . . who assures us peace."[122]

At its first session in Mexico City, on September 28, the junta signed the Declaration of Independence. Then the body, together with other corporations, attended a mass of thanksgiving at the cathedral. That evening, the junta reviewed and approved the participation of the members present. Then the body selected the five individuals who would compose the Council of Regency. Without opposition, Iturbide was selected first regent and president of the council and O'Donojú second regent. The three other regents were elected from among fifteen nominees.[123] While the governing junta granted Iturbide a significant honor by naming him president of the Council of Regency, it did not confer power by its action. As the junta made clear at the outset, in accord with Spanish precedent, sovereignty resided in the legislative branch. The executive was limited to carrying out the dictates of the legislature.

Although New Spain had achieved its Independence, tensions existed between the civilians and the military, both of whom considered emancipation

---

[121] Bustamante, *Cuadro histórico*, 3:332.

[122] Que O'Donojú la paz nos asegura
Sobrehumano mortal, de España gloria.
La agradecida americana gente,
Mientras el Sol caliente
Loor dará a tu memoria
Bustamante, *Cuadro histórico*, 3:334–336.

[123] Soberana Junta, *Diario de las sesiones*, 9–11. The conflict between the autonomists and Iturbide is evident already in the *Acta de la Independencia Mexicana* drafted by Francisco Manuel Sánchez de Tagle. While Iturbide's *Proclama* to the Plan of Iguala asserts: "Trescientos años hace la América Septentrional de estar bajo la tutela de la nación más católica y piadosa, heroica y magnánima," the former declares: "La nación mexicana que, por trescientos años, ni ha tenido voluntad propria, ni libre uso de la voz, sale hoy de la opresión en que ha vivido." Sánchez de Tagle clearly claims the precedence of the autonomists when he continues with the statement: "Los heroicos esfuerzos de sus hijos han sido coronados." But he also recognized the reality of military power, and was careful to praise Iturbide, calling him "un genio superior a toda admiración y elogio."

their triumph. As I have indicated elsewhere, "two opposing political traditions . . . emerged between 1808 and 1821 . . . ," one forged in the crucible of war emphasized executive power and the other, based on civilian parliamentary experience, insisted upon legislative dominance."[124] It is possible that an experienced administrator and a committed liberal like O'Donojú would have resolved peacefully those tensions. As O'Donojú had declared on September 17, before entering the capital: "The government agreed upon in the Treaty of Córdoba, which is now known to all, is the legitimate authority. I shall be the first to respect the representatives of the public. My functions will be confined to representing the Spanish government, by occupying a place in yours in accordance to the Treaty of Córdoba, to being useful in every way possible to the American [government], and to sacrificing myself gladly for the sake of the Mexicans and the Spaniards."[125] Unfortunately, O'Donojú became ill immediately after entering the capital and could not attend the ceremonies of the Declaration of Independence on September 28. He died of pleurisy on October 8. His absence may explain why Iturbide became president of the council of regents.[126]

The conflict between the two traditions—executive power vs. legislative dominance—erupted with the death of the Spanish liberal officer. The autonomists believed that they had achieved Independence and that the ideas of 1808 had been fulfilled in 1821. They had participated in a political process that over the years evolved into a strong representative parliamentary system. While the rural insurgency had threatened their interests and later offered them opportunities, the autonomists were certain that *they* had achieved moderate representative government. These members of the national elite aspired to rule at home. That it had ultimately required Independence was merely an accident. Because they retained many ties to Spain, most autonomists probably would have preferred not to sever relations with the homeland. But, in the end, they accepted Independence because it was the only way they could control their own government. Iturbide, on the other hand, was convinced that he had liberated the nation with his army, and that, therefore, he embodied the national will. The struggle intensified when Spain rejected the Treaty of Córdoba. Iturbide's ouster in 1823 did not end the clash. The conflict between the two traditions—executive power vs. legislative supremacy—would dominate the political life of Mexico during the first half of the nineteenth century until

---

[124] Jaime E. Rodríguez O., "The Struggle for Dominance: The Legislature versus the Executive in Early Mexico" (Paper presented at the conference Mexican Wars of Independence, the Empire, and the Early Republic, University of Calgary, April 4–5, 1991).
[125] Juan O'Donojú, "Habitantes de Nueva España," *Gaceta del gobierno de México* 15, no. 128 (September 22, 1821): 994–995.
[126] Alamán, *Historia de Méjico*, 5:358–359; Robertson, *Iturbide*, 135.

the great liberals Benito Juárez and Porfirio Diáz imposed *presidencialismo* upon the country.

Author's Note: An earlier, Spanish-language version of this essay appeared in *Historia Mexicana,* vol. 43, no. 170 (September-December 1993). It is published here with permission from the journal. Research for this article was made possible by a grant from the University of California, Irvine, Academic Senate Committee on Research, the University of California President's Fellowship in the Humanities, and a Fulbright Research Fellowship. I am grateful to Linda A. Rodríguez, William F. Sater, Virginia Guedea, and Kathryn L. Roberts for suggestions for improving this essay.

Change and Continuity in Mexican Politics

New Spain as perceived from the United States (ca. 1820)

DON JOSEF DE GALVEZ, MARQUES DE SONORA,

Regidor perpetuo de la M. N. Ciudad de Málaga, Caballero Gran Cruz de la Real Distinguida Orden de Carlos Tercero, del Consejo de Estado de S. M., su Secretario de Estado, y del Despacho Universal de Indias, Consejero, Camarista, y Gobernador de su Consejo Supremo, y Superintendente general de Azogues, del cobro y distribucion de la Real Hacienda, Casas de Moneda, y Comercio de aquellos Dominios.

POR quanto *Juan Saravia, Sargento 1ª 2ª Esquadra del cuerpo Provincial de Cavalleria de Lanceros de Veracruz* ha cumplido en el Servicio *tres* tiempos de á *cinco* años honradamente, sin desercion, uso de lincencia absoluta, ni haber incurrido en fealdad, ha resultado acreedor al premio y ventaja respectiva, declarada en Real Decreto de 4. de Octubre de 1766: Por tanto manda S. M. que en virtud de esta Cédula, de que se tomará razon en los Oficios de Real Hacienda á que corresponda, devolviendola original á la Parte, se le asista desde el dia en que se tome la razon con *seis* reales de plata, moneda de América al mes sobre su prest, conforme á lo prevenido en la Orden general de 20 de Agosto de 1773; y que en su Cuerpo, y en los demás del Exército, se le trate con la distincion y aprecio á que supo hacerse acreedor por su constancia y honradez, segun se previene en el citado Real Decreto, que asi es la voluntad de S. M. Dada en *el Pardo* á *tres* de *Febrero* 1786.

José de Gálvez, Minister of the Indies, grants honors to Sergeant Juan Saravia of the Provincial Cavalry of Veracruz, 1786

Second Regiment of the Provincial Cavalry of San Carlos (ca. 1800)

Uniform of a "Patriot," a royalist volunteer, 1812

Felix María Calleja, Viceroy of New Spain

*Juan Ruiz de Apodaca,
Viceroy of New Spain*

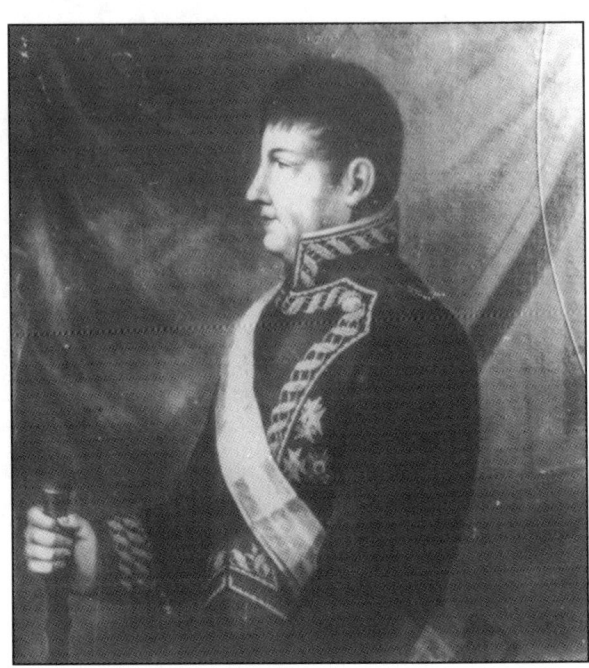

Juan O'Donojú, Captain General and Superior Political Chief of New Spain

*Agustín de Iturbide,
First Chief of the Army of the Three Guarantees*

Father José Miguel Ramos Arizpe

José Mariano Michelena

Entrance of the Army of the Three Guarantees into Mexico City, September 27, 1821

General Nicolás Bravo grants freedom to Spanish soliders, September 1821

Coat of Arms of the Imperial City of Mexico (1821)

Coat of Arms of the United States of Mexico (1824)

Francisco Manuel Sánchez de Tagle

José Hipólito Odoardo

Father Joaquín Furlong

Father Servando Teresa de Mier

Pedro José de Fonte, Archbishop of Mexico

Antonio Joaquín Pérez, Bishop of Puebla

Father José María Alpuche

*Manuel de la Barcena,
Governor of the Bishopric of Michoacán*

Guadalupe Victoria, President of Mexico

Nicolás Bravo, Vice President of Mexico

Manuel Gómez Pedraza, President of Mexico

Vicente Guerrero, President of Mexico

Carlos María de Bustamante

Lucas Alamán

Valentín Gómez Farías, Vice President of Mexico

José María Bocanegra

Antonio López de Santa Anna, President of Mexico

José María Tornel

Cavalry general (1826)

Student of the School of Mines (ca. 1840)

Uniform of the Puebla City Council (1836)

Uniform of the Guadalajara City Council (1836)

Elections: Q. Are you in favor of a senate (senado)?
A. Little father, we never dine (cenar); I think it is better not to have dinner.

Retired Officers at the Treasury: If they don't pay, I'll beat them with a stick. And I will revolt.

Budget: But sir, do not stretch your legs beyond the length of the sheets.

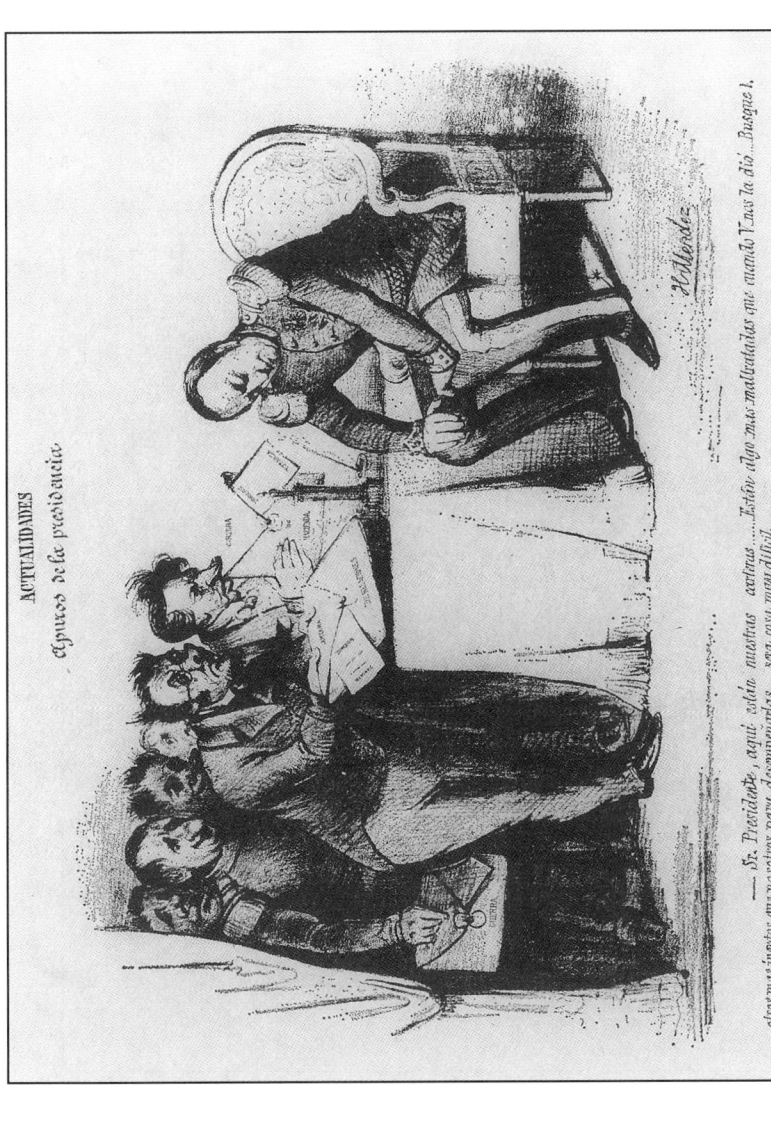

Anguish of the Presidency: Mr. President, here are our portfolios. They are more battered than when you gave them to us. Find others more inept than we to carry out those responsibilities. It will be very difficult.

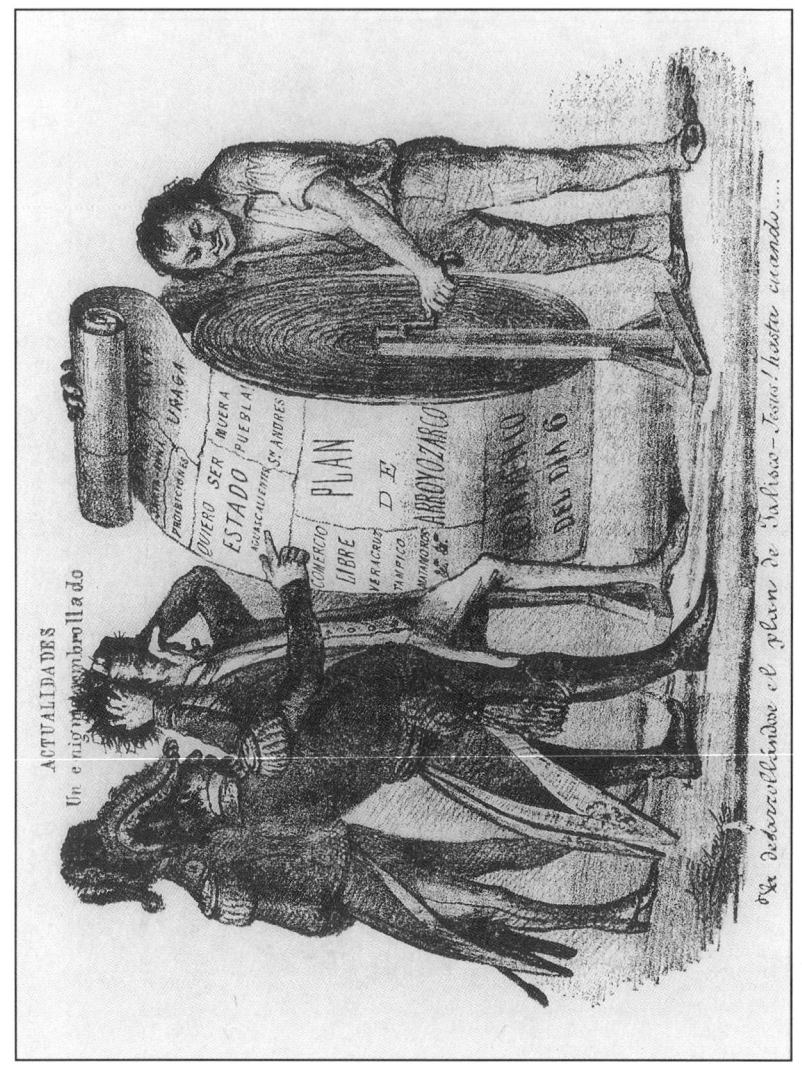

The Evolution of the Plan of Jalisco (1842). Jesus! When will the demands end?

II

The Republic of Mexico

7

Mier y la Constitución de México

Andrés Lira González

A NADIE SE OCULTA LA IMPORTANCIA de Servando Teresa de Mier como insurgente intelectual.[1] Desde Inglaterra, entre 1811 y 1813, proveyó a las generaciones que convivieron con él de una interpretación político-constitucional de la historia de México, que reelaboró luego al compás de sus andanzas por Filadelfia, donde asumió el credo republicano, para expresarla y acabarla de definir en el Constituyente mexicano, a partir de 1822. De esta última etapa de su actividad política e intelectual data, según Edmundo O'Gorman, "el más fecundo fruto de su no siempre congruente, pero subyugante personalidad".[2] Habrá que fijarse con cuidado en el pensamiento de Mier tal como podemos

---

[1] Este trabajo se desprende de un amplio proyecto, la edición de las *Obras Completas* de Servando Teresa de Mier, en el que me tocó la relativa a su participación en los Congresos Constituyentes de 1822 a 1824. De ese proyecto han aparecido a la fecha cuatro tomos, los tres primeros preparados por Edmundo O'Gorman, *El heterodoxo guadalupano* (México: Universidad Nacional Autónoma de México [UNAM], Nueva Biblioteca Mexicana, 1981–1983) y el cuarto por Jaime E. Rodríguez O., *La formación de un republicano* (México: UNAM, Nueva Biblioteca Mexicana, 1988).

La participación de Mier en los Congresos Constituyentes de 1822 a 1824 fue recogida por Edmundo O'Gorman en una antología ejemplar ya en 1945, *Antología del pensamiento político americano. Fray Servando Teresa de Mier* (México: Imprenta Universitaria, 1945), 47–192, con un prólogo bien interesante, ibid., iii-xlviii, reeditada en Caracas, Venezuela, por la Biblioteca Ayacucho en 1978, *Servando Teresa de Mier. Ideario político* (Caracas: Biblioteca Ayacucho, 1978).

[2] O'Gorman, *Servando Teresa de Mier*, 237; Timothy E. Anna, *El imperio de Iturbide* (México: Consejo Nacional para la Cultura y las Artes, Alianza Editorial, 1991). Véase en especial capítulo 4, 100–136. Carlos María de Bustamante, *Continuación del cuadro histórico. Historia del emperador Agustín de Iturbide . . . y establecimiento de la república popular federal* (México: Imprenta de I. Cumplido, 1846; edición facsimilar, México: Fondo de Cultura Económica, 1985).

recogerlo en los testimonios de los congresos constituyentes en los que participó desde 1822 hasta 1824.

El campo de estudio es muy rico y da para más de tema, pues, como es bien sabido, los congresos de aquella época, constituyentes y constituidos, se ocuparon de cuestiones grandes y pequeñas, rebasando la labor propiamente legislativa. Fueron los órganos que, según la concepción de la doctrina puesta en práctica, representaban directamente a la Nación.

La ley, constitucional u ordinaria (por más que abundaron clasificaciones diversas entonces), era expresión de la voluntad de la Nación, pero los encargados de legislar, los diputados, se consideraron portadores de esa voluntad cuando legislaban y cuando no lo hacían, sobre todo cuando con ley o sin ley limitaban al poder ejecutivo.

Por ello, las "historias parlamentarias", o, si somos más modestos, las actas y diarios de los congresos, son de alguna forma historias políticas totales y tal es la dimensión a la que debe referirse el pensamiento de Mier como diputado. Pero hemos de limitar este trabajo a lo que—en principio—se considera más importante en un Congreso Constituyente: la discusión sobre la organización del Estado o de la Constitución, propiamente dicha.

Semejante determinación exige, por principio de cuentas, la caracterización del momento y del personaje.

Por lo que hace a la organización del Estado, en aquel Congreso Constituyente al que llega Mier el 15 de julio de 1822 (había sido electo diputado por la provincia de Nuevo León en enero de ese año) se oponían frontalmente dos concepciones, la monárquica, según lo establecido en el Plan de Iguala y los Tratados de Córdova, y la republicana, auspiciada por un número de diputados al que se sumó Mier cuando llegó para ser luego el principal promotor como opositor de Agustín de Iturbide, elevado al trono imperial por golpe de mano del regimiento de Celaya con la aclamación del "pueblo", la noche del 18 al 19 de mayo y que tuvieron que reconocer el día 21—según se dijo, con muchas presiones—los diputados del Congreso Constituyente.

Fue el de Iturbide un triunfo pírrico, pues las voces en pro de la república que se habían escuchado desde 1821 en la Soberana Junta Gubernativa se hicieron más evidentes en el Congreso Constituyente a lo largo de 1822, animadas, como hemos dicho, por Mier, en un ambiente de tensión que culminó dos momentos críticos: la noche del 26 de agosto con el arresto de catorce diputados acusados de conspirar para cambiar la forma de gobierno adoptada, según se dijo, por la voluntad nacional, y luego, el 30 de octubre, con la disolución del Congreso, al que sucedió una Soberana Junta Nacional Instituyente, formada por un reducido número de diputados del disuelto Congreso, nombrados por el Emperador.

Al Congreso se le acusaba de no haber cumplido con su principal cometido, el de elaborar la Constitución; de dedicarse a asuntos ajenos a los de un Cuerpo Legislativo que debía proveer de leyes para que las pusiera en práctica el Ejecutivo; de no atender a esto ni en las cuestiones más urgentes, ocupándose, en cambio de los asuntos más nimios, distribuyéndoselo en comisiones y negando al Poder Ejecutivo las facultades que le correspondían conforme a la *Constitución Política de la Monarquía Española de 1812*, declarada vigente en todo lo que no se opusiera a la independencia de la Nación Mexicana hasta que se promulgara la Constitución del Imperio.

Ese ambiente de tensión ha sido descrito y explicado por Timothy E. Anna en su libro *El imperio de Iturbide*, cuyo principal cometido es la visión comprensiva, opuesta a la que tradicionalmente ha beneficiado la historiografía mexicana, derivada de la de Carlos María de Bustamante. Es indudable la aportación del autor, pero se nos antoja que lleva su empeño al extremo de menospreciar ciertos testimonios directos, como son las actas mismas del Congreso, en las que hay evidencias de una beligerancia extrema por parte de algunos diputados, pero también, del conflicto irreductible y de los medios de manipulación y presión de los que se valió Iturbide para abatir al Congreso.[3]

Ya lo apuntamos—y esto lo recalca Anna—el Congreso se consideraba depositario directo de la soberanía nacional y se la regatearía al Emperador aún contra lo dispuesto en la Constitución Española de 1812, aceptada precisamente en nombre de esa soberanía. En ese regateo Mier se distinguió y llegó al extremo de negar la legitimidad de la Constitución Española, esto en nombre de principios que respaldaban su idea de una organización republicana en contra de la monárquica.

Sin duda hay una congruencia en la concepción de la organización política que contrasta con la—quien sabe hasta qué grado efectiva—versatilidad de Mier. Para apreciarla es necesario advertir al hombre que llega a cumplir los sesenta años de edad en plena actividad de representante de su provincia ante el Congreso.

Luego de su elección, en enero de 1822, la primera mención que de él se hizo en el Congreso fue en la sesión del 5 de marzo, por don Carlos María de Bustamante, pidiendo a la Regencia del Imperio que se hicieran las gestiones para liberarlo, pues se hallaba preso en San Juan de Ulúa, reducto en manos de los españoles por buen tiempo. Las menciones se repitieron con el mismo sentido hasta que por fin, el 29 de mayo se anunció la libertad de Mier. El Congreso se regocija y espera la llegada de tan insigne diputado, a quien, según malas lenguas, habían puesto en libertad los españoles, sabedores de que causaría problemas al flamante emperador.

---

[3] Nos parece que Anna no consideró suficientemente testimonios como las *Actas Constitucionales Mexicanas (1821–1824)*, 9 vols. (México: UNAM, 1980); tomo 4, *Actas del Congreso Constituyente Mexicano* y tomo 6, *Sesiones extraordinarias del Congreso Constituyente con motivo del arresto de algunos señores diputados*, por ejemplo y otros, donde se recogen versiones de los diputados.

El Mier que llega al Congreso es un hombre que ha pasado por verdaderas subversiones en sucesivas crisis políticas y religiosas, que han descrito Manuel Calvillo y Edmundo O'Gorman.[4] Cuando se anunció su presencia en la sesión del 15 de junio, Mier fue recibido con gran expectación en el salón del Congreso presidido por la imagen de María Santísima de Guadalupe, instalada pocos días antes, el 11 de ese mes, como Patrona de la Nación Mexicana, es decir, del Congreso en primer lugar. Mier—lo cuenta O'Gorman en mejores términos—se encuentra con aquella imagen por la cual inició su lucha contra las autoridades novohispanas que le llevaron a las aventuras que tanto han llamado la atención. Se convirtió en un fraile exclaustrado sin abandonar los recursos de la *questio* dominicana, con estos y con otros aprendidos en España, Francia e Inglaterra impugnó la dominación española, las Cortes de Cádiz y la Constitución de 1812. Fue autor de la primera *Historia de la revolución de Nueva España, antiguamente Anahuac . . . hasta el presente año de 1813*, valiosa como recuento de luchas y más como argumento político, pues es la negación de la legitimidad del régimen español. En resumen, Mier llegó al Congreso dueño de un merecido prestigio, su erudición en materia religiosa lo había llevado a negar las cualidades maravillosas que en 1794 había encontrado en la imagen de la Virgen de Guadalupe, pero de esto no pudo hablar y tuvo que someterse a la Patrona de la Nación Mexicana.[5] De su erudición en materia política si que pudo aprovecharse para afirmar la independencia del país y cuestionar el régimen monáquico estableciendo la difícil, y a la postre fatal relación, con el Emperador.

Antes de tomar el párrafo más directo del discurso que pronunció Mier en aquella sesión del 15 de julio, recordemos brevemente su evolución.

En el libro XIV de la *Historia de la Revolución de Nueva España*, Mier expuso una teoría de la Constitución. Se trataba de un pacto celebrado en el siglo XVI (luego insistiría que en 1550), refrendado y reformado en los siglos posteriores, por los conquistadores, por los indígenas conquistados y por sus descendientes. Ese pacto había sido violado una y otra vez por los españoles peninsulares pero los americanos y los indígenas los habían reafirmado; la violación había roto el vínculo político con la Península, lo que quedaba vigente era una constitución histórica que se oponía a otras que quisieran imponerse en nombre de principios novedosos, sólo en apariencia nuevos, como era el de la representación popular. Y tal era el caso de la *Constitución Política de la Monarquía Española* de 1812, impugnada por Mier en las *Cartas de un americano a El Español*

---

[4] Manuel Calvillo prólogo a Servando Teresa de Mier, *Cartas de un americano, 1811–1812* (México: Secretaría de Educación Pública, 1987), 11–57; Edmundo O'Gorman, "Estudio preliminar", en Mier, *Obras Completas*, 1:24–138.

[5] O'Gorman, "Estudio preliminar", en *Obras Completas*, 1:124–128.

(1811–1812), periódico publicado en Londres por José María Blanco White, hombre moderado y muy apreciado por Mier—más y más con los años y con la experiencia del Constituyente mexicano. Argumentaba Mier la falta de auténtica representación americana en las Cortes y, por ende, la plena falta de validez de la Constitución y, en general, de las disposiciones emanadas de ese Congreso de peninsulares.[6] El argumento lo repitió y amplió en el libro XIV de la *Historia*, aceptando una monarquía con su constitución histórica propia, según la imagen que el se había ido formando de la inglesa.[7]

Pero monarquías y Santa Alianza se le hicieron una como el enemigo de la independencia de la Nueva España o Anáhuac, y ya en Filadelfia Mier adoptó el credo republicano. Lo hizo conscientemente—como todos sus procesos de sub-versión—elaborando escritos, reunidos ahora en un volumen por Jaime Rodríguez, como tomo IV de las *Obras Completas* de Mier.[8]

Ante la inminente declaración de una independencia ficticia, como la propuesta en el Plan de Iguala y en los Tratados de Córdoba, que aseguraban la continuidad de la monarquía española bajo el reinado de Fernando VII o el de un vástago de su casa, Mier preguntaba, ¿cuál independencia? para responder en su *Memoria político instructiva a los Gefes Independientes de Anahuac*, "LA INDEPENDENCIA ABSOLUTA, LA INDEPENDENCIA SIN NUEVO AMO, LA INDEPENDENCIA REPUBLICANA".[9] Palabras escritas en agosto de 1821, anotadas y matizadas en escritos posteriores, señalando la posible complicidad de Iturbide con la Santa Alianza.[10]

Como se sabe, Mier se embarcó con destino a Veracruz y fue hecho prisionero por el General José Dávila, Comandante Realista de San Juan de Ulúa, el 23 de febrero de 1822 (ya era diputado electo) quien lo retuvo hasta el 21 de mayo. Así pues, en San Juan de Ulúa se enteró del curso de los acontecimientos en la ciudad de México, a la que llegaría como diputado de un Congreso que había jurado Emperador y cuyo principal cometido era elaborar la Constitución del Imperio. Así, Mier no tuvo más que apechugar y dejando a salvo su fe republicana enfrentarse a los hechos sin

---

[6] Mier, *Cartas de un americano*.
[7] De la *Historia* de Mier hay varias ediciones, hemos utilizado aquí la más reciente, Servando Teresa de Mier, *Historia de la Revolución de Nueva España, antiguamente Anáhuac o verdadero origen y causas de ella con la relación de sus progresos hasta el presente año de 1813*, coord. Jeanne Chenu, Jean Pierre Clement, André Pons, Marie Laure Rieu-Millán, y Paul Roche (París: Publications de la Sorbone, 1990), valiosa por los estudios y correcciones incorporados; el libro 14 se encuentra en las pp. 471–628.
[8] *La formación de un republicano*, tomo 4, Servando Teresa de Mier, *Obras Completas*.
[9] Ibid., 51–209.
[10] Ibid., 197 y 199, notas 15 y 16.

la mínima reserva, pues luego de un preámbulo autobiográfico y muy emotivo, dijo en ese su discurso del 15 de julio.

> Temo haber llegado tarde y que los remedios sean tan difíciles como los males son graves. No obstante, el emperador se ha servido escucharme dos horas y media y me ha prometido que cooperaría con todo su esfuerzo a cuantos medios se le propusieron para el bien de la patria. Yo estaba alarmado sobre la existencia de la representación nacional; pero me aseguró que cuanto se decía contra ella era una calumnia y que estaba resuelto a sostener al Congreso como la mejor áncora del Imperio. Yo no pude ocultarle mis sentimientos patentes en mis escritos, y que el gobierno que nos convenía era el republicano bajo el cual está constituida toda la América del Sur y el resto del Norte; pero también le dije que no quería ni podía oponerme a lo que ya estaba hecho, siempre que se nos conservase el gobierno representativo y se nos rigiese con moderación y equidad. De otra manera él se perdería y yo sería su enemigo irreconciliable, porque no está en mi mano el dejar de serlo contra los déspotas y los tiranos. Sabría morir, pero no obedecerlos.[11]

Las relaciones entre el emperador y el Congreso se hicieron más tensas y por más que había partidarios de Iturbide entre los diputados, éstos no pudieron controlar la oposición del Constituyente; la presión ejercida desde las galerías, señalada como maniobra de los iturbidistas, no hizo más que agravar la situación. Se advierte así en el tono de los discursos y en la abundancia de sesiones secretas, de las que, desgraciadamente, sólo ha llegado hasta nosotros una mínima parte de las actas.[12]

Iturbide logró que, conforme a la Constitución española vigente entonces, recayera en él la facultad de nombrar a los miembros del Consejo de Estado. Este hecho, por más que se alegó que el Consejo sería una especie de senado moderador de los actos del Ejecutivo, exacerbó el ánimo de muchos diputados y cuando el Emperador valiéndose de la iniciativa de sus partidarios y obrando conforme al mismo orden constitucional de 1812, trató de que recayera en él la facultad de nombrar a los magistrados del Supremo Tribunal, Mier, con otros diputados, se opuso terminantemente en un discurso que pronunció el 16 de agosto, en un ambiente muy cargado, pues a lo largo del mes se había definido ya la oposición y se hablaba de un grupo de diputados que conspiraba para cambiar la forma de gobierno establecida.

Bien se cuidaban los diputados de dar testimonios en las actas de sesiones públicas y secretas, obrando la mayoría contra los activos portavoces del emperador. En esas actas se alude a hechos conocidos y a la

---

[11] O'Gorman, *Antología del pensamiento*, 50–58; *Actas Constitucionales Mexicanas*, 3:276–286.
[12] Luis Muro, coord., *Historia parlamentaria mexicana. Sesiones secretas, 1821–1824* (México: Instituto de Investigaciones Legislativas, Cámara de Diputados, 1982).

presión del público contra los diputados que no estaban con Iturbide. La argumentación se fue haciendo más clara, y así la destacó Mier en su discurso, cuando asentó que el Congreso Soberano—pues en él había delegado la nación su autoridad—podía subdelegar, para constituir a la Nación, el Poder Ejecutivo en un cuerpo o persona y el Poder Judicial en otros, dado que el Legislativo sería el propio Congreso constituído por el Constituyente; ese era el principio de la división de poderes universalmente aclamado y, por ello, no podía el Congreso subdelegar en el Poder Ejecutivo la facultad de nombrar a los miembros del Poder Judicial, pues ello equivalía a entregar al Ejecutivo el Poder Judicial. Así, en uno de tantos y claridosos párrafos del discurso, Mier arremetía juntando doctrina y hechos inmediatos:

> Ahora bien, se supone que nosotros hemos juzgado conveniente subdelegar el poder ejecutivo en un emperador ¿y para esto ha intervenido algún poder intermediario? No, seguramente; si no queremos convenir en el desatino que han estampado los sargentos del regimiento núm. 1, en su manifiesto diciendo que *Pío Marcha sancionó al emperador, y el Congreso lo aprobó.* Este es un absurdo: luego no es que el Congreso subdelegue inmediatamente el poder judicial en un tribunal supremo de justicia como ya subdelegó el poder ejecutivo en el emperador que nombró.[13]

Los partidarios de Iturbide en el Congreso alegaban, no sin razones, que no se subdelegaba el Poder Judicial en el Ejecutivo, sino que se seguía un mecanismo para designarlo establecido por el propio Congreso desde el momento en que se había aceptado lo dispuesto en la Constitución Española de 1812.[14] Mier, lo sabemos, había impugnado de principio a fin esa Constitución, además, el Congreso campeaba por sus fueros según la doctrina que extremaba la autoridad del Legislativo y, si no en lo dicho sí en el tono de lo dicho, impugnaba al Imperio. En los diez días siguientes, durante las sesiones públicas y en las secretas (de las que desgraciadamente no tenemos testimonio), hubo más escaramuzas de precisión lógica y constitucional y agitadas discusiones sobre la sanción que merecían los militares que atentaban contra la integridad del Congreso, hasta que en la noche del 26 (un día en que Mier había hecho maravillosas precisiones sobre el reglamento del Congreso), fueron aprehendidos y encarcelados catorce diputados, acusados de conspirar para variar la forma de gobierno.

El 27 se reunió el Congreso para discutir el hecho, se declaró en sesión secreta permanente y cuidó de levantar las actas y de publicarlas.[15] Luego, en sesiones públicas siguió sus reuniones hasta el 30 de octubre,

---

[13] O'Gorman, *Antología del pensamiento*, 64–68; *Actas Constitucionales Mexicanas*, 3:501–505.
[14] Anna, *El imperio*, 109–111.
[15] Ver nota 3 supra.

en que fue disuelto por orden de Iturbide y sustituido por una Junta Nacional Instituyente, que tampoco alcanzó a Constituir al Imperio, pues el Congreso fue reinstalado el 7 de marzo de 1823 e Iturbide renunció, ante ese Congreso, el 19 de mayo.

El Congreso reestablecido no contó con el apoyo de todas las provincias. Estas exigían el nombramiento de nuevos diputados, pues entre los reinstalados había buen número de los que, en su momento, se mostraron partidarios de Iturbide; además el movimiento contra Iturbide, que comenzó en Veracruz y se extendió por diversos lugares del país, se convirtió en reclamo de las provincias, que exigían mayor representación para constituir una República Federal compuesta de Estados Soberanos; impuso la exigencia de un nuevo Congreso, dejando al reestablecido el papel de convocante, decisión que asumió en la sesión del 21 de mayo de 1823 en situación bien apurada.

En ese trance, cuando el amago de las provincias se iba imponiendo, algunos diputados, entre los que se encontraba Mier, propusieron que se adelantase un plan de constitución, pues era indispensable guardar la unidad de propósito, es decir, constituir al país. Esto ocurría en la sesión del 3 de mayo,[16] cuando Mier veía ya como inevitable la disolución del Congreso y consideraba que eso era un desastre semejante al ocurrido en Francia, cuando la Asamblea dió, por presiones ejercidas desde fuera por grupos exaltados, paso a la Convención Revolucionaria, de negra y terrorífica memoria.[17] Así pues, según Mier y otros diputados, era indispensable dejar al nuevo Congreso unas bases, que sirvieran como evidencia de la legitimidad del Congreso que se iba a disolver y cuya labor debía continuar el posterior; así, con apuro, durante dieciocho días, según dijo Mier, se reunieron en su casa los diputados que elaboraron el *Plan de la Constitución de la Nación Mexicana*,[18] firmado por José del Valle, Juan de Dios Mayerza, Mier, Lorenzo de Zavala, José Mariano Marín, José María Jiménez, Francisco María Lombardo y José María Bocanegra.[19]

El *Plan*, al cual precede una "Exposición de motivos" firmada por los mismos el 18 de mayo, se presentó ante el Congreso el 28, fue saboteado y no llegó a discutirse;[20] sólo se declaró de primera lectura y se logró la

---

[16] *Actas Constitucionales Mexicanas*, 3:415–416.
[17] O'Gorman, *Antología del pensamiento*, 117–118.
[18] Ibid., 126.
[19] *El Plan de la Constitución de la Nación Mexicana* se encuentra en O'Gorman, *Antología del pensamiento*, 88–113, el voto particular de Mier, 113–120. Una reproducción facsimilar del *Plan* y del voto se encuentra en Manuel Calvillo, *Los proyectos de Constitución para México*, tomo 2, *La consumación de la independencia y la instauración de la república federal, 1820–1824* (México: Departamento del Distrito Federal, 1974), 131–218.
[20] Servando Teresa de Mier, *Fray Servando. Biografía, discursos, cartas*, edición conmemorativa (México: Gobierno del Estado de Nuevo León, Universidad Autónoma de Nuevo León, 1977), 152.

autorización de su publicación junto con el voto de Mier, firmado ese día 28 y que contiene interesantes observaciones al proyecto y a los argumentos con los que los diputados, compañeros de apuros y de tareas, sostenían la necesidad de un senado u órgano de control independiente del Poder Legislativo. Vayamos primero al *Plan* y a las justificaciones que se arguyeron en la presentación, para volver luego sobre el voto del padre Mier.

Es evidente que los diputados actuaron frente a la dispersión provocada por la erección de juntas en las provincias que reclamaban la soberanía y, en consecuencia, la falta de legitimidad del Congreso Constituyente no convocado por ellas. El *Plan* de los diputados, en consecuencia, respondió señalando la independencia de una Nación Mexicana formada por *la sociedad de todas las provincias de Nueva España o Anahuac*; los derechos de los ciudadanos y sus deberes, recalcando el hecho de que la suma del poder de los ciudadanos todos constituía el poder de la Nación integrado en una *soberanía única* y resultante en una forma de Gobierno: *La república representativa federal.*[21]

En la presentación advertían los autores que habían cuidado de no dar a la forma republicana federal el alcance extremo, pues ello habría significado dividir a la Nación en Naciones independientes. Se negaban a hablar de Estados independientes y, como advertimos en la lectura, cuando se emplea el término *Estado* se usa así, en singular, para referirse a la división del poder del *Estado* en provincias, dando con toda intención la idea de una acción que parte de la unidad previa y no la contraria, la de la integración de una unidad (lo que sería una confederación o federación en su forma extrema) por elementos que hasta el momento de la unión estuvieron dispersos.

Según el articulado del *Plan*, la *Nación* ejercía el poder a través de los *ciudadanos*, quienes votarían para elegir al cuerpo legislativo, que daría las leyes; también ejercería la *Nación* el poder a través del *Cuerpo Ejecutivo*, que debería ponerlas en práctica sin interpretarlas ni modificarlas, y de los *Jueces*, quienes las aplicarían en los casos civiles y criminales. Finalmente, la *Nación* ejercería su poder también a través de los *Senadores*, encargados de hacer que las anteriores autoridades respetaran la ley.

Tanto en la introducción, según lo hemos señalado, como en los artículos referentes al poder de la nación se ve ese afán de unidad; la *Nación*, singular siempre, se concibe como una entidad única, cuya actividad se ejercería a través de representantes y funcionarios.

El cuerpo legislativo de la Nación o Congreso General se componía de diputados, uno por cada seis mil habitantes, electos por electores según

---

[21] Seguimos las versiones del *Plan* que mencionamos en la nota 19, sólo haremos referencia precisa cuando parezca indispensable. El lector puede confrontar nuestra exposición con las versiones indicadas.

un procedimiento que fijaría la ley. En las provincias habría congresos provinciales y órganos municipales compuestos por más o menos personas según la población. El criterio de integración de estos órganos era numérico, por su carácter representativo.

No es nuestro propósito entrar en detalles, por demás interesantes para un estudio comparativo de las formas de organización; debemos destacar, eso sí, la amplitud de las facultades del Congreso General, además de las propiamente legislativas, pues era este cuerpo el que debía elegir a los tres miembros del Poder Ejecutivo, que se renovaban cada cuatro años, y a los senadores (dos por cada provincia, atendiendo a las propuestas de sus juntas electorales); también ejercía el legislativo poderes de vigilancia.

El Cuerpo Ejecutivo se nombraba cada cuatro años y—cosa notable si consideramos la empecinada oposición a la propuesta de Iturbide en agosto de 1822—le correspondía también el nombramiento de los jueces y magistrados del Supremo Tribunal.

Había Congresos Provinciales y un prefecto para cada una de las provincias en las que el Congreso General acordara dividir el Estado. A los Congresos Provinciales correspondía la legislación interior y funciones de orden económico y administrativo, como las de fijar contribuciones y medios para satisfacer las propias necesidades y las generales de la federación; también debían proponer a los individuos para integrar el Senado y nombrar profesores del Instituto Provincial, previsto en las bases o *Plan de Constitución*.

El orden en que vamos resumiendo el *Plan* es el mismo en que se ofrece el articulado, y es interesante advertir como antes de tratar del otro poder, el Judicial, aparece lo relativo a la educación, previendo el establecimiento de un Instituto Nacional para el fomento de las ciencias exactas, físicas, morales y políticas, al que debían corresponder en cada provincia los institutos provinciales con funciones semejantes. La idea central de estas instituciones era la formación de una auténtica ciudadanía bajo un plan general; el nombre "Instituto" y los fines que, junto con otras características del *Plan de Constitución* acreditan la raigambre francesa y, algo bien interesante en el caso particular de Mier más partidario de instituciones anglo-sajonas.[22]

La organización judicial se pensó siguiendo el orden de la primera a las instancias superiores. Los jueces de letras de cada provincia debían juzgar las causas civiles y criminales; había segundas instancias, encargadas a otro juez y a dos letrados asociados al juez, sugeridos por las partes, en las causas civiles, o por el reo, en las criminales. Si la sentencia de la primera instancia se confirmaba en la de la segunda, esta sentencia

---

[22] Por ejemplo la idea de un Plan General de Educación, propuesta por Mier el 9 de mayo de 1823. Cfr. O'Gorman, *Antología del pensamiento*, 87; *Actas Constitucionales*, 5:440.

era definitiva; pero si no, se abría una tercera instancia provincial, compuesta en igual forma por un juez y dos letrados distintos de los de la segunda. Finalmente, un Supremo Tribunal General, compuesto de siete magistrados, quienes conocerían de los casos en que se alegara la nulidad de las sentencias de la tercera instancia.

Era, pues, una administración de justicia impartida por letrados y en la que la instancia superior se aseguraba como instancia central.

Había en ese entonces un fuerte clamor en pro de los jurados compuestos por ciudadanos comunes y corrientes, en quienes se confiaba como garantía contra la mala administración de justicia de alcaldes y jueces, más interesados—se decía—en su provecho y en enredos leguleyescos, que en el conocimiento de los hechos para dar veredicto justo. Se nutría esta aspiración en el ejemplo del jurado del juicio penal anglo-sajón y en el Congreso se hablaba del *Juri* (así lo escribían los taquígrafos y tipógrafos) y en el auge de los jueces de hecho o jurados idealizados por el derecho francés revolucionario. Los diputados del Constituyente mexicano en disolución que redactaron el *Plan* que vamos resumiendo, tuvieron presente ese clamor, pero no lo acogieron pues advirtieron que la institución del jurado, por deseable que fuera, no podía arraigarse en México, pues siendo un país "donde más de la mitad de su población se compone de indios estúpidos e ignorantes; donde otro cuarto se forma de infelices que ocupados en el trabajo penoso de la subsistencia no han podido cultivar su razón; donde las leyes son obscuras, complicadas y hacinadas unas sobre otras, sin orden ni concertación, la teoría de los jurados no corresponde en la práctica a las miras de sus autores".[23]

Según los diputados, el establecimiento de los jurados tendría que aplazarse hasta que se lograra la ilustración de los ciudadanos y hasta que se contara con un orden jurídico codificado. Mientras tanto, la administración de justicia debía confiarse a letrados, procurando la adecuada intervención de los interesados y afectados en los juicios, según hemos visto, y proveyendo la posibilidad de una última y definitiva instancia, la del Supremo Tribunal.

El *Plan de Constitución* tenía mucho de centralista y en la inspiración de los autores—según confesaban—estaba la constitución de la república francesa de 1793, la peruana y autores nada federalistas,[24] a lo cual, nosotros podemos agregar la evidencia de influencias de las constituciones de Colombia inspiradas, en buena medida, en el Consulado francés (1799–1804).[25]

---

[23] O'Gorman, *Antología del pensamiento*, 10; Calvillo, *La consumación*, 2:162–163.
[24] O'Gorman, *Antología del pensamiento*, 92–93; Calvillo, *La consumación*, 2:143–145.
[25] Cfr. Diego Uribe Vargas, *Las Constituciones de Colombia (historia crítica y textos)* (Madrid: Ediciones Cultura Hispánica, 1977), 334–338, 397–399, 501–505, 616–618, y 675–679.

Así lo muestra la presencia del senado conservador, institución "novedosa si bien no de invención reciente", al decir de los autores de la exposición de motivos, pues "antes de que hubiera congreso en México la propuso uno de los publicistas más acreditados", a quien Manuel Calvillo ha identificado; se trata de Juan María Wenceslao de la Barquera, autor de unas *Lecciones de Política y Derecho Público para servir de ilustración al pueblo mexicano*, publicadas en 1822.[26]

Vale la pena transcribir la parte relativa al Senado, última del documento, pues fue esta la parte contra la que expresó Mier su voto y la que provocó la separación de otros diputados.

> El Senado—decía el artículo 8°—se compondrá de individuos elegidos por los Congresos Provinciales a propuesta de las juntas electorales de cada provincia. Debe residir en el lugar que señale el Congreso Nacional; celar la conservación del sistema constitucional; proponer al Cuerpo Legislativo los proyectos de ley que juzgue necesarios para llenar este objeto; reclamar al mismo las leyes que sean contrarias a la Constitución o no fueren discutidas o acordadas en la forma que prescriba ella misma; juzgar a los individuos del Cuerpo Ejecutivo, a los diputados del Legislativo, a los magistrados del Tribunal Supremo de Justicia y a los Secretarios de Estado en los casos precisos que designará una ley clara y bien pensada; convocar a Congreso Extraordinario en los casos que prescriba la Constitución; disponer de la milicia constitucional, dando a los jefes de ella las órdenes correspondientes en los casos precisos que también designará la Constitución.[27]

Era un poder conservador superpuesto a otros poderes, un Senado muy a la francesa fuera del Legislativo, que provocó la oposición de varios diputados—Javier Bustamante, Lombardo García, Lorenzo de Zavala y Valentín Gómez Farías—al decir de Mier, quien expuso su voto el mismo día 28 de mayo, en que se dio lectura al *Plan*.

En primer lugar Mier señaló las instrucciones precisas de las tres provincias que él representaba, Nuevo León, Coahuila y Texas—mismas que leyó—eran en el sentido de crear un Senado como parte del Poder Legislativo, y que él como diputado nacional (supuestamente libre, como insistió en otros discursos, de toda indicación o instrucción precisa y sólo atento al bien de la Nación), se congratulaba de coincidir con tal idea.[28]

Palabras dirigidas con tino preciso a Miguel Ramos Arizpe, diputado por Coahuila y "Saltillero" (es decir, rival de Monterrey) y cabeza del

---

[26] Manuel Calvillo, *La consumación de la independencia y la instauración de la república federal, 1820–1824*, 2 vols. (México: Departamento del Distrito Federal, 1974), tomo 1, *Los proyectos de Constitución para México [del planteamiento revolucionario a la fundación de la república federal]*, 380–381.

[27] O'Gorman, *Antología del pensamiento*, 113; Calvillo, *La consumación*, 2:195–196.

[28] O'Gorman, *Antología del pensamiento*, 20; Calvillo, *La consumación*, 2:215.

federalismo al cual se trató de adelantar la Comisión que veía llegar a un nuevo Congreso de federalistas exaltados. Pero Mier tenía que vérselas aquí contra sus propios compañeros de comisión, moderando sus afanes centralistas a la francesa, para dar la alternativa de un federalismo diferente—o, si se quiere, de una limitación de la autonomía provincial sin caer en la oposición abierta.

Así, si el principal argumento de los partidarios de la federación era la oposición al predominio del centro, el legislativo unicameral basado en la representación de la población—tal como lo proponía el plan—justificaba la oposición de los federalistas extremos, pues las provincias más pobladas eran las del centro y éstas, con más diputados, tendrían siempre el predominio en el Congreso. Urgía equilibrar esa influencia con la representación de las provincias fijando el mismo número de senadores dentro del Congreso para cada provincia.

En ese mismo aserto Mier rechazaba otro argumento de carácter numérico de la exposición del *Plan de Constitución*, por el que se afirmaba que siendo más las provincias poco pobladas habría en la Cámara de Senadores—si se establecía el sistema bicameral, propuesto por Mier—predominio de las provincias poco pobladas, y que, dada la facultad de revisión y de veto que esa cámara alta tendría para analizar y obstaculizar los acuerdos de la cámara baja, se llegaría al absurdo de que el menor número de habitantes, a través de los senadores de sus provincias, controlaría al mayor número.

Mier advirtió que no había tal, y que tan arbitrario era el predominio de pocos como el de muchos; no cabía alegar—como se hizo—que por el senado se imponían criterios aristocráticos a una república representativa, pues no existían esos criterios en países sin restos de aristocracia, como eran Estados Unidos y Colombia, cuyos poderes legislativos eran bicamerales. Pero además, continuaba Mier, era positiva y deseable la corrección que hombres de mayor edad, agrupados en la Cámara de Senadores, y con criterios apartados del calor de la discusión pudieran sugerir a las propuestas de la Cámara de Diputados, donde la manipulación y el juego mismo de las pasiones llevaban a aprobar medidas y disposiciones perjudiciales. Mier acudió, para ilustrar esto al ejemplo inmediato de las experiencias del Congreso Constituyente y advirtió cuántas veces en sesiones secretas se había tenido que enmendar lo determinado en las públicas. Es más, echando en cara un error reciente—y contra atacando a los federalistas extremos—recordaba la convocatoria a un nuevo Congreso Constituyente, sancionada el día 21, no se habría aprobado de haber actuado con mayor serenidad, de haber contado en el seno del Congreso con una instancia correctiva.

Por ello era indispensable un senado como parte del Poder Legislativo, para darle serenidad y congruencia a este poder, el predominante, quisiérase que no, en la organización de la Nación. Mier tenía, lo repetimos, la inspiración de las instituciones anglosajonas, del parlamento inglés y del congreso norteamericano. A la francesa, fuera del legislativo, el senado era para él un instrumento de opresión: "El nombre mismo del senado conservador [-decía-] me alarma y me espanta. Así se llamaba el que inventó Napoleón en París, con el cual sofocó al cuerpo legislativo, y no sirvió de otra cosa que de instrumento ciego a los caprichos de aquel déspota asombroso. Los estados que han prosperado y prosperan como Inglaterra, Estados Unidos y Colombia, tienen dos cámaras.... Yo voto por las dos cámaras en un cuerpo legislativo, una de representantes y otra de senadores".[29]

Voto que confirmó Mier después, el 22 de julio de 1824, contra la oposición de quienes alegaban que introducir el senado era "estamentar" la república representativa y popular.[30]

Ahora bien, quedaba en pie la crítica que se hizo al *Plan de Constitución* en el sentido de que proponía el establecimiento de una República Centralista a la que se llamaba Federal. No faltaba razón y en verdad que Mier fue un federalista muy moderado frente a los exaltados de su momento, contra su primo y rival, Miguel Ramos Arizpe.[31]

Para apreciar el pensamiento del Mier Constituyente y ver como juzgó él el *Plan*, es necesario fijarse en un momento posterior, en el discurso que pronunció el 13 de diciembre de 1823 cuando se discutían los artículos 5º y 6º del Acta Constitutiva ya en el Segundo Congreso Constituyente, reunido a fines de octubre. Se trata del famoso discurso conocido como "Profecía del doctor Mier sobre la Federación Mexicana",[32] en el que impugnó "la república federada", establecida en el artículo 5º, "en el sentido del 6º, que la propone compuesta de Estados soberanos".

Mier recordaba el *Plan de Constitución*, en el que, decía, había mucho de bueno; la necesidad de unión, que se había tratado de satisfacer, era precisamente la cualidad del *Plan*. Sobre todo en momentos tan difíciles como ése en el que el ejemplo de los Estados Unidos se seguía ahí donde no debía seguirse con notoria falta de sentido de la realidad, sin advertir las enormes diferencias con aquel país; allá se había partido de la desunión para lograr la unión, aquí se partía de la situación contraria.

Diputados de algunas provincias, comenzando por los de Jalisco, alegaban que tenían instrucciones precisas para constituir una federación de Estados independientes y soberanos y que, como mandatarios, no podían acatar las instrucciones de sus mandantes. Este argumento insolentaba a

---

[29] Calvillo, *La consumación*, 2:214.
[30] Tal opinión contra la que se declaró Mier había sido expuesta por varios diputados en las sesiones del 13 y del 14 de mayo de 1824. Ver *Actas Constitucionales Mexicanas*, 8:145–151, y 183–222. El voto de Mier se encuentra en O'Gorman, *Antología del pensamiento*, 168.
[31] Mier, *Fray Servando*, 232–250.
[32] O'Gorman, *Antología del pensamiento*, 125–140.

Mier, quien respondía indignado que los diputados no eran mandaderos, pues una vez electos y reunidos en el Congreso eran representantes nacionales; como tales, su papel era el de discurrir lo que más convenía a la Nación y una vez dilucidado tratar de acordarlo y llevarlo a la forma de disposición general, sin reparar en instrucciones particulares. Mier hablaba de una federación—pues había diversas maneras de federarse y no sólo la propuesta en el artículo 6º—razonable, acorde con la exigencia de unión, primera necesidad del país.

En esa idea permaneció, Mier sostuvo hasta el final la necesidad de salvar la unión del país y el carácter de representantes nacionales que, sobre cualquier presión o interés particular, debían tener los diputados. De manera notable en el discurso que pronunció el 22 de julio de 1824,[33] cuando insistió en que fuera la de México la ciudad en que residieran los Poderes Federales (ya fuera porque se le declarara Ciudad Federal, por lo que no estaba muy a favor, o no) y no la de Querétaro, a la que por propuesta de una comisión se trataba de erigir en Ciudad Federal. Independientemente de los recursos retóricos y alardes en que, como en otros muchos casos, muestra desconocimiento de los hechos, Mier alegaba en favor de la unión del país contra intentos de dispersión, pues era la ciudad de México el centro en el que coincidían historia y recursos materiales, elementos indispensables para mantener la unión.

Por otra parte, si se alegaba que en las provincias había un fuerte clamor contra el centro y que era evidente la voluntad popular para establecer en otro lugar, fuera de México, la Ciudad Federal, Mier se hacía cargo del argumento, y traía a cuento "la sonaja de la voluntad nacional", advirtiendo que los diputados en el Congreso eran precisamente los representantes y depositarios de esa voluntad nacional y que para ejercerla libremente estaban en el Congreso.

La República como única forma de gobierno propia para afirmar la independencia frente a las pretensiones de las monarquías europeas; federalismo moderado para lograr la unión y afirmación de la voluntad nacional en el congreso Constituyente y en un congreso bicameral, una vez constituída la Nación, son los puntos que Mier sostuvo como claves de la Constitución de México.

En su participación en los Congresos Constituyentes de 1822 a 1824 y luego en el Congreso General, en 1824, hay otros muchos temas que explorar. Esta obra de congresista, dice Edmundo O'Gorman, es el "postrero y más fecundo fruto" de la subyugante personalidad de Mier. Nos hemos quedado—contra las sugerentes indicaciones que hizo el mismo O'Gorman ya en 1945[34]—en la superficie de las formas políticas, pues era necesario

---

[33] Ibid., 169–180.
[34] Ibid., xxxix-xlvii.

para ver el pensamiento de Mier en la Constitución del México independiente y, al fin y al cabo, este escrito es una etapa en la presentación de la obra del Mier Constituyente, que pronto espero concluir.

8

Issues and Factions in the Constituent Congress, 1823–1824

David M. Quinlan

Congress is a world in miniature, where men show what they are and what they value. —Carlos María de Bustamante[1]

THE CONSTITUENT CONGRESS OF 1823–1824 produced the Constitutive Act and the Constitution of 1824, which created a "representative popular federal republic." These documents provided the legal framework for the First Federal Republic and served as a rallying point for moderate politicians into the 1850s. If, as Ivo D. Duchacek suggests, "National constitutions are neither the starting nor culminating points—they are only a midpoint in the development of a political system,"[2] then the congress was not creating a new political system but codifying and clarifying a de facto political system. Deputies in the Constituent Congress institutionalized the then prevailing political reality. As Edmundo O'Gorman states: "The congress could do no other than . . . give it [federalism] legal form."[3]

The origins of Mexican federalism can be traced to the redistribution of political and economic power toward the provinces under the Bourbon

---

[1] Carlos María de Bustamante, *Continuación del cuadro histórico de la revolución mexicana*, 4 vols. (Mexico: Publicaciones de la Biblioteca Nacional, 1953–1963), 4:384.

[2] Ivo D. Duchacek, *Power Maps: Comparative Politics of Constitutions* (Santa Barbara: ABC-Clio, 1973), 14.

[3] Edmundo O'Gorman, *Seis estudios históricos de tema mexicano* (Xalapa: Universidad Veracruzana, 1960), 129.

reforms of the late eighteenth century. This trend continued during the periods of liberal rule in Spain in the early nineteenth century. The Spanish *cortes* introduced near universal manhood suffrage and created provincial deputations and constitutional *ayuntamientos*. These afforded provinces and towns a measure of self-rule and experience with electoral politics. The independence struggle in Mexico disrupted lines of communication, further isolating the provinces from Mexico City. In addition, the destruction of the economic infrastructure during ten years of civil war reduced the overall level of power in the political system. This created an unstable situation, which Agustín de Iturbide was able to exploit—first to achieve independence from Spain and then to have himself named emperor. The latent power structure, however, remained unstable. The Plan of Casa Mata, which specifically recognized the political power of the provinces by creating a Junta of Provinces, succeeded in overthrowing the empire. At this point, a de facto confederal political system existed. While the Junta of Provinces dissolved, the provinces remained united and forced the restored Mexican *cortes* to call a new congress to constitute the nation in accordance with the new political realities.

Events in Mexico were part of a larger process of political fragmentation caused by the collapse of the Spanish Empire.[4] The political boundaries of the new nations, far from being "arbitrarily defined" as Richard Morse suggests, tended to follow the lines of the old *audiencia* districts that had evolved in the colonial period, except where balkanization occurred and then they followed the lines of the late colonial intendencies.[5] Mexico was an exception to this rule because it contained the areas of two *audiencia* districts. Federalism in Mexico was a means of preserving national unity by restraining centrifugal tendencies rather than a process of building unity.[6] Even before the Constituent Congress met, four provinces —Yucatán, Zacatecas, Oaxaca, and Jalisco—had declared themselves

---

[4] Jacques Lambert, *Latin America: Social Structures and Political Institutions,* trans. Helen Katel (Berkeley: University of California Press, 1967), 150; and Richard N. Adams, *The Second Sowing: Power and Secondary Development in Latin America* (San Francisco: Chandler, 1967), 16.

[5] Richard M. Morse, "Toward a Theory of Spanish American Government," in *Politics and Social Change in Latin America: The Distinct Tradition,* ed. Howard Wiarda (Amherst: University of Massachusetts Press, 1974), 56; Lambert, *Social Structures,* 151–152; and Pierre Chaunu, *L'Amérique et les Amériques* (Paris: Armand Colin, 1964), 212.

[6] Duchacek, *Power Maps,* 9; Ivo D. Duchacek, *Comparative Federalism: The Territorial Dimensions of Politics* (New York: Holt, Rinehart, and Winston, 1970), 201; and Jesús Reyes Heroles, "La Constitución de 1824 es fruto de un ideología liberal madura y realista," in Mexico, Cámara de Diputados, *Crónicas de la Constitución Federal de 1824,* 2 vols. (Mexico: Cámara de Diputados, 1974), 2:1027.

[7] Nettie Lee Benson, *The Provincial Deputation in Mexico: Harbinger of Provincial Autonomy, Independence, and Federalism* (Austin: University of Texas Press, 1992), 92–105.

sovereign independent states.[7] As Riker notes: "It is the juristic pretense of independence that counts."[8] Even the conservative centralist Lucas Alamán admitted that the congress had to adopt federalism.[9] According to José María Bocanegra, the passage of Article 5 of the Constitutive Act, which created a federal republic, saved Mexico from dissolution.[10] Thus, federalism was an appropriate response to the collapse of the Spanish Empire.[11] The adoption of federalism was not, as some have suggested, a poorly conceived attempt to copy the institutions of the United States.[12] Federalism was a solution to the problem of maintaining unity in an extensive territory.[13]

In spite of its obvious importance, the process of the creation of the Constitution of 1824 has received little attention from historians. While the Constituent Congresses of 1856–1857 and 1916–1917 have been analyzed using statistical techniques to reveal the issues and the voting behavior of deputies, no similar work of the Constituent Congress of 1824 has been published.[14] This present study seeks to perform an exploratory statistical analysis on voting behavior in the Constituent Congress of 1824. It will seek to (1) identify the issues that divided the congress, (2) determine the relative positions of deputies on those issues, (3) assess the role regionalism may have played, and (4) identify and define the factions contending for power in the congress.

---

[8] William H. Riker, "Federalism," in *Governmental Institutions and Processes,* vol. 5 of *Handbook of Political Science,* ed. Fred Greenstein and Nelson Polsby (Reading, MA: Addison-Wesley, 1975), 101.

[9] Lucas Alamán, *Historia de Méjico desde los primeros movimientos que preparon su independencia en el año 1808 hasta la época presente,* 5 vols. (Mexico: Imprenta de S. M. Lara, 1852), 5:776.

[10] José María Bocanegra, *Memorias para la historia de México independiente, 1822–1846,* 2 vols. (Mexico: Imprenta del Gobierno Federal, 1892), 1:289.

[11] For other examples, see Riker, "Federalism," 107 and 127; and Otto Hintze, *The Historical Essays of Otto Hintze,* ed. Felix Gilbert (New York: Oxford University Press, 1975), 173.

[12] See Benson, *Provincial Deputation,* 123–124. On copying institutions, see Lesley Byrd Simpson, *Many Mexicos,* 3d ed., rev. (Berkeley: University of California Press, 1960), 206; Donald Brand, *Mexico: Land of Sunshine and Shadow* (Princeton: Van Nostrand, 1966), 46; Michael C. Meyer and William L. Sherman, *The Course of Mexican History,* 2d ed. (New York: Oxford University Press, 1983), 314–316; and Alamán, *Historia de Méjico,* 5:777.

[13] José María Bocanegra, *Disertación apologética del sistema federal* (Mexico: Imprenta de la Federación Mexicana, 1825), 4–5. For a recent interpretation of these events, see Jaime E. Rodríguez O., "The Constitution of 1824 and the Formation of the Mexican State," in *The Evolution of the Mexican Political System,* ed. Jaime E. Rodríguez O. (Wilmington: Scholarly Resources, 1993), 71–90.

[14] Richard M. Sinkin, "The Mexican Constitutional Congress, 1856–1857: A Statistical Analysis," *Hispanic American Historical Review* vol. 53, no. 1 (February 1973): 1–26; and Peter H. Smith, "La política dentro de la Revolución: El congreso constituyente de 1916–1917," *Historia Mexicana* 22, no. 3 (January-March 1973): 363–395.

METHODOLOGY

The Constituent Congress functioned for nearly fourteen months and left a record of fifty roll-call votes. (For a complete listing of the votes see Table 8.1 at the end of the chapter.) These votes provide a data base that can be analyzed using principal components analysis, which is a multivariate statistical technique used to identify latent, that is unobserved or underlying, variables in a data set.[15] This multivariate statistical procedure reduces a set of correlated variables to a smaller set of statistically independent linear combinations called "factors," which, here, are sets of roll-call votes "possessing similar lines of division to define dimensions of related voting behavior."[16] These sets of roll-calls are the votes that load highly on the factors. Spencer Bennett and David Bowers indicate that votes loading greater than or equal to ± 0.300 should be used to define the factor.[17] Each factor represents an issue that divided the congress. The first factor is the most divisive issue, the second is the most divisive of the remainder, and so forth. Factor scores, which relate the voting behavior of each deputy to each factor, can also be obtained. These indicate the relative position of each deputy on a given issue.[18]

ISSUES

Table 8.2 gives a summary of the votes with high loadings on the first five factors that emerge from the principal components analysis of the roll-call votes of the congress.

Factor I contains two sets of votes with very high loadings. The first set deals with the creation of the Federal District and the excision of Mexico City from Mexico State. This weakened the power base of the central creole elite and the political influence of the largest state. The origins of the movement to create a federal district can be found in the aftermath of the revolt of General José María Lobato. On February 9, Deputies Tomás Vargas, Valentín Gómez Farías, and Santos Vélez introduced a proposal to move the capital out of Mexico City. A special committee formed to

---

[15] John C. Loehlin, *Latent Variable Models: An Introduction to Factor, Path, and Structural Analysis* (Hillsdale, NJ: Erlbaum, 1987), 1, 17.

[16] John E. Overall and C. James Klett, *Applied Multivariate Statistics* (New York: McGraw-Hill, 1972), 57; Paul Warwick, "A Reevaluation of Alternate Methodologies in Legislative Voting Analysis," *Social Science Research* 4, no. 3 (September 1975): 254; and P. M. Mather, *Computational Methods of Multivariate Analysis in Physical Geography* (New York: Wiley, 1976), 215.

[17] Spencer Bennett and David Bowers, *An Introduction to Multivariate Techniques for Social and Behavioral Sciences* (New York: Wiley, 1976), 11.

[18] Warwick, "Reevaluation," 246–249.

study the question issued a report on May 31 recommending the designation of the city of Querétaro as the national capital and the territory of the state of Querétaro as the Federal District.[19]

Before the report came to the floor for debate, congress adopted a constitutional provision (which became Article 50, XXVIII of the constitution) empowering the congress to select a site for the national capital and to exercise in its district the powers of a state legislature.[20] On July 23, congress rejected the report after two days of debate, during which all four cabinet officers spoke against moving the capital from Mexico City. Three positions emerged during the debates. The first, the confederalist point of view, favored moving the capital to weaken the power and influence of the central creole elite. Deputies of the west and west-central regions supported this position. The federalist stance favored retaining Mexico City as the capital and the creation of a federal district surrounding the city. The third position also favored Mexico City as the capital but opposed the creation of a Federal District. Supporters claimed that the federalization of the capital was another example of *nortemania*—the foolish imitation of North American institutions. This was the centralist point of view.[21] Given the deep division over this issue, it is not surprising that the question was not raised again until after the constitution was adopted.

On October 18, three deputies—Lorenzo de Zavala, Joaquín Casáres, and José María Covarrubias—introduced a proposal to declare Mexico City the national capital. Two days later a special committee nominated by the president of the congress, José Miguel Ramos Arizpe, began to study the issue. The handpicked committee quickly recommended the creation of a federal district of about eighty-five square miles surrounding Mexico City.[22]

The original proposal and the committee's favorable report touched off a storm of protest from the legislature of Mexico State and the Ayuntamiento of Mexico City. The exposition of the legislature was particularly vehement and raised the possibility of secession and civil war if the

---

[19] Juan A. Mateos, *Historia parlamentaria de los congresos mexicanos de 1821 a 1857*, 25 vols. (Mexico: J. V. Villada, 1879–1912) 2:675, 731; and Mexico, Congress, *Dictamen sobre el lugar de la residencia de los supremos poderes de la federación mexicana, presentado al Soberano congreso del mismo por la comisión especial encargada de este asunto* (Mexico: Imprenta del Gobierno Supremo, 1824).

[20] *Crónicas de la Constitución,* 2:436–437.

[21] Ibid., 556–581; and Edward B. Penny, *A Sketch of the Customs and Society of Mexico* (London: Longman, 1828), 125. For a further analysis of the debate, see Charles W. Macune, Jr., "The Expropriation of Mexico City: Regional Antipathy in Newly Independent Mexico," *PCCLAS Proceedings,* 2 (1973): 123–125.

[22] Mateos, *Historia parlamentaria,* 2: 977, 981, and 984; and Macune, "Expropriation," 125. The committee was composed of Godoy, Solórzano, Vélez, Rejón, J. B. Guerra, Gómez Farías, and Marín.

congress federalized Mexico City. Because of its nature, congress discussed the exposition in secret session on October 22 with all the cabinet officers present in an attempt to keep it from the public. The Mexico State legislature, however, had it published in a special supplement to the newspaper *El Sol* the following day.[23] The municipal council's protest was milder in tone and requested that the issue be left for the new congress.[24] According to Charles Macune, the legislature also engaged in "frantic behind-the-scenes negotiations with the president of the Congress, Ramos Arizpe," in an attempt to block action on the report.[25] All these efforts failed.

Debate on the creation of the Federal District began on October 29 and lasted three days. They were highlighted by a kicking match between deputies from Yucatán who favored the district and some of the Puebla delegation who opposed it.[26] On October 30, congress named Mexico City as the national capital by a vote of fifty-two to thirty-one. The following day, congress approved the creation of a federal district as proposed by the special committee.[27] The Guadalupe Victoria administration, which claimed to be neutral on the issue, placed the garrison of Mexico City on alert to prevent any resort to violence by the partisans of Mexico State.[28]

The vote making Mexico City the national capital revealed a clear regional split. Nearly 90 percent of the opposition came from two regions, the core and the east-central, the old colonial economic axis. All other regions favored the federalization of Mexico City.

Having lost the battle, opponents of the Federal District sought to delay implementation. They introduced a proposal to postpone any action until (1) a law was passed establishing the government of the Federal District, (2) the establishment of the political rights of its residents, and (3) the indemnification of Mexico State for its loss. This was referred to the special committee that recommended immediate implementation of the law creating the Federal District.[29] Congress approved the committee

---

[23] Mateos, *Historia parlamentaria*, 2:984; Miguel Beruete, "Diario durante el imperio de Iturbide desde el 17 de mayo, 1822, hasta noviembre 23, 1825," transcribed by Dolores Morgadanes, Tulane University Library (typescript), 162–163; and *Suplemento al Sol*, 497 (October 23, 1824).

[24] Mateos, *Historia parlamentaria*, 2:992.

[25] Macune, "Expropriation," 126.

[26] Beruete, "Diario," 163; and Macune, "Expropriation," 126–127.

[27] Mateos, *Historia parlamentaria*, 2:994–996. Macune scores the vote fifty-two to thirty-two; see "Expropriation," 127.

[28] Vera Rogers Maxwell, "The *Diario histórico* of Carlos María de Bustamante for 1824; Edited with Notes, Annotations, and a Complete Life of the Author" (Ph.D. diss., University of Texas at Austin, 1947), 658.

[29] Mateos, *Historia parlamentaria*, 2: 1008–1009; Mexico, Congress, *Dictamen de la comisión encargada de abrirlo sobre la elección de un lugar para residencia de los Supremos Poderes de la federación* ([Mexico]: Imprenta del Supremo Gobierno de los Estados Unidos Mexicanos, 1824).

report and sent the completed legislation to the president for his signature on November 18.[30] The legislature of Mexico State also appealed to other states for support. The legislatures of Querétaro, Michoacán, and Puebla issued statements supporting delay; but it was too little too late.[31] In a last-ditch effort, the legislature of Mexico State secretly appealed to President Victoria, asking him to veto the legislation. Victoria, claiming neutrality on the issue, refused, signed the legislation, and named José María Mendivil as interim governor of the Federal District.[32]

The second set of votes with high loadings on Factor I involves procedures for electing justices of the Supreme Court, specifically, expanding the pool of candidates under consideration. This appears to have been an attempt to give provincial lawyers a better chance of nomination and selection, at the expense of lawyers based in Mexico City. Another group of votes with high negative loadings on Factor I includes those for a provision to allow congress to grant special powers to the executive, for the enactment of the law on public tranquility (creating a supreme director chosen from the triumvirate), for the selection of the single executive (president), and for the payment of debts incurred before Independence. One of the most controversial actions of the congress was the granting of special powers (*facultades extraordinarias*) to the president on the penultimate day of its session. The drive to special powers was apparently a well-cooordinated effort by the executive branch and the supporters of a strong executive in the congress, led by Ramos Arizpe.

On December 23, 1824, in the middle of a routine session, congress received a message from the executive branch stating that the latest dispatches from Campeche obliged the president to ask the congress to take immediate action to preserve public tranquility and to remain in session until the matter was resolved.[33] Congress moved into secret session to allow the cabinet to plead its case.[34] In the secret session, Manuel C. Rejón, deputy from Yucatán, introduced a proposal to empower the government to act against individuals in Yucatán who were in contact with Spanish-held Cuba and all those who were "suspected" of being opposed to "independence and the established form of government."[35] The

---

[30] Mateos, *Historia parlamentaria*, 2:1013–1019. The committee report was approved by a vote of fifty-one to twenty-seven.
[31] Ibid., 996 and 1026; and *El Sol*, vol. III (April 13, 1826):1214.
[32] Macune, "Expropriation," 128; and Mateos, *Historia parlamentaria*, 2:1037. Macune, obviously confused by the similarity of names, states that José María Tornel y Mendivil, Victoria's private secretary, was named interim governor.
[33] Juan Guzmán, First Secretary of State, Secretariat of Government to the Secretaries of the Congress, Mexico City, December 23, 1824, Archivo General de la Nación, Gobernación (hereafter cited as AGN:G), leg. 56, "Año de 1826."
[34] Mateos, *Historia parlamentaria*, 2:1071.
[35] Archivo de la Cámara de Diputados, Libros Antiguos (hereafter cited as ACD:LA), vol. III: ff. 568–569.

government's request and Rejón's proposal were sent to a special committee composed of Vélez, Demetrio Castillo, Gómez Farías, Francisco García, and Víctor Márquez.[36]

The situation in Yucatán was far from critical, and the administration subsequently took no action to remedy it. Government spokesmen, however, managed to convince the special committee to issue a report calling for a grant of broad extraconstitutional powers to the president.[37] Congress held an unusual evening session behind closed doors to discuss the issue.[38] The British agent in Mexico reported that "much speculation was immediately set on foot, upon so extraordinary an occurrence."[39] The secret session lasted into the early hours of the morning, generating heated debate over both the committee report and the statements of the several ministers. The opposition, led by Cayetano Ibarra, only managed to have the first article of the law retired. This would have given the president power to intern anyone suspected of plotting against independence or the established form of government.[40] Supporters, led by Ramos Arizpe, Gómez Farías, José Ignacio Godoy, the Yucatecan delegation, and Minister of Justice Pablo de la Llave, managed to pass the remaining four articles, which became the Special Powers Law.[41]

Under the provisions of the law, the president could expel any foreigner from Mexico, send any federal employee or resident of any territory or the Federal District into internal exile, remove any state employee through the respective governor, and use federal troops against any governor who conspired against the federal system or independence.[42] This was hardly a piece of legislation designed to deal with a problem in Yucatán.

The Special Powers Law gave the president control over the federal and state bureaucracies, over the residents of the Federal District and the territories, and, to a lesser extent, over the governors of the states. These

---

[36] AGN:G, leg. 56, "Año de 1826."

[37] On the political situation in Yucatán, see Carlos R. Menéndez, *La huella del general Don Antonio López de Santa Anna en Yucatán* (Mérida: Compañía Tipográfica Yucateca, 1935), 21–147; José Fuentes Mares, *Santa Anna: Aurora u ocaso de un comediante,* 3d ed. (Mexico: Editorial Jus, 1967), 51–55; Luis G. Cuevas, *Porvenir de México* (Mexico: Editorial Jus, 1954), 238–239; and Oakah L. Jones, Jr., *Santa Anna* (New York: Twayne, 1968), 41–43.

[38] AGN:G, leg. 56, "Año de 1826."

[39] Morier to Canning, Mexico City, December 30, 1824, Great Britain, Foreign Office (hereafter cited as FO) 50/6, ff. 136–138.

[40] ACD:LA, III: ff. 568–569; Carlos María Bustamante, "Diario histórico," Mss. Biblioteca Pública del Estado de Zacatecas (microfilm copy), December 23, 1824; and *El Sol,* vol. II, 560 (December 25, 1824): 812.

[41] Beruete, "Diario," 163; and Lorenzo Zavala, *Ensayo histórico de las revoluciones de México desde 1808 hasta 1830,* 2 vols. (Mexico: Oficina Impresora de Hacienda, 1918), 1:235.

[42] See the text of the law in Mariano Galván Rivera, comp., *Colección de órdenes y decretos de la Soberana junta provisional gubernativa y soberanos congresos de la Nación Mexicana,* 2d ed. (Mexico: Imprenta de Galván, 1829), 3:162.

were powers granted to the executive in the drafts of the Constitutive Act and the constitution, but removed from the final documents by a vote of congress. Congress had also removed from both documents provisions that would have allowed the legislature to grant extraconstitutional powers to the president.[43] Thus, the constitutionality of the Special Powers Law itself was questionable.

The about-face by the congress can be explained by examining the groups targeted by the legislation—Bourbonists, foreigners (including Spaniards), centralists, and opponents of the Federal District. These groups opposed the political structure created by the Constituent Congress. Many deputies, who had opposed a strong executive earlier in the year because they feared centralism, seem to have switched positions to defend federalism. Four of the five deputies who drafted the Special Powers Law fit this category.[44] Election results also may have played a role. Victoria appeared to be neither "power hungry" like José Mariano Michelena, nor overtly a centralist like Nicolás Bravo. Therefore, it was easier to trust him with greater power. The new senate, elected by the state legislatures, appeared to be politically in tune with the Constituent Congress.[45] The Chamber of Deputies, however, loomed as a more moderate body that would be less than fully committed to the federal system. Because of the large delegations from Mexico State and Puebla, the chamber would be less inclined to support the Federal District.[46] Thus, the Special Powers Law was an attempt to consolidate the federal system, rather than a response to a crisis situation.

As if to emphasize the absence of any political crisis, congress in its final legislative act passed an amnesty for all political offenses committed before the promulgation of the constitution, except acts against independence. The principal beneficiaries of this action were the now leaderless *iturbidistas*.[47] The paradox of the congress giving extraordinary powers to the president and then granting a general amnesty to political subversives became the subject of an editorial in *El Sol,* the newspaper of the central creole elite. The editors claimed that the Special Powers Law created "a new air of terror" in Mexico.[48] Another contemporary observer noted that "the Inquisition never had such [powers]."[49]

---

[43] Mexico, Cámara de Diputados, *Crónicas de la Acta Constitutiva* (Mexico: Cámara de Diputados, 1974), 433–437; and *Crónicas de le Constitución,* 1:289 and 296.

[44] Vélez, Gómez Farías, García, and Castillo voted against special powers in January. *Crónicas de la Acta Constitutiva,* 435.

[45] Beruete, "Diario," 152; and Cuevas, *Porvenir,* 239.

[46] Alamán, *Historia de Méjico,* 5:815.

[47] Mateos, *Historia parlamentaria,* 2:1072; and Alamán, *Historia de Méjico,* 5:813.

[48] *El Sol,* vol. II, 560, 562, and 564 (December 25, 27, and 29, 1824): 812, 819, and 827.

[49] Beruete, "Diario," 163–164.

The strongest defense of the special powers came from the pen of Pablo Villavicencio, who, ironically, would become one of the first victims of the law. In a pamphlet entitled *El Quitasol,* a double entendre to remove the sun—the paper *El Sol*—he described the law as a preventive measure and compared it with a parasol protecting the nation from the intense rays of the sun (*El Sol*). He claimed that all citizens who were friends of peace and independence were safe from a law that was aimed at Bourbonists. Reversing *El Sol*'s criticism of the congress, Villavicencio argued that it was the newspaper that was inconsistent since it had supported similar legislation against the *iturbidista* threat in Jalisco earlier in the year. He also made a thinly veiled attack on Lucas Alamán, part owner and editor of *El Sol,* as well as minister of interior and foreign relations, by challenging the president to use his new powers when he "knows or at least suspects that a Minister is a Bourbonist corresponding with France and Spain."[50]

The passage of the Special Powers Law was an inauspicious finish to the labors of the Constituent Congress. The *New York Observer* charged that the congress, by giving the president powers "almost equal to those of an absolute monarch," was guilty of "antirepublicanism."[51] Bocanegra's assessment of the actions of the congress was even harsher. He believed that the congress had undermined its two greatest achievements—the Constitutive Act and the Constitution of 1824—by creating a "dictatorship" just as the political system it had created was about to go into effect.[52] The two major actions of the Constituent Congress in its lame-duck session—the establishment of the Federal District and the Special Powers Law—created problems that its successor, the First Constitutional Congress, would have to resolve.

Other votes with high loadings include those for the creation of "sovereign" states, limiting the ability to reform the constitution, combining sparsely populated provinces with larger states, and a decision not to intervene in a political dispute within a state. The votes on the Federal District and the election of Supreme Court justices suggest that the underlying issue on Factor I was the limitation of the power and influence of Mexico City and the central creole elite. Negative loadings on votes relating to the "supreme director," single executive, and the repayment of debts incurred before Independence—which would have benefited merchants and wealthy individuals in Mexico City—support this interpretation. Sovereign states, larger states, limits on the reform of the constitution, and

---

[50] Pablo Villavicencio [El Payo del Rosario], *El Quitasol* (Mexico: Imprenta del Ciudadano Alejandro Valdés, 1824).
[51] *New York Observer,* vol. III, 12 (March 19, 1825):47.
[52] Bocanegra, *Memorias,* 1:370.

nonintervention in a state's internal politics all reduce the power of the capital, Mexico City, in the new political system. Thus, Factor I may be labeled "Center vs. Periphery."

The issue underlying Factor II is obvious. Votes with high loadings include approval of the Constitutive Act in general; the creation of a federal republic with free, independent, and sovereign states; the convocation of state legislatures and a new national congress; approval of three-fourths of the states for any changes to existing states; limits on the reform of the constitution; and joining Tehuantepec to Oaxaca to create a larger state.

The "Project of a Constitutive Act" was read for the first time on November 20, 1823. It is a succinct statement of the political philosophy of Ramos Arizpe, the "father of Mexican federalism." It called for the creation of a "representative, popular, federal republic," provided that sovereignty resided "essentially in the nation," that the states were "free, sovereign, and independent . . . in those matters that exclusively deal with their internal administration and government." Catholicism was the national religion and protected by law. The statement proposed the reduction of political divisions to sixteen, including Chiapas. This eliminated the provinces created by the Mexican *cortes* (Istmo, Sur, and Colima), joined Tlaxcala to Puebla, and consolidated the northern provinces into three large states (Oriente, Norte, and Occidente). The idea was to create states that were neither too small to be self-sustaining nor so large that they might seek to be independent nations. It provided for the election of constituent legislatures in those states that did not already have them. This recognized the de facto situation in the south, east, and west regions.

The Election Law of July 13, 1824, provided for the election of a bicameral congress composed of a chamber of deputies and a senate.[53] With regard to the election of deputies, the law followed the tradition of the Spanish *cortes*—a three-tiered process of indirect elections, with one deputy for each eighty thousand inhabitants and one alternate for each three deputies or a minimum of one alternate—and the states were allowed some latitude in regulating the elections.[54] Each territory elected

---

[53] The election law does not appear in any collection of laws and decrees because it was superceded by the provisions of the Constitution of 1824. The text of the law appears in *Redactor municipal*, vol. 1: 122 (July 19, 1824): 2–3.

[54] State laws varied only slightly, see Amador Coromina, comp., *Recopilación de leyes, decretos, reglamentos y circulares expedidas en el Estado de Michoacán*, 28 vols. (Morelia: Imprenta de I. Arango, 1886), 1:23–31; Circulares del gobierno de Tamaulipas, dated August 13 and 14, 1824, Nettie Lee Benson Latin American Collection, University of Texas, Austin (hereafter cited as BLAC), Arredondo Pamphlet Collection, wallet III, nos. 73 and 74; Jalisco, Laws, Statutes, etc., *Colección de los decretos y órdenes del honorable congreso constituyente del Estado Libre de Jalisco* (Guadalajara: Urbano Sanromán, 1826), 106–114; and Mexico State, Laws, Statutes, etc., *Decretos del congreso constituyente del Estado de México* (Mexico: Martín Rivera, 1824), 14–21.

one deputy and an alternate.[55] Deputies were required to be citizens, at least 25 years of age, and native sons or residents of the states or territories from which they were elected; and they served a two-year term. The senate was elected by the state legislatures. Since each state had two senators, each legislature in 1824 elected two senators, one of whom would serve the normal four-year term. The other would serve for two years to establish a system under which half the senate would be renewed every two years. Senators were required to be at least 30 years of age and to meet all the other requirements of a deputy. The issue on Factor II is clearly "Unitary Government vs. Confederalism."

Of the eight votes with high loadings on Factor III, four with the highest loadings all deal with the threat of the return of Iturbide; another one, with a pension for Iturbide's father. A vote concerning procedures for screening papal bulls and a vote to discuss the Federal District suggest that this issue is also related to threats to public tranquility in general.

With the ascension of Bravo to the Supreme Executive Power in March, the central creole elite determined to eliminate the *iturbidista* threat. On March 20, Deputies José Agustín Paz, Francisco María Lombardo, and Mariano Barbabosa introduced legislation to declare Iturbide an "outlaw" and traitor if he returned to Mexican soil, and to declare those who called for or supported his return traitors as well.[56] Congress approved the main points of the proposal on April 3, and finally passed it on April 28, 1824.[57] The campaign against the *iturbidistas* took a more decisive turn in May, when authorities smashed the so-called Celaya Street conspiracy. Beginning on May 12 and lasting for several days, the government arrested the entire leadership of the *proiturbidista* faction in central Mexico, including three generals and many other officers.[58] Documents recovered in these raids allegedly revealed links between the Celaya Street conspirators and Generals Luis Quintanar and Anastasio Bustamante in Jalisco.[59] As a result, the government prepared a new

---

[55] Mariano Galván Rivera, comp., *Colección de órdenes*, 3:57.

[56] Mateos, *Historia parlamentaria*, 2:722 and 732; and Bocanegra, *Memorias*, 1:298.

[57] Mateos, *Historia parlamentaria*, 2:738 and 761; and William S. Robertson, *Iturbide of Mexico* (Durham: Duke University Press, 1952), 293–297. Bustamante states that many deputies left the chamber to avoid taking part in the vote, see *Continuación del cuadro histórico. Historia del emperador D. Agustín de Iturbide, hasta su muerte y sus consequencias; y establecimiento de la repúbica popular federal* (Mexico: Imprenta de I. Cumplido, 1846), 274. Zavala describes the law as an "atrocious decree which with all those of its class should be proscribed from the dictionary of legislation"; and adds that with regard to "outlaw [*fuera de la ley*], no one knew what it meant." Lorenzo de Zavala, *Ensayo histórico de las revoluciones de Méjico, desde 1808 hasta 1830*, 2 vols. (Paris: Imprenta de P. Dupont et G. Laguione, 1831), 1:284–285.

[58] Bustamante, *Emperador D. Agustín de Iturbide*, 237; Beruete, "Diario," 127; and Bocanegra, *Memorias*, 1:302.

[59] See the statements of Alamán and Mier y Terán in *Crónicas de la Constitución*, 1:381–384.

military expedition to restore the control of the national government in Jalisco.

On May 13, 1824, the Supreme Executive Power appointed General Francisco Moctezuma, a former insurgent, as commanding general of Jalisco and ordered Anastasio Bustamante to return to Mexico City for "reassignment."[60] Anticipating Bustamante's refusal, Generals Bravo, Pedro Celestino Negrete, and José Joaquín de Herrera, who had all participated in the expedition against Jalisco in 1823, left Mexico City, moving toward Guadalajara at the head of several thousand troops.[61] The government informed the congress of Bravo's departure on May 18 but did not reveal the nature of his mission.[62] On May 26, Bravo arrived on the border between Michoacán and Jalisco. Simultaneously, General Gabriel Armijo, commanding troops from the Bajío, took up positions along the border between Guanajuato and Jalisco. With some eight thousand troops poised to attack Jalisco, Bravo entered negotiations with the government of Jalisco.[63]

Jalisco lacked both the political unity and military forces to resist. The confederalists, whose power base was in the state legislature, were circulating a "Plan of Jalisco" that called for (1) the sovereignty of the states, (2) the convocation of a new national congress, (3) reform of the Constitutive Act, (4) election of the national executive by the states, and (5) removal of Spaniards from public employment and a partial expulsion of Spaniards.[64] At the same time, the *iturbidistas,* who controlled the government and the military, were circulating another Plan of Jalisco that called for (1) the defense of religion, (2) independence, (3) the return of Iturbide from exile, (4) removal of Spanish employees, and (5) the selection of a new executive.[65] The *iturbidistas* were seeking to reestablish the old alliance of the Church and military to support the return of Iturbide, while the confederalists were attempting to rally opposition to what appeared to be the growing centralization of power in Mexico City. Both appealed to nativism and anti-Spanish sentiments. While the *iturbidistas* had little success, the confederalists gained the support of the government of Zacatecas.

---

[60] Mier y Terán to A. Bustamante, Mexico City, May 13, 1824, quoted in *Crónicas de la Constitución,* 1:394–395.

[61] Bustamante, *Emperador D. Agustín de Iturbide,* 237; Zavala, *Revoluciones de Méjico,* 283; and Beruete, "Diario," 128.

[62] Mateos, *Historia parlamentaria,* 2:779.

[63] Nicolás Bravo to Mier y Terán, La Barca, May 31, 1824, quoted in *Crónicas de la Constitución,* 1:401–402; also, the speech of deputy Gómez Portugal in *Crónicas de la Constitución,* 1:421–422.

[64] *Crónicas de la Constitución,* 1:381; and Bocanegra, *Memorias,* 1:305.

[65] *Crónicas de la Constitución,* 1:380–381 and 396; Bustamante, *Emperador D. Agustín de Iturbide,* 249; and Beruete, "Diario," 132.

This, however, was insufficient to counter the national government's military superiority.[66]

Once Bravo's mission became known, the deputies representing Jalisco in the national congress attempted to recall him, claiming that the Supreme Executive Power had exceeded its authority. The situation in Jalisco, however, was resolved before the congress could take action.[67] On June 11, 1824, Bravo reached a negotiated settlement with the legislature of Jalisco that allowed Bravo and half his troops to occupy Guadalajara peacefully. Bravo then violated a key provision of the agreement by arresting Quintanar and Bustamante and sending them to Acapulco to await exile to South America.[68]

Bravo's actions in Jalisco clearly show that his aim was the eradication of the *iturbidista* power base in the west. Whether he was acting on his own or not is open to question. Alamán claims that the controversial arrest of Quintanar and Bustamante was ordered in advance by the Supreme Executive Power. He also notes that Minister of War Manuel Mier y Terán had adopted a policy of deliberately misinforming at least one member of the Supreme Executive Power, Vicente Guerrero, about *anti-iturbidista* military actions.[69] In any event, the subjugation of Jalisco marked the apogee of Bravo's climb to power. Later in July, Iturbide attempted to replicate Napoleon's return from Elba, landing at Soto la Marina in northeast Mexico. He was identified, arrested, and, after some hesitation, executed at Padilla on July 19, 1824.[70] His death eliminated the greatest threat to the republican form of government; the execution was viewed in Europe as a sign of the strength and stability of the Mexican government.[71] Because of the preponderance of votes relating to Iturbide, Factor III will be labeled *"Iturbidista* Threat."

Votes with high loadings on Factor IV generally relate to the respective powers of the states and the national government. High positive loadings appear on two votes to require the consent of states for changes in the state system, on three votes limiting reform of the constitution, and on the unification of Coahuila and Texas. The debate over the status of Texas

---

[66] José Joaquín Fernández de Lizardi [El Pensador Mexicano], *Prognóstico político del Pensador Mexicano, y explicación de otro igual que escribió en el año de 1814* ([Mexico]: n.p., 1824); Beruete, "Diario," 125–129; and Bocanegra, *Memorias*, 1:306.

[67] Mateos, *Historia parlamentaria*, 2:792–793; Beruete, "Diario," 130; and *Crónicas de la Constitución*, 1:384, 421–423, and 451–452.

[68] Bustamante, *Emperador D. Agustín de Iturbide*, 238–240; Alamán, *Historia de Méjico*, 5:785–786; Bocanegra, *Memorias*, 1:306; and Cuevas, *Porvenir*, 185–188.

[69] Alamán, *Historia de Méjico*, 5:785.

[70] Robertson, *Iturbide*, 293–297; and Alamán, *Historia de Méjico*, 5:793–794.

[71] Hervey to Canning, Mexico City, August 7, 1824, FO 50/5, f. 127; and Jaime E. Rodríguez O., *The Emergence of Spanish America: Vicente Rocafuerte and Spanish Americanism, 1808–1832* (Berkeley: University of California Press, 1975), 100.

began in January 1824 and was not resolved until just before the publication of the constitution in October. Given the pattern established in other frontier areas, Texas should have become a territory. This was the position advocated by the deputy from Texas, Erasmo Seguín.[72] The leading spokesman for the union of Coahuila and Texas was Miguel Ramos Arizpe, who represented Coahuila in the congress.[73] On October 2, 1824, congress voted forty-nine to thirty-six to join Texas to Coahuila.[74] This decision laid the foundation for the separatist movement in Texas that emerged a decade later. High negative loadings on Factor IV include granting the executive power to regulate colonization, allowing the national government to fix tobacco prices, three votes relating to the supreme director, and votes on assuming royalist debts. These indicate that Factor IV should be labeled "States vs. National Government."

The votes with high loadings on Factor V generally relate to the question of a strong executive. These include allowing congress to grant special powers, selecting the supreme director from the triumvirate, empowering the Supreme Court to review papal bulls, and requiring prompt payment of taxes. Following the collapse of the Lobato revolt, congress returned to work on the Constitutive Act, which was rushed to completion and issued on January 31, 1824. In its final form it resembled a sketch of a constitution that served as a guarantee of federalism. The most immediate concern was to stabilize the executive branch of government.

By the end of January 1824, Negrete had resigned from the Supreme Executive Power. The resignations of Michelena, Miguel Domínguez, and Bravo were awaiting congressional action. Guerrero was ill again, and Guadalupe Victoria was serving as captain general of Veracruz and keeping one eye on the Spaniards in San Juan Ulloa and the other on Antonio López de Santa Anna.[75] Three members of the cabinet, Alamán, Herrera, and Llave, had also tendered their resignations and had ceased to perform their duties. Only Minister of Finance Francisco Arrillaga, a Spaniard, remained at his post.[76] During February and March, congress considered

---

[72] See the speech by Seguín in *Crónicas de la Constitución*, 2:823–828.

[73] Miguel Ramos Arizpe to Provincial Deputation of Coahuila, Mexico City, May 20, 1824, in Miguel Ramos Arizpe, *Discursos, memorias, e informes*, ed. Vito Alessio Robles (Mexico: Ediciones de la Universidad Nacional Autónoma de México, 1942), 125–130; and *Crónicas de la Constitución*, 2:574 and 733.

[74] *Crónicas de la Constitución*, 2:820–821.

[75] *Crónicas de la Acta Constitutiva*, 580; and Mateos, *Historia parlamentaria*, 2:664.

[76] The Supreme Executive Power accepted these resignations in early February. Herrera was replaced as minister of war by Manuel Mier y Terán, while Alamán and Llave returned to their posts in March. Mateos, *Historia parlamentaria*, 2:673; Bocanegra, *Memorias*, 2:295–296; Thomas E. Cotner, *The Military and Political Career of José Joaquín de Herrera, 1792–1854* (Austin: University of Texas Press, 1949), 65; Alamán, *Historia de Méjico*, 5:783–784; Beruete, "Diario," 111; and Hervey to Canning, Mexico City, February 20, 1824, FO 50/4, f. 110.

three possible solutions: (1) total renovation of the Supreme Executive Power, (2) creation of a constitutional executive before the constitution was written, and (3) continuation of the Supreme Executive Power bolstered by a provincial senate.

Proponents of total renovation wanted the new members of the executive to be individuals who had "given clear and positive proof of their singular adhesion to the federal system."[77] The strong implication was that the current members of the Supreme Executive Power did not favor federalism.[78] Although this proposal was popular in the west region and was sponsored by deputies from that area, it was too radical for most deputies.[79] The proposal for a constitutional executive involved too many complex issues to be practical as a short-term solution.[80] The creation of a provincial senate, reminiscent of the senate proposed by the *cortes* in the Plan of a Constitution of June 1823, also did not garner any significant support.[81] The only change was the acceptance of Michelena's resignation over the strong objections of his ally Ramos Arizpe. Nicolás Bravo, his replacement, quickly became the dominant force in the executive.[82]

Bravo, "convinced of the necessity of governing with a strong hand," attempted to force the congress to accept the idea of a single executive serving a fixed term by tendering his resignation again at the end of March.[83] Within a week, a special committee proposed the creation of a supreme director with dictatorial powers to serve until he was replaced by a constitutional executive.[84] Under this proposal, the single executive would have extensive military powers and greater control over the bureaucracy. The power of the constituent congress would have been limited; and the executive would have an absolute veto over legislation passed by the congress or the state legislatures. It also would have created a council of states, composed of one representative of each state, which

---

[77] Mateos, *Historia parlamentaria,* 2:673–674.

[78] The preference of the Supreme Executive Power and the cabinet for a centralized system of government is confirmed in Alamán, *Historia de Méjico,* 5:812.

[79] Four of the five deputies who introduced it—Vélez, Gómez Farías, Romero, and García—were from the west. See, also, Anastasio Bustamante to Gómez Farías, Guadalajara, February 27, 1824, BLAC, Gómez Farías Papers, 93, F 44A.

[80] Mateos, *Historia parlamentaria,* 2:690–691.

[81] This proposal was introduced by the Supreme Executive Power. Ibid., 641.

[82] Michelena, considered to be power hungry and a political opportunist, was widely suspected of being the brains behind the Lobato revolt. He accepted the position of Envoy to Great Britain, which amounted to a self-imposed exile. Cuevas, *Porvenir,* 178; Bocanegra, *Memorias,* 1:296; Beruete, "Diario," 109; Hervey to Canning, Mexico City, March 30, 1824, FO 50/4, f. 143; and Bustamante, *Emperador D. Agustín de Iturbide,* 231.

[83] Hervey to Canning, Mexico City, March 30, 1824, FO 50/4, ff. 144–145; and Mateos, *Historia parlamentaria,* 2:773.

[84] Alamán, *Historia de Méjico,* 5:787, n. 36. The title "supreme director" appears to have been borrowed from the Argentine (1814–1820) and Chilean (1817–1823) examples.

the executive could consult with at his discretion. Finally, the supreme director would be chosen by the members of the Supreme Executive Power from among themselves.[85]

Zavala claimed that this proposal was drafted by the Scottish Rite Masons, the political arm of the central creole elite; and Alamán stated that the executive played no role in its formulation. Debates, however, clearly reveal that it was drafted by the special committee with the assistance of the two active cabinet officers, Mier y Terán and Arrillaga.[86] The proposal is strikingly similar to the relevant articles in the Plan of the Constitutive Act. Bustamante ascribes the proposal for a supreme director to Ramos Arizpe, who served on the special committee and was the principal spokesman for the proposal during the debates.[87]

The ostensive justifications for the proposal were (1) the existence of pro-Iturbide and antigovernment conspiracies, (2) the need to regulate relations between the national government and the states, and (3) continuing abuses of freedom of the press, specifically attacks on the Supreme Executive Power and the Church.[88] The implicit target of the proposals was the government of Jalisco. Governor Luis Quintanar and Commanding General Anastasio Bustamante, both strong supporters of Iturbide, protected and encouraged various antigovernment writers and publications.[89] The state legislature, dominated by radicals, favored a more confederal political system and subjugation of the Church to state authority. The proposal for a supreme director was not well received in Jalisco and added to the tensions already existing between state and national authorities.[90]

Simultaneously, the proposal to create a supreme director was the best opportunity for the centralist minority in the congress to block implementation of a federal system. Servando Teresa de Mier y Noriega, a leader of the centralist faction, wrote to a friend: "We are [engaged] in the great question of centralizing the government, because the coach of the sovereign Federation cannot roll. . . . Everything will go to the devil if the remedy proposed by the committee is not adopted."[91]

The federalist majority recognized this potential and claimed that the proposal violated the Constitutive Act and would make a joke of the

---

[85] The article of the proposal may be found in Mateos, *Historia parlamentaria*, 2:752–762.

[86] Zavala, *Revoluciones de Méjico*, 2:286; Alamán, *Historia de Méjico*, 5:787; and *Crónicas de la Acta Constitutiva*, 166.

[87] Bustamante, *Emperador D. Agustín de Iturbide*, 235.

[88] *Crónicas de la Acta Constitutiva*, 170–173 and 181–182.

[89] Zavala, *Revoluciones de Méjico*, 1:282.

[90] Bustamante, *Emperador D. Agustín de Iturbide*, 236.

[91] Mier to Cantú, Mexico City, April 17, 1824, quoted in José Servando Teresa de Mier Noriega y Guerra, *Antología del pendamiento político americano: Fray Servando Teresa de Mier,* ed. Edmundo O'Gorman (Mexico: Imprenta Universitaria, 1945), 36.

sovereign states and the congress.[92] Those federalists who supported the proposal saw a greater threat in a restoration of Iturbide than the possibility of a permanent conversion to a centralist system.[93] A coalition of centralists and anti-Iturbide federalists led to the acceptance of the single executive, but with reduced powers.

Congress, which had twice defeated the idea of a single executive by wide margins in January, approved it on April 21 by a vote of forty-six to thirty-nine.[94] The remainder of the proposal underwent considerable change. The single executive's title was changed to "provisional president," veto power was eliminated, and the executive was to be elected by the congress voting by states.[95] This last provision frustrated the implementation of the law. Those who opposed the measure exploited the rivalry between the two leading candidates, Bravo and Victoria, to prevent the election of either.[96]

The removal of the *iturbidista* threat in the west eliminated the raison d'être for the supreme director and undermined its base of support in the congress, where it quietly disappeared.[97] It also refocused politics on the questions of the structure of the executive power and the degree of federalism in the future political system. The return to national politics of Guadalupe Victoria, who joined the Supreme Executive Power for the first time while Bravo was en route to Jalisco, added a new ingredient to the political equation. Almost immediately, Victoria began to exercise his political muscles by pushing through the nomination of his candidate, José Ignacio Esteva—a pro-Iturbide deputy in the *cortes*—to replace Minister of Finance Arrillaga, who had resigned.[98]

In July, congress again debated the question of a triumvirate versus a single executive for the Constitution of 1824. This time the Supreme

---

[92] See the speeches of Ramírez, Portugal, and Castro in *Crónicas de la Constitución,* 1:169, 173, and 178.

[93] See the statements of Rejón in ibid., 173; and Zavala's comments in *Revoluciones de Méjico,* 1:283.

[94] The single executive was defeated on January 2 by a twenty-four to forty-two recorded vote, and again on January 21 in a voice vote. Of the sixty deputies whose votes were recorded both on January 2 and April 21, twenty-six changed positions on the issue. In January deputies from the west and northeast strongly supported a single executive, while a majority of deputies from all other regions opposed. On April 21, deputies from the west and south, regions that had established state governments early, opposed the single executive, while a majority of deputies from all other regions supported it. *Crónicas de la Acta Constitutiva,* 439; and *Crónicas de la Constitución,* 1:207–208.

[95] *Crónicas de la Constitución,* 1:205–250. During these debates, General Lobato, whose revolt had touched off the reexamination of the executive power, lobbied the congress in opposition to the proposed legislation, while the Scottish Rite Mason lobbied in favor of it. Beruete, "Diario," 129; and Bocanegra, *Memorias,* 1:300.

[96] Hervey to Canning, Mexico City, May 23, 1824, FO 50/4, f. 213; and Beruete, "Diario," 125.

[97] Zavala, *Revoluciones de Méjico,* 1:284; and Alamán, *Historia de Méjico,* 5:787.

[98] Alamán, *Historia de Méjico,* 5:807–808; and Beruete, "Diario," 137.

Executive Power split on the issue. Bravo still supported the single executive, while Guerrero favored a triumvirate. Victoria initially supported the single executive but shifted his position when he perceived the strength of the faction supporting Bravo's candidacy.[99] In an attempt to sway the congress in favor of the triumvirate, Victoria reportedly stated that he would not accept the presidency if he were elected.[100] However, congress rejected the triumvirate and approved a single executive on July 14. Congress scheduled the presidential election by the state legislatures for September 1. The new president would assume office immediately following the promulgation of the constitution, rather than April 1 of the following year.[101] Votes with a high negative loading indicate an undercurrent of centralism in the issue. Thus, Factor V can be labeled "Strong Executive."

These five factors (see Table 8.3) account for nearly half (45.9 percent) of the total variance in the data set. This is greater than the 35.0 percent that Sinkin found for the Constituent Congress of 1856–1857 and virtually equal to the 45.8 percent Smith found in the Constituent Congress of 1916–1917. Factor I, "Center vs. Periphery," was the most divisive issue, explaining 23.1 percent of the total variance. This is greater than the 14.9 percent for the first factor in 1856–1857 and the 20.7 percent in 1916–1917.[102] Since the first factor tends to measure majority/minority or government/opposition cleavages, the percent of variance on this factor is "a good measure of the degree of bloc or party voting in the legislature under examination."[103] Many of the votes with the highest loadings on Factor I, however, came during the lame-duck session of the congress after the publication of the Constitution of 1824.

A separate principal components analysis of the first twenty-five roll-call votes (through the end of June) reveals that Factor IV, "States vs. National Government," was the most divisive issue to that point, followed by "Unitary Government vs. Confederalism" (Factor II), the "*Iturbidista* Threat," (Factor III), and "Strong National Government" (Factor V) in that order. Thus, it appears that once the fundamental constitutional issues were resolved, the latent issue of "Center vs. Periphery" became dominant. It is interesting to note that "Unitary Government vs. Confederalism" was never the dominant issue in the Constituent Congress and that politics apparently became more contentious after the publication of the constitution.

---

[99] Beruete, "Diario," 139; and Hervey to Canning, Mexico City, July 3, 1824, FO 50/5, f. 37.
[100] Hervey to Canning, Mexico City, July 10, 1824, FO 50/5, f. 91.
[101] *Crónicas de la Constitución*, 1:535–536.
[102] Sinkin, "Mexican Constitutional Congress," 10; and Smith, "El congreso constituyente," 385.
[103] Warwick, "Reevaluation," 261.

Roll-call votes do not reveal all of the issues that confronted the congress. Unfortunately, much of the information relating to it has been destroyed. The pages of the "Actas secretas" of the congress relating to this issue were ripped out of their bindings, destroying any recorded votes. Congress discussed (usually in secret session) the status of resident Spaniards on at least seven separate occasions.[104] This was a most contentious issue, perhaps the most conflictive. Spaniards in Mexico were a dispersed subnational functional interest group who generally did not seek assimilation.[105] A significant number occupied commercial and managerial positions, which made them visible agents of encroaching capitalism, and they held a disproportionate share of choice civil, military, and ecclesiastical positions.[106] They were an ethnic, cultural, and, to a lesser degree, linguistic minority.[107] In the early nineteenth century, they became the targets of a form of "popular racism."[108] In late 1824, the British diplomat, Lionel Hervey, reported that the intensity of anti-Spanish sentiment in the general population was such that a "general massacre" was possible and the expulsion of the Spaniards likely.[109]

Zavala ascribes the causes of the anti-Spanish movements of 1823 and 1824 to (1) the perceived hostility of Spaniards to Iturbide, (2) grievances stemming from the independence struggle, and (3) jealousy of the Spaniards' wealth, power, and status.[110] Within the congress, another factor was at play. Nine members of the Constituent Congress had served in the Spanish *cortes* in 1821 where they were frustrated in their attempts to achieve independence through peaceful means; thus, they became virulently anti-Spanish.[111] The persecution of their liberal colleagues in Spain,

---

[104] Beruete, "Diario," 97–101, 106–107, 123, 131, and 146–149.

[105] Duchacek, *Comparative Federalism*, 51; and Edward Shils, *Center and Periphery: Essays in Macrosociology* (Chicago: University of Chicago Press, 1975), 43.

[106] Arthur Stinchcombe, "Social Structure and Politics," in *Macropolitical Theory*, vol. 3 of *Handbook of Political Science*, ed. Fred I. Greenstein and Nelson W. Polsby (Reading, MA: Addison-Wesley, 1975), 611; Samuel P. Huntington, *Political Order in Changing Societies* (New Haven: Yale University Press, 1968), 54; and Harold D. Sims, *La expulsión de los españoles de México (1821–1828)*, trans. Roberto Gómez Ciriza (Mexico: Fondo de Cultura Económica, 1974), 37–38.

[107] Chaunu, *L'Amérique*, 23; Mario Góngora, *Studies in the Colonial History of Spanish America*, trans. Richard Southern (New York: Cambridge University Press, 1975), 159 and 163; and David A. Brading, *Miners and Merchants in Bourbon Mexico, 1763–1810* (New York: Cambridge University Press, 1971), 109.

[108] Stinchcombe, "Social Structure," 611.

[109] Hervey to Canning, Guanajuato, October 31, 1824, FO 50/5, f. 180.

[110] Zavala, *Revoluciones de Méjico*, 271.

[111] They were Cañedo, Castorena, J. B. Guerra, Hernández Chico, Mora y Villamil, Ramírez, Ramos Arizpe, Vargas, and Zavala. See Charles R. Berry, "The Election of Mexican Deputies to the Spanish Cortes, 1810–1822," in *Mexico and the Spanish Cortes, 1810–1822*, ed. Nettie Lee Benson (Austin: University of Texas Press, 1966), 34–37; and Beruete, "Diario," 89.

which was once again an absolute monarchy under Ferdinand VII, and the continuing state of war with Spain exacerbated these tensions.[112]

During its sessions, the Constituent Congress considered removing Spaniards from their civil, military, and ecclesiastical positions and expelling some or all of them.[113] Authors of anti-Spanish proposals include Ramos Arizpe, Covarrubias, Gómez Farías, Márquez, Pedro Paredes, Vélez, and José Miguel Ramírez.[114] The most serious attempt at expulsion came in April 1824. The target group was the *capitulados,* members of the Spanish military who had surrendered in 1821 and remained in Mexico. Most had become civilians in lower-class occupations.[115] These lower-class Spaniards were the most hated by the populace.[116] Congress voted on their expulsion twice, and on both occasions tied thirty-four to thirty-four. The question was finally resolved in favor of the *capitulados* by drawing lots![117] The issue of resident Spaniards eventually faded from view; however, it remained a potentially explosive issue that other congresses would have to resolve.

FACTIONS

When the Constituent Congress began its sessions in November 1823, its principal objective, according to Alamán, was "to satisfy the desires of the provinces, establishing the form of government for which they had declared themselves," that is, a federal system.[118] In the elections for the congress, three groups who had contended for power in the Mexican *cortes,* bourbonists, *iturbidistas,* and the central creole elite, suffered losses.[119] Most new deputies, reflecting the prevailing attitude in the provinces, favored some form of federalism, but, initially, they were disorganized and leaderless. José Miguel Ramos Arizpe, veteran of the Spanish *cortes* and leader of the federalist movement in the northeast, quickly emerged as the leader of the amorphous federalist majority in the

---

[112] Hervey to Canning, Mexico City, March 30, 1824, FO 50/4, f. 129; and Michael P. Costeloe, *La Primera República Federal de México (1824–1835),* trans. Manuel Fernández Gasalla (Mexico: Fondo de Cultura Económica, 1975), 29.

[113] Hervey to Canning, Mexico City, February 21, 1824, FO 50/4, f. 146; and Hervey to Canning, Guanajuato, October 31, 1824, FO 50/5, f. 180.

[114] Beruete, "Diario," 99–101, 106–107, 131, and 146–149.

[115] Sims, *Expulsión,* 36.

[116] Tulio Halperín-Donghi, *Historia contemporánea de America Latina* (Madrid: Alianza Editorial, 1969), 77.

[117] Beruete, "Diario," 123.

[118] Alamán, *Historia de Méjico,* 5:776.

[119] Beruete, "Diario," 89; Alamán, *Historia de Méjico,* 5:775; and José María Luis Mora, *Obras sueltas,* 2d ed. (Mexico: Editorial Porrúa, 1963), 9.

congress.[120] He had impeccable credentials as a liberal and a patriot, having been imprisoned in Spain for six years.[121] He was probably the most experienced legislator in Mexico because of his service in the Spanish *cortes* where he played a role in writing the Spanish Constitution of 1812.[122] Carlos María de Bustamante described Ramos Arizpe as a man with "a vision of the future." As chairman of the committee that drafted both the Constitutive Act and the Constitution of 1824, Ramos Arizpe was in a position to transform his "vision" into political reality.[123]

The deputies who formed the Constituent Congress were a distinct subset of the Mexican elite. One hundred forty-four of the deputies and alternates elected can be identified. Of these, half were "participant" deputies, that is, they participated in enough recorded votes to be considered in the statistical analysis. The mean age of participant deputies was 40.1, and the mean age of all deputies and alternates was 40.9. That is almost exactly the average age of 40 that Sinkin found for the deputies in the Constituent Congress of 1856–1857.[124] Fully one-half of the participant deputies (50.1 percent) were lawyers compared to the 39.1 percent of all deputies and alternates who were lawyers. Carlos María de Bustamante states that lawyers and ecclesiastics were the two largest occupational groups in the congress, whereas the landed elite were virtually unrepresented.[125] More than a quarter (26.0 percent) of participants were clerics, while clerics comprised 29.8 percent of all deputies and alternates. The third largest occupational group, the military, were 16.9 percent of all deputies and alternates; however, they made up less than 10 percent (9.0 percent) of the participants. Sinkin found that 20 percent of the deputies in 1856–1857 were military officers, while Smith identifies 30 percent of the deputies in 1916–1917 as military men.[126] Members of the landed elite (*hacendados*) were one-eighth of all deputies and alternates but were the third largest ocupational group (10.3 percent) among the participants. There were no members of the titled nobility in the Constituent Congress.

More than two-thirds (67.2 percent) of the deputies and alternates in the Constituent Congress had previously been elected to public office. Prior experience ranged from the Spanish *cortes* and the Mexican *cortes*

---

[120] Zavala, *Revoluciones de Méjico*, 1:273; Alamán, *Historia de Méjico*, 5:776; Cuevas, *Porvenir*, 175; Bocanegra, *Memorias*, 1:285; and Mora, *Obras sueltas*, 5.

[121] Berry, "Mexican Deputies," 28; and Luis Navarro García, *Las provincias internas en el siglo XIX* (Sevilla: Escuela de Estudios Hispano-Americanos, 1965), 92.

[122] Berry, "Mexican Deputies," 16–39.

[123] Bustamante, *Emperador D. Agustín de Iturbide*, 19.

[124] Sinkin, "Mexican Constitutional Congress," 10.

[125] Bustamante, *Emperador D. Agustín de Iturbide*, 175.

[126] Sinkin, "Mexican Constitutional Congress," 2; and Smith, "El congreso constituyente," 383.

to provincial deputations and constitutional *ayuntamientos*. Nearly one-third of the deputies—thirty-five—were reelected from the previous Mexican *cortes*. Many were opposed to any form of federalism. At first they played a disproportionate role simply because they were present while many newly elected deputies had yet to arrive. Their initial advantage quickly faded.

Factor scores relate the voting behavior of individual deputies to the issues (factors). The distribution of scores on "Center vs. Periphery" is bipolar, producing two distinct sets of deputies on either side of the issue. More than two-thirds of the seventy-seven participant deputies, including all of the deputies from the northwest, south, and east, and more than three-fourths of the deputies from the west and west-central regions, favored measures to check the power of Mexico City. Regions with a clear majority in favor of Mexico City were the core, east-central, and northeast.[127]

On the issue of "Unitary Government vs. Confederalism," long considered to have been the central issue of the Constituent Congress, the distribution of factor scores is again bipolar. Seventy percent of the deputies and at least one-half of the deputies from every region favored federalism. Support for federalism was strongest among deputies representing the west-central, west, east, and northeast regions, while half the deputies from the northwest and the south favored centralism.

The issue of the "*Iturbidista* Threat" to public tranquility again reveals a regional pattern. The distribution of factor scores on this issue was trimodal, producing three distinct groups. Nearly one-half of the deputies (49.4 percent) can be considered as anti-Iturbide, or individuals who perceived a strong threat from the *iturbidistas*. At least one-half of the deputies from the south, east-central, northeast, and northwest perceived the *iturbidista* threat as weak; a majority of the deputies from the core felt that it was strong.

The issue of "States vs. the National Government" produced a nearly even split among the congressmen. Only the delegations representing the northeast and the core reflected this split accurately. Support for strong states came from the west, south, east, and west-central regions, while deputies from the northwest and east-central regions tended to favor a stronger national government in relation to the states.

On the question of a "Strong Executive," an issue that was mainly contested in late 1823 and early 1824, the vast majority of deputies

---

[127] Regions are defined as follows: east—Yucatán, Tabasco, and Istmo; south—Oaxaca and Sur; east-central—Veracruz, Puebla, and Tlaxcala; core—Mexico; west—Jalisco and Zacatecas; west-central—Colima, Guanajuato, Queréretaro, San Luis Potosí, and Michoacán; northeast—Nuevo León, Coahuila, Texas, Tamaulipas; and northwest—Nuevo México, Durango, Chihuahua, Sonora, Sinaloa, Alta California, and Baja California.

opposed a strong executive. One-half of the deputies from the northeast and northwest (frontier regions) favored a strong executive. A majority of deputies from all other regions opposed a strong executive; all the participant deputies from the east, south, and west (areas where state governments were established in 1823 and the fact or threat of intervention by the national government existed) opposed a strong executive.

Since many of the votes on Factor I occurred during the lame-duck session of the Constituent Congress after the Acta Constitutiva and the Constitution of 1824 were written, the divisions on this issue do not serve as a good indicator of divisions on constitutional issues. Cross-tabulation of the factor scores of deputies on Factor II, "Unitary Government vs. Confederalism," and Factor V, "Strong Executive," which together explain 12.7 percent of the conflict in the congress, yields a fourfold division of the deputies (see Table 8.4).

Fifteen deputies favored both a federal form of government and a strong national government, a position that can be described as "federal unificationism" or federalist. They wanted a strong central influence over locally elected provincial authorities.[128] Led by José Miguel Ramos Arizpe and Tomás Vargas, two deputies who served on the committee that drafted both the Constitutive Act and the constitution, the federalist faction was strongest in the northeast and drew no support from the northwest, the east, or the south. Nearly one-fourth of the federalists had served in the Spanish *cortes* and more than one-third had served in the Mexican *cortes*. As a group, they were almost a decade older than the "confederalists." Federalists also had the highest percentage of clerical deputies in their ranks.

The thirteen deputies who opposed federalism and favored a strong national government can be labeled "central unificationists." Central unificationism favored strong central control over both provincial authorities and finances.[129] These centralists were strongest in the northwest and drew no support from the south, west, or west-central regions. Clergy were least likely to be centralists. The most notable members of the centralist faction were Servando Teresa de Mier, Carlos María de Bustamante, and José Ignacio Espinosa. More than two-thirds of the centralists had served in the Mexican *cortes*. They can be seen as the representatives of the central creole elite.

The third faction, labeled "antifederalists" because they were polar opposites of the federal unificationists, opposed both the federal form of government (sovereign states) and strong national government. Essentially they represented the "less is more" school of government. There was no clear regional

---

[128] Oscar Cornblit, Torcuato Di Tella, and Ezequiel Gallo, "A Model for Political Change in Latin America," *Social Science Information* 7, no. 2 (1968): 21.

[129] Cornblit et al., "Model," 21.

base for this position. None of the antifederalists had served in the Spanish *cortes;* two-fifths, however, had served in the Mexican *cortes.* As a group, they were older than any other faction. Both the clergy and the military were well represented among the antifederalists. Notable deputies in this faction include José Agustín Paz, Juan Gómez Portugal, and Francisco Lombardo.

Finally, one-half of all the deputies whose position on these issues can be determined favored a federal form of government and a weak national government, that is "peripheralized federalism."[130] This faction, which we can label "confederal," included more than two-thirds of the deputies representing the south, east, west, and west-central regions. They were the youngest group in the congress and had the least prior political experience. Military officers were least likely to be confederalists. Notable figures among the confederalists were Francisco García, Valentín Gómez Farías, and Lorenzo de Zavala.

The confederalists held the voting majority in the congress, but the federalists controlled the Committee on the Constitution and set the agenda. An examination of the Constitution of 1824, according to Duchacek's "yardsticks of federalism," indicate that it was a mixture of confederal and federal.[131] The attempt to strengthen the central government (Factor I) in the lame-duck session probably reflects an attempt by both centralists and federalists to shift the balance of power in the political system away from the sovereign states.

Statistical analysis of the Constituent Congress of 1824 produces a number of significant findings:

1. The level of conflict in the congress was high. It was greater than in 1856–1857 and about the same as in 1916–1917.
2. The most divisive issue—"Center vs. Periphery"—was largely contested after both the Constitutive Act and the Constitution of 1824 were written.
3. The issue of "Centralism vs. Federalism" was never the main issue facing the congress.
4. The deputies were a subset of the elite. They were middle-aged, and congress was dominated by lawyers.
5. While the clergy and the military participated in the congress, they showed little institutional influence in their voting patterns.
6. There appear to be some generational differences in the congress. Confederalists were the youngest group, followed by centralists, federalists, and finally antifederalists.

---

[130] William H. Riker, "Federalism," in Greenstein and Polsby, *Governmental Institutions,* 102.
[131] Duchacek, *Comparative Federalism,* 207.

7. Regionalism is a key to understanding every issue and each of the factions.

The Constitution of 1824 occupies an important place in Mexican history. Reyes Heroles observed that, if Mexico had not adopted a federal solution in 1824 it would eventually have followed the route of its Central and South American neighbors and balkanized into several nations.[132]

---

[132] Jesús Reyes Heroles, "La Constitución," in *Crónicas de la Constitución,* 2:1027.

Author's Note: Research for this article was made possible by grants from the Dorah H. Bonham Fund and the Institute of Latin American Studies, University of Texas, Austin and through the Archivo General de la Nación and the Instituto de Investigaciones Bibliográficas in Mexico City. Statistical procedures were carried out at the Duke University Computation Center. I am grateful to Nettie Lee Benson, the late Stanley R. Ross, Antonio Martínez Báez, Ignacio Rubio Mañé, and Ernesto de la Torre Villar for their assistance in the early stages of research.

Table 8.1 Roll-Call Votes, 1824

Vote	To Decide Whether	Page
1	To declare the Constitutive Act sufficiently discussed. Approved: 44–27.	610
2	To approve the word "federal" in Article 5. Approved: 72–10.	617
3	To approve the words "free and independent States." Approved: 62–7.	620
4	To approve the word "sovereign" in Article 6. Approved: 41–28.	620
5	To retain the tobacco monopoly. Approved: 38–36.	628
6	To discuss convoking state legislatures. Defeated: 39–40.	630
7	To include the words "when it is agreed among themselves" in Article 13, section III. Defeated: 28–33.	631
8	To approve allowing congress to grant special powers to the executive. Defeated: 31–48.	633
9	To approve a single executive. Defeated: 25–43.	634
10	To allow immigrants to import slaves. Defeated: 5–73.	650–651
11	To reduce the pension of Iturbide's father. Approved: 42–28.	653
12	To require states to sell tobacco at fixed prices. Defeated: 28–37.	654
13	To allow importation of Spanish paper for the tobacco monopoly. Approved: 63–11.	658
14	To declare Iturbide a traitor if he returns. Approved: 76–2.	738
15	To declare those who aid Iturbide's return traitors. Approved: 64–14.	738–739
16	To remove the words "directly or indirectly" from the above. Approved: 74–4.	739
17	To approve the revised text on aiding the return of Iturbide. Approved: 73–5.	739
18	To proceed with discussion of the law on public tranquility. Approved: 61–24.	753
19	To create a single executive. Approved: 66–19.	753
20	To elect the single executive from among the members of the triumvirate. Approved: 47–38.	753
21	To recognize the royalist debts to Mexican nationals. Approved: 68–22.	811–812
22	To limit recognition of debts to native-born citizens. Defeated: 40–46.	812
23	To require consent of states for the unification of states. Defeated: 14–71.	814
24	To require the consent of states for the creation of new states. Defeated: 42–43.	814
25	To require the approval of states for any changes in the state system. Approved: 77–8.	814–815
26	To vote to call a new congress. Approved: 78–6.	837
27	To publish the *convocatoria*. Approved: 67–17.	837
28	To consult the Supreme Court and let it rule on papal bulls. Defeated: 35–39.	859
29	To give a pension to Iturbide's widow. Approved: 76–16.	860
30	To give a pension to Iturbide's children. Defeated: 30–48.	860

(continues)

Table 8.1 (continued)

Vote	To Decide Whether	Page
31	To give a limited pension to Iturbide's children after their mother's death. Approved: 73–5.	860
32	To allow executive to grant colonization of lands on the coasts and frontiers. Defeated: 32–42.	873
33	To allow public employees to marry without prior permission. Defeated: 6–69.	882
34	To require Supreme Court justices to be lawyers in good standing. Defeated: 36–39.	882–883
35	To allow legislatures to comment on the federal constitution. Approved: 45–40.	906–907
36	To limit reforms to the Constitution. Approved: 45–43.	912
37	To prohibit reform of the Constitution. Approved: 46–38.	912–913
38	To require prompt collection of taxes. Defeated: 34–37.	924–925
39	To dismiss a complaint against the legislature of Veracruz. Approved: 49–22.	946
40	To amortize the debt resulting from Iturbide's seizure of a *conducta*. Defeated: 16–55.	946
41	To unite Coahuila and Texas. Approved: 46–37.	960–961
42	To unite Tehuantepec and Oaxaca. Approved: 71–12.	961
43	To extend session to discuss the Federal District. Approved: 78–6.	994
44	To vote to declare Mexico City to be the Federal District. Approved: 51–34.	994–995
45	To declare Mexico City the site of the Federal District. Approved: 52–32.	995
46	To continue discussion of the Federal District. Approved: 57–25.	1013
47	To limit competition for Supreme Court positions. Defeated: 36–38.	1057
48	To return the above to committee. Approved: 36–36.	1057
49	To vote on less restrictive limitations on competition for Supreme Court positions. Approved: 64–14.	1063
50	To allow congress to waive restrictions of elections to the Supreme Court. Approved: 42–36.	1063

Source: Juan Mateos, *Historia parlamentaria de los congresos mexicanos,* vol. 2 (Mexico: J. V. Villada, 1877).

Table 8.2 Summary of High Factor Loadings

Vote	Roll Call	I	II	III	IV	V
45	Mexico City	.831				
44	Mexico City	.827			−.301	
50	Waive limits	.810				
47	Court nominations	.805				
48	Reconsider	.799			.326	
46	Federal District	.755				
49	Limit nominations	.621				
39	Veracruz legislature	.503				
22	"Sons of country"	.465			.457	−.322
41	Coahuila y Texas	.454			.353	
18	Public order	−.441			−.378	
42	Tehuantepec/Oaxaca	.440	.322	−.368		
40	*Conducta* debts	−.437				
19	Single executive	−.413			−.306	
13	Import paper	.409				
30	Child pensions	.301				
2	"federal"		.677			−.320
1	Constitutive Act		.669			
27	*Convocatoria*		.629			
3	Free and independent		.624			
4	"Sovereign" states	.509	.517			
26	Call new congress		.496			
25	State system		.406			−.305
6	State legislature		.369			
14	Iturbide traitor			.714		
17	Aid to Iturbide			.686	−.303	
15	Aiding return			.621		
16	"Direct or indirect"			.581		
28	Papal bulls			.556		
43	Federal District	.330		−.391		
11	Pension for J. Iturbide			−.364		
32	Colonization				−.660	
36	Limit reforms of Constitution	.328	.305		.658	
24	Creation of state				.632	
37	Form of government	.465	.368		.597	
35	Reforms in 1830				.528	
12	Fix tobacco price	−.435			−.466	
21	Royalist debts	−.358			−.437	
23	United States	−.358			.403	
8	Special powers	−.335				.641
5	Tobacco monopoly					.616
10	Import slaves					.595
9	Single executive					.591
20	From triumvirate	−.344			−.424	.503
38	Tax collection					.316

Table 8.3 Distribution of Total Variance

Factor	Percent of Variance
I. Center vs. Periphery	23.1
II. Centralism vs. Federalism	8.1
III. *Iturbidista* Threat	5.2
IV. States vs. National Government	4.9
V. Strong Executive	4.6
	45.9 Total Variance

Table 8.4 Constitutional Divisions

Federal Unificationists

Arriaga, Tomás
Cabrera, José María de
Castorena, Luciano
Copca, Bernardo
Gama, Antonio de
Huerta, José de Jesús
Marín, José Mariano
Márquez, Victor
Montes Argüelles, Manuel
Paredes, Pedro
Ramos Arizpe, José Miguel
Robles, José Vicente
Seguín, Erasmo
Vargas, Tomás
Zaldivar, Ignacio

Central Unificationists

Ahumada, Pedro de
Becerra, José María
Bustamante, Carlos María de
Carpio, Alejandro
Espinosa, José Ignacio
[Gutiérrez, José Ignacio]
Ibarra, Cayetano
[Juille Moreno, Antonio]
Mangino, Rafael
Martínez, Florentino
Mier, Servando Teresa de
Mora, Ignacio de
Tarrazo, Pedro

Antifederalists

Anaya, José María
[Bustamante, José María]
Castillero, José Mariano
Castillo, Demetrio del
Castro, José María
[Fernández Herrera, José María]
Gómez Portugal, Juan Cayatano
Guridi y Alcocer, José Miguel
Jiménez, José María
Lombardo, Francisco María
Miura, Joaquín de
Moreno, Juan de Dios
Paz, José Agustín
[Sierra, José Angel]

Confederalists

Aldrete, Rafael
Arzac, José María
Barbabosa, Mariano
Cañedo, Juan de Dios
Covarrubias, José María
Elorriaga, Francisco
Escalante, Juan
Manero Envides, Vicente
[Martínez Vea, Manuel]
Morales, Juan Bautista
Osores, Félix
Patiño, Francisco
Piedra, Epigmenio de la
Rejón, Manuel Crecencio

(continues)

Table 8.4 (continued)

	Confederalists (cont.)
García, Francisco	Reyes, José de los
Gasca, Miguel	Rodríguez Puebla, Juan
Godoy, Juan Ignacio	Romero, Juan José
Gómez Anaya, José Cirilo	Sánchez, José María
Gómez Farías, Valentín	Sierra, Felipe
[Gónzalez Angulo, Bernardo]	Solórzano, Manuel
González Caralmuro, José Ignacio	Tirado, Mariano
Gordoa, Luis Gonzaga	Uribe, José María
Gordoa, José Miguel	Valle, Fernando
Guerra, José Basilio	Vázquez, José Felipe
Hernández Chico, José	Vélez, Santos
Izazaga, José María	Zavala, Lorenzo de
Llorente, José Miguel	

9

El federalismo en la construcción de los estados

Hira de Gortari Rabiela

E N LA CONSTRUCCION DE LOS ESTADOS de la federación mexicana, la delimitación de su territorio tuvo una importancia crucial al concebirlos como entidades soberanas con voz y representación; ello supuso una pluralidad de voces que abrió un campo inédito en la vida política.

Al respecto, Edmundo O'Gorman señalaba con particular agudeza que en el origen de nuestros estados, desde la división territorial sancionada por la primera república en la Constitución de 1824 se especificaba una nueva característica: que los territorios adquirirían una dimensión política. Señalaba O'Gorman:

> la fijación de límites precisos es indispensable puesto que las entidades integrantes del territorio son personas jurídicas con derecho de soberanía sobre la extensión de su territorio. En la colonia no fue lo mismo, y bastaba la enumeración de las cabeceras, con la lista de pueblos, villas y rancherías sujetos a ellas. ... En cuanto a ... la división del territorio republicano, forzosa en sistemas constitucionales ... encuentra siempre, exclusivamente su origen en la ley. ... En otras palabras: en la colonia trátase de una necesidad de hecho; en la República de una necesidad de derecho. En la colonia las provincias surgen como resultado de fenómenos históricos reflejadas sobre el territorio y reclaman un reconocimiento legal; en la República las entidades se crean o desaparecen por ministerio de la ley.[1]

---

[1] Edmundo O'Gorman, *Historia de las divisiones territoriales de México,* 6 ed., rev., Colección Sepan cuantos . . . , 45 (México: Editorial Porrúa, 1985), 3–4.

Para llegar a está definición, un antecedente fundamental fue la constitución gaditana, en la cual fue manifiesto un interés por adecuar el conjunto de los territorios de la monarquía con la representación política ciudadana, además de hacer patente una lógica de eficacia y racionalidad para reordenar el territorio a partir de una nueva división provincial.[2]

Por las disposiciones contenidas en la constitución de 1812 se formaron las diputaciones provinciales y ante las Cortes, y ambas contribuyeron de manera decisiva en la representación y en la cohesión y afirmación de intereses regionales y locales, por lo que los diversos territorios, en particular en ultramar, fueron cobrando mayor importancia política.

Así, en la política novohispana era cada vez más patente el interés por alcanzar una representación, y en el caso de las diputaciones sus voceros buscaban resaltar y poner el enfásis en la riqueza y abundancia de sus recursos naturales, pero también en los números de la población arraigada en su territorio como una forma evidente de reforzar las querellas y alegatos de sus representantes, pero también acrecentar su importancia política.

Algunos representantes novohispanos a las Cortes mostraron su preocupación, y de manera más evidente, aquellos de las provincias alejadas del centro del virreinato, reclamando se tomaran en cuenta los intereses legítimos surgidos en las intendencias y provincias que más allá de la capital habían ido madurando, por lo que merecían un trato distinto.

Uno de los más reconocidos portavoces de estos reclamos fue Miguel Ramos Arizpe, pues su labor en las Cortes y luego como diputado, hizo públicas muchas de estas inquietudes para demostrar la maduracíon de intereses locales y regionales asumidos a partir de un territorio definido. En un escrito presentado ante las Cortes en 1812, señalaba que a su juicio, el principal problema que agobiaba a la provincia que representaba, se resumía en la necesidad de contar con un gobierno que tuviera un mejor conocimiento del territorio sobre el que gobernaba. Señalaba, además, que los habitantes de las porciones septentrionales merecían un trato político que aminorara los excesos de autoridad y de corrupción a los que eran tan proclives tanto los militares, como la burocracia enviados por la corona.[3]

---

[2] En los artículos 10 y 11 de la Constitución de Cádiz se hace referencia explícita al territorio. Incluso en el 11 se señala, que más adelante mediante una ley constitucional, se dividirá el territorio. "Constitución política de la monarquía española", en Manuel Dublán y José María Lozano, *Legislación mexicana o colección completa de las disposiciones legislativas expedidas desde la Independencia de la República* (México: Imprenta del Comercio, a cargo de Dublán y Lozano, hijos, 1876), 1:250; Concepción de Castro, *La revolución liberal y los municipios españoles (1812–1868)*, Alianza Universidad, no. 249 (Madrid: Alianza Editorial, 1979), 58.

[3] Miguel Ramos Arizpe, "Memoria presentada a las Cortes de Cádiz. 1º. de noviembre de 1812", en *Discursos, memorias e informes* (Notas biográficas y bibliográficas y acotaciones de Vito Alessio Robles), ed. Miguel Ramos Arizpe (México: Universidad Nacional Autónoma de México [UNAM], 1942), 23–100.

UNA INTERRUPCIÓN
EN LA VÍA CONSTITUCIONAL

La guerra de independencia contribuyó a acentuar los regionalismos y a diferenciar aún más los intereses y querellas, así como los autonomismos. Lucas Alamán relataba cómo en las intendencias no se acataban las órdenes del virrey y se aprovechaba el clima reinante para estar "en un estado casi de independencia del virreinato".[4]

Por otra parte, la separación de la Nueva España de la monarquía cerró el camino iniciado en Cádiz, aunque la ruta política constitucional mantuvo su vigencia y formó parte del proyecto para dotar al nuevo país de una constitución en la cual se hiciera evidente la presencia de intereses y poderes que se habían ido aglutinando en algunos casos desde la segunda mitad del siglo XVIII y otros en la primera década del siglo pasado.[5]

Así, en la formación de los estados de la federación, los poderes regionales formaron parte de un proceso en el cual las burocracias y aparatos políticos se afianzaron y se apropiaron de la representación política de los territorios que ocupaban. Diversos grupos locales y regionales fueron imponiendo una geografía política y una administración territorial distintas, provocando tensiones entre las fuerzas que buscaban mantener la centralización política, sin olvidar algunas de las pautas del modelo anterior y aquellas otras, localizadas principalmente en la periferia, que buscaban afianzarse frente al centro y que eran más favorables al federalismo.[6]

Por todo lo anterior, es claro que el federalismo fue una respuesta política incubada en la realidad novohispana tal como lo mostró, años atrás, Nettie Lee Benson en un documentado trabajo. Por lo que el reto para nuevas investigaciones es analizar la realidad sociopolítica como única forma para entender la raigambre profunda del federalismo entre las élites políticas y no limitarse exclusivamente al campo de las ideas.[7]

---

[4] Lucas Alamán, *Historia de Méjico desde los primeros movimientos que prepararon su independencia en el año de 1808 hasta la época presente* (México: Fondo de Cultura Económica, Instituto Cultural Helénico, 1985), 4:472.

[5] Stuart F. Voss indica que diversos especialistas del siglo XVIII novohispano sostienen que es en ese período cuando las fuerzas externas y la intervención del monarca trajeron consigo diversos tipos de sociedad, creando una de tipo novohispano regionalmente diferenciada. Stuart F. Voss, *On the Periphery of Nineteenth-Century Mexico. Sonora and Sinaloa 1810–1877* (Tucson: University of Arizona Press, 1982), xi-xii y 3.

[6] John Tutino, *De la insurrección a la revolución en México: Las bases sociales de la violencia agraria, 1750–1940*, trad. Julio Colón, Colección Problemas de México, 66/1 (México: Ediciones Era, 1990), 191–192.

[7] Un intento importante es el trabajo de John Tutino ya citado.

EL CAMINO AL FEDERALISMO: EFERVESCENCIA DE LAS PROVINCIAS

Para poner en práctica una política gubernamental que lograra instaurarse en el país, una vez separada la Nueva España de la monarquía española, el camino estaba plagado de dificultades y de novedades. Por una parte, en las provincias que gozaban de gran autonomía era manifiesta la tendencia centrífuga de los intereses regionales. Por otra, el cambiar de un sistema político unipersonal y monárquico, sin tradición de participación, a uno con representación, elecciones, responsabilidad y división de poderes, no fue un asunto sencillo.[8]

En la convocatoria del 17 de noviembre de 1821 formulada por la soberana junta provisional gubernativa para formar las diputaciones provinciales, en las formas de elección, se acogían a las utilizadas por la junta central en 1809, esto es, electores de partido y de provincia, reconociendo una amplia gama de intereses, voces locales y regionales, pero también manteniendo las disposiciones vigentes durante los últimos años de la monarquía.[9]

En lo que se refiere al escenario político, se encontraba un gobierno con pretensiones nacionales y que vivía con particular efervescencia, la beligerancia de los intereses locales y regionales, que buscaban impulsar un proyecto político que les permitiera mantener un control sobre su territorio con la menor ingerencia del centro, y que se justificaba dado "que en un país tan vasto, con clima y condiciones diferentes, era imposible hacer frente a las necesidades provinciales con leyes uniformes", además se "sostenía que únicamente los funcionarios locales podían entender los problemas regionales".[10]

En estas condiciones se puede explicar, en parte, la debacle política de Agustín de Iturbide por haberse enfrentado a los representantes provinciales al clausurar el primer congreso constituyente, formado con el objetivo de elaborar una constitución que permitiera gobernar con el acuerdo del conjunto de las provincias. Así, el plan de Casa Mata del 1° de febrero de 1823 fue la expresión política del malestar de las provincias por el despotismo y la arbitrariedad del gobierno general.[11]

---

[8] Como lo ha señalado Nettie Lee Benson las provincias gozaban de un impresionante grado de independencia de ellas mismas. Entre las provincias más radicales estaban las de Guadalajara, Oaxaca, Yucatán y Zacatecas, en Nettie Lee Benson, *La Diputación Provincial y el federalismo mexicano* (México: El Colegio de México, 1955), 166 y 169. Véase Jaime E. Rodríguez O., "La Constitución de 1824 y la formación del Estado mexicano", *Historia Mexicana* 40, no. 3 (enero-marzo 1991): 507–535.

[9] Dublán y Lozano, *Legislación mexicana*, 1:560–563.

[10] Rodríguez, "La Constitución de 1824", 518.

[11] Benson, *La Diputación Provincial*, 107–108; Guadalupe Jiménez Codinach, ed., *Planes de la nación mexicana, 1808–1830* (México: LIII Legislatura, El Colegio de México, 1987), 143–144.

El plan de San Luis Potosí, proclamado meses después, el 5 de junio, fue también un llamado para garantizar los derechos de las provincias y oponerse al dominio que ejercía la ciudad de México y la exigencia de que las fuerzas armadas garantizaran la voluntad de las provincias, las cuales en un compás de espera serían gobernadas por las diputaciones provinciales, atendiendo a que se reuniera un congreso constituyente.[12]

Varias de las provincias, después del derrocamiento de Iturbide, insistieron en convocar a un nuevo congreso constituyente y celosas de su autonomía, rechazaron que la soberanía residiera exclusivamente en el Congreso general, y precisaron que aquella radicaba en las provincias y que cada uno cedía una parte ante el Congreso general para legitimarlo.[13]

Esta fue una medida, que buscaba evitar el escenario anterior, ya que en el decreto de instalación del primer congreso constituyente el 24 de febrero de 1822 se estipulaba: "Los diputados que componen este congreso, y que representan la nación mexicana, se declaran legítimamente constituidos, y que reside en él la soberanía nacional".[14]

Mientras tanto, la tensión llegó a tal punto, que para mediados de 1823, en varias provincias se erigieron congresos constituyentes provinciales. Ante tal respuesta, el gobierno general trató de imponer el orden por la fuerza, pero algunas de las provincias, como Jalisco, apoyadas en las milicias locales amenazaron resistir la medida, por lo que se desistió y se cedió en sus amenazas.[15]

Los ánimos parecían cada vez más caldeados y los peligros de confrontación no se disipaban del todo, hasta que el 21 de mayo de 1823, se convocó a un segundo congreso constituyente, con el propósito de "restablecer la tranquilidad alterada por los movimientos y resoluciones de las primeras autoridades de Guadalajara, prefiriendo las medidas de persuasión y convencimiento, a las de rigor y uso de las armas".[16]

---

[12] "Amplios poderes e instrucciones que se presten a las provincias y a sus respectivos representantes" (Art. 30), "la fuerza armada sostendrá y garantizará a las provincias su espontánea voluntad" (Art. 40), "las provincias serán gobernadas por sus diputaciones provinciales mientras se reúna el congreso" (Art. 50), en Jiménez Codinach, *Planes de la nación mexicana*, 199-200.

[13] Rodríguez, "La Constitución de 1824", 519.

[14] *Decreto del 24 de febrero de 1824. Instalación del congreso: Bases constitucionales: Autoridades que han de ejercer los poderes: Juramento de la regencia*, en Dublán y Lozano, *Legislación mexicana*, 1:597.

[15] Ibid., 520. El comentario de Nettie Lee Benson retrata con nitidez el panorama: "México se hallaba dividido en provincias independientes, cada una de las cuales había tomado por completo el cuidado de su administración dentro de sus propias fronteras. El jefe político se había convertido en el ejecutivo provincial, y la diputación provincial o alguna junta había asumido las funciones legislativas del gobierno de las provincias, y esto en casi todas ellas", en Benson, *La Diputación Provincial*, 121.

[16] *Decreto de 21 de mayo de 1823. Convocatoria para nuevo congreso*, en Dublán y Lozano, *Legislación mexicana*, 649-650.

Para apaciguar los ánimos y disminuir el clima de tensión en los medios políticos, el soberano congreso constituyente aún en funciones, declaró el 12 de junio, después de una sesión extraordinaria y en vísperas de publicar la convocatoria para nuevas elecciones de un segundo congreso que "el gobierno puede proceder a decir a las provincias estar el voto de su soberanía por el sistema de república federada, y que no lo ha declarado en virtud de haber decretado se forme convocatoria para nuevo congreso que constituya a la nación".[17]

En cuanto a la forma de constituir el nuevo congreso constituyente, se respetó el acuerdo anterior que dio origen al primer congreso disuelto por Iturbide. Así, las "Bases para las elecciones del nuevo congreso" mantuvieron las formas de elección fijadas anteriormente, al permitir la expresión de los distintos niveles territoriales y de las diferentes fuerzas, como también de los intereses locales y provinciales. Sobre esto último, es importante señalar que desde el primer congreso constituyente, se estipuló que los diputados que formaran parte de dicho cuerpo legislativo, serían remunerados por las propias diputaciones provinciales, lo que en la práctica, los sujetaba a los congresos locales.[18]

EL ACTA CONSTITUTIVA:
UN TRIUNFO DE LOS FEDERALISTAS

En las discusiones para redactar el acta constitutiva se mantuvieron dos tendencias: una que buscaba imponer un federalismo más radical y otra que consideraba viable un modelo más moderado. En los debates, el asunto fundamental versaba acerca de en quién recaería la soberanía: en los estados en plural, o en la soberanía general. Los más moderados opinaban que para el establecimiento de una federación, ambas partes debían ceder, tanto los estados como la soberanía en su conjunto.[19]

---

[17] *Orden. Voto del Congreso por la forma de república unfederada,* en ibid., 651.

[18] *Decreto del 17 de junio de 1823. Bases para las elecciones del nuevo congreso,* en ibid., 651–657. *Asignación de dietas a los diputados y medidas para que se les paguen,* en ibid., 610–611.

[19] Después de la elaboración del acta constitutiva y su puesta en circulación era importante adecuar a todas las provincias que no contarán con legislaturas constituyentes y con tal propósito se convoca en enero de 1824 a Guanajuato, México, Michoacán, Puebla, Querétaro, San Luis Potosí y Veracruz. A la cual en poco tiempo se añade la ley para establecerla en los estados internos de Occidente e interno del norte y de oriente. *Decreto del 8 de enero de 1824. Ley para establecer las legislaturas constituyentes particulares, en las provincias que han sido declaradas estados de la federación mexicana, y que no las tienen establecidas.* Y *Decreto del 4 de febrero del mismo año. Ley para establecer las legislaturas constituyentes de los Estados internos de Occidente, Interno del Norte e Interno de Oriente,* en Dublán y Lozano, *Legislación mexicana,* 690–692.

Además de las diferencias políticas prácticas, es factible señalar que las diferencias políticas doctrinarias respondieron a los orígenes ideológico-políticos distintos: unos más identificados con el federalismo norteamericano y que se diferenciaban de aquellos inclinados a un mayor realismo y que mantenían prudente distancia frente al vecino del norte. Pero en ambas, por encima de la pureza del discurso, imperaron los intereses y el pragmatismo de la política. En la práctica, se fue imponiendo el realismo, no sin dejar de hacer concesiones y compromisos, evitando un federalismo a ultranza, por lo que logró salir adelante una redacción del acta constitutiva en donde se reconocía una soberanía compartida y en la que se hizo evidente la existencia de distintos intereses y realidades territoriales.[20]

Llegar a esta solución no fue un asunto sencillo, pero "la necesidad imperiosa de dar vida y salvar de una vez la Nación cuasi disuelta, y ya sin un movimiento regular [y que] la han conducido al caos" tal como se reflejó en el preámbulo del acta:

> Abrumada la Comisión de dificultades en orden a fijar el número de estados que deben componer la Federación de la Nación Mexicana, se fijó un principio general, a saber, que ni fuesen tan pocos que por su extensión y riqueza pudiesen en breves años aspirar a constituirse en Naciones independientes, rompiendo el lazo federal, ni tantos, que por falta de hombres y recursos viniese á ser impracticable el sistema. . . . Temor fundado en la multiplicidad de intereses latentes y abiertos que se heredaban de las últimas décadas. Tan era candente el asunto que la comisión optó por dejar la puerta abierta como ellos mismos la llamaron y fuera donde se fijará su número.

Respecto al ámbito en cual podían ejercer su poder los estados, la comisión encargada de redactar el acta constitutiva fue muy precisa, ya que se hizo patente que:

> en el establecimiento de gobiernos y poderes de cada estado, no ha querido la Comisión sino fijar y reducir a practica los principios genuinos de la forma de gobierno general ya adoptada, dejando que los poderes de los mismos Estados se muevan en su territorio para su bien interior en todo aquello que no puedan perturbar el orden general, ni impedir la marcha rápida y majestuosa de los poderes supremos de la federación.

Esto último, tomando en cuenta que existían una serie de lazos comunes:

> por lo que se presenta a los estados de la Federación con toda la franqueza que debe ser propia de quien dirige su voz á seis millones de

---

[20] Ibid., 521–523 y 525. Juan A. Mateos, *Historia parlamentaria de los congresos mexicanos* (México: J. V. Villada, 1877), 2:111–112, Apéndice.

> hombres que hablan un mismo idioma, que profesan una misma religión
> ... [y recalcan]. ... que con pequeñas diferencias tienen costumbres semejantes, y a quienes por el interés de todos solo se exige, que de la suma de sus derechos depositados en el actual Congreso ... cedan a los poderes supremos los necesarios para hacer el bien general, conservando los demás para procurarse su felicidad interior ... y en un equilibrio que es de lo que se presume debe resultar que ... es la expresión de la voluntad general de los asociados.[21]

Con el propósito de convencer y explicar, la presidencia de la cámara publicó, junto con el acta constitutiva, un manifiesto en donde se razonaba acerca de la opción federal y donde la noción de pacto parecía una solución feliz concebida en la mente de los juristas:

> He aquí las condiciones del gran pacto, que va a iniciar el sublime sistema de legislación, que desplegándose en perfecta correspondencia con las necesidades de los asociados, ha de elevarlos al alto grado de prosperidad, a que los llama la posición y riqueza de su suelo, y el genio que los distingue, aun por entre las sombrías fases con que los ha desfigurado el despotismo.[22]

Por lo que:

> en vano procuran los facciosos hacer cambiar la dirección de la revolución: un trono nacional no podía ser reemplazado por otro extranjero: la opinión y la experiencia lo resisten: entre dos poderosas repúblicas no puede haber más legitimidad que la del pueblo: las ideas debían desarrollarse según los modelos que herían con más viveza la imaginación y éstos eran sistemas republicanos; mas como había entre ellos diferencias esenciales, la opinión debía dividirse en consecuencia: esta división produjo el análisis, y de éste resultó que el centralismo no pudiera sostenerse al aspecto de federalismo: cuanto mas se ha discutido, tanto más evidente se ha hecho, que está resuelto el problema, de que una república central no puede establecerse en un pueblo numeroso, esparcido sobre una grande extensión de terreno; la nación pues debía pronunciarse por la federación, y lo ha verificado de una manera tan decisiva, que aún quiso designar expresamente los artífices, a quienes había de encargar esta obra interesante.[23]

---

[21] *Acta constitutiva de la federación,* en Dublán y Lozano, *Legislación mexicana,* 693–697. Propuesta gobierno de los estados: 1a. propuesta dieciséis estados que se convirtieron en diecinueve. Benson, *La Diputación Provincial,* 200.

[22] El mencionado manifiesto del 31 de enero de 1824 fue firmado por el presidente de la cámara José Miguel Gordoa, así como los diputados secretarios. *Manifiesto que el soberano congreso constituyente hizo a los pueblos. En los momentos de publicarse el Acta Constitutiva de la Federación* (México: Imprenta del Supremo Gobierno, en Palacio, 1824). *Formación de la república federal: Actas, manifiestos, bandos y decretos 1823–1824* (México: Secretaría de Gobernación, 1981), 41.

[23] *Formación de la república,* 44.

No dejaba advertir posibles signos de dificultades en la implantación del federalismo: "Una vasta nación, que por tantos años ha estado concentrada, bajo la acción del más absoluto despotismo, no puede dividirse en el sentido de la federación, sin roce y colisión de las partes que se separan".[24]

Para establecer la federación era indispensable otorgar en el acta constitutiva, una gran fuerza al poder legislativo, herencia de la constitución gaditana, pero también muestra fehaciente del poder de las provincias, las cuales por medio de sus legislaturas, como por su participación en la legislación general podían incidir en las decisiones que se proponían y se plantearían en el futuro.[25]

UNA POSICIÓN EXTREMA: EL CASO DE JALISCO

El estado y antes provincia de Jalisco, fue un caso evidente de como los intereses provinciales y locales encontraron en el federalismo una solución; al acogerse al sistema federal, buscaba una garantía de sus prerogativas como miembro de la federación y con celo desconfió y luego discutió las atribuciones del gobierno o del congreso general, en particular aquellas que le parecían se extralimitaban respecto a lo acordado y que iban en perjuicio de la soberanía de los estados. Así, en el dictamen que formuló el congreso de Jalisco sobre el acta constitutiva a fines de 1823, refleja con nitidez las preocupaciones de los federalistas jaliscienses: "Convencida la comisión, de que los pueblos de Xalisco no desean otra forma de gobierno, que la del Republicano popular representativo federado, en la verdadera significación de estas palabras".

Señalando que en cuanto a las facultades que corresponden a los poderes generales y a los estados federados se "ha dividido con una línea muy profunda" y les parece que todas estas facultades están bien explicadas en los artículos de la confederación aprobados en los Estados Unidos deben adoptarse salvo en la religión y algunas de nuestras demás habitudes y costumbres.[26]

Más adelante señalan:

la base para nombrar los representantes de la Cámara de Diputados ha de ser la población: y esta es en efecto la base que generalmente se adopta

---

[24] Ibid., 45–46.
[25] *Acta constitutiva de la federación,* en Dublán y Lozano, *Legislación mexicana,* 693–697.
[26] *Dictamen de la comisión de constitución del honorable congreso de este estado, aprobado por el mismo en sesión (sic) secreta del presente mes de diciembre, sobre la Acta constitucional presentada al Congreso general de los Estados Unidos de México por su comisión de igual clase* (Guadalajara: Imprenta de Sanromán, 1823), 2.

en los gobiernos representativos, para la elección de los diputados, pero la comisión entiende, que el admitir dicha base sin modificación alguna, respecto del gobierno republicano federativo, a mas de ser gravoso y perjudicial a los mismos Estados federados, es un modo indirecto de atacar las bases fundamentales de la confederación. [Por lo que se inclinan] ... que cada uno de los Estados no debe tener mas que un sólo voto en la determinación de los negocios generales de la federación, sea cual fuere el número de sus diputados y que por lo mismo es inútil y gravoso a los Estados el obligarlos a mantener todo el número de diputados que correspondan a su población ... [por lo que sugieren] que ningún Estado debe tener un sólo voto en el Congreso general; y que los diputados propietarios y suplentes serán elegidos por los Estados, en los tiempos, lugares y términos que se prescriban por sus legislaturas respectivas.[27]

En lo referente a las formas de preservar la paz propuestas por el congreso general, no estaban de acuerdo en la medida que los estados "deben ejercer en este punto una autoridad soberana e independiente, con total exclusión de los poderes supremos de la Nación [y que] debe solamente referirse tal atribución cuando sea amenazada la independencia que deben mantener los estados entre sí o la unión federal".[28]

LA DISCUSIÓN DE LA CONSTITUCIÓN DE 1824

La presencia de intereses particulares, además de la autonomía que habían alcanzado algunas provincias, dificultaron la implantación del federalismo como sistema político y entorpecieron los acuerdos para establecer los estados de la federación.

Un problema que se vivió de manera intensa y que tuvo repercusiones, fue el que algunas legislaturas estatales constituyentes iniciarán sus trabajos paralelamente al congreso general, ya que se les había reconocido como estados en el acta constitutiva.[29]

En otros casos, era importante adecuar a las provincias que no contarán con legislaturas constituyentes, por lo que en enero de 1824 se convoca a formarlas en Guanajuato, México, Michoacán, Puebla, Querétaro, San Luis Potosí y Veracruz, y poco tiempo después, se promulgaba la ley para establecerlas en los estados internos de Occidente e interno del Norte y de Oriente.[30]

---

[27] *Dictamen de la comisión*, 4–5.
[28] Ibid., 6.
[29] *Ley para establecer las legislaturas constituyentes particulares en las provincias que han sido declaradas estados de la federación mexicana. 31 de enero de 1824*, en *Formación de la república*, 37–38.
[30] *Ley para establecer las legislaturas constituyentes particulares en las provincias que han sido declaradas estados de la federación mexicana y que no las tienen establecidas* y *Ley para establecer legislaturas constituyentes en los Estados internos de Occidente, Interno del Norte é Interno de Oriente*, en Dublán y Lozano, *Legislación mexicana*, 690–692 y 697. El 8 de enero y el 4 de febrero de 1824 respectivamente.

En las discusiones suscitadas en el congreso constituyente, sobre la confirmación de los estados que compondrían la federación, se esgrimieron argumentos sustentados en el número de pobladores y la riqueza material. Así se justificaba la creación de un estado señalando que contaba con "territorio grande, fértil en frutos, rico en metales . . . gentes industriosas en las artes, y varones capaces por su ilustración, su prudencia y otras virtudes, de gobernar aquellos países".[31]

A propósito, Miguel Ramos Arizpe, diputado constituyente, en mayo de 1824, escribía y se lamentaba porque los intereses locales y particulares, lejos de mitigarse, se recrudecían a pesar de los esfuerzos que los constituyentes realizaban y que terminaban por imponerse "circunstancias poderosas que no se han podido evitar". Un caso fue el haber convertido en estado a Coahuila junto con Tejas, lo que supuso disgregar la porción septentrional del país. A su juicio:

> Más, por desgracia, lo que se hizo acaso por su bien, ha redundado en su daño . . . .Este paso disolvió las relaciones que unían a las cuatro primeras y puso en movimiento las pasiones de sus habitantes, hasta hacer, no sólo que se dividiesen, sino que chocasen entre sí. Monterrey aspiró siempre a la unión de las cuatro, pero siempre sin ceder un punto en razón de capital; pues en este punto no he podido convencer a sus diputados: y aunque yo, en nombre de esa mi Provincia, cedía en favor de Monterrey, Santander apoyada en su distancia y en otras razones que no hay para que exponer, insistió en su separación y fue erigida en Estado bajo el nombre de Tamaulipas.

Buscando una solución adecuada, sugirió y así lo propuso que las otras tres provincias se mantuvieran unidas, formando el Estado Interno de Oriente, pero la diputación de Nuevo León se aferró a la idea original ya que de ninguna manera aceptaba estar unido a Coahuila. Esto invalidaba la posición de unir tres provincias ya que Santander había sido erigida como estado de Tamaulipas, por lo que su posición ante tales argumentos era que:

> resultarían más males que bienes al Nuevo León y a Coahuila por un maridaje forzoso. Ocupado día y noche en la suerte futura de mi amada Provincia, pensé alguna vez procurar su unión con Durango o Zacatecas, y muchas veces pensé unirla al Potosí; mas todo me presentaba gravísimos inconvenientes; pues aunque a los partidos de Parras y el Saltillo pudiese venir bien unirse a cualesquiera de aquellos tres Estados, esto no podía convenir a los partidos de Monclova y de Ríogrande, en razón de su enorme distancia a San Luis, Zacatecas o Durango. Rodeado, pues de dificultades y de inconvenientes para hacer el bien de toda mi Provincia,

---

[31] *Sesión del 22 de mayo de 1824*, en *Actas constitucionales mexicanas (1821–1824)* (México: UNAM, 1980), 9:616–618.

me ha parecido lo menos malo dejarla por sí independiente, fiándolo todo a las virtudes y al buen juicio de sus hijos.[32]

Solución que no le convencía, ya que se permitía confesar que le atormentaban las dudas entre proponer se convirtiera en territorio o estado de la federación pues:

> una Provincia que ha figurado con honor por once años en los diversos Congresos de España, teniendo una parte activa en su Constitución y en sus leyes liberales, que ha tenido igual influencia en dos Congresos Mexicanos y que está habitada por sesenta mil hombres laboriosos en todo género de industria, de una lengua, de una raza, de un carácter noble y denodado, entre los cuales se cuentan valientes militares propietarios acomodados y de buen juicio y de buenas luces en su clase, y que además cuenta con bastantes hijos que habiendo seguido la carrera de las letras se hallan en estado de dirigirla en sus negocios difíciles e intrincados, no pudo presentarme un cuadro de desolación y nulidad cual corresponde a un país que deber estar reducido a la dependencia pueril de la Federación, me decidí, pues por el segundo extremo, y he consentido, en situación tan complicada, en que Coahuila sea un Estado de la Federación Mexicana.[33]

LA CONSTITUCIÓN DE 1824
Y EL ÉXITO DE LOS FEDERALISTAS

A pesar de las diferencias, las posiciones federalistas se mantuvieron, lográndose puntualizar con respecto a los límites y alcances de lo que debería entenderse por federalismo y dentro del cual era fundamental la noción de territorio y soberanía estatal. Al respecto en la sesión del 28 de abril de 1824, se afirmó:

> estados federados, soberanos e independientes quiere decir, reuniones, sociedades de ciudadanos que se reservan soberana e independientemente su administración y gobierno, esto es, el goce de aquellos derechos, libertad, igualdad ante la ley, propiedad, conservación y seguridad, y el arreglo de aquellos deberes a que se sujetan cuantos componen, una sociedad; deberes que se reducen a esto: unión de fuerzas e intereses para sostener los supremos poderes del cuerpo político, que se llama Estado. Por una manera, que en una república federativa, estos dos casos son esencialmente necesarios. Primera: los ciudadanos de un Estado para la seguridad y goce de sus derechos y arreglo de sus deberes han de existir fuera del resorte, así de los poderes generales de la federación, como de los poderes particulares de cualquiera otro de los Estados.[34]

---

[32] *Informe a los ayuntamientos y pueblos de Coahuila, 8 de mayo de 1824,* en Ramos Arizpe, *Discursos,* 126–127.
[33] Ibid., 129.
[34] Mateos, *Historia parlamentaria,* 2:245–246, Apéndice.

Sin duda, los constituyentes habían logrado ponerse de acuerdo, no sin diferencias, por lo que las cartas estaban echadas y sólo la política práctica sería la que pusiera a prueba el federalismo constitucional. Guadalupe Victoria, presidente de la federación, con particular realismo, hizo patente en su discurso de clausura del congreso constituyente, en la navidad de 1824, que en el ambiente político existía un acendrado sentimiento de diversidad:

> Los pueblos . . . cuyas costumbres son diversas a la par de los climas que habitan, de la naturaleza de los terrenos, del estado de los espíritus, de la población y de los habitantes, no pueden ser regidos por unas mismas leyes; puertos a grandes distancias del asiento del poder, no son atendidas las necesidades del momento y su débil voz llamaría apenas la atención de un congreso dedicado a organizar un gran todo y darle existencia.[35]

Asimismo, en el mismo preámbulo de la constitución, en un tono esperanzado, los constituyentes redactaron: "El congreso general espera igualmente del patriotismo y actividad de las autoridades y corporaciones de la federación, como de las particulares de los estados, que empeñarán todos sus arbitrios para establecer y consolidar nuestras nacientes instituciones".

---

[35] Mateos, *Historia parlamentaria,* 2:1074. El federalismo está expresado con nitidez:

> La República Federada ha sido y debió ser el fruto de sus discusiones, solamente la tiranía calculada de los mandarines españoles podía hacer gobernar tan inmenso territorio por unas mismas leyes, a pesar de la diferencia enorme de climas, de temperamentos y de su consiguiente influencia. ¿Qué relaciones de conveniencia y uniformidad puede haber entre el tostado suelo de Veracruz y las heladas montañas del Nuevo México? ¿Cómo pueden regir a los habitantes de la California y la Sonora las mismas instituciones que a los de Yucatán y Tamaulipas? La inocencia y candor de las poblaciones interiores ¿qué necesidad tienen de tantas leyes criminales sobre delitos e intrigas que no han conocido? Los tamaulipas y coahuileños reducirán sus código a cien artículos, mientras los mexicanos y jaliciences se nivelarán a los pueblos grandes que se han avanzado en la carrera del orden social. He aquí las ventajas del sistema de federación. Darse cada pueblo a sí mismo leyes análogas a sus costumbres, localidad y demás circunstancias: dedicarse sin trabas a la creación y mejoría de todos los ramos de prosperidad: dar a su industria todo el impulso de que sea susceptible, sin las dificultades que oponía el sistema colonial u otro cualquier gobierno que hallándose a enormes distancias, perdiera de vista los intereses de los gobernados: proveer a sus necesidades en proporción a sus adelantos: poner a la cabeza de su administración sugetos que amantes del país, tengan al mismo tiempo los conocimientos suficientes para desempeñarla con acierto: crear los tribunales necesarios para el pronto castigo de los delincuentes y la protección de la propiedad y seguridad de sus habitantes: terminar sus asuntos domésticos sin salir de los límites de su estado: en una palabra, entrar en el pleno goce de los derechos de hombres libres.

Constitución federal de los Estados Unidos Mexicanos sancionada por el Congreso General Constituyente, el 4 de octubre de 1824, en Colección de constituciones de los Estados Unidos Mexicanos: Régimen constitucional, 1824, ed. Mariano Galván, prólogo de la edición facsimilar por Diego Valadés (México: Miguel Angel Porrúa, 1988), 1:22–23.

Por último, se hacen votos porque la Constitución se cumpliera y evitara los subterfugios heredados de una tradición escolástica que podría hacer fracasar en forma rotunda el proyecto constitucional.[36]

---

[36] Sin dejar de advertir:

Pero si en lugar de ceñirse á la órbita de sus facultades, hacen esfuerzos para traspasarla; si en vez de dar ejemplo de una justa observancia de la constitución y leyes generales, procuran eludir su cumplimiento con interpretaciones y subterfugios hijos del escolasticismo de nuestra educación, en ese caso renunciamos ya al derecho de ser libres, y sucumbiremos fácilmente al capricho de un tirano, nacional ó estrangero, que nos pondrá en la paz de los sepulcros ó en la quietud de los calabozos.

Constitución federal de los Estados Unidos Mexicanos, en ibid., 1:28–29.

10

Clerics as Politicians: Church, State, and Political Power in Independent Mexico

Anne Staples

I N MANY WAYS, the goals of Church and monarchy were similar during the colonial period. The War of Independence, however, not only disrupted that unity of purpose but also radically altered the Church's political role. In the future, that role would be determined to a large degree by the station of individual clerics within the ecclesiastical hierarchy. The huge chasm that erupted at Independence between rural priests and city bishops, to cite an extreme example, became evident in the diverse positions they adopted when facing the issues that threatened the viceregal peace. Bishops excommunicated insurgents or wrote tracts against the movement, such as those prepared by Manuel Abad y Queipo, but the hierarchy only fought the insurgents with words, money, and the enormous weight of its moral authority.[1] Churchmen from the lower ranks, especially those from rural areas, however, became armed combatants, actively engaged in warfare on both sides of the conflict.[2] New Spain had never before seen its clergy in such openly rebellious and radical

---

[1] These can be seen in the edicts published against the Independence movement by Manuel Abad y Queipo, Francisco Lizana y Beaumont, and Manuel Ignacio González del Campillo in Gastón García Cantú, *El pensamiento de la reacción mexicana. Historia documental, tomo primero 1810–1859* (Mexico: Universidad Nacional Autónoma de México [UNAM], 1986), 27–80.

[2] An excellent study of the lower clergy during the war is Francisco Morales, *Clero y política en México (1767–1834), Algunas ideas sobre la autoridad, la independencia y la reforma eclesiástica* (Mexico: SepSetentas 224, 1975).

political activity. During the colonial period, ecclesiastics had fought ferociously among themselves about the status of the regular orders, particularly whether the regulars were subject to episcopal authority or could function as practically independent religious authorities of the highest order. But, at least in public, the clergy had never before divided vertically into two different groups with opposing ideological and political goals.

The enlightened elite of New Spain embraced the idea, derived from the recent French experience, of a government based on the Three Estates. In that system, the Catholic clergy played a significant role, as it had from the time of the conquest. The views and authority of the Church had been important in political decisions throughout the colonial period and they remained significant after Independence. To choose leading ecclesiastics as electors or to include them in the regency, ministerial cabinets, or state councils assured the Mexican government of the participation of the most versed, powerful, experienced, and best-organized sector of the nation.

The new regime could not function without the Church's blessing and cooperation, nor did it wish to, for, through the unifying force of its values and traditions, the Church represented Mexico's only major hope for stability and continuity. These values and traditions were vital to a country severely fragmented along linguistic, economic, geographic, and ethnic lines; a nation with very few routes of communication and only a superficial history in common. The three hundred years of Spanish domination had meant very different things to different people in New Spain. The colonial regime was hardly felt in outlying zones, high in the mountains, or deep in the jungles; it was dominant in urban centers, and present, but not necessarily all encompassing, in rural communities. The closest common denominator the region possessed was the experience of evangelization. Ideally, its legacy would hold the country together after the hegemony of the Spanish Crown was shattered.

This patchwork of peoples and places was mirrored in the clergy. Despite similar training, individual ecclesiastics mirrored the divisions within society, as much before Independence as afterward.[3] Their personal goals were in great part molded by their social class and geographical origins. And, as long as the generation that had participated in the war survived, it carried the profound resentments generated by that struggle—a conflict in which some members of the higher and lower clergy found themselves pitted against each other in a contest that did not respect their priestly character, and condoned the execution of churchmen even without

---

[3] Robert J. Knowlton found this to be true even during the Reform; not even then did the Church respond with one voice to the attacks made on its property and privileges. Knowlton, "La iglesia mexicana y la reforma: Respuesta y resultados," in *Iglesia y religiosidad,* vol. 5 of *Lecturas de Historia Mexicana* (Mexico: El Colegio de México, 1992), 153.

their first being defrocked. For some New Spaniards, the shock of that sacrilegious disregard for the sacred nature of the priesthood changed forever the reverence in which the clergy had once been held. For others, it provided so strong a motivation to defend the Church that entire indigenous communities rallied behind the flag of religious immunity, which protected the clergy from being prosecuted for crimes by the state judicial authorities. Thus, some were willing to give their lives to protect those of their spiritual fathers.[4]

Mexico began its life as an independent nation during the reign of a pope who refused to recognize that country's separation from Spain. As a result, some members of the clergy soon became enemies of the new state. In 1827, Spanish friars and priests, regardless of how long they had been in Mexico, followed the same long road to exile taken by the Jesuits sixty years before, but with a difference: this time, not even the Church protested against losing its own people.[5] Spanish clergymen were no longer welcome in a land that needed someone to blame for its continuous mishaps. Purged of that foreign element, and confronted by the reforms of 1833, the Mexican Church might have rallied around its newly appointed bishops, pursued policies that undermined or annulled the secularizing tendencies of the infant modern state, and forestalled or squashed the actions of the liberals, which culminated in the War of Reform in 1857. Instead, the clergy formed no such common front, as revealed by an analysis of the political careers of clerics who played important roles in various administrations or served as elected representatives in both state and national congresses.

Although a process of partial reconciliation within the Church occurred, the institution neither emerged from the divisive experience of Independence as a unified body, nor did it behave politically as a cohesive force by pursuing common goals for the good of the whole corporation. On the contrary, priests often allowed private interests, regional quarrels, and business investments to taken precedence over the general well-being of the Church. The clergy also remained divided about the nature of its role in Mexican society and in the government. These differences were voiced openly in public or expressed in the opposing votes cast by churchmen in state and national legislative bodies. There were reformist and conservative movements within the Church. During Valentín Gómez Farías's attempts to reduce ecclesiastical privileges and reform the school system, some clerics, such as José María Luis Mora, were firmly behind him. The majority, however, solidly opposed such government encroachment on

---

[4] Nancy Farriss, *Crown and Clergy in Colonial Mexico, 1759–1821: The Crisis of Ecclesiastical Privilege* (London: Athlone, 1968), 197–253.

[5] Hal Sims, *The Expulsion of Mexico's Spaniards, 1821–1836* (Pittsburgh: University of Pittsburgh Press, 1990).

their traditional interests. An example from the congressional voting record, taken a decade later, indicates the nature of clerical division. A priest from Oaxaca, Juan Canseco, voted in favor of a projected centralist constitution, then changed his mind and voted nay; his colleague Joaquín Ladrón de Guevara, from Morelia, preferred a federalist constitution. So did Father Jesús Ortiz, the leading cleric of the Guadalajara diocese after the bishop.[6]

Despite these political divisions, the Church began to reestablish its economic power after Independence. According to recent research, the Consolidation of Vales Reales, the 1804 decree that expropriated Church property to pay the Crown's war debts, proved to be less disastrous than proclerical propaganda had earlier claimed. Similarly, recent studies have demonstrated that the Church substantially recovered its wealth after losing investments in rural properties destroyed during the war.[7] When not in need of forced loans, friendly regimes, like those of Anastasio Bustamante and Antonio López de Santa Anna, permitted the Church to rebuild its financial base to the fullest extent possible in those dire economic times. The institution also restored its own internal structure. The key figures in its hierarchy had been replaced by 1831, save the archbishop, whose see was not declared vacant until 1838, even though he had left the country in 1822. Other prelates had followed him or died, so that by 1829 not a single bishop remained in Mexico.[8]

Replacements negotiated with Rome in 1832 provided the Church with renewed strength, at least at the highest level. Although less well studied, it appears that the institution also benefited from the emergence of strong, eloquent, and erudite figures such as the bishops of Michoacán, Juan Cayetano Gómez de Portugal and Clemente de Jesús Munguía, who spoke with great authority when participating in the government or commenting on its policies.[9] They were especially prominent when in

---

[6] Cecilia Noriega Elío, *El Constituyente de 1842* (Mexico: UNAM, 1986), 95–97. Many more examples could be extracted from Juan A. Mateos, *Historia parlamentaria de los congresos mexicanos* (Mexico: Imprenta de "El Partido Liberal," 1893) (Facsimile edition published by the Archivo de Derechos de Autor, 1977).

[7] Francisco Cervantes, "De la impiedad y la usura. El crédito eclesiástico y los empresarios en Puebla, 1821–1861" (Ph.D. diss., El Colegio de México, 1993).

[8] Anne Staples, *La iglesia en la primera república federal mexicana: 1824–1835* (Mexico: SepSetentas 237, 1976).

[9] Moises González Navarro recalls the interesting case of Cayetano Portugal, who was so respectful of civil authority that he obeyed the 1833 law removing legal enforcement of tithing, thus raising the ire of his own cathedral chapter in Morelia. This is another illustrative example of diverse opinions within the Church itself. He was the first Mexican cardinal, although he died before receiving news of his appointment. Moisés González Navarro, *Anatomía del poder* (Mexico: El Colegio de México, 1977), 92. Knowlton calls Clemente de Jesús Munguía "probably the most precise and eloquent defender of the Church," "La iglesia mexicana," 155.

disagreement with the regime. Indeed, it was the latter's independent attitude and ability to express himself well, both from within and from without the government, that eventually led to his exile.

At a time when the number of educated men was limited, when few had the training necessary to conduct public affairs, and, above all, when only a small number of individuals possessed the talent for public speaking with clarity and style, the clergy distinguished itself because of its familiarity with the art of oratory. Soon, however, its excessive enthusiasm and especially its well-expressed criticism convinced civil governments, such as those of Valentín Gómez Farías, to restrain ecclesiastics. During the turbulent years of 1828, 1832, and 1833 the authorities felt compelled to remind the Church of the laws prohibiting discussion of public affairs either from the pulpit or in the confessional.[10]

The priests' speaking skills and traditional authority influenced their parishioners, a fact that worried government officials who had witnessed the clergy's dominion over hearts and souls of the faithful. The priests' influence stood in stark contrast with the weakness of those new to public life—the young lawyers, military officers, doctors, and gentlemen—trying to piece together a modern state. The relative power of the groups in contention—clergymen vs. civilian politicians—was quite clear, and it was evident in public affairs large and small. Congressman Carlos María de Bustamante, for example, wrote a carefully worded letter to the father superior of the monastery of Santo Domingo, located in the center of Mexico City, tactfully pleading with him to silence the bells, which marked all parts of the liturgical day, during legislative sessions so that the congressmen could concentrate on their lawmaking. Bustamante reminded the friar that the state was but an infant, and that he was requesting the favor of an ancient, respected, and strong institution—the Church.[11]

Clerical influence during the first years of Independence is evident in the ministerial cabinets. The bishop of Puebla, Antonio Pérez Martínez, who was endowed with the extraordinary ability to be almost simultaneously loyalist and rebel, served in the first regency. José Ignacio García Yllueca and the Veracruzan botanist Pablo de la Llave, both priests, formed part of the cabinet in 1823. José Miguel Ramos Arizpe, who rose

---

[10] Decree, March 20, 1828, signed by the governor of the state of Mexico, reproduced in *Colección de decretos de los congresos constitucionales del estado libre y soberano de México,* vol. 3 (Mexico: Imprenta de J. Quijano, 1850), 34. See Manuel Dublán and José María Lozano, *La legislación mexicana o colección completa de las disposiciones legislativas desde la Independencia de la República,* 30 vols. (Mexico: Imprenta del Comercio, 1876–1912), 2:531–532. Further discussion of the problem can be found in Anne Staples, "Secularización: Estado e iglesia en tiempos de Gómez Farías," *Estudios Modernos y Contemporáneos de México* 10 (1986): 109–136.

[11] Anne Staples, "El abuso de las campanas en el siglo pasado," *Historia Mexicana* 27, no. 2 (1977): 177–194.

to the position of dean of the Cathedral Chapter of Puebla, served as minister of justice, minister of the treasury, and member of congress on several occasions. Another bishop, Juan Cayetano Gómez de Portugal of Michoacán, served as minister of justice under Antonio López de Santa Anna, helping him to reestablish political peace after the tempest created by Valentín Gómez Farías and other radical liberals.[12]

The prominence and popularity of clergymen becomes evident in their participation in the political system where many won elections as senators and representatives.[13] Although it is difficult to determine exactly the number of churchmen elected to office because the documentation does not always indicate the profession of elected officials, it is clear that many clerics occupied seats in the national congress. Priests, such as José María Berriel of Tlaxcala, Clemente Castillejo of Chiapas, and Eugenio Antonio Ortíz of Yucatán, participated in the Fifth and Sixth National Constitutional Congresses. Canon Luis Morales of Oaxaca; Lucas Alamán's half brother Dr. Juan Bautista Arechederreta, vicar general of nuns, representing his native state of Guanajuato; and Presbyter Mariano Esparza of San Luis Potosí served in the sixth congress. The Jesuit Basilio Arrillaga was an influential senator from mid-1837 until the end of 1838, when the First Centralist Constitutional Congress met. Father Francisco García Cantarines, along with Licenciado Demetrio Castillo and the curate José Agustín Domínguez, provided strong clerical representation from Oaxaca in that congress. Presbyter Luis Herrera of Yucatán and José Luciano Becerra, future bishop of Puebla, distinguished themselves in the congressional debates.[14] Although many other examples might be offered, these suffice to indicate clerical presence in national congresses.

There were, however, restrictions in some states on office holding. The first state constitutions, written between 1824 and 1827, prohibited the election of a churchman to the office of governor, save in Oaxaca, which did not specifically disallow it. The other exception was the constitution of the state of Mexico which, while forbidding "ecclesiastical authorities" from that office, appeared to leave the door open to parish priests, perhaps because they feared less conflicts of interest with the lower clergy.

Elections for legislative office were a different matter. While there were practically no restrictions on clerics being chosen primary or

---

[12] Lucina Moreno del Valle, *Catálogo de la Colección Lafragua, 1821–1853* (Mexico: UNAM, 1975).

[13] The 1843 constitution specified that the departmental assemblies choose a certain number of senators from among former presidents or vice-presidents of the republic, governors, senators, bishops, or generals (Art. 40). The three branches of government would postulate members of the bureaucracy, army, or Church who had given outstanding service to the country (Art. 39). Noriega Elío, *El Constituyente*, 148.

[14] Moreno del Valle, *Catálogo de la Colección*, 911–913.

secondary electors, the Federal Constitution of 1824 did not permit ecclesiastics either of high rank, as opposed to curates, or of the religious orders to be selected.[15] The restriction did not exclude either parish priests or those who had been ordained but without a specifically assigned position within the hierarchy. There was a large number of unemployed priests more interested, perhaps from necessity, in the vibrant political scene than in the meditative, austere religious life. These men were often not excluded from politics by any legal barrier.

Six states followed the federal constitution's lead in barring only high Church officials. Tabasco, however, imposed no restrictions at all, while Jalisco and Querétaro, at the other extreme, prohibited all churchmen from running for any legislative office. The Jalisco constitution achieved that end by declaring anyone enjoying ecclesiastical immunity, and therefore exempt from many civil laws, ineligible to run for public office. That ban effectively eliminated all clergy. Five states disqualified members of the religious orders. The majority, including the state of Coahuila y Texas, restricted access to public office to those clerics not exercising ecclesiastical jurisdiction within the state or district that they would represent.[16] Obviously, Coahuila y Texas sought to avoid investing ecclesiastical and political authority in the same person as had occurred earlier in the colonial era when some archbishops became viceroys. The state also did not want its citizens placed in the uncomfortable position of having to chose their spiritual director as their senator or representative to congress, or worse yet, having to vote against him.

Despite the restrictions placed upon them as candidates, a small but influential number of clerics served both in local and national legislatures during the early years of independent Mexico. It is interesting to note that the government seems to have been concerned more with bishops being elected to representative positions in the legislatures or to governorships than with curates being elected. An uncomfortable blending of secular and religious power undoubtedly would take place if bishops also wielded civil authority, although in some regimes they were very much present in regencies or juntas of the leading personages of the country.

This small but influential group of ecclesiastics did not always dominate politics. A detailed study of the composition of the First Centralist Congress found that lawyers comprised 20 percent of the members, military officials 17 percent, and individuals affiliated with the Church only 15

---

[15] Only Franciscans, Dominicans, Agustinians, Mercedarians, and Carmelites were present in Mexico at the time. The Hospitalers had been expelled by the *cortes* in 1820, and the Jesuits reexpelled the same year.

[16] Mariano Galván Rivera, ed., *Colección de constituciones de los Estados Unidos Mexicanos, régimen constitucional 1824,* facsimile edition, 3 vols. (Mexico: Miguel Angel Porrúa, 1988).

percent. That 15 percent, however, formed an important group. Altogether, it consisted of seventeen ecclesiastics, including ten cathedral canons, three of whom later became bishops: Pedro Barajas, first bishop of San Luis Potosí; José Luciano Becerro, of Puebla; and Pedro Espinosa y Dávalos, first archbishop of Guadalajara. One, Epigmenio Villanueva, was the bishop-elect of Oaxaca, and another, Juan Bautista Arechederreta, was offered, but rejected, the see of Michoacán. This select group worked more toward consolidating the position of the Church than that of the Central Republic, to which that body owed its renewed vigor. The debates and votes in the congress indicate that the clerics did not dedicate their energies primarily to drafting the Seven Laws, Mexico's new centralist constitution proclaimed in 1836.[17] Rather, these ranking members of the Church opposed the reform movements that had been briefly successful in 1833. That unity of purpose, however, would not be characteristic of other congresses, where churchmen drawn from all ranks did not forget the interests of their particular districts.

A study of the Constituent Congress of 1842 indicates that clerics continued to participate in legislative affairs without undue hindrance from the state. It was imperative for them to play an active role because they had to protect the Church's prerogatives and wealth. Discussions about finances inevitably culminated in demands for loans from the Church, and proposals to liberalize censorship laws resulted in the erosion of the Church's heretofore undisputed authority to define society's ethics and moral values.[18] In these, as in many other cases, the Church remained alert to encroachments on its interests.

The clergy represented 5 percent of the deputies to the congress of 1842; it constituted 13 percent of the Junta of Notables of 1843. While the percentage of ecclesiastics in those bodies was not important numerically, it was significant when examined individually. As in the past, clergymen distinguished themselves by their ability to speak in public and by their debating skills. But they now had to compete with the lawyers, men with similar training and abilities, who accounted for 38 percent of the representatives. This time, the clerics were not as high ranking as those of 1836; most were ordinary priests, although many belonged to cathedral chapters. The situation changed a year later when, once again, the highest churchmen in the land entered the legislative halls: two archbishops, a bishop, and members of cathedral chapters represented 92 percent of the clerics elected to the congress of 1843.[19]

---

[17] Reyando Sordo Cedeño, *El congreso en la primera república centralista* (Mexico: El Colegio de México, 1993).

[18] Noriega Elío, *El Constituyente,* 12.

[19] Ibid., 125–126.

Churchmen, however, pursued differing strategies. The higher clergy possessed a clear idea of the need to preserve their prerogatives and special position within Mexican society; in fact, the bishops swore to protect them all in their most minute detail. Parish priests, on the other hand, did not always make common cause with their colleagues, and certainly failed to cooperate systematically with the Church hierarchy on issues such as disentailment, the tithe, and parish fees. While as a general principle they tended to unite to defend the Church, specific political issues divided them. Two kinds of clerics participated in the political life of the country—those who engaged in politics occasionally and those who made a career of public life.

The ecclesiastics who participated in politics only occasionally were a diverse group. Father José Juan Canseco of Oaxaca, for example, also served as an adviser to the Institute of Sciences and Arts of Oaxaca and as a member of the local legislature. His colleagues Francisco Carrera, José María Santaella, and Nicolás Vasconcelos, also from Oaxaca, were present only at the Constituent Congress of 1842. Father José María Oller, canon from Puebla, expressed unorthodox opinions when he conceded that the Church should acquire property only under civil law even though it generally refused to recognize the very existence of civil law. Oller served in the 1842 congress and in the Puebla legislature. Another priest from Puebla, Luis Gutiérrez del Coral, rector of the College of Espíritu Santo, served as a member of the Departmental Junta of Puebla in 1842 and participated in the national congress in 1843. Also typical of this sort of politician was Domingo Rodríguez, a priest from Mexico City, whose name appears once in the records of congress and then disappears from the political scene. A cleric with highly diversified interests was Manuel Moreno y Jove, canon of the Metropolitan Cathedral and representative of the merchant class in the congress of 1846.[20]

Clerics with full-time political careers were not only more influential, but, at times, more interesting. These men often either lacked other occupations or left their parishes, with or without permission, under the care of a vicar. Thus, they were able to devote their lives to the passionate game of politics. The Morelian J. Joaquín Ladrón de Guevara, for example, had supported Independence since 1809. He had belonged to the Metropolitan Cathedral Chapter since 1833, served in the legislature of Michoacán, and for twelve days, which must have been memorable, was minister of justice in Santa Anna's last regime. Ladrón de Guevara was reputedly antiaristocratic and prodemocratic, to the delight of Santa Anna's followers, even though they could hardly be classified as such themselves.[21]

---

[20] Ibid., 93, 194, 208, 210.
[21] Carlos María de Bustamante, cited in ibid., 98.

Jesús Ortiz, another priest who did not strictly adhere to the traditional pattern of clerical conduct, was professor of grammar and Latin; governor of the diocese of Guadalajara; and, surprisingly enough, opposed the idea that temporal authority derives from God. An antimonarchist, he served in two national congresses. José Luis Verdía of Guadalajara was also a cleric with a long political life, though with a more traditional ideology. An outstanding lawyer, Verdía helped draft the civil law code for his state in 1833. Throughout his long career he protested the confiscation of Church wealth, often from his position as dean of the Guadalajara Cathedral Chapter, or as a member of the state legislature.[22]

Two well-known priests participated in the National Legislative Assembly of 1843. One was the politically active and polemical José María Aguirre, parish priest of Santa Veracruz in Mexico City. The other was Basilio Arrillaga, already mentioned, a brilliant Jesuit lawyer and a champion of Church prerogatives and wealth. Arrillaga was totally convinced of the righteousness of ecclesiastical privilege, and he defended Church prerogatives against all attacks. He is, perhaps, the clearest example of a priest who entered politics with the specific goal of protecting the Church.[23]

Juan Cayetano Gómez de Portugal, bishop of Michoacán for nineteen years beginning in 1831, combined pastoral duties with a great deal of political activity. He served in the national congress in 1824, in the First Centralist Constitutional Congress from June 1837 to December 1838, and as minister of justice. Because of his disagreement with the anticlerical policies of the National Assembly he resigned from that body in 1843. Gómez de Portugal opposed government intervention in Church affairs during his entire professional life.[24]

The archbishop-elect of Cesárea (though never of a Mexican diocese), Juan Manuel Irrisarri y Peralta, enjoyed a long political career. He served in the national congress in 1824, the national legislative assembly and the council of state in 1843, and the congresses of 1846 and 1848. In 1824, another cleric of similar rank, Manuel Posada y Garduño, the future first Mexican archbishop, simultaneously served as governor of the archdiocese and as a member of congress.[25]

It is doubtful that the Oaxacan priest Miguel Valentín y Tamayo had much time to minister to the spiritual needs of the faithful. In 1822, he

---

[22] Ibid., 210.
[23] Ibid., 216.
[24] Ibid.
[25] Posada y Garduño was governor of the diocese at that time. It was he who eventually took the place of Pedro Fonte, the colonial archbishop who had refused to renounce his see before exiling himself in Spain. Fonte left Mexico just before Iturbide's coronation in 1822, never to return. But since he did not renounce the position of archbishop, no one else could take his place. Ibid., 217, 221.

served as regent of the short-lived Mexican Empire and of Sagrario Parish in Mexico City. He was president of the Chamber of Deputies in 1825 and in 1831, a member of congress in 1835 and 1836, and president of the chamber again in 1837 and 1845. He was also one of the drafters of the Seven Laws, the centralist constitution.[26]

A final example of a professional political cleric is Mariano Vizcarra, canon of the Metropolitan Cathedral. He served in the legislature of the state of Mexico, the national congress in 1836, and as president of the Chamber of Deputies in 1840. These were important positions that provided excellent forums for expressing his antireformist ideas.[27]

Although there were legal restrictions upon clerical participation in the legislature at various times from Independence to the War of Reform, they were neither uniform nor consistent. Many high-ranking clergy, for example, were free to engage in politics. Political rules changed somewhat after the Constitution of 1824 was abolished in 1836. Other regulations were introduced in 1836, and still others in 1842–1843. But before the War of Reform, the opinions of the Church as an institution or of ecclesiastics—either as individuals or as a group—were expressed constantly, forcefully, and clearly in both the national and the state legislatures.

The writings of José María Luis Mora are the expression of one of the Church's best thinkers. Mora participated in the legislative debates of the state of Mexico; later in the Federal District; and, by his pen, in national debates about the nature of ecclesiastical properties and privileges. His important publications and his voluminous correspondence influenced subsequent generations of Mexicans. Educated, as were others in his profession, in rigorous, logical, and well-structured thought, Mora's arguments can be appreciated even today for their solid structure and reason. He insisted on an egalitarian society, with no special privileges for anyone, including the Indians. He believed in remaking society through laws that redistributed wealth, broke down group interests, and promoted individual values.

In obvious conflict with the reality of Mexican society of the 1820s when he proposed his most radical reforms, Mora brandished carefully polished arguments. As one writer acutely observed, in order to win and keep oneself from being slaughtered on the swampy treacherous battlefield of political warfare in Mexico, one had to possess the qualities of volcanic tufts: porosity and hardness. Mora lacked or did not practice the first. He stood firmly behind his ideas and did not engage in the give-and-take needed to achieve victory on the political scene of his time.[28] Nor

---

[26] Ibid., 224.
[27] Ibid., 225.
[28] Arturo Arnaiz y Freg, "Prólogo," in *Ensayos, ideas y retratos,* by José María Luis Mora (Mexico: UNAM, 1979), v–xxiv.

was he above distorting the truth to obtain his ends. An implacable critic of clerical education, Mora invented the myth of the Church's monopoly on education in Mexico, something that in fact never existed.

Mora objected to clerical involvement in politics, even though he himself participated actively first in Mexico and later from his self-imposed exile in England and France. He felt that churchmen should be exonerated from legislative positions, so that parishes would not be abandoned by their pastors, and in order to avoid their "hateful pretensions," which often put obstacles in the path of needed reforms.[29] Despite his lack of accommodation to the rough-and-tumble of Mexican politics, Mora personifies the ecclesiastic committed to change and to a regime in which the Church, in all things temporal, would be clearly subordinated to the state.

The political weight of many sectors of the Church had shifted with Independence. As Mora noted, the regular orders lost the great prestige that they had earlier possessed in Mexican society. Less-distinguished men from "questionable" families and "poorer cultural backgrounds" now entered the religious orders. As a result, the Church lost not only status, reverence, and prestige but also political influence. Instead, members of the secular clergy became prominent. Individual clerics had learned how to pursue their own interests by aligning themselves with all parties. Thus, clerical politicians often found themselves on the winning side, regardless of which group triumphed.[30] Mora criticized such unseemly behavior, probably wishing that he were more successful at such political maneuvering himself.

After Independence, and until the War of Reform, the government invited the most learned segments of the clergy not only to participate in legislative processes, but also sought their opinion and advice on many other subjects. The first and most important of these was the *patronato,* the system by which the state approved or disapproved candidates selected by the Church for various positions within the hierarchy, decrees and bulls from Rome, the designation of new bishoprics, and other matters of ecclesiastical discipline. In 1822, representatives of the Mexican dioceses met to formulate the Church's official position concerning that fundamental aspect of the relationship between Church and state. In the opinion of the prelates, the new country did not possess the *patronato* because it had not been a sovereign right of the Spanish nation; rather it had been a privilege bestowed by the pope upon the kings of Spain in return for their work in evangelizing the New World. If the newly independent government

---

[29] José María Luis Mora, *México y sus revoluciones,* vol. 1, edition and prologue by Agustín Yañez (Mexico: Editorial Porrúa, 1965), 113.
[30] "José María Luis Mora, una visión de la sociedad mexicana," in *Espejo de discordias,* ed. Andrés Lira (Mexico: Secretaría de Educación Pública, 1984), 104, 117.

of Mexico wished to exercise the *patronato*, it would have to properly request it of the Vatican.[31]

Not all members of the clergy were in agreement with the interdiocesan representatives. Friar Servando Teresa de Mier, a very outspoken critic, favored a national Church—similar to the Anglican or the French church during the Revolution—independent of Rome, backed by the state, and supportive of the government. But, in general terms, the hierarchy that remained in Mexico after the War of Independence agreed that the *patronato* could not be considered as an inherited attribute of the Spanish Crown and therefore transferable to Mexico. It would have to be acquired via negotiations with Rome.

The leaders of the new nation assumed that the state and the Church would continue to cooperate as they had during the colonial era. Immediately after Independence, for example, the new regime determined that, like the now extinguished Inquisition, it would use its authority to prevent the circulation of morally or politically subversive reading material. The Iturbide government, therefore, asked the Church for a list of forbidden works, which it formally prohibited as a sort of national index.[32] The state and the Church worked in relative harmony to pursue common goals of social control. It was only natural, therefore, that the state continue to enforce the Church's mandates. This was true not only with regard to reading material and religious intolerance; it also extended to the enforcement of religious vows and the legal obligation to pay tithes.

The question of religious tolerance helped unite a Church riven by the conflicting passions unleashed during the War of Independence. Virtually all churchmen, save José María Luis Mora, opposed tolerance with varying degrees of vehemence. Ecclesiastics could not discern a reason why the one true faith should be contaminated or the religious unity of the country destroyed merely for commercial gain, since only foreigners with different faiths urged religious freedom in order to work and worship in Mexico.[33]

This fear of alien religions, which contributed to the restoration of consensus within the Church, reached its apogee with the Mexican-American War. Nothing was more effective in overcoming clerical apathy and debate than the threat of conquest by a "heathen people" who surely

---

[31] Fernando Pérez Memen, *El episcopado y la independencia de México, 1810–1836* (Mexico: Editorial Jus, 1977).

[32] This incident is recounted in Anne Staples, "La lectura y los lectores en los años de vida independiente," in Seminario de Historia de la Educación en México, *Historia de la lectura en México* (Mexico: El Colegio de México-El Ermitaño, 1988), 94–126.

[33] One of the most eloquent arguments against that freedom was written by Juan Bautista Morales, "Disertación contra la tolerancia religiosa" in *Rocafuerte, Juárez y la libertad de conciencia en México* (Puebla: Editorial Cajica, 1973).

would destroy the Catholic faith. From that perspective, it is easy to understand the fear that the invasion inspired among the clergy and the passionate sermons that they preached against the soulless foreigners. Nevertheless, that terrible threat was not sufficient to convince the cathedral chapters to contribute money for the nation's defense. As a result, even a man as imbued with religious values as the Poblano Antonio Haro y Tamariz, minister of the treasury under Santa Anna, whose four sisters were in convents and whose two brothers were priests, had to force the Church to relinquish part of its wealth for national defense.[34]

In quieter times, the political symbiosis between Church and state functioned more smoothly. The state had recourse to the Church on many matters. Besides aid in maintaining order, the new regime needed the Church's help to shift the loyalties of the former subjects of the monarchy from the personal father figure of a paternal king to the abstract idea of a modern state. In the past, the clergy had preached love of God and king in the same sentence, as if one depended on the other. To the schools, but in a much greater degree to priests, fell the task of transferring that engrained personal loyalty from the king to the Mexican state, and inspiring in the faithful a love of liberty and civic responsibility. Although ecclesiastics more often spoke against the government than for it, the hierarchy attempted to encourage priests to perform that worthy task. In Guadalajara, for example, a pamphlet appeared in 1822 that instructed them about inspiring their parishioners with "love for the public welfare and one's country."[35]

Although basically committed to the new Mexican nation, Church leaders opposed many of the state's specific measures and almost universally repudiated the midcentury Reform Laws. The bishop of León, Guanajuato, José María de Jesús Díez de Sollano, for example, wrote many manifestos and pastoral letters against both tolerance and reform.[36] The bishop and ecclesiastical hierarchy of Chiapas published a paper in Mexico City addressed to the national congress with similar views.[37] Nor did

---

[34] In exchange for not having its property expropriated, the Church finally agreed to a loan to the government. Jan Bazant, *Antonio Haro y Tamariz y sus aventuras políticas 1811–1869* (Mexico: El Colegio de México, 1985).

[35] José Higinio Durán, "Carta pastoral que dirige a los señores curas del Istmo de Panamá el ilmo. sr. dr. fr . . . su obispo diocesano," catalogued in *Inventario e índice de las misceláneas de la Biblioteca Pública del Estado de Jalisco* (Guadalajara: Instituto Nacional de Antropología e Historia [INAH], 1978) (hereafter cited as *Inventario*).

[36] A guide to an interesting collection of his writings can be found in *Inventario . . .* , for example Miscellaneous 184, no. 9 *Séptima carta pastoral que el ilmo . . . dirige . . . contra el protestantismo*, or Miscellaneous 188, no. 28 *Manifestación que hace el obispo . . . contra la ley orgánica de las adiciones y reformas constitucionales.*

[37] *Exposición que el ilmo. sr. obispo, el señor supervisor y vicario general, y el v. cabildo de la diócesis de Chiapas, dirigen al soberano congreso general constituyente contra el proyecto de tolerancia de cultos en la república* (Mexico: Imprenta de Tomás S. Gardida, 1855), *Inventario*, Miscellaneous 22, no. 13.

the energetic bishop of Michoacán, Clemente de Jesús Munguía, remain silent.[38] He not only forbade the faithful from swearing allegiance to the Constitution of 1857, but also demanded repeal of all offending legislation at any level.[39]

The clergy's political role was not limited to participation in regencies, cabinets, and various legislatures and engaging in public debate for and against the government. After emancipation, armed struggle continued in many localities throughout the 1820s in the form of bandit attacks or political revolts. Priests occasionally became involved in armed attempts to topple the government or to impose a particular political plan. Father Joaquín Arenas instigated one of the best known of these *pronunciamientos* in 1827 when he declared that, in order to return Catholicism to its original purity, the country should once more swear allegiance to Fernando VII. Such action would, he insisted, result in the reestablishment of relations with the Vatican. The priest paid with his life for high treason. After Independence, no one could attempt to reestablish the Spanish monarchy in Mexico, not even for the benefit of the Church. Naturally Father Arenas was not the only one involved in the plot. He convinced many to follow him, among them the Franciscan Rafael Torres and his accomplices in Puebla.[40] It is evident that as late as 1827 some churchmen were not in favor of an independent Mexico. Indeed, Independence was not completely accepted by many churchmen until the Mexican government defeated the Spanish general Isidro Barradas and his forces when they attempted to reconquer Mexico in 1829.

In some cases, parish priests joined political movements that backed the government. The Act of Teloloapan of February 1832 provides an example. The regime orchestrated the movement as a public manifestation of disapproval of an earlier *pronunciamiento* called the Plan of Veracruz.[41] The government was delighted to use the priests' support in its efforts to undermine the opposition. In another instance, General Francisco Hernández, under instructions from the regime, requested the presence of the priest of Tlacotepec in the state of Mexico at a public meeting in which

---

[38] Clemente de Jesús Munguía, *Circular que el obispo de Michoacán, dirige al muy ilustre y venerable cabildo y venerable clero de su diocesis, explicando el sentido de las circulares expedidas con motivo del juramento de la constitución contra la falsa inteligencia que se les ha pretendido dar . . . Inventario,* Miscellaneous 22, no. 15.

[39] Clemente de Jesús Munguía, *Exposición . . . sobre expropiación eclesiástica, pidiendo su derogación, y en caso necesario protestando contra él* (Guadalajara: INAH, 1978), *Inventario,* Miscellaneous 28, no. 14.

[40] "Plan de Arenas," in *Planes de la nación mexicana,* ed., Guadalupe Jiménez Codinach, vol. 1 (Mexico: Senado de la República-El Colegio de México, 1987), 201–203.

[41] "El Acta de Teloloapan rechazaba el Plan de Veracruz," in *Planes de la nación mexicana,* ed. Josefina Vázquez, vol. 2 (Mexico: Senado de la República-El Colegio de México, 1987), 87.

the village manifested its loyalty to the government and opposed the Plan of Veracruz. The curate lectured the assembled crowd, "as was his custom, and as he had done repeatedly inside the church and in private conversations, about the obedience his parishioners owed the state." He repeated these considerations in Nahuatl for the benefit of those "with lesser lights."[42]

In Tampico, the military, state, and religious authorities also agreed to issue progovernment political manifestos.[43] In Tancanhuitz, San Luis Potosí, the civil and ecclesiastic authorities reached a consensus after holding a similar junta.[44] Hoping to promote peace, the parish priest of Ixtapan de la Sal, state of Mexico, also signed a political manifesto favoring the government.[45] In Guadalcazar, the city fathers asked Friar Juan López to add, simply by his presence and respectability, to the junta that decided to support Antonio López de Santa Anna.[46] Clerics were clearly on both sides of the issues.

The signatures of many priests are found in the proclamations and *pronunciamientos* of these years, especially in small rural areas. Not all such proclamations dealt with larger political interests; many addressed local concerns. Villages and towns like Temascaltepec in the state of Mexico gathered around the local priest in formally denouncing threats, such as those represented by the bandit Cástulo Remigio.[47] Ecclesiastics did not play such vital roles in the cities where other men, able to read and write, often took the lead in political matters. In the countryside, however, priests were usually the only people able to communicate with their parishioners in their local language and were sufficiently knowledgeable to interpret and to translate into understandable terms the complexities of the larger world. Priests could also express local concerns in written form.

Priests also backed an impressive number of antigovernment *pronunciamientos*. The "impious" reform measures of Vice-President Valentín Gómez Farías aroused much opposition in 1833. The city council of Texcoco was one of the first to oppose the regime. The town supported General Gabriel Durán's plan to topple the radical vice-president, in part, out of fear of the unfriendly military presence of Colonel Lázaro del Corral and his troops. The authors of the *pronunciamiento* "invited" the local

---

[42] "Acta del ayuntamiento de Tlacotepec, 3 de marzo de 1832," in ibid., 2:97.

[43] "Acta de la oficialidad de Tampico (10 de marzo de 1832)," in ibid., 2:105.

[44] "Acta de Tancanhuitz, 1 de junio de 1832," in ibid., 2:123.

[45] "Acta del pueblo de Ixtapan en apoyo al gobierno y asegurando mantener la paz, 3 de diciembre de 1832," in ibid., 2:159.

[46] "Acta de la ciudad de Guadalcazar en apoyo al plan de Santa Anna, 5 de agosto de 1832," in ibid., 2:140.

[47] "Acta del pueblo de Temascaltepec del Valle, 6 de septiembre de 1832," in ibid., 2:151.

friars and parish priest to publicly support the plan, something they did with alacrity.[48] On other occasions the clergy participated more spontaneously. When the Plan of Cuernavaca called for "Religion and Jurisdictional Privileges" (*fueros*), the clergy participated with enthusiasm. In some cases, they signed supporting documents within the temple walls, as occurred in Santa Catarina Mártir Parish in Mexico City. There, merchants and neighbors, along with their curate, signed their names to the Plan of Cuernavaca in June 1834.[49] The community of Franciscans did the same in their provincial headquarters in Mexico City.[50] Many other antigovernment *pronunciamientos* occurred throughout the country. Sometimes a priest was simply present; at others, the legal documentation was drawn up in the name of the city council and its resident curate. Such frank opposition to the established government on the part of some of the clergy had not been seen in Mexico since the rebellion of Father Arenas.

Father Epigmenio de la Piedra, the parish priest of Tenancingo located in the state of Mexico, conceived one of the most original political schemes of the time. A friend and admirer of Iturbide, the priest was known for his colorful life. For example, he once escaped from prison dressed as a woman. De la Piedra participated in the Second Constituent Congress, where he signed the Constitution of 1824. He also served several times in the legislature of the state of Mexico. A liberal who subsequently became a conservative, the priest decided that Mexico's ills could be solved by reestablishing a monarchy headed by one of the descendants of Montezuma. He proposed that congress select twelve unmarried young men, descendants of the last emperor. Then, one would be chosen by lot and immediately crowned emperor of Mexico. The new monarch would be granted six months in which to marry. If the emperor selected were a dark-skinned Indian, then he would have to marry a light-skinned bride of European descent. But if he were white, then the bride would have to be pure Indian.[51] This radical example indicates the extent to which the

---

[48] "Pronunciamiento del ayuntamiento de Texcoco por el plan salvador del general Durán, desconociendo a las autoridades locales, 9 de julio de 1833," in ibid., 2:186.

[49] "Acta de la parroquia de Santa Catarina Mártir, de la ciudad de México, para adherirse al plan de Cuernavaca, 13 de junio de 1843," in ibid., 2:307.

[50] "Acta de los vecinos del convento . . . 13 de junio de 1834," in ibid., 2:308.

[51] Miguel Salines, "Apéndice. Rasgos biográficos del presbítero don Epigmenio de la Piedra," in *Datos para la historia de Toluca*, facsimile edition (Toluca: Gobierno del Estado de México, 1987), 173–178. The complete document is in "Plan de la monarquía indígena proclamada por los curas don Carlos Tepisteca Abad y de don Epigmenio de la Piedra, 2 de febrero de 1834," in Vázquez, *Planes*, 2:208–209. *Apuntes biográficos del señor prebendado de la Santa Iglesia Metropolitana de México, lic. d. Epigmenio de la Piedra* (Mexico: Imprenta de la Voz de México, 1873) in *Inventario*, Miscellaneous 2, no. 13. This plan is also mentioned in Josefina Zoraida Vázquez, "Iglesia, ejército y centralismo," *Historia Mexicana* 29, no. 1 (July-September 1989): 205–234.

Church, as an organization, or clergymen as individuals, sought to influence the political structure and development of the new Mexican state.

The active political participation of ecclesiastics—from the archbishop to the lowliest seminarian, including members of the regular orders—was a natural part of public life in early independent Mexico until the Constitution of 1857 and the War of Reform ended the practice. Before that turning point, the clergy remained active in political affairs, including matters that did not directly affect the Church. Ecclesiastics supported opposition groups, initiating, promoting, or seconding *pronunciamientos* and coups d'état. They employed their learning as apologists and as publicists—in the best sense of those nineteenth-century terms—to convince and persuade. In doing so, they occasionally violated the laws of censorship. The Augustinian friar Luis de Castilla, for example, wrote an article that appeared in a newspaper called *The Mexican Mosquito* (*El Mosquito Mexicano*) that brought him into trouble with the law.[52] Other ecclesiastics wandered so far from their proper religious duties that, in some cases, their actions cost them their lives, as in the case of the conspirator Arenas.

The voices, opinions, writings, and political activity of the clergy undoubtedly enriched public life during the first decades of Mexico's Independence. Instead of a monolithic church, it is evident that clergymen possessed a wide variety of interests, concerns, political views, styles, and means. There were curates or simple presbyters who pursued a political rather than an ecclesiastical career. If they had their own parish, some abandoned it in order to participate in the public discourse, either in support of the interests of the Church, the state, or their localities, or simply because they were attracted by the heady exercise of political power.

Mexico was a country in the making during its first years of Independence. The leaders of the new nation had great difficulty in determining the best course to pursue. In their efforts to promote the national interest (and themselves), they experimented with several forms of government. At times they favored a weak executive and at others, strong leaders. Similarly, they oscillated between promoting local liberties and severely curtailing them. But during those decades, Mexicans failed to agree on a single, definite political formula for the nation. At an individual level, the interests of group, family, and region prevailed. This was true also of many clergymen, who obtained a parish close to their place of birth. Mexicans of the time possessed a strong identification with local interests, a characteristic strengthened by limited means of communication with the national state and with the outside world. It is not entirely surprising,

---

[52] María del Carmen Reyna, *La prensa censurada, durante el siglo xix* (Mexico: SepSetentas, 1976): 94–96.

therefore, that clergymen would hold varying interests, political opinions, and loyalties. In many cases, the diverse activities and concerns of individual clerics were neither sanctioned by the hierarchy nor concordant with the Church's official teachings.

During those early years, Mexicans struggled to find a balance between the interests of groups and individuals, between those of the Church and the state, and between tradition and change. After 1857, the nation's leaders decided to exclude the clergy from active political participation. Today, more than a century after that momentous occasion—at a time when most people are unaware that the clergy once played an active role in the country's political processes—Mexicans are once more recognizing the Church's legal existence and the right of its members to exercise civil rights long denied them. It is important to remember, therefore, not only that the clergy played a significant political role throughout much of Mexican history, but that it did not represent a uniform monolithic group. Instead, it reflected the divisions of the society in which it lived.

11

Hombres de bien in the Age of Santa Anna

Michael P. Costeloe

ONE FEATURE of recent Mexican historiography is that the traditional periodical division of history into colonial-independence-modern is no longer considered convenient or apt.[1] Recent works on institutions, the economy, and society have begun to advocate the continuity of history and to argue that although the separation from Spain was undeniably a traumatic and disruptive event, it could not and did not represent a sudden break in every respect with the past. The generation that survived the war faced economic difficulties, social, cultural and to some extent ideological issues that had been germinating long before Hidalgo's *Grito de Dolores* in 1810. Hence, to explain many aspects of the instability of the post-Independence years, we must look to the tensions of late colonial times and seek connections in the early republican era.

It is not my intention to enter into this debate except that it seems to me that the concept of continuity has obvious validity. It may even be said to be self-evident in as much as the problems, rivalries, ambitions, and values of merchants, shopkeepers, artisans, miners, landowners, peasants, and all the other groups and individuals who made up Mexico's estimated

---

[1] For example, see L. Arnold, *Bureaucracy and Bureaucrats in Mexico City, 1742–1835* (Tucson: University of Arizona Press, 1988); B. Hamnett, *Roots of Insurgency. Mexican Regions, 1750–1824* (Cambridge: Cambridge University Press, 1986); G. P. C. Thomson, *Puebla de los Angeles. Industry and Society in a Mexican City, 1700–1850* (Boulder: Westview Press, 1989); L. B. Hall, "Independence and Revolution: Continuities and Discontinuities," in *The Independence of Mexico and the Creation of the New Nation*, ed. Jaime E. Rodríguez O. (Los Angeles: UCLA Latin American Center, 1989), 323–329.

seven million population obviously did not disappear nor were resolved overnight. Also, to quote Eric Van Young, "Modes and social relations of production, family and gender relationships, certain characteristics of state structure and action, and so on, appear to have been substantially in place by the middle of the eighteenth century and to have altered more between 1700 and 1750, or between 1850 and 1900, than between 1750 and 1850."[2] But, and it does seem to me a necessary qualification of the continuity thesis, it would also be wrong to underestimate or diminish the consequences of Independence.

Change certainly did follow in many spheres as the institutional, economic, and, above all, social structures of the colonial era began to break down both as the result of emancipation and of the effects of change on the broader international scene. When Agustín de Iturbide and his supporters entered the gates of Mexico City on September 27, 1821, they indeed faced a new world with new problems, pressures, and unforeseen difficulties. There were questions about the form of government, the role and status of national institutions like the Church and the army, commercial policy, foreign relations (especially with the United States), internal relations between Mexican regions, civil rights, the role of the press, and so forth. In short, a myriad of issues arose to be resolved, which, if not entirely new, were certainly on a scale and complexity hitherto not experienced or anticipated.

Of all the changes brought by Independence, however, none had a greater impact than the most obvious, namely the opening of the world of politics. Freedom from colonial rule for the first time gave Mexicans what one sociologist has called "realistic political opportunities" to change their own society, to reorder the political, social, economic, and cultural structure imposed on them by the all-embracing union of Crown and Church.[3] They accepted the opportunity with perhaps surprising vigor, considering that public political action and debate were virtually unknown activities in their previous history, and there was no shortage of men who sought a political career or the political power to enact or prevent change.

The adoption of the federal charter in 1824, based on an elected representative system, opened up endless opportunities for the committed or the ambitious and, over the next thirty years, literally thousands of men appeared to seek places in the numerous representative assemblies that elected its members. With the national congress renewed approximately

---

[2] E. Van Young, "Recent Anglophone Scholarship on Mexico and Central America in the Age of Revolution (1750–1850)," *Hispanic American Historical Review* vol. 65, no. 4 (November 1985): 725–743.

[3] B. R. Wilson, *Religion in Secular Society. A Sociological Comment* (London: Watts, 1966), 36–37.

every two years and eighteen or more state legislatures being regularly summoned, the chance of holding public office exerted a powerful appeal—and then there were the thousands of posts in the national and provincial bureaucracies to attract a never-ending flow of *aspirantes*. *Empleomanía* became just as dominant a phenomenon as it was in Spain at the time, but election or appointment to office at once came to depend on political patronage.[4] Hence, in addition to any ideological motives, there was a real incentive to join one or more of the many political parties that quickly appeared on the scene.

Furthermore, the fact that every president was a general and in some years military dictatorship prevailed, did not inhibit political activity or debate.[5] Amid the apparent military dominated world of the Age of Santa Anna, one of the most notable characteristics was not so much militarism as the development and persistence of a largely civilian political scene. Thus, while the military dominated the route to executive authority at both national and state levels through the *pronunciamiento*, the generals, including Santa Anna, were never able to suppress or control the national congress, which was always largely composed of civilians. Attempts to achieve control by electoral manipulation and even to suppress by force the civilian-dominated legislative power were invariably shortlived, and every military president found himself in conflict with the representative assembly—even when he had personally appointed most of its members.[6]

But who were the politicians who participated in this intense world of political action, debate, and conflict? There is little information available concerning the birthplaces, social origins, education, and personal relationships of the mass of still largely anonymous men who sought public office. The only study—the recent work of Donald Stevens—of a reasonably significant number of the more prominent who achieved high office or notoriety provides some indications.[7] Radicals tended to come from the more rural, peripheral provinces and conservatives from the more urbanized

---

[4] *Empleomanía* was often denounced as one of the "funestas herencias" of the Spanish era: see, for example, the article "Honores y Distinciones" in *El Siglo XIX*, August 19, 1844; and "Discurso sobre los perniciosos efectos de la empleomanía," in J. M. L. Mora, *Obras sueltas* (Mexico: Editorial Porrúa, 1963), 532–537.

[5] Between 1821 and 1851, fifteen generals occupied the presidential office, some on an interim basis and some, notably Santa Anna, on several occasions. During the same period, six civilians were interim or acting president but three of these for only a few days. For the full list, see F. N. Samponaro, "The Political Role of the Army in Mexico, 1821–1848" (Ph.D. diss., State University of New York, Stony Brook, 1974), 394–396.

[6] For one illustration of the civilian/military conflict, see my "Generals versus Presidents. Santa Anna and the 1842 Congressional Elections in Mexico," *Bulletin of Latin American Research* 8 (1989): 257–274.

[7] D. F. Stevens, *Origins of Instability in Early Republican Mexico* (Durham: Duke University Press, 1991).

central core, and "there was a statistically significant division between radicals, moderates, and conservatives on the basis of rural or urban birthplaces."[8] On the other hand, there was no distinct regional bias, no northern dynasty of the early twentieth-century type. Nor was there any predominant occupational background, for example, of landowners, industrialists, miners, or merchants, and while occupational characteristics reveal a large proportion of lawyers, most other professions, including the military and the clergy, were also well represented.[9]

Mexico's politicians, therefore, were drawn from a wide range of backgrounds and places, but they also shared important characteristics. Independence brought decisive social change and the society, particularly of the capital, so brilliantly described by John Kizca, if it did not disappear overnight, was subject to profound pressures for change.[10] The long supreme Spanish or *gachupín* sector was destroyed, not just through the loss of its political and economic control but also by the departure during the years of war of many Spaniards and their families who migrated back to Europe or to North America. Those who remained survived for a time, but within a few years—in 1827 and 1829—several thousand were expelled from the republic.[11] Spaniards became just one relatively small group of foreigners who resided largely in the cities among the English, French, German, and other foreign residents. The old aristocracy also suffered a marked decline, and, with the abolition of hereditary and other privileges, the status of nobility brought little political reward or advantage. Indeed, the very word *aristócrata* became a term of abuse in the political lexicon of the day, applied by radicals to those who in their view represented the forces of reaction or conservatism.

In place of the old ruling elite, there appeared another category who came to dominate political life. Sometimes known as *gente de orden*, *gente decente*, or *gente de frac*, the most common epithet was *hombre de bien*, a term used throughout the 1820s to the late 1840s to describe a social and political type. Used by every writer of the time in every political context and polemic, the *hombre de bien* was held up as the ideal citizen, the sort of person the electorate was always urged to vote for by all parties in every election campaign.

Again, the question must be asked, what was an *hombre de bien*? The first immediate answer to that question is, of course, that he was a

---

[8] Ibid., 82–85.
[9] Ibid., 49–50.
[10] J. E. Kicza, *Colonial Entrepreneurs: Families and Business in Bourbon Mexico City* (Albuquerque: University of New Mexico Press, 1983).
[11] H. D. Sims, *The Expulsion of Mexico's Spaniards, 1821–1836* (Pittsburgh: University of Pittsburgh Press, 1990).

gentleman. But that answer tells us nothing because we need to know how to define and recognize a gentleman or rather, how Mexicans in the years after 1821 came to define the archetype. What were his ideas, values, attitudes, prejudices, and life-style? What occupational groups were included; what, if any, wealth or income level was required? Such questions had preoccupied some Spaniards in the eighteenth century but as far as Mexicans in the Age of Santa Anna were concerned, the *hombre de bien* was from the middle sector of society, neither aristocratic nor proletariat but from what they described increasingly from the late 1820s onwards as *la clase media* or middle class. The *hombre de bien* could not be recognized by his political stance, for both radicals like Valentín Gómez Farías or conservatives like Lucas Alamán were undoubtedly *hombres de bien* and accepted as such. In fact, according to Alamán, he was "un hombre religioso, de honor, de propiedad, de educación y de virtudes."[12] In other words, he was a believer in the Catholic faith, with a strong sense of honor and morality, and of sufficient financial means to maintain a certain life-style. Alamán did not use the word property to mean only real estate, for although property owners were included in the type, it was equally acceptable to have an income derived from invested capital or professional employment. The liberal José María Luis Mora agreed. According to him, an *hombre de bien* was a man "que ocupe algún puesto a que deba su subsistencia, tenga alguna industria productiva, algún capital en giro o posesiones territoriales."[13]

This distinction between income and property or assets was particularly important in two respects. In the first place, individual private ownership of property was comparatively rare, especially in the cities. In Mexico City, for example, where there was a greater concentration of wealth and thus more *hombres de bien* than in the provincial urban centers, little more than 1 percent of the estimated 200,000 population were property owners—a mere 2,242 people.[14] While the proportion may have varied in other towns and cities where the Church, which owned almost 40 percent of the property in the capital, was less dominant, it is unlikely that the

---

[12] L. Alamán, "Defensa del ex-ministro de Relaciones don Lucas Alamán, escrita por el mismo ex-ministro quien la dirige a la nación" (Mexico 1834), in *Obras. Documentos diversos*, vol. 2 (Mexico: Editorial Jus, 1946), 45. Alamán refers throughout his writings to the importance of political power being in the hands of *hombres respetables, clase propietaria*, etc. See, for example, his letter to Santa Anna of February 23, 1837, cited in J. C. Valadés, *Alamán, estadista e historiador* (Mexico: Antigua Liberia Robredo, J. Porrúa e hijos, 1938), 362–368.

[13] J. M. L. Mora, *Ensayos, ideas y retratos* (Mexico: Universidad Nacional Autónoma de México, 1964), 45, cited in M. Gayón Córdova, *Condiciones de vida y de trabajo en la ciudad de México en el siglo XIX* (Mexico: Dirección de Estudios Históricos, Instituto Nacional de Antropología e Historia, 1988), 41.

[14] Gayón Córdova, *Condiciones de vida*, 31.

numbers were much greater. Second, both Alamán and Mora, together with many other leading conservatives and liberals, believed that election to political office should be restricted to *hombres de bien* who were either property owners or above a certain income level. Mora put the amount of income at one thousand pesos per annum, and Alamán was directly involved in producing electoral regulations that specified a minimum income of twelve hundred pesos for congressional candidates.

Those who earned less than that, as many of the middle class did, were not thereby excluded from the *hombre de bien* category but were restricted to lesser office, for example, local councillor, which required five hundred pesos annual income in the 1836 electoral law. Earning less than five hundred pesos annually, which would encompass the great majority of working Mexicans in both rural and urban areas, while not automatically implying the proletariat, was inadequate for a true *hombre de bien* and insufficient for a candidate for public office. Indeed, it was said in congress in 1836 that anyone with an income of less than forty pesos a month must be a vagabond.

Hence, the *hombre de bien* was considered to be of the middle class and, while he retained his respect if not ambition for honors and distinctions, he continued to have the traditional Spanish disdain for manual labor, "ese horror al trabajo," as one writer put it in 1837.[15] He was not impressed by the small-scale artisan of any sort whom he regarded with "algún desdén y desvío," and he did not yet have the materialistic, capitalist priorities of the Marxist bourgeois.[16] On the contrary, as Frank Knapp puts it, "Business pursuits remained somewhat stigmatized with a medieval disdain."[17] On the other hand, he was impressed by public office, by employment in the civil or military bureaucracy, by the law and other professions.

Finally, it is noticeable that in none of the contemporary definitions of an *hombre de bien* is there any reference to ethnic origin. Historians have assumed that it was the white creole who took over the country after the defeat and expulsion of the Spanish rulers, and, although it is rare to find any use of the racial terminology of creole, mestizo, *casta*, etc., after Independence when such legal distinctions were abolished, there are signs that racial prejudice did remain a significant, if unspoken and unwritten, factor. Vicente Guerrero, who was a half-caste, is one example of a successful insurgent leader who was said to be resented by the social elite of the capital, especially the ladies, on the grounds of his color.[18] Then, in

---

[15] *Diario del Gobierno*, July 4, 1837.
[16] *El Siglo XIX*, August 19, 1844.
[17] F. A. Knapp, *The Life of Sebastián Lerdo de Tejada, 1823–1889* (Austin: University of Texas Press, 1951), 90.
[18] L. de Zavala, *Obras* (Mexico: Editorial Jus, 1969), 353.

the 1840s, U.S. diplomat Waddy Thompson remarked that "at one of those large assemblies at the President's palace, it is very rare to see a lady whose color indicates any impurity of blood." Thompson went on to say that while the same was true to a great extent of the gentlemen, "there are a good many exceptions."[19] It seems, in other words, that racial prejudice was still important but, at the same time, probably of declining significance for the mestizos, and it did not prevent someone of mixed or non-European blood entering the ranks of *hombres de bien*, always provided he met all the other requirements—Benito Juárez is one obvious example.

Just as we do not know to any extent the nature or influence of racial prejudice in terms of *hombres de bien*, there are also many other aspects about which we know little. For example, we do not know if regional origins or accent were factors in determining class, nor if there was any urban/rural discrimination, although there are signs in this context that city dwellers, notably those born in the capital, felt some metropolitan superiority over their rural counterparts. As Calderón de la Barca amply confirms in her account of life in the early 1840s, aristocratic origins also still retained respect among the socially ambitious, and mode of dress was important as a mark of social class.[20]

This preliminary sketch indicates some of the characteristics of the *hombre de bien*. To explain his life-style, his values, his worries and concerns, however, requires the use of a degree of imagination, the invention, if you will, of a fictional *hombre de bien*.[21] Let us assume that he was born in the capital toward the end of the eighteenth century into a reasonably affluent family. He would have been educated at home in his early years and then have entered one of the colleges run by the Church, perhaps the highly respected Colegio de San Ildefonso where his fellow students might well have included Mora or the future minister of war and Santa Anna loyalist José María Tornel. There the *hombre de bien* would have acquired a thorough grounding in theology, civil and canon law, jurisprudence, and possibly the French language. After leaving the college, he may have gone to the University of Mexico to specialize in law and graduate with the prized title of *licenciado*. After the War of Independence, he practiced as a lawyer, which, together with the rent from some small inherited rural property, provided him with an income over one thousand pesos per annum.

---

[19] W. Thompson, *Recollections of Mexico* (New York and London: Willy and Putnam, 1846), 168.
[20] F. Calderón de la Barca, *Life in Mexico* (London: Dent, 1960).
[21] The portrait of an imaginary *hombre de bien* is based on an analysis of several such men of the time together with, where indicated, specific details from various contemporary sources.

That sum of over one thousand pesos enabled the *hombre de bien* to live very comfortably with his family in the capital where he rented the upper floors of a church-owned house near the central square, or Plaza de la Constitución (now the Zócalo). He would have several domestic servants to cater to his daily needs and possibly a carriage that he could have purchased or rented from one of several suppliers in the city. Always keen to adopt the latest in European fashion, his best clothes would be bought from one of several French tailors, his frock coat costing between thirty-four and forty-two pesos; trousers, fourteen and sixteen pesos; and a good quality pair of boots, seven and eight pesos. He would subscribe to a newspaper, possibly *El Siglo XIX*, costing twenty reales a month, and he might also, if he were ambitious socially, belong to one of the many newly established literary societies in the city. If his interests were non-literary, he could spend his leisure time in one of the billiard halls "indulging himself in the moderate exercise of a game of billiards"[22] or at the bullfight, and almost certainly, he would be a regular attender at one of the three theaters where a good seat cost twelve reales.

He would debate controversial issues of the day with his friends in the café of the city's best-known hotel, La Gran Sociedad, "lugar de cita de la gente más acomodada,"[23] and he would occasionally buy a lottery ticket that might bring a top prize of six thousand pesos but more likely one of one hundred or two hundred pesos. He would often dine out at one of the new restaurants, perhaps La Sociedad del Progreso with its ladies' room upstairs, or the Fonda de la Amistad, which would offer him, for just one real, a meal of "caldo, sopa, puchero, principio, frijoles, dulce y pan."[24]

The *hombre de bien* would also spend some time browsing in his own personal library or in one or more of at least eleven bookshops where he would find works on theology, political science, and history, and he would certainly have taken out a subscription to Prescott's *History of Mexico*, which was first published in weekly installments of thirty-two pages in 1844.[25] In common with most of his compatriots, he would be a regular churchgoer and probably a member of his parish *cofradía* to which he would make generous contributions. His main vice, shared by most of his friends, and considered eminently respectable, would be gambling,

---

[22] A. Gilliam, *Travels in Mexico during the Years 1843 and 1844* (Aberdeen: Clark, 1847), 90.

[23] G. Prieto, *Memorias de mis tiempos*, vol. 1 (Mexico: Editorial Patria, 1948), 79.

[24] Details of prices, etc., are taken from newspaper advertisements throughout the 1830s and 1840s.

[25] There also seem to have been some very large private libraries at this time. When the estate of a lawyer, José Antonio López García de Salazar, was settled in 1838, his possessions included 13,754 volumes, which were offered for sale in *Diario del Gobierno*, January 24, 1838.

especially at the regular cockfights or perhaps at home in his "gaming room, which is always crowded, and not to play is to render yourself unfit for polite society."[26] One of the highlights of his year would be the very popular and well-attended Whitsuntide *tapada de gallos* (cockfights) at San Agustín de la Cuevas (now Tlalpan) where a box cost four reales in the afternoon and six in the evening.

At Tlalpan, he would rub shoulders with the nation's leading personalities including Presidents Santa Anna or Anastasio Bustamante, with ministers like Tornel, or generals like Gabriel Valencia, as well as with many lesser luminaries who were seeking favors or advancement in their careers.[27] If he made the right contacts, the *hombre de bien* might be offered a job in a government department and become an *empleado*. The salary might be modest, and often unpaid, but the work was not onerous and the prestige considerable.[28] Alternatively, if the *hombre de bien* were known to be a person of strong political ambition or conviction and had perhaps written a few articles in the press on controversial topics of the day, he might be asked by one of the political factions to be a candidate in the city council or congressional elections.

By now, it is clear that the archetypal *hombre de bien* was seen at the time to belong to the upper echelons of the middle class, defined in 1838 as "la gente acomodada, cuya educación, bienes o relaciones, empleos o puestos distinguidos la separan hasta cierto punto de la clase que no tiene alguna de estas circunstancias."[29] As noted, his precise political views were not significant in the social environment in which he moved, and, in any case, his opinions were likely to be fluid, changing to some extent in accordance with experience and the prevailing circumstances. He might disagree strongly with his friends on some issues—for example, on the merits of central or federal republicanism—but such disagreements never jeopardized his social standing. "Social assumptions," to use Charles Hale's words, "ran deeper than the liberal-conservative conflict."[30] At the same time, he shared many attitudes in common with his peers. Most notably, he always saw politics and society in terms of social class and he

---

[26] Gilliam, *Travels in Mexico*, 90. I am, of course, concerned here with the public persona of an archetype. The private, including sexual, mores of the middle class remain ill defined, although it is noticeable that several of the prominent personalities of the time fathered illegitimate children and were known to have done so.

[27] The best contemporary description of the scenes at the Tlalpan cockfights is in Calderón de la Barca, *Life in Mexico*, 201–208, 376–390.

[28] The pay of *empleados* ranged from a scribe at five hundred pesos per year to a chief accountant at three thousand per year. An office boy received one hundred. *El Siglo XIX*, April 30, 1845.

[29] *Diario de Gobierno*, January 8, 1838.

[30] C. Hale, *Mexican Liberalism in the Age of Mora, 1821–1853* (New Haven: Yale University Press, 1968), 298.

firmly believed that his own, "esa misma clase media es el más firme apoyo de nuestro cuerpo social."[31] Equality might for him be a desirable ideal, but those who preached its virtues had to recognize that "hay siempre una desigualdad de condición, de necesidades, de talentos, de climas, de método de vida y muchas otras."[32]

Class distinctions, therefore, were very important for him, and his greatest fear in the face of all the political chaos that went on around him throughout the Age of Santa Anna was what he would call "disolución social." This is another phrase used constantly by *hombres de bien*. Extremists like Lorenzo de Zavala who advocated radical policies such as the redistribution of wealth or a more or less unrestricted suffrage were always denounced as anarchists, sansculottes, or demagogues and accused of bringing the nation to the brink of social dissolution. What was meant by the phrase is not entirely clear, but it certainly related to the fear of a class war in which the impoverished masses might get out of control and destroy the existing social and economic structure. Every *hombre de bien* was well aware of what had happened in France during and after the Revolution, and the conservative press repeatedly warned of the dangers of a Mexican "Terror" and "la terrible asamblea, llamada convención."[33]

The history of the French Revolution, *hombres de bien* were warned in 1839, "nunca debe caerse de las manos de nuestros hombres de estado," and it was never to be forgotten that "los que seducidos por brillantes teorías, soltaron el torrente de la demagogía y fueron después sus víctimas."[34] Nothing good came of revolution, and the inevitable consequence of Mexico's own political instability was "relajarse más y más los vínculos sociales."[35] The moderate *hombre de bien* wanted change, but only gradually and without violence, and he could not accept that the lower orders were ready for the full privileges of citizenship. Those radicals who advocated unrestricted freedom for what Zavala called "la baja democracia" were misleading the populace who would soon discover that "la libertad excesiva que proclamaban era una quimera."[36] Extremism in any form or sphere could only lead to violence and destruction. All social progress was slow, and that fact was "una ley invariable de la naturaleza."[37]

It was not just the French Revolution and the Terror that caused some Mexicans to fear what one general-president described in 1842 as "los

---

[31] *La Voz del Pueblo*, August 2, 1845.
[32] *Diario del Gobierno*, July 22, 1838.
[33] *El Independiente*, October 2, 1839.
[34] Ibid., October 2 and 23, 1839. See also *Diario del Gobierno*, May 26, June 16 and 25, 1837.
[35] *Diario del Gobierno*, May 11, 1837.
[36] Ibid., July 21, 1838.
[37] Ibid.

terribles y perniciosos proletarios."[38] During the War of Independence the wholesale destruction of property and the massacres of the "rich" that had occurred in the early stages of the Hidalgo insurrection were never forgotten. Then, in the early years after emancipation, there had been signs of unrest among the populace and in 1828 anarchy had reigned in the capital for several days as the poor rioted and looted in what became known as the Parián riot. The memory and fear of the scenes they witnessed during those few days long haunted *hombres de bien* like Carlos María de Bustamante.

The attitude of the middle class toward the populace was also somewhat ambivalent. Another recurrent theme of the time is expressed in the phrase *voluntad popular* or *voluntad del pueblo*. Political parties of all persuasions, not to mention the generals, always claimed to be acting to fulfill or represent the will of the people. They had read the ever popular Gaspar Melchor de Jovellanos and accepted the concept that society was the sum of individual wills and that it was the function of government to meet the wishes of the majority. The more radical politicians tried to mobilize popular support with their promises of equality and redistribution of wealth, but the more conservative claimed that in its uneducated and apathetic condition, it was not possible to ascertain the "will of the people," at least not by counting votes. When we talk of the majority, wrote the editor of the official daily in 1835, "no hablamos precisamente de la mayoría numérica," but rather of the majority view of "ciudadanos influyentes por su honradez, sus servicios, sus bienes, su instrucción, su elocuencia, su edad, su experiencia, su utilidad, sus relaciones, su concepto, su empleo, su destino, su desinterés."[39]

In between the two extremes stood the moderate *hombre de bien* who accepted the existence of a popular will but believed that until primary education and literacy were widespread, it was the right and duty of his social class to interpret what it was. The 1836 Constitution even went so far as to create a fourth branch of government known as the Supreme Conservative Power, a main function of which was precisely to determine what was the will of the nation in times of conflict or dispute.[40]

This long-held, paternalistic, colonial mentality toward the populace—a mixture of fear of social revolution and a sense of benevolent duty—reflected the manifest and growing economic inequalities, the dangers of which were all too obvious to the *hombre de bien*. The great

---

[38] M. Paredes y Arrillaga—J. M. Tornel, May 10, 1842, published in G. García, ed., *Documentos inéditos o muy raros para la historia de México*, vol. 56 (Mexico: Editorial Porrúa, 1974), 25.

[39] *Diario del Gobierno*, September 2, 1835.

[40] Leyes constitucionales, segunda, art. 1, sección 8, in F. Tena Ramírez, *Leyes fundamentales de México, 1808-1871* (Mexico: Editorial Porrúa, 1971), 211.

majority of the population, especially in the cities, lived in abject poverty, and with unemployment in the capital running at something like 50 percent, drunkenness, prostitution, crime, and vagrancy were rampant in every neighborhood. In contrast, a small minority, including the nouveau riche of generals, financial speculators, and corrupt politicians, enjoyed seemingly immense fortunes, and some were not reluctant to display their wealth in an ostentatious fashion or as one newspaper editor put it, "hasta un lujo asiático."[41] Living in their expensively furnished mansions, riding around the city in their imported carriages and gambling away large sums at cockfights, their behavior was provocative and dangerous and it persuaded some *hombres de bien* to warn of an explosion of anger by the poor against the rich unless a more equitable distribution of wealth could be achieved.[42] One newspaper in 1842 predicted a class war "entre los pudientes con los de medianas fortunas y con los pobres."[43]

When the *hombres de bien* saw what was happening around them—the political chaos, poverty, and collapse of law and order on the streets and rural highways—it is not surprising that some began to look back with growing nostalgia at the colonial era. None, even the most pro-Hispanic, favored a return to colonial status; there was never any kind of reactionary movement in that direction. Nevertheless, in the 1830s and 1840s they increasingly began to compare their impressions or memories of what they fondly recalled as being the comparative peace and stability of colonial times. They remembered, rightly or wrongly, that criminals were punished and justice was done and that things were generally more efficient under the rule of the viceroys. Even food supplies were then regular and plentiful and cheaper. Meat, bread, and pulque had never been better or cheaper than in colonial days, according to one resident in the capital in 1843.[44]

Even more important for the *hombres de bien*, however, than the rising cost of food was that they believed that the declining prestige of the Church was at least partly the cause and effect of changing social values and of growing lack of respect for authority within and without the home, especially among the young. They recalled a society in which personal and public values were universally accepted, a society in which the relationship between the classes was fixed and in which every man knew his place. There is no doubt that one of, if not the main, preoccupations of *hombres de bien* concerned changing personal morality and what they called "la moral de la sociedad." It is difficult to be precise in defining what these changes were, but those aspects mentioned constantly in the

---

[41] *El Siglo XIX*, April 16, 1843.
[42] See, for example, ibid.
[43] *El Cosmopolita*, August 24, 1842.
[44] *El Siglo XIX*, September 25, 1843.

conservative press and clerical literature include lack of respect for all authority and for those who exercised it, including parents and Church; immorality with a significant growth in prostitution and the circulation of so-called obscene literature or works that good Christians should not read; disregard of social conventions and etiquette; lack of respect for property and property owners, the law and legislators; and in general, refusal of the young to conform to accepted patterns of behavior within and without the family. Finally, the traditional scholastic education, which was considered to have inculcated the "proper" values in the young, was losing its appeal, and more fashionable but dangerous, progressive, and utilitarian ideas were being introduced.

Bishops often used their sermons and pastoral letters to warn the *hombres de bien* of the corruption of the nation's youth by these foreign, and for them, heretical ideas, and it is interesting to note that Gómez Farías was also preoccupied with the question of individual and social morality. In his personal archive, and in what seem like jottings committed to paper in a moment of reflection, he wrote his own definition of "la moral." As one would expect from a committed Roman Catholic, he emphasized all the Christian virtues of honesty, integrity, help for the poor and disadvantaged, hard work for six days a week and rest on the Sabbath, and respect for authority and the law. As a politician, he went on to express the belief of every *hombre de bien* that "de nada sirven las leyes sin las buenas costumbres; la moral debe ser la base y el complemento de toda legislación."[45]

The Age of Santa Anna is, of course, characterized by chronic political instability. Constitutions were promulgated and revoked, myriad political parties rose and fell, military intervention was the norm, and no president save the first managed to survive for the full term of his office. Such features of the time are obvious, and yet this picture of chronic instability, or anarchy as the *hombre de bien* considered it to be, is in one respect misleading. Throughout all the turmoil, there was a remarkable degree of continuity in the sense that the people involved did not change. Partly because of a tradition of leniency toward defeated opponents —Agustín de Iturbide and Vicente Guerrero were the exception rather than the rule—rebel military and civilians were able to live to fight another day and mostly did so. Santa Anna is the most obvious example, rising and falling from power and in public esteem continuously and yet always having the good luck or ability to survive. His case was by no means

---

[45] Gómez Farías Papers, García Collection in Nettie Lee Benson Library, University of Texas at Austin, nos. 1059–1060. I have used a microfilm copy of this archive in which the numbers given on the manuscripts do not always correspond to the published guide. See P. M. Ynsfran, *Catálogo de los manuscritos del Archivo de Don Valentín Gómez Farías* (Mexico: Editorial Jus, 1968).

exceptional, for the majority of his age group who emerged into the limelight around the time of Independence remained leading figures on the political scene for the next thirty years.

The continuity of this generation of people, in and out of office and power over thirty years, and the relatively narrow confines of the social and political elite of *hombres de bien* that they constituted, had important consequences that are not always obvious. For example, many knew each other personally, and there were numerous marital and professional ties as well as political alliances. At times on opposite sides of the political spectrum, and as rivals in the struggle for advancement, personal debts were incurred as well as insults to be avenged at a later date. For example, Santa Anna was humiliated and disgraced at the end of 1844 following a rebellion initiated by his onetime loyal supporter, General Mariano Paredes y Arrillaga. His hostility was at least partly motivated, according to Santa Anna, by an incident that had taken place some three years before when Paredes, who by all accounts was an alcoholic, had drunk too much and insulted Santa Anna.[46] Paredes himself blamed the incident on a fellow officer who, he said, had harbored a personal grudge against him for almost twenty years. Similarly, Mora and Tornel's mutual dislike of each other was said to have its origins in their school days or "rivalidades de colegio."[47] In other words, personal friendships and enmities, family loyalties and rivalries, and memories of past actions and events all became significant factors in the political ferment. As Mora commented in trying to explain the bitter differences between men of similar social background and ideas, "no estaban aún bien curados de las antipatías ocasionadas entre ellas por las mutuas agresiones a que habían dado lugar las revoluciones anteriores."[48]

Nevertheless, despite all the potential for conflict among *hombres de bien* on this more personal level, there was loyalty to their class, a social solidarity, that allowed bitter rivals to retain respect for one another, and, it must be added, to switch their allegiances whenever it suited them. Alamán was one politician who tried to harness that class solidarity in an attempt to overcome regional tensions and political differences. He and his fellow conservatives well appreciated that the state was weak and that given the difficulties of distance, topography, and communications, there was no fully effective means of enforcing national policy or priorities on distant and diverse regional interests.

---

[46] See my "Los generales Santa Anna y Paredes y Arrillaga en México, 1841–1843: Rivales por el poder o una copa más," *Historia Mexicana* 39, no. 2 (October-December 1989): 417–440.
[47] *El Mexicano*, June 1, 1839.
[48] Mora, *Obras sueltas*, 10.

Their solution was to design the electoral process to ensure that *hombres de bien* who shared the same aspirations and values regardless of where they lived were in full control of every level of government. Social status and values were to supersede political differences, and *hombres de bien* of all shades of the political spectrum could differ on the means to achieve progress with order—provided they did not threaten or jeopardize the power and status of their class. Renegades, the so-called anarchists, demagogues, or sansculottes who did threaten that power with their talk of democracy, popular sovereignty, reduction of Church influence and army privileges, would be suppressed.

Alamán had his opportunity to create his republic of *hombres de bien* in 1835 when centralist republicans, with the reluctant acquiescence of Santa Anna, gained control of the country. Their program or manifesto, set out in great detail in the newspapers in 1835 and 1836, reflected all the characteristics and concerns of our typical *hombre de bien*.[49] It promised to suppress radical liberalism and its supporters by creating a constitutional framework that effectively guaranteed that access to political power at all levels from congress to municipality was firmly vested in the *hombres de bien*. It promised an end to party factionalism, economic reform, the protection of the status and privileges of the military, the reconquest of Texas, and a halt to the rising rate of crime against both person and property. It offered a strong, reinvigorated Church that would once again command the respect and obedience of the populace and that would ensure that the spread of the increasingly fashionable radical ideas that were corrupting the nation's youth would be stopped. Above all else, it promised to restore "la moral de la sociedad" by ensuring that what *hombres de bien* saw as traditional civic virtues, personal morality, and standards of behavior were again preeminent. Finally, it would remove the threat of social dissolution and guarantee progress with order in a society in which every man knew and accepted his place.

Of course, despite a decade of rule by the *hombres de bien*, they failed to achieve their aims. In sum, they failed, if I may use a grandiloquent cliché, to stop the march of progress, to stop the changes in ideas and attitudes that emancipation had enabled to be released. Why they failed however, must remain for another symposium.

---

[49] See my "Federalism to Centralism in Mexico: The Conservative Case for Change, 1834–1835," *The Americas* 45 (October 1988): 173–185.

Author's Note: This paper is drawn from the material in my book *The Central Republic in Mexico, 1835–1846. Hombres de bien in the Age of Santa Anna* (New York: Cambridge University Press, 1993) with permission of Cambridge University Press.

III
Comments

12

What Goes Around Comes Around: Political Change and Continuity in Mexico, 1750–1850

Christon I. Archer

> *Vamos a esparcir de terror y la muerte por todas partes y que estos malvados han desdeñado recibir el perdón con que los hemos convidado, y en fin vamos a que no quede un perverso sobre esta tierra. Ya no hay termino medio que emplear con estos bribones.* —José de la Cruz (1811)[1]

RECOMMENDING TERROR AND EXECUTIONS as the best approaches to suppress rebellion in New Spain, Brigadier José de la Cruz, captain general of Nueva Galicia from 1811 to 1821, also advocated rigidity concerning change—political or otherwise. Only a few months into the decade of Mexico's independence war against Spanish rule, it was clear that the regime—whatever regime—would not be able to restore the relatively peaceful relationship that characterized much of the eighteenth century. Once broken, in humpty-dumpty fashion the detritus of the Spanish political system could not be reconstructed. There was no repairing possible of shattered relationships between regions, social classes, and even within such institutions as the Church, the bureaucratic class, the military, the landholding elites, the merchants, miners, agriculturalists, and

---

[1] José de la Cruz to Félix Calleja, Guadalajara, April 18, 1811, Archivo General de la Nación de México (cited hereafter as AGN), Sección de Operaciones de Guerra (cited hereafter as OG), vol. 145.

other elements of a most complex society. Looking backward into the earlier Bourbon era, it may appear difficult to explain the emergence of sanguinary enforcers of the Spanish regime such as Brigadier Cruz, Félix Calleja, Agustín de Iturbide, Pedro Celestino Negrete, and many others. Looking forward into the turbulent decades following Independence, one marvels at the fact that the Mexican nation survived at all as one political entity—escaping the balkanizing tendencies of other Spanish American regions, and resisting powerful internal centrifugal forces that threatened to fragment the union until well after midcentury. Whether the nation adopted monarchism or republicanism, centralism or federalism, liberalism or conservatism, clericalism or anticlericalism, great chasms lay in the road to establishing a modern polity. And just over the horizon next door, an expansive United States stood ready to detach thinly settled northern frontier territories and even to invade and to occupy Mexico City.

By the 1860s when the final political struggles of the Reforma and the empire of Maximilian ran their debilitating course, the nation had worked out a number of possible solutions on how it might govern itself, but only one held real promise. The emergence of federalism, which some historians have viewed as grafting a foreign model upon a people accustomed to traditions of centralism, was in fact the most logical and perhaps the only solution to meet the obstacles of regional and population diversity. The present essays, encompassing the century from the Bourbon Reforms to the era of the Reforma, continue the important recent direction of reconsidering the old watershed date of 1810 and the great rebellion initiated by Cura Miguel Hidalgo.[2]

In many respects, the process of nation building became submerged in conflicts that embraced an enormous variety of different issues and produced a Gordian knot that defied easy cutting. Additional violent surgery would take place even into the twentieth century. Moreover, interpretation-builders such as Lucas Alamán, Carlos María de Bustamante, José María Luis Mora, Lorenzo de Zavala, and José María Bocanegra,

---

[2] See, for example, the recent studies by Brian Hamnett, *Roots of Insurgency: Mexican Regions, 1750–1824* (Cambridge: Cambridge University Press, 1986); Friedrich Katz, ed., *Riot, Rebellion, and Revolution: Rural Social Conflict in Mexico* (Princeton: Princeton University Press, 1988); Jaime E. Rodríguez O., ed., *Patterns of Contention in Mexican History* (Wilmington: Scholarly Resourses, 1992); Eric Van Young, *La crisis del orden colonial: Estructura agraria y rebeliones populares de la Nueva España, 1750–1821* (Mexico: Alianza Editorial, 1992); Eric Van Young, ed., *Mexico's Regions: Comparative History and Development* (La Jolla: University of California, San Diego, Center for U.S.–Mexican Studies, 1992); John Tutino, *From Insurrection to Revolution in Mexico: Social Bases of Agrarian Violence, 1750–1940* (Princeton: Princeton University Press, 1986); Linda Arnold, *Bureaucracy and Bureaucrats in Mexico City, 1742–1835* (Tucson: University of Arizona Press, 1988); Enrique Florescano, *El nuevo pasado mexicano* (Mexico: Cal y Arena, 1991); and David A. Brading, *The First America: The Spanish Monarchy, Creole Patriots, and the Liberal State 1492–1867* (Cambridge: Cambridge University Press,1991).

followed by succeeding generations of Mexican historians, grasped the craft of history as a tool to explain and to further their own views about nation building. In the process, many myths and misinterpretations emerged to obscure the political origins of modern Mexico, creating patriotic stereotypes and constructing national pantheons—black for enemies and white for heroes—to house the reputations of leaders who populated the period. As Michael Costeloe points out, certain themes transcend the old periodization—the form that a new government might assume, the role of institutions such as the Church and the army, the organization of internal ties between regions, or foreign and commercial relations.

Much of what might be described as traditional common-law arrangements—reciprocal rights and obligations, attitudes toward government, and old relationships—had developed over a very long period during which Spain underwent its own decline. These connections were tested first by the Bourbon reforms, later by the tumult of the independence revolution and war, and finally through the chaotic decades following Independence. Within eighteenth-century New Spain, Felipe Castro notes the existence of a "rooted reverence" for the king combined with traditions of popular protest against abuses of power—explaining the slogan "¡Viva el rey, muera el mal gobierno!" Except in unusual circumstances, inefficiency, incapacity, and corruption permitted earlier eighteenth-century *americanos* considerable flexibility, autonomy, and even a modicum of self-government in provinces where the regime lacked the power to enforce its laws.

José de Gálvez's visit to New Spain, 1765–1771, and the reforms that followed were a logical effort by Spain to reassert controls and to extract due value from its colonial possessions. Unfortunately, reform for the imperial regime was outright oppression for those who suffered unwanted restrictions by new bureaucrats, the possibility of onerous military service, or loss of traditional rights, privileges, and even lands. New taxes and the expulsion of the Jesuits in 1767 sparked tumults in San Luis Potosí, Guanajuato, Valladolid, Patzquaro, Uruapan, and other towns.[3] For many provincials, these interventions from Mexico City or Madrid now signaled a challenge to autonomy, reduced use of conciliation, and an end to the easy tolerance that in the past had allowed New Spain to function.

Even though Castro notes that the later Bourbon administrations often showed compassion and a willingness to negotiate difficult questions,

---

[3] Herbert I. Priestley, *José de Gálvez, Visitor-General of New Spain, 1765–1771* (Berkeley: University of California Press, 1916; Philadelphia: Porcupine Press, 1980), 211–227; Felipe Castro Gutiérrez, *Movimientos populares en Nueva España: Michoacán, 1766–1767* (Mexico: Universidad Nacional Autónoma de México [UNAM], 1990); and José de Gálvez, *Informe sobre las rebeliones populares de 1767 y otros documentos inéditos*, ed. Felipe Castro Gutiérrez (Mexico: UNAM, 1990).

continued efforts to apply new taxes and to recolonize New Spain politically left the *criollos,* Indians, and other racial elements mistrustful of peninsular bureaucrats. And they opposed the *gachupines* who received preferential treatment for patronage positions and held administrative posts radiating from the apex of the bureaucracy in Mexico City[4] to the provincial intendants, *subdelegados,* and district officers who applied Bourbon reforms directly to the people. Moreover, peninsular immigrants to New Spain grabbed positions as merchants, shopkeepers, and local administrators—the petty bureaucrats who abused their posts to intrude upon lands, water rights, trading patterns, and other traditional privileges.

In their haughty attitudes and arbitrary lack of good manners, the *gachupín* reformers entrenched the inferiority complex of the *criollos* and made all *americanos*—whether from New Spain, Nueva Galicia, the northern frontier provinces, or the Yucatán—aware of a seizure of privileges and possessions that combined with decidedly *antiamericano* attitudes. Cutting criticisms and efforts to channel taxation away from urban *cabildos* and district communities caused municipal authorities in the cities and towns to resist any form of political reorganization. Peninsular officers reacted as if treason rather than guarding of interests and traditional privileges were at the root of local protective jealousy. Writing in 1762 from the town of Alvarado near Veracruz, Alonso Basco y Vargas complained to Viceroy Marqués de Cruillas about "the decidedly little zeal in this kingdom shown toward the royal service." In his view, the "residents of towns that have some funds are accustomed to sleeping on them and the local justices are greedy."[5]

In 1774, Juan Antonio de Areche, better known later for his stinging condemnations of the Peruvians,[6] declared New Spain "almost a desert." He identified only four or five poorly formed cities separated by great distances and other pitiful agglomerations that in fact were no more than collections of badly built huts usurping, rather than deserving, the name town. Populated mainly by Indians, *castas,* and a few Spaniards who accomplished little other than to promote miscegenation, Areche believed that Spanish emigration from the Old Country had not made up for its loss by contributing significantly to the formation of a New Spain.[7]

---

[4] For details on the central bureaucracy, see Arnold, *Bureaucracy and Bureaucrats in Mexico City.*

[5] Alonso Basco y Vargas to Viceroy Marqués de Cruillas, Alvarado, November 13, 1762, AGN, Indiferente de Guerra (cited hereafter as IG), vol. 532–A.

[6] Brading, *The First America,* 478, 484.

[7] Reflexiones sobre el Reyno de Nueva España, y algunos otros puntos deducidos del dictamen dado por el Fiscal de Real Hacienda el Señor [Juan Antonio] Areche en 1774 a el Exmo. Señor Virrey Fray Don Antonio Bucareli, sobre proposiciones que hizo el Exmo. Inspector de Milicias provinciales en el Reyno, Museo Naval, Madrid, vol. 568.

The Indians who lacked talent and knowledge practiced agriculture, while the Spaniards, who were little better than parasites, rented lands without concern for production and advanced credit at usurious rates to hold indigenous workers under their tyranny. On the enormous haciendas, the Indian labor force lived in virtual isolation, knowing few Spaniards other than an administrator, his assistant, and perhaps a granary keeper. Given their inclination to sloth and excesses, the Indians worked only when compelled—and even at that, Areche warned that kindness and any manifestation of confidence in them produced negative results. Contractors and *hacendados* who required workers often had to apply to the *justicias* who assembled involuntary work gangs to take on special tasks. However, those assigned such laborers had to guard them carefully and lock them up at night or inevitably they would flee carrying off any pay that had been advanced to them.[8]

In surveying the political system of the 1770s, Areche produced a scathing review that identified the Bourbon reforms almost as a desperate last gasp to save the colony and society. The *justicias,* who had the responsibility to bring good government to the provinces and districts of New Spain, instead made themselves wealthy through business deals with rich *aviadores* (merchant-creditors) in which they extended *repartimiento*, monopolizing the sales of merchandise or purchases of locally produced products. They dominated commerce and compelled the Indians to buy and sell at fixed low prices.[9] When individuals entered commerce or established businesses such as retail stores, they rejected any interference by the *alcaldes mayores* responsible for enforcing government legislation and taxation, arguing that these district and regional administrators "made war on their interests and diminished their resources."[10]

In many respects, Areche's *antiamericano* and proreform views symbolized the gulf between European and American objectives. Like so many of the *gachupín* bureaucrats, merchants, petty administrators, and others who viewed New Spain from the perspective of outsiders, Areche expressed damning criticisms and voiced opinions that cut to the quick of the developing *americano* consciousness. He absolutely belittled the process of miscegenation that had mixed Indians, Europeans, and Africans

---

[8] Ibid.
[9] Ibid. For an excellent study of *repartimiento* as it affected Oaxaca, see Brian R. Hamnett, *Politics and Trade in Southern Mexico, 1750–1810* (Cambridge: Cambridge University Press, 1971). For a discussion illustrating *repartimiento* as it related to the laxative *purga de Jalapa,* see Christon I. Archer, *The Army in Bourbon Mexico, 1760–1810* (Albuquerque: University of New Mexico Press, 1977), 131–134. For details on Spanish immigrants in business, see John E. Kicza, *Colonial Entrepreneurs: Families and Business in Bourbon Mexico City* (Albuquerque: University of New Mexico Press, 1983).
[10] Ibid.

into such a confusing variety of racial types that only impossible names described them, such as "no le entiendo" (I do not understand you). Dressed in a manta of rough cotton, such persons formed a rootless class of vagabonds who lived in misery, suffered persecution, and made no contributions to society.[11] Even some of the Spanish immigrants shamed their own kind by living idle lives amid the plentiful resources and agrarian potential of New Spain.

Reflecting views of the Enlightenment about the Church that were to become powerfully corrosive fissures, Areche, like many other Bourbon reformers, argued that one reason for the agricultural and industrial decadence of New Spain could be attributed directly to the fact that too many men and women excluded themselves as contributors to society by entering the clergy. The Church not only consumed talent, but its dominance as an urban and rural landlord through *manos muertas* (mortmain) had to be modified in order to return real estate to production and to the free market. Areche illustrated his argument by pointing out the eighteenth-century experience of the district of Atlixco near Puebla, which had been prosperous until the establishment of religious orders removed land, productive men and women, and much of the taxable real estate base that paid for government. As a result, the town of Atlixco had been brought to its knees and to the brink of economic ruin.[12]

Little wonder, given the virulence of these views, that Bourbon reformers and, for that matter, the *gachupines* as a group were unpopular among the *americanos*. In the regions that felt the cut of higher taxes and greater government intervention—notably with the appointment of *intendentes*, *subdelegados*, and a host of greedy bureaucrats—opposition did develop. The town and village *curas*, *presbiteros*, and friars of the different orders—most of them *americanos* with quite different attitudes—harbored increasing grievances against the *gachupines* whom they viewed as grasping foreigners concerned only with extracting and exporting American wealth to enhance European power.

As might be expected, given the range and reach of Bourbon reforms that constrained the traditional freedoms and privileges of the *americanos*,

---

[11] For overviews on the society of New Spain and on the process of miscegenation, see Magnus Mörner, *Race Mixture in the History of Latin America* (Boston: Little Brown, 1967); and Colin MacLachlan and Jaime E. Rodríguez O., *The Forging of the Cosmic Race: A Reinterpretation of Colonial Mexico* (Berkeley: University of California Press, 1990), 196–228.

[12] "Reflexiones de Areche," Museo Naval, vol. 568. For changing Bourbon views on the role of the Church, see Nancy M. Farriss, *Crown and Clergy in Colonial Mexico, 1759–1821: The Crisis of Ecclesiastical Privilege* (London: Athlone, 1968); and Brading, *The First America*, 502–513. For the background on anticlericalism in the Spanish Enlightenment, see Richard Herr, *The Eighteenth-Century Revolution in Spain* (Princeton: Princeton University Press, 1958); and John Lynch, *Bourbon Spain, 1700–1808* (Oxford: Basil Blackwell, 1989), 269–290.

opposition coalesced among better-educated urban residents who had avenues to express their grievances. Specifically within the urban *cabildos,* the *criollos* sought to protect their political powers. Robert Patch's study concerning rivalries between Campeche and Mérida and differences between the intendants and the urban *cabildos* illustrates in the provincial microcosm of Yucatán what occurred in other regions of New Spain.

In their efforts to raise taxes, to recruit and maintain militia forces, and in a variety of other areas, the *cabildos* defended urban and district prerogatives and in the process received the epithet of reactionism from those who pressed reforms. In 1780, Inspector General Pascual Cisneros described members of the Cabildo of Querétaro who refused to vote funding to maintain the local cavalry regiment as "seditious in spirit and willful in their capricious opposition to the sovereign royal intentions directed toward the better establishment of provincial troops."[13] Quite generally, Patch's study confirms a pattern prevalent in New Spain of local urban officials and district landowners banding together to resist changes introduced by the intendants, *subdelegados*, and other agents of the Bourbon regime. Similar frictions may be identified in such cities as Guadalajara, Veracruz, Puebla, Valladolid, and, as is well known, the Mexico City *cabildo* emerged early as the determined representative of *criollo* aspirations to gain autonomy for New Spain.[14]

In many respects, the appointment of new ranks of Bourbon administrators exacerbated old frictions and opened the way toward permanent divisions that eventually separated New Spain from the imperial regime. As is clear from Ignacio del Río's study centered on frontier Sonora, José de Gálvez introduced far-reaching administrative reforms without really understanding the ramifications or considering the subsequent confusions of jurisdiction. Setting aside Gálvez's preeminence as a nepotist and promoter of his large circle of personal friends, many of the intendants appointed to New Spain failed to live up to minimum expectations.[15] Where there were existing governors and *cabildos*—as in the port of Veracruz, for example—great struggles emerged concerning who or what body wielded political and economic powers. In the process, new positions were joined with old ones to create the office of governor-intendant at Veracruz, for example, but even these changes did not end bad blood. In

---

[13] Pascual de Cisneros to Viceroy Martín de Mayorga, Querétaro, March 11, 1780, AGN:IG, vol. 104–B.

[14] Virginia Guedea, "Criollos y peninsulares en 1808: Dos puntos de vista sobre lo español" (Licenciatura thesis, Universidad Iberoamericana, 1964); Lucas Alamán, *Historia de Méjico desde los primeros movimientos que prepararon su Independencia en el año de 1808 hasta la época presente*, vol. 1 (Mexico: J. Mariano Lara, 1850), 57–59; Reinhard Liehr, *Ayuntamiento y oligarquía en Puebla, 1787–1810*, vol. 2 (Mexico: SepSetentas, 1976), 100–130; and Timothy E. Anna, *The Fall of the Royal Government in Mexico City* (Lincoln: University of Nebraska Press, 1978), 28, 35–63.

Sonora, del Río notes that Pedro Corbalán discovered that in the absence of a written *ordenanza*, he was left without defined powers and thus made dependent upon the viceroys for his jurisdiction. Viceroy Antonio María Bucareli opposed the new administrative system and would have terminated the idea of provincial intendants altogether, but Gálvez as Secretario de Indias pushed through administrative reforms sanctioning the 1786 Ordenanza de Intendentes.[16] Whereas Gálvez viewed the intendancy as an essential element in the reform program, his death permitted urban, regional, and other special interests to chip away at the Bourbon master plan.

Although detailed analysis is required for each area, one can argue that the political and economic reforms had the impact of coalescing and jelling opposition and of making the *americanos* painfully aware that reform meant exploitation and the hemorrhage of resources from the regions to serve the superior needs of the metropolis. Given this realization, and supported by growing familiarity with ideas trickling in from diverse sources about the Enlightenment and from Anglo-American writers about sovereignty, revolution, and independence, certain elements in New Spain became ever more critical of imperial policies.[17]

The idea of a revolution sparked by disaffected colonials weighed heavily upon imperial Bourbon administrators, who either did not understand the political and economic aspirations of the *americanos* or simply failed to comprehend governance of such an enormous territory as New Spain inhabited by a heterogeneous population. Gradually, the political administration in Mexico City lost meaningful contacts with the provinces, frontiers, and with the mixed racial and cultural populations. *Criollo* leaders understood the aspirations of regions much better, advocating conservative solutions designed to avoid resistance and to placate local interests.

The Anglo-American Revolution may have influenced a few literate urban residents, but its impact if any at all was indirect upon the *castas* and the provincial populations. In the regions, people expressed far more

---

[15] It should be noted that some senior officials such as Viceroy Antonio Bucareli resisted the introduction of the reformed administrative system. See Colin M. MacLachlan, *Spain's Empire in the New World: The Role of Ideas in Institutional and Social Change* (Berkeley: University of California Press, 1988), 108. For studies on Bucareli, see Bernard E. Bobb, *The Viceregency of Antonio María Bucareli in New Spain, 1771–1779* (Austin: University of Texas Press, 1962); and AGN, *La administración de D. Frey Antonio María de Bucareli y Ursúa, cuadragesimo sexto virrey de México*, 2 vols. (Mexico: Talleres Gráficos de la Nación, 1936).

[16] *Real ordenanza para el establecimiento é instrucción de intendentes de exército y provincia en el reino de Nueva España* (Madrid, 1786).

[17] See John Rydjord, *Foreign Interest in the Independence of New Spain: An Introduction to the War of Independence* (Durham: Duke University Press, 1935). Although somewhat out of date, Rydjord's study continues to be a worthwhile introduction to the subject.

anxiety about protecting their lands, water rights, access to grazing rights, and control of other resources from avaricious district administrators who often represented the intendants, *subdelegados*, or private *gachupín* speculators who had the ear of Bourbon officials. The French and Haitian revolutions and pressures upon New Spain caused by the upheavals of international wars during the 1790s further aggravated relationships and produced minor purges of French tailors, doctors, pastry cooks, chefs, and hairdressers. For some *americanos*, Spain's Atlantic wars and struggles in Europe produced ever more parasitical efforts to mine all sources of New Spain's wealth.

The emergence of revolutionary republicans in France advocating apparently godless approaches and regicide, followed by an alliance with Britain, the traditional enemy of Catholic Spanish Americans, left local and district leaders in New Spain—particularly the powerful regional clerics—upset and clearly nervous about the future. These priests, *curas*, and friars redoubled their mission to protect their people from evil foreign influences—including those of the avaricious *gachupines* who more than ever behaved as parasitical bloodsuckers of resources. As late as August 1824, when the French traveler J. C. Belrami visited Guadalajara and Lake Chapala, he encountered vestiges of these attitudes. The venerable former rebel commander, Padre Marcos Castellanos—now in his eighties—had lost none of the zeal that drove him to lead the regional Indian villagers through years of desperate defense of their lands and culture. Castellanos told Bellami, "I still feel that I have sufficient strength to fight again if the Europeans return to assault our country and our rights."[18]

Despite numerous minor plots and conspiracies that came to light prior to the definitive *grito* of Cura Miguel Hidalgo in September 1810, neither the U.S. nor the French revolutions provided the intellectual impetus for a revolt against Spanish rule. Indeed, early rumors of an uprising in New Spain preceded both of these major revolutions. In 1766, Minister of the Indies Julián de Arriaga received information about a rumored plot to achieve independence promoted by *americanos* from New Spain who said they were tired of Spanish government and wished "to cast off the yoke" of colonial status. While the source of information came indirectly by way of two visitors from Puebla who happened to lodge at a Madrid inn during a visit to the mother country and their conspiracy clearly represented little more than idle talk, their underlying grievances were strikingly similar to many of the issues raised by the Mexican insurgents of 1810–1821.

The two travelers stated that even the *criollo* nobility in New Spain descended from the Spanish conquerors complained that they lacked

---

[18] Quoted in Alvaro Ochoa, ed., *Los insurgentes de Mezcala* (Zamora: El Colegio de Michoacán, 1985), 134–135.

access to high positions and privileges, and that they suffered the same poor treatment and high taxation as the lowest classes. *Criollo* priests voiced similar grievances, having been pushed out of their *curatos* and *doctrinas* and replaced by Europeans who possessed no understanding of Indian languages and cultures. Moreover, the good *curatos, canoncicatos*, bishoprics, and archbishoprics never went to *americano* aspirants. Merchants paid a "multitude" of taxes on European goods and bemoaned the fact that the regime exported specie from the country to pay inflated costs for mercury to refine silver and to support the imperial treasury.[19]

The two travelers claimed to be secret delegates from New Spain with commissions to lay out their grievances before the Spanish royal court. Assisted by a well-known cleric from New Spain, they said that they had managed to obtain an audience with senior officials. However, when they commenced reading their commission, the royal bureaucrats silenced them immediately, threatening to punish them as traitors. In speaking of this rebuff, the three Mexicans were unanimous in their view that a general insurrection must take place to win independence—even though they were aware that wealthy persons would fear the consequences of unleashing a popular furor.[20]

Although they lacked specific models for an independent regime, they understood that they must have a thoroughgoing plan for a government to prevent the chaos that was bound to follow revolution. The new regime must be republican in form and not monarchical because, notwithstanding all the powerful noble families in New Spain, none possessed sufficient authority to dominate the others.[21] The plan, although it hardly deserves the name, presented a fairly accurate summary of grievances felt by many *criollos* in New Spain. Further, it most certainly forecast accurately the turbulence that accompanied the victory in 1821 of Agustín de Iturbide and the tempestuous aftermath during which the victors had to settle the question of who would govern and under what form.

---

[19] Julián de Arriaga to Viceroy Marqués de Croix, Aranjuez, June 24, 1767, and Noticias venidas de Londres con fecha de 8 de agosto de 1766, AGN:IG, vol. 224–A. Also see Doris M. Ladd, *The Mexican Nobility at Independence, 1780–1826* (Austin: University of Texas, Institute of Latin American Studies, 1976), 89–104.

[20] Ibid. According to the denunciation, the three delegates from New Spain were ignorant about exactly how to organize a revolution and the plan for an independent government. They stated that they had little contact with foreigners and no access to books that might educate them about the form they should give to an independent regime.

[21] Ibid. According to the denunciant, Monsieur Guiller, a French architect, the three Mexicans asked him to accompany them to New Spain in disguise as their consultant on organizing the revolution and drafting a Plan de Gobierno Republicano. Apparently, Guiller proposed British aid for the project, which the Mexicans resisted for religious and economic reasons—particularly when the secession of Veracruz and San Juan de Ulúa became a part of the deal with a treaty in perpetuity accepting a British trade monopoly.

Obviously, vague ideas for a Mexican republic bandied about in the 1760s did not convince many *criollos* to make the treacherous transition from talk to action. Indeed, in September 1810, the plan of Hidalgo's rebellion lacked the underlying ideological justifications of the program proposed in 1766 by the disaffected Mexicans. In 1810, the actual dissemination of a revolutionary reform program and the explanation of ideas concerning independence or some form of autonomy for New Spain remained something of a mystery. While there was no shortage of individual *americanos* who expressed grievances about heavy taxation and lack of upward access to senior bureaucratic appointments, or who at least discussed the concept of independence, it is quite remarkable that so many *curas*, *presbiteros*, friars, ranchers, regional and district bosses, and others possessed a homogeneity of opinion. Not only did they follow Hidalgo and Padre José María Morelos into rebellion, but they possessed the patriotic dedication and then anger to keep the regional insurgency alive for eleven years.

Even beyond the shocks radiated outward to the Atlantic world by Napoleon's victories in Spain during 1807–1808 presaging the overthrow of the Bourbon kings, New Spain shuddered under its own first *golpe de estado*. A small minority of *gachupín* merchants supported by elements of their own militia overthrew Viceroy José de Iturrigaray, whom they believed to be compromising with decidedly autonomist *americanos*. These separatists had proposed to create an interim government in Mexico on the model of the Spanish juntas to rule while Fernando VII was the captive of Napoleon in France.[22] With elements of millenarianism and messianism, fears of unwanted political and religious changes that might be imposed by some outside influences, and old regional and district issues, *americano* leaders whipped the populations of some provinces into frenzied zealots willing to sacrifice their lives.[23]

The War of Independence (1810–1821) seared and mutilated New Spain, definitively polarized the population around major issues, and

---

[22] See, for example, Guedea, "Criollos y peninsulares en 1808"; Enrique Lafuente Ferrari, *El Virrey Iturrigaray y los orígenes de la independencia de Méjico* (Madrid: Consejo Superior de Investigaciones Científica, 1941); and Francisco Santiago Cruz, *El Virrey Iturrigaray: Historia de una conspiración* (Mexico: Editorial Jus, 1965).

[23] See Eric Van Young, "Who Was That Masked Man Anyway? Symbols and Popular Ideology in the Mexican Wars of Independence," *Proceedings of the 1984 Meeting of the Rocky Mountain Council on Latin American Studies* 1 (1984): 18–36; "Millenium on the Northern Marches: The Mad Messiah of Durango and Popular Rebellion in Mexico, 1800–1815," *Comparative Studies in Society and History* 28, no. 3 (1986): 385–413; and "The Other Rebellion: Popular Violence and Ideology in Mexico, 1810–1817," unpublished paper given at Rutgers University, 1988. As noted previously, Van Young recently published a collected volume of his most important essays in *La crisis del orden colonial*. For my own views, see Christon I. Archer, "Bite of the Hydra: The Rebellion of Cura Miguel Hidalgo," in *Patterns of Contention in Mexican History*, ed. Jaime E. Rodríguez O. (Wilmington: Scholarly Resources, 1992), 69–93.

established a turbulent path for the first century of Mexican Independence. Wartime belligerency, white-hot emotions, and the grinding exhaustion of insurgency, counterinsurgency, endemic guerrilla warfare, and outright terrorism practiced by both sides left indelible intellectual *barrancas* crisscrossing the independent Mexican Empire and republic.[24] Numbed by a generation of warfare and persistent guerrilla-bandit violence or dominated by military *caudillos* who established regional satrapies, the words "politics" and "political reforms" were seldom employed in any meaningful manner. Only in urban centers and the capital were political issues and ideas treated at a theoretical level and even then, old issues tended to predominate.

Although the War of Independence generated plentiful propaganda, it is instructive to examine the actual words uttered by patriots and royalists as they hurled epithets back and forth and claimed that their own intemperate views reflected total perspicacity. Writing in 1816, from his isolated military camp at San Salvador in Nueva Galicia, rebel chief Juan Nepomuceno Sannroman viewed the war and believed that he understood the rights and laws conceded to each kingdom by the Supreme Being as clearly "as the light at midday." The war, he stated, "este azote cruel" of Divine Justice, had to make people open their eyes and know their rights. Misguided *americanos* who fought alongside "a party of foreigners" must beg forgiveness for having damaged the *patria* and furthered the cause of "a usurped crown, and an illegitimate king."[25] The only king recognized in Nueva Galicia was the King of Heaven. "How," asked Sannroman, "can Spain recognize the independence of English America as just and not ours?" He continued with the clear logic of the patriot, stating that the Moors possessed Spain for seven hundred years before they were expelled by the Christians.

Following this same line of thinking, the *americanos* now struggled in the legal reconquest of their kingdom and the expulsion of a "foreign government and the *gachupines.*" Even those *hijos del la patria* who had been misguided by cowardice or supported vested interests to protect their jobs must now take up and defend to the death the cause of their true nation. Responding to an offer of amnesty issued by Viceroy Félix Calleja "to end the effusion of blood," Sannroman blamed the cowardly

---

[24] Christon I. Archer, "The Cutting Edge: The Historical Relationship between Insurgency, Counterinsurgency, and Terrorism during Mexican Independence, 1810–1821," in *Terrorism: Roots, Impact, Responses*, ed. Lawrence Howard (Westport, CT: Praeger, 1992), 29–45.
[25] Juan Nepomuceno Sannroman to Captain José María Ahumada [Comandante de Caballería under Colonel Pedro Celestino Negrete serving the army of Nueva Galicia commanded by Brigadier José de la Cruz], Campo Subalterno de la Comandancia de Nueva Galicia en San Salvador, February 22, 1816, AGN:OG, vol. 151.

gachupines for all violence and for tearing apart the unity of the gullible *americanos*.[26]

If this approach was insufficient, the rebel leader went on to catalog recent atrocities committed by the assassin (Pedro Celestino) Negrete, whose forces had massacred peaceful laborers—thirty-three women, two girls, and twenty-one men—at Puesto de la Quesera as they returned from their *milpas* carrying baskets containing produce. This type of atrocity, Sannroman stated, was a common occurrence, and he said that there were many witnesses to other recent massacres at Las Estacas and Cañon de Xalpa near Apatzingán where "innocent victims have been sacrificed to the capricious whim and cruelty of these barbarians." He asked, "Are the *gachupines* capable of showing any sympathy for *la sangre Americana?*" Only three months before, El Pérfido Cabecilla (Agustín de) Iturbide, the royalist intendant of Guanajuato, had sentenced a priest to torture for having granted extreme unction to rebel prisoners condemned to execution.[27]

Of course, not all residents of New Spain supported the *partido rebelde* and thus would not have agreed with the arguments of a fanatical *americano* fighter like Sannroman. Notwithstanding their natural inclinations, others held to the *partido del rey*, accepting arguments based upon loyalty or expressing fear that in the event of an insurgent victory, the country would be ripped apart by regionalism, race war, and revolution. And finally, since black and white in history often produce a multitude of grays, one must consider those New Spaniards (to use a term prefered by Virginia Guedea and Jaime Rodríguez that in this case fits) who favored autonomy but, because of loyalties, business interests, or property holding, flirted with both sides in a shifting balance depending upon which faction appeared to hold the winning edge. These were the *equilibristas*, people who maintained contacts with both sides favoring extreme solutions—that is, the annihilation of the opposition. In her fascinating study of Ignacio Adalid, Guedea reminds readers—as does Rodríguez—that many Mexicans preferred to seek a political middle road. They embraced a moderate autonomist future for New Spain, welcomed the Spanish Constitution of 1812, and participated in legal political activities to elect *cabildos*, provincial deputations, and representatives to the Spanish *cortes* or imperial parliament.

Guedea describes Adalid as an *autonomista* who worked with the insurgent Guadalupes and in 1811 participated in the Suprema Junta Nacional.[28] As a businessman, he possessed lands in the rebel-occupied

---

[26] Ibid.
[27] Ibid.
[28] For the most definitive recent study on the Guadalupes, see Virginia Guedea, *En busca de un gobierno alterno: Los Guadalupes de México* (Mexico: UNAM, 1992).

Llanos de Apan region—an interest that impelled him to treat with insurgent bands so that he could maintain the flow of pulque to Mexico City. In Adalid's case, playing the *equilibrista,* he sidled beyond any limited neutral ground into the traitor's role. Although he was elected to the imperial *cortes* in 1813, instead the royalist administration measured Adalid for a jail cell. Auditor Miguel Bataller summed up the situation very well when he pointed out that during revolutions, those who attempted to maintain good standing with both sides ended up being hated and suspected by everyone.

Returning to the theme of autonomy and high politics, Rodríguez penetrates the dense undergrowth and blind alleys that obscure Mexico's precipitate jump from colony to nation or empire. Historians since Lucas Alamán, Carlos María de Bustamante, and Lorenzo Zavala, have developed theories about the birth of Mexico, populating the pantheons of heroes and traitors in the tumultuous decades of early nationhood. Although the total picture still may be described as incomplete, in his recent works on autonomist politics, Rodríguez has added new dimensions that help to explain the chaotic transitions of 1820–1821. The resurrection of the Spanish Constitution, the rise of Agustín de Iturbide, the collapse of the royalist army, and the near total victory of war weariness played roles in an exceedingly complex web of developments that worked themselves out in New Spain.

By 1820, the fragile structure of Spanish rule rested in large part upon a complex regional counterinsurgency system manned and paid for by the Mexican population. The restoration of the constitution brought down this wobbly martial edifice because it centralized all defense and military expenditures under the direction of the royal treasury. The tangible death knell for the ancien régime was King Fernando VII's royal order of February 11, 1820, in which he prohibited generals, division chiefs, and other officers from imposing and collecting taxes within their jurisdictions for the subsistence of military forces.[29] As Brigadier Manuel de la Concha informed Viceroy Conde de Venadito from dusty Tulancingo, "from the moment that they [the people] swore allegiance to the Constitution of the Spanish monarchy, almost generally they ceased to pay the imposts that provided the funds to cover the budgets for the troops."[30]

Concerned by the prospects of anarchy, it is little wonder that some members of the elite sought to create an autonomous regime and to

---

[29] José Dávila to Viceroy Conde de Venadito, November 7, 1820, AGN:OG, vol. 266. This royal order took some time to reach New Spain, and it was not published until October 24. For a discussion of the military implications, see Christon I. Archer, "Where Did All the Royalists Go? New Light on the Military Collapse of New Spain, 1810–1822," in *The Mexican and Mexican American Experience in the 19th Century*, ed. Jaime E. Rodríguez O. (Tempe: Bilingual Press, 1989), 38–43.

[30] Brigadier Manuel de la Concha to Venadito, no. 749, Tulancingo, February 3, 1821, AGN:OG, vol. 116.

remove remaining obstacles of the old order such as Viceroy Venadito and Captain General José de la Cruz of Nueva Galicia. As late as March 1821, Cruz continued to run against the grain of Spanish constitutionalism, blaming effervescence in Mexico City upon freedom of the press that, he insisted to Venadito, "has corrupted the people and made us lose ten years of work."[31]

Jaime Rodríguez adds an essential dimension to the Mexican political picture during this period, examining the activities of representatives from New Spain who pushed for the appointment of Juan O'Donojú as captain general. By the time O'Donojú arrived on July 30, 1821, Agustín de Iturbide had declared the Plan of Iguala and commenced his triumphant march to power in Mexico City. Rodríguez views Iturbide as something of a figurehead representative for other more sophisticated political thinkers who were the authors of the ideas embraced by the Plan de Iguala. Given Iturbide's background and reputation as a sanguinary counterinsurgency commander rather than as a political thinker of any merit, this is a compelling argument. Indeed, as Andrés Lira González suggests in relation to Iturbide's later activities, perhaps he should not have been dusted off and resurrected from Mexico's nineteenth-century black pantheon.[32]

In many respects, the political confusions and the rise of Iturbide turned the country into a rather shoddy market in which ambitious politicians, soldiers, and administrators sought to sell themselves and their services to the winning team. Puebla joined Iturbide so that it could obtain a provincial deputation. Colonel Agustín de la Viña, commander at the fortress of Perote, heard in April 1821 that O'Donojú had replaced Venadito and he begged a promotion so that he could sustain his large family. Viña mentioned in passing that his troops had not been paid at all for two months. Two days later, he announced the rather tardy discovery of a conspiracy between the town of Perote and his garrison in which most of his troops had run off.[33]

Even those Spanish commanders who stayed on the job following the renewal of the constitution had no idea how to end the rural insurgency that seemed to drag on endlessly. To the southwest of the capital at Temascaltepec and in the rugged mining and agricultural communities of the region, officers such as Colonel Juan Rafols reached conclusions

---

[31] Cruz to Venadito, no. 112, Guadalajara, March 9, 1821, AGN:OG, vol. 148.

[32] For the resurrected Iturbide, see Timothy E. Anna, *The Mexican Empire of Iturbide* (Lincoln: University of Nebraska Press, 1990). For further discussion of Iturbide's role, see Christon I. Archer, "¡Viva Nuestra Señora de Guadalupe! Recent Interpretations of Mexico's Independence Period," *Mexican Studies: Estudios Mexicanos* 7, no. 1 (Winter 1991): 143–165.

[33] Agustín de la Viña to the viceroy, Fuerte de San Carlos de Perote, April 5 and 7, 1821, AGN:OG, vol. 744.

about guerrilla warfare similar to those of Iturbide, who chose negotiation and accord with Vicente Guerrero rather than continuing the exhausting military adventures that pitted ill-prepared conventional forces against acclimatized and dedicated Indian and mestizo guerrillas. Rafols informed Venadito that the district people feared these "angry beasts" so much that he could not find couriers willing to carry messages. In his view, greed sustained the rebellion, and he argued that it was cheaper to pay off the insurgents with cash and concessions of land rather than expending more royalist blood in the debilitating counterinsurgency campaigns.[34]

Clearly, the well-educated and thoughtful autonomists feared the regional, racial, and rural insurgency. Oriented to protection of interests and high politics, they preferred some new relationship in which New Spain would maintain links with the metropolis. Like many *equilibristas* who played both sides, the moderate autonomists were destined to taste bitter defeat. Given their background, they neglected to take into full consideration the tragic heritage of an eleven-year war and the rigid polarization in different regions that would not countenance anything less than a total rupture with the mother country and revenge against the evil *gachupines*.

Similar to the Home Rulers led by Charles Parnell in Ireland or the moderate autonomists of the British Dominions of Canada, Australia, and New Zealand, home rule or partial autonomy was never enough, and a taste of independence led inevitably to demands for the real thing. David Quinlan argues that the federalism that took precedence in the Constituent Congress of 1823–1824 and in the Mexican Constitution of 1824 was, as Alamán stated, a natural response to Bourbon redistribution of powers and recognition of what had occurred during the decade of the War of Independence. Quinlan points out that despite the years of conflict, the despised *gachupines*—now including many *capitulados* or Spanish soldiers who opted for lives in Mexico rather than returning to the peninsula—retained their commercial and managerial positions and control over choice civil, military, and ecclesiastical offices.

In his concluding remarks, Quinlan quotes the argument of José Reyes Heroles that if Mexico had not adopted federalism in 1824, the new nation eventually would have fragmented into several states. This is a most intriguing line of thought—particularly considering the fact that historians often claim that the Mexican Constitution of 1824 was in many respects adopted untested from the United States and applied in a country that lacked regional traditions. Given the fragmentation of New Spain provoked by the war and the fact that many *americanos* fought for regional and district causes and most certainly not for some ideal empire of

---

[34] Juan Rafols to Venadito, no. 208, Texupilco, August 12, 1820; and Rafols to Venadito, no. 222, August 25, 1820, AGN:OG, vol. 814.

Anahuac, it could be argued that a form of federalism or a loose confederation of associated states was a viable, if not the only, option.

This leads directly to Andrés Lira González's study of Padre Servando Teresa de Mier and the Mexican Constitution. Not only did Padre Mier emerge from the unhealthy dungeons of Spanish San Juan de Ulúa to join the constitutional congress, but, as the result of his international travels, he knew the British parliamentary and the U.S. congressional systems of government. Lira examines the great range of Mier's ideas and his support for a republican bicameral system with an upper house that would serve as a chamber of mature second judgment for legislation of the more democratic lower house and to protect the interests of smaller less-populated states. A moderate republican federalist, Mier opposed those regionalists who wished to move the new national capital away from Mexico City, which he recognized as the historic center for resources needed to bind the new union.

In his essay, Hira de Gortari Rabiela strengthens and expands the explanations as to why federalism was necessary in the new Mexican nation to counter diverse regionalisms and other centrifugal forces that made provinces and territories threaten to fly away from any controls by Mexico City. As Gortari points out, change itself brought a succession of shocks "from an unipersonal monarchical system without a tradition of participation, to one of representation, elections, responsibility, and division of power as fundamental components." Gortari stresses the vastness of the Mexican landscape and the remarkable diversity in other areas that precluded the application of a unitary system. Local people understood regional problems best, and uniform laws dictated from a distant capital were no longer acceptable. The 1823 Plans of Casa Mata and San Luis Potosí served as notice from the provinces that centralism was unacceptable, and regions such as Jalisco not only demanded federal solutions but also recruited national guard forces to protect their special interests.

While some roles of the clergy in the War of Independence are well known and documented, many questions remain about exactly what motivated clerical support for one side or the other. Anne Staples notes the division between rural parish priests and more senior urban prelates, but this simply mirrors the normal loyalties that pushed educated property-owning *americanos* to support the royalists simply because they feared the inherent radicalism and anarchy unleashed by Hidalgo, Morelos, or other regional *caudillos*. Even autonomist-minded urbanites often knuckled under and supported the royalist military regime. Besides, what other choice did they have? While some opposition such as the type described by Guedea was possible in the capital, there were fewer opportunities in provincial towns where highly efficient and quite sanguinary *comandantes* ruled. Even for priests, the idea of being part of a *lección saludable*—that is, facing a firing squad and having one's mortal remains tacked up at a crossroad or at the entry to their home town—was enough to deter opposition.

At Guanajuato, San Miguel, and other towns, the bleached skeletal remains of Hidalgo—not to mention his secular subordinate commanders—provided graphic object lessons. Staples points out that at Independence, much of the lower clergy participated in constitutional meetings, in elections, and played roles in government. At the same time, ecclesiastics soon felt a foretaste of secular liberalism and of other severe challenges to the role of the Church in the new nation. Even the expulsion of Spanish friars in 1827 must have given some clerics cause for reconsideration. Nevertheless, lower-level *curas* and *presbiteros* who had good educations and no other jobs continued to participate in politics at the state and congressional levels. The debate about privileged *fueros* caused restrictions in the appointment of clerics to high political posts, but much of the population respected their ecclesiastics and did not espouse liberal views.

Staples describes significant clerical participation in politics through the 1830s and 1840s—with many of these men identifying themselves with local, district, and regional issues. They did agree to reject any plans to introduce religious tolerance, and, as might be expected, most were implacable in their resistance to the ideas of the Reforma. In Jalisco and in some other Mexican states, much of the legislation of the Reforma and of the urban liberals was met with hostility. The people of rural districts, towns, and villages most often placed their trust in their religious leaders rather than with outside politicians and bureaucrats who, like the Bourbons before them, pressed unwanted reform programs that did nothing to improve their lives.

The final essay by Michael P. Costeloe on the *hombres de bien* in the age of Santa Anna both summarizes and creates a credible fictionalized urban personality based upon solid historical evidence. Taking into consideration the full range of potentially explosive issues and institutions—the role and privileges of the army, the Church, foreign relations, the disastrous loss of national territory to the United States, regionalism, deep discord over modern constitutional freedoms and liberal democracy, the debt crisis, and even the basic form of government for the nation—it is not surprising that Mexicans careened toward the Reforma, civil war, and foreign intervention.

Civilian politicians of different ideologies functioned in an environment dominated by military *pronunciamientos* and presidents were generals before they took on the mission to govern the nation. It might be said, of course, that powerful army officers, who commanded brute force and usually emerged with support from their home regions or states, were the only figures available to break through the plethora of deeply divisive issues, or at least to place them on hold long enough to counter some forces that threatened to splinter the nation.

Employing a framework of solid historical research, Costeloe creates a fictional *hombre de bien*, in this case a well-educated example of the middle sectors from Mexico City. Of course, by making his character a *capitalino*, he became immediately one segment of the polarization that bedeviled the nation. To a certain degree—and perhaps this is jealousy by one historian who lacks the imagination to employ fiction—Costeloe's archetype *hombre de bien* reminds one of old newspaper advertisements or perusing inventories from reprinted turn-of-the-century mail order catalogs that list the costs of boots, frock coats, and antiquated products. Costeloe's character lived a busy life rushing from literary society meetings to his billiard hall; taking in a bullfight; making it to the theater; debating the issues of the day at a well-known hotel; checking the paper for the lottery results; consuming a heavy restaurant meal; and perusing bookshops before he attended a cockfight or gambled and then went home to browse through his library. And this packed agenda—leaving aside the *hombre de bien*'s business dealings and politics—represented only one aspect of his regular schedule.

If he had a wife and family, perhaps she ate in the upstairs ladies' room at La Sociedad del Progreso restaurant, attended Mass with him on Sunday, and agreed with him about growing immorality in society. Unfortunately, this side of Costeloe's *hombre de bien* remains unmentioned. Returning to the Adalid family of Guedea's paper, one wonders how María Josefa Adalid, who in 1852 sold bottled pulque produced on her hacienda at her elegant city mansion, might have fit into the picture.[35] Perhaps an odd individual managed to evince the hectic whirl of activity described by Costeloe, but one suspects that most lives were more serenely centered upon family and profession as well as external pursuits.

The century of Mexican history studied in these essays underscores the value of the new periodization. Lucas Alamán looked back to the prosperity of late colonialism with some nostalgia and viewed Félix Calleja almost as a second Hernando Cortés.[36] In their essays Castro Gutiérrez, Patch, and del Río point out the roots of regional conflicts, differing views about forms of government, and the impact of strong individuals upon political processes. Guedea, Rodríguez, and Quinlan cover a middle period in the century of change, scoured by endemic violence and increasingly desperate to find new solutions. From Independence, Rodríguez looks forward to the *presidencialismo* imposed by Benito Juárez and Porfirio Díaz.

In some respects, Guedea's *equilibristas* may be viewed as the originators of that great Mexican example of *equilibrismo*, the Partido Revolucionario Institucional. Lira and Gortari grapple with constitutions and federalism, suggesting that Mexico's adoption of federalism was an

---

[35] Silvia M. Arrom, *The Women of Mexico City, 1790–1857* (Stanford: Stanford University Press, 1985), 172.
[36] Alamán, *Historia de Méjico*, 4:477.

indigenous response to absolute necessities imposed upon the nation. Staples reminds readers that the clergy, who were so important in the Bourbon era, and dynamic insurgent leaders and supporters of the War of Independence retained their significance in the post-Independence period and were ready to take on the liberal state during the Reforma. Finally, Costeloe adopts a novel approach to illustrate the role of the archetype *hombre de bien*, a conservative who sought to implement a regime of traditional values designed to heal the divisions and problems of the nation.

In sum, Mexicans pressed their conflicting political ideals and regional divisions to the point that the only solution was *guerra a muerte* in the era of the Reforma. Even after that, the same basic themes remained and, in different forms, they remain today.

13

The Emperor Goes to the Tailor

Barbara A. Tenenbaum

SCHOLARS WHO STUDY LATIN AMERICA have tended to believe that the political history of the region has been sufficiently documented. How else to explain their current fascination with social phenomena to the exclusion of attention to the existence of huge gaps in the literature concerning the most significant political events. With regard to the history of Mexico, for example, modern biographies of the three individuals crucial to an understanding of its nineteenth century—Antonio López de Santa Anna, Benito Juárez, and Porfirio Díaz—are still to be written.

What the essays presented here conclusively show is that New Spain, the wealthiest of Spain's colonies in the New World, absorbed all of the trends and ideas swirling around it during the century of democratic revolutions and that we have assumed we know far more about that period than the scholarship justifies. The emperor at present is gloriously naked, carrying perhaps just a hat as a concession to the prudes among us. When our convener, Jaime E. Rodríguez O., planned a conference on the century of democratic revolutions in Mexico, he asked for papers that reflected on political change there from 1750 to 1850. He selected a particularly worthwhile subject, for even scholars, despite lip service to the contrary, have seen events in Latin America, particularly those beginning in 1808, as separate and apart from those occurring worldwide and particularly in Europe at that time. Rodríguez himself, however, has led the way in reinterpreting the epoch with the first major comparison of the Mexican Independence movement with the French Revolution.[1]

---

[1] Jaime E. Rodríguez O., "Two Revolutions: France, 1789 and Mexico, 1810," *The Americas* 47, no. 2 (October 1990): 161–176.

The study of political and juridical thought is out of fashion today, particularly in the United States. Instead, scholars are looking at the history of social institutions—the prison, the hospital, the insane asylum—as measures of the repressive nature of society, rather than at political and legal institutions and how they affect the level of expression within a community.

Nevertheless, these essays indicate very well the institutional deficit under which Mexico has labored for so long, and which probably continues to affect it to this day. From the first paper to the last, we see a continuing pattern in which Mexico struggles to find appropriate institutions for governing, some way to substitute an office or position with agreed-upon sets of duties and privileges for personal will and, concurrently, to put the civilian above the military. Beginning with Felipe Castro's sketch of José de Gálvez's attempted reforms, this process, or rather agony, is spelled out.

Unhappily, though, the essays continue in a long-standing tradition of Mexican historiography. Every author, to a greater or lesser degree, persists in separating politics from economic and fiscal realities. The result is that basic context is subverted, the elucidation of motivations is short-changed, and history suffers. It is not as if the basic facts remain unknown; scholars need only refer to John TePaske's and Herbert Klein's statistics[2] and TePaske's seminal article[3] to provide fundamental reference points about a fiscal economy gone sour. There are similar works for the Independence period.[4] Nevertheless, that gap between the operations of politics and politicians and the economy remains wide open here. Therefore, I will try to look at the essays from two vantage points. First, I will draw out common threads that have special meaning for the understanding of the century under discussion and, second, I will add some of the information that considerations of economic and fiscal issues would have brought to bear on the subject under discussion.

During what was called the Seven Years' War in Europe (1756–1763) and the French and Indian War in the English colonies, British forces captured Havana, a major port in the Spanish Empire, in retaliation for

---

[2] John Jay TePaske and Herbert S. Klein, *Ingresos y egresos de la Real Hacienda de Nueva España*, 2 vols. (Mexico: Instituto Nacional de Antropología e Historia, 1986).

[3] See, for example, John Jay TePaske, "The Financial Disintegration of the Royal Treasury of Mexico during the Epoch of Independence," in *The Independence of Mexico and the Creation of the New Nation*, ed. Jaime E. Rodríguez O. (Los Angeles: UCLA Latin American Center, 1989), 63–83.

[4] See my *The Politics of Penury: Debts and Taxes in Mexico, 1821–1856* (Albuquerque: University of New Mexico Press, 1986); and "The Chicken and the Egg in Mexican History: The Army and State Finances, 1821–1845," in *Five Centuries of Mexican History*, ed. Virginia Guedea and Jaime E. Rodríguez O., 2 vols. (Mexico: Instituto Dr. José María Luis Mora, 1992), 1:355–370.

Spain's support of the French. Subsequently, King Carlos III undertook a major reordering of the Spanish imperial regime that would collectively come to be known as the Bourbon reforms. The English, too, instituted new practices in their colonies to pay for the war against the French. If these changes—the Stamp Act, the Navigation Acts, the Tea Tax, the billeting of British soldiers in colonial homes and the like—had not led to the U.S. Revolution, they would have been known as the Hanoverian reforms.

New Spain experienced a different kind of revolution, a rural, class, and racial conflict that led nowhere. That country's urban groups pursued an eleven-year struggle in hopes of achieving what its patriots called independence, by which they meant autonomy or self-rule, but what today we might think of as commonwealth status. Spain, however, refused to accept such a plan and New Spain became independent. What followed was almost a century of civilian and military struggle in Mexico to work out the nature of sovereignty, federalism, clerical relations, and a host of other issues. Yet, what the contributors to this volume—singly and as a group—indicate is how little society itself changed, despite wrenching alterations in some political institutions from 1750 to 1850.

Felipe Castro, examining the underlying principles of the Spanish monarchy, summarized these in terms of authority within the "sacred obligation" of just and paternalistic oversight. In New Spain, in practice, the people revered the king while protesting whenever they perceived abuses of power. As Castro presents the situation, New Spain under the Habsburgs was governed (or, more likely, not governed) by a group of officials who had purchased their positions and cheerfully subverted their duties in exchange for who-knows-what favors from men and a few women whose descendants would come to be known as *hombres de bien*. When the Bourbons came to power and, most especially when Carlos III was crowned, they decided that the old way had to go, although I am not fully convinced that they did so following the British example, as Castro casually asserts. More likely, the financial obligations incumbent on an ever-expanding empire forced a serious overhaul of the fiscal structure. The standard-bearer for reform in New Spain was José de Gálvez, an official on the make from Málaga who was determined to further his career by making the wretched colonials behave.

His definition of proper conduct for subjects of the Spanish Crown was for them to passively pay whatever new taxes were levied from Madrid and to encourage their sons to join the newly created army to defend the royal prerogative in the New World. How much the violent nature of reform in New Spain derived from peninsular astonishment at colonial laxity and how much from perceived necessity, historians will never know. Nevertheless, it is difficult to argue that what Gálvez *did* in New Spain represented a shift from paternalistic authoritarianism to a more bureaucratic variety—unless, of course, the bureaucrats in question all carried swords. Similarly, the only way New Spaniards could express dissent was to rise up in small but potent revolts, requiring Gálvez to lead troops all over the Viceroyalty. That experience reinforced his belief in repression—not the rules and regulations that typify bureaucratic regimes, or even harshly applied legality—as the sole method for implementing what has come to be known as the Bourbon reforms in New Spain. As Castro points out, "However, neither the *visitador,* nor any of the higher Spanish officials managed to establish an efficient, professional, and centralized system of administration that would carry the royal will to all corners of the viceroyalty."

In the few cases in which Gálvez tried to destroy the old ways, as in that of Indian communities, he was unable to replace them with new and functioning governing systems. In addition, Castro believes that any reform affecting the indigenous population was doomed because the Crown's authority ultimately rested on its control over them, even though their tribute payments amounted to but 10 percent of annual collections.

He concludes that Gálvez's reforms amounted to very little as the colony slowly returned to its previous state. Yet, other evidence makes it difficult to accept that conclusion. For example, the Crown selected Gálvez, and not his more moderate critics, as minister of the Indies, in charge of all colonial legislation and tinkering. Of course, his appointment could have resulted from influence at court, but perhaps it accurately reflected Spanish confidence in his ability to institute reforms. Further, no one can deny the drastic changes that took place in the Viceroyalty from 1760 to 1810. For example, the number of different taxes expanded from thirty-nine in 1760 to eighty-four in 1790 and the amount extracted rose by 246 percent over the course of the thirty-year period. And as collections rose, so did debts, creating a situation whereby the colonists were increasingly oppressed with nothing but worthless paper to show for it. Given this, perhaps Castro should modify his assessment of Gálvez's impact on New Spain and how his reforms were accomplished, whether primarily by force or by administration. In addition, it would be quite interesting to learn how he managed to wrest control of colonial policy from men like Pedro Rodríguez de Campomanes, who favored the velvet glove to the Malagueño's iron fist.

The issue is not whether Spain reformed, but how badly it botched the job. The next two essays show how much the process of transformation resembled "the blind leading the blind," and how insufficiently elaborated reforms created problems that would resonate throughout the early republican period. Part of that difficulty stemmed simply from the newness of the idea. The Bourbons and José de Gálvez were attempting to undertake a massive restructuring in which individual will would take a backseat to definitions of functions after a mere two hundred plus years. That was bound to create problems. For instance, Ignacio del Río gives us an up-close-and-personal look at the life of Pedro Corbalán, who served from 1770 to 1787 as the intendant of Sonora and Sinaloa, then backwaters of royal administration, subsequently going on to Veracruz until 1791 when he retired from government service.

Del Río begins with Gálvez's dream of establishing an intendancy system in New Spain on the model of that in Spain. This institution was designed to "correct anomalies, establish an effective control of government authority, restore to the Crown economic rights that belonged to it and restore, in sum, the dominion of the monarchy." Yet, although del Río does not mention it, Sonora and Sinaloa were important sources of income for the Viceroyalty, ever straining to meet its overwhelming obligations, and the key to maintaining a grip on the far north of California, New Mexico, and Texas. So the significance of experimenting with and implementing reform there takes on added meaning. In addition, the intendancy reform was supposed to help spur economic development and tax collections throughout the Viceroyalty.

But as del Río shows us, Pedro Corbalán, newly appointed to a newly created post, had his share of problems above and beyond those endemic to newly established institutions. For example, Corbalán had to make do given that no one ever bothered to work out what we would today call his job description. The problem was inherent from the very beginning; as del Río reminds us, even though it was clear from the date, "the *visitador* promoted the appointment of the first intendant even before the king approved the plan of introducing the intendancy system in New Spain." So, in essence, poor Corbalán was a guinea pig in an unsanctioned experiment.

Further, he was consigned to function in a situation in which his power came at the expense of that of others. That was also true of another of Gálvez's innovations, the creation of the Provincias Internas themselves. When Teodoro de Croix arrived to assume his authority as *comandante general*, the viceroy of New Spain, Antonio María Bucareli, was far from pleased. And this led to the predictable result that the Crown would alter the territorial definition of the Provincias Internas four times between 1776 and 1810.

It is noteworthy that Corbalán was a military man; in 1763 he was commissioned to supervise the defense of Veracruz, and in 1767 he acted as quartermaster for the troops in Sonora and Sinaloa, a prelude to his nomination as intendant. Del Río also makes clear that Corbalán's abilities in military affairs (and indeed a previous candidate's failure in that regard) were instrumental in winning Gálvez's favor. The appointment was both consistent with Gálvez's primary recourse to repression in the name of implementing reform and, even more important for the future, established a subtle confusion between military and civilian officials that would be revisited consistently throughout the nineteenth century, both colonial and republican.

Del Río suggests that, indeed, Gálvez purposely failed to define the position of intendant so that Corbalán could make of it what he wished and nominated the latter to both the newly conceived position of intendant and allowed him to continue being in charge of political affairs as well. In that event—and del Río makes a good case for it—Gálvez's behavior was far from bureaucratic in any traditional definition of that word, counting on the "spirit of the reform" rather than its letter, still lacking in any event.

Gálvez's will is manifest at all levels of this operation; for example, in his haste to name Corbalán, he neglected to write anything about whether the new intendant had authority over the *real caja* at Alamos, an omission that del Río characterizes slyly as "a minor problem." It was such a trivial matter that Corbalán had to petition Gálvez to change the jurisdictional boundaries accordingly. Shortly thereafter, Corbalán was stripped of his political authority and remanded to the economic realm. Further, he had to consult with the viceroy at every turn because his powers remained so ill defined and subject to greater and greater limitation.

Finally, del Río comes to what may be his most important point and the one that would have the greatest consequences. He notes that "when Corbalán left the compass of his jurisdiction, the intendancy, in fact, ceased to exist in the regions, since the institution materialized only in the person of the intendant." Nothing could be more inimical to the establishment of bureaucratic power than offices that rested solely in the person of the official. Gálvez continued in this manner even after becoming minister of the Indies in 1776, whereupon he officially named Corbalán both political and economic governor of Sonora and Sinaloa and made him subordinate to the new *comandante general* of the Provincias Internas. Viceroy Bucareli naturally disapproved of the intendancy and paid little attention to it and, of course, the Crown did not create another until 1785.

Yet del Río never tells us whether Corbalán made a difference or not. Did revenues from his areas climb satisfactorily? Did he begin important projects to stimulate the economy? It would seem likely that, at the very least, his superiors judged his tenure in office to be successful since he was promoted to the prestigious and presumably more lucrative post at Veracruz, but I would have liked to know more about Corbalán's accomplishments and how they advanced Bourbon goals.

In their rush to collect more revenue—this time from taxes on trade— the Bourbons mishandled another reform specifically designed to increase commerce in the Yucatán. As depicted by Robert Patch, the Bourbon reforms fostered the development of a "much more self-assertive local ruling class," which fought not only the Crown and its officials, but its counterparts throughout the Viceroyalty as well. Specifically, in 1770 the Spanish government named Campeche as one of the ports permitted to trade with other entrepôts in the Spanish Empire and the homeland. As a result, that harbor saw an enormous commercial expansion, transforming it into a rival with Mérida over control of the area.

In the beautiful way that hindsight makes geniuses of us all, it is inevitable that historians wonder whether the Bourbons could have accomplished this reform such that disputes surrounding the establishment of new institutions could have been minimized or settled in favor of those places already empowered. By setting up an alternative port in Campeche, the Bourbons were obviously sowing future trouble, but I suspect that not only were they not thinking in those terms, but that they genuinely preferred rivalry among their subjects to consensus.

This is a point worth exploring, for throughout these essays the theme of duties ill or not defined leads to disputes between officials and between populations; perhaps the fruit of an unofficial "divide and remain conquered" strategy? Or simply a function of a change in definition of powers brought on by the Bourbon reforms? Patch points this out again in the struggle between the Cabildo of Campeche and the military authorities there over municipal prerogatives. Since everything was left so unclear, royal officials must have spent long hours adjudicating disputes.

With the coming of the intendancy reform in 1786 the situation changed completely. Although in the past the Crown continued to uphold municipal privileges, with the coming of the intendant, everything changed, particularly because the new official served directly under the viceroy. Further, the intendant's subordinates, the *subdelegados*, took control over the Indians in the territory surrounding cities that previously had been part of the purview of the *cabildo* in an area that had never seen *corregidores*. The cities appealed, but the Crown ruled in favor of its intendancy system and against municipal prerogatives. While Mérida, accustomed to struggling over its power for centuries, accepted this decision, Campeche, "the new kid on the block," was far less tolerant.

Patch is not oblivious to economic consequences, and he informs the reader of many of them. Nevertheless, it would have been helpful had he supplied some charts documenting how Campeche's economic position improved, its growing trade with Cuba, and many other important aspects of the implementation of that particular Bourbon reform. Also, it would have been good to know how much the *cabildos* of Yucatán depended on the collection of Indian tribute in this period.

As these essays showed, Spain itself lacked the basic institutions for popular governance and experienced difficulty in putting them in place elsewhere. But it, too, was hardly impervious to the democratic revolutions affecting both Europe and its colonies. Strangely, just when the New World was discovering representative institutions, so, too, was Spain. And, as for all things in colonial regions, the periphery aped the Peninsula. When the forces of Napoleon deposed the rulers of Spain in 1808, the country rose in revolt and established first a governing junta and eventually a *cortes* in Cádiz in 1810 to govern until the legitimate monarchs returned.

On the other side of the Atlantic, Mexico City split in its reaction to events in Europe. As described by Virginia Guedea, its *ayuntamiento* opted for a commonwealth position while the *audiencia* championed the status quo ante. After news of the forced abdication of the Spanish monarchs reached Mexico, Spaniards living there staged a preemptive coup against the viceroy, thought to favor native-born Mexicans. Subsequently, the controversy between *ayuntamiento* and *audiencia* grew more vociferous, casting aspersions on both the legitimacy of the viceroy and making the gulf between the positions seem unbridgeable. Many of the creole partisans of autonomy formed a secret society known as the Guadalupes, hoping for relief from a barrage of taxes implemented by the Bourbons. Yet, as Guedea shows, although the gap was very wide, many Mexicans found themselves forced to live on both sides of the fence—sometimes Guadalupe, sometimes loyal subject of the Crown—depending on their current interests. Undoubtedly, this is the way most people function in such situations, partisans and scholars of this side or that to the contrary.

Such was the situation in which someone as canny and patriotic as the lawyer and pulque *hacendado* Ignacio Adalid had to function. All the aforementioned institutions played a part in his story, and Guedea's work shows how he survived as both actor and reactor in his own life during a time of immense turmoil. He serves as a rather privileged example of how power and its vacuums affect the lives of those who happen to reside in the territory under dispute. I wish that Guedea had devoted more attention to *exactly* how the fighting affected pulque shipments, showing us in real terms exactly how much Adalid stood to lose. I believe he acted out of patriotism more than financial interest, but without a better sense of costs and benefits, it is impossible to tell.

Guedea's portrait of Adalid is significant in yet another respect. It examines the behavior of someone described at the time as an *equilibrista* (someone doing a balancing act), working for his own survival and, presumably, that of his family. In the past, historians of the period have given us fish or fowl, but rarely a case, probably more typical than most would like to admit, of someone who was both at different times. Adalid's life foreshadowed that of important *moderado* figures who would appear later on, such as José Fernando Ramírez, foreign minister under Mariano Arista and counselor to Emperor Maximilian as well as archaeological devotee; or Manuel Payno, treasury minister under José Joaquín de Herrera, who participated in Ignacio Comonfort's coup against himself and was thereafter unofficially barred from holding cabinet office, who later wrote textbooks for Mexican school children and two of the best *costumbrista* novels of the nineteenth century, to name just a few of his accomplishments.

Guedea's paper represents an important advance in Mexican historiography, away from conventional patriotism and secular hagiography, toward a more reasonable rendering of behavior during difficult circumstances. Work such as hers is to be encouraged because it is a major opening in the search for a more realistic understanding of Mexican politics.

It seems only natural that Jaime Rodríguez should provide the bridge between the colonial and the independence periods in his essay examining the events leading up to the declaration of Mexican independence. Rodríguez sheds much light here on the true role of Agustín de Iturbide in the achievement of Mexican independence and places the last Spanish viceroy, Juan O'Donojú, in his proper perspective at long last.

His study illustrates the emergence of several new conflicts that developed during the Bourbon reforms. Although Rodríguez does not emphasize a point he has made elsewhere, much of the consummation of Independence is owed to the federalist tendencies of territories away from Mexico City.[5] Specifically, Puebla, desperate for its own provincial deputation, was the first to publish the Plan of Iguala, and many critical events occurred there rather than in Mexico City. This federalism was a direct result of the Bourbon policy of "divide and remained conquered," discussed above, as well as the subsequent establishment of the provincial deputations.

Further, like the rest of the region, New Spain had many models of conduct to follow, also put in motion by the Bourbon reforms. The establishment of a colonial army and Gálvez's insistence on repression rather than civilian negotiation as a way of implementing his plans probably laid the groundwork for the military model exemplified by Iturbide himself. I remain, however, less convinced than Rodríguez that the civilian equivalent offered as powerful an alternative, given the precarious fiscal situation. The civilian-military struggle would dominate Mexican political life until the Porfiriato precisely because the nature of civilian power had been left so ill defined. It is true, as Rodríguez is right to remind us, that Mexicans joyously embraced the opportunities of electoral politics, regardless of how cumbersome they might be. And I am ready to accept the argument he advances that recognized the importance of the provincial deputations and the constitutional *ayuntamientos* during the restored absolutist period (1814–1820). However, even if that is conceded, observers must acknowledge that these were still new and rather inchoate institutions, lacking the entrenched power and authority of tradition.

The fears provoked by Independence that Rodríguez outlines are wonderfully revelatory. For example, established society felt fundamentally

---

[5] Jaime E. Rodríguez O., "The Struggle for the Nation: The First Centralist-Federalist Conflict in Mexico," *The Americas* 49, no. 1 (July 1992): 1–22.

threatened by the new wave of personal freedom engendered by the constitution itself. Its traditional subjects—the Indians, the young, and other lowly types—had the temerity to imagine that they had been released from the need to respond to authoritarian demands of all sorts. Most frightened apparently were the clerics, followed closely by career military, who had ample reason to wonder if their easy access to wealth might be cut off and whether they might face retaliation from an independent regime for peculations committed during the war years.

What is additionally implied, however, is another consequence of such feelings of wild abandon in a context of emerging political federalism—that a people used to corporate behavior for the past three hundred years would suddenly take individualism to excess. In this context, then, the proliferation of so many *ayuntamientos* or other expressions of political will only served to dilute support for a single, universally accepted solution. That comes through most clearly in the provincial demand for deputations, among other recognitions of authority. And we see in this only a continuation of the struggles Patch noted in the Yucatán between Campeche and Mérida and between the civilian *ayuntamiento* and the military commanders there. This opened up boundary disputes and other divisions that the eventual constitutional convention would have to solve—conflicts that were strongly influenced, of course, by aspirations to control the wealth of one's own territory at the very least, and that of a neighbor, perhaps, if things went the right way.

Indeed, what is remarkable about the plans discussed for a new relationship between Spain and its colonies was their conservatism. Although Rodríguez does not mention it, that reluctance to press for full independence probably reflected serious concerns over the fate of a society in which a small number of European Spaniards (*peninsulares*) and American Spaniards (creoles) maintained control over a much larger number of Indians, *castas*, and Africans. When the delegates put forward their plans at the *cortes* in 1820, they called for the creation of a constitutional monarchy and special relationships between Spain and New Spain (José Mariano Michelena) or looked to New World deputies to represent America in continued peninsular governance (José Miguel Ramos Arizpe/José Bernardo Couto). Although neither of those plans passed, the deputies from America were able to convince their fellow representatives in Spain to replace moderate Viceroy Apodaca with *General* Juan O'Donojú. That decision irrevocably hastened the declaration of independence in New Spain under a military banner.

Throughout 1821 Iturbide and his allies worked to create a unified polity with a conservative cast. Although it was not the conservatives' preferred vehicle (the plan of La Profesa), it nevertheless sought to preserve order through constitutionalism, which political leaders or *hombres de bien* together with the military intended to control. The army and its *fuero* would be protected as would the Church. Yet even with all that support, Iturbide still found it difficult to get his document printed (once again Puebla stepped forward to the rescue), and when the plan first appeared, Viceroy Apodaca refused to sign it as did "most of the ecclesiastic, civil, and military authorities of the realm." Iturbide would have to paper over the differences between civilian and military authorities and artfully smooth ruffled clerical feathers to ultimately win support for that formulation.

Rodríguez downplays the fact that the refusal of sectors of the army to support those who opposed the Plan de Iguala was a major factor that propelled the movement forward. In frustration, the Mexico City garrison forced Apodaca to resign, devolving his power to Field Marshall Novella, whom the *ayuntamiento* and the provincial deputation firmly opposed. When Juan O'Donojú arrived from Spain in July, he met with Iturbide and together they drafted and signed the Treaty of Córdoba, which sought Mexican autonomy. Novella attempted to hold out, but ultimately O'Donojú's firmness won the day without bloodshed and Mexico was colony no more.

It is true that Mexican political leaders believed that "sovereignty resided in the legislative branch." But it is not fully accurate to say that "two opposing political traditions ... emerged between 1808 and 1821; one forged in the crucible of war emphasized executive power and the other, based on civilian parliamentary experience, insisted upon legislative dominance." The two forces were hardly equal either in strength or in length of experience. And given the context of lack of financial resources—a subject never mentioned—the army would be forced to fight over its share of the spoils. I cannot agree with Rodríguez's hopes for O'Donojú. He too, like Iturbide, would have been swept away in the maelstrom occasioned by new political systems and lack of funds to co-opt opponents.

And, indeed, the rejection of Iturbide was more than personal; it embodied a decision to choose a civilian way or, as Hira de Gortari quotes, "the preference for the measures of persuasion and reason to those of rigor and force of arms." That is a very significant and thought-provoking statement, coming as it did after the culmination of an eleven-year military struggle for independence. The next three essays—Andrés Lira on Padre Servando Teresa de Mier and the constitution, Hira de Gortari on federalism, and David Quinlan on the Constituent Congress itself—discuss the impact of laws and their elaboration on a society that had had very little experience of either.

Mier was part of a group entrusted with designing the basic structure of the Mexican state. He had had a long history as a rebel; in 1794 he gave a sermon equating St. Thomas with Quetzalcoatl and discounting the Spanish contribution to American society. When congress first convened in 1822, Mier was still confined to prison in San Juan de Ulúa. He was finally released on May 29, an action some wags attributed to his ability to make trouble for the recently proclaimed Emperor Agustín de Iturbide. It was to be expected that Mier would argue strenuously against the use of any and all models from Spain.

Mier believed that an unwritten constitution existed between the conquerors in America and their Indian subjects that took precedence over any formulated abroad. Although at first a convinced monarchist, the participation of European rulers in the Holy Alliance convinced the fiery friar that republicanism was the proper form of government for the new nation. Thus, when Iturbide tried to implement the monarchical provisions of the Spanish Constitution of 1812, Mier and his supporters opposed him at every turn. Thanks to Rodríguez's study, we can now see Iturbide as the representative of those very real groups who supported ties to Spain and saw it as an appropriate model for the future nation.

The opposition of Mier and his fellows created several serious problems. First, it produced out-and-out factionalism, a situation in which proponents of various alternatives opposed each other civilly, rather than militarily, in a society that had recently concluded an eleven-year independence struggle and that had little experience with representative political institutions. Second, it provided immediate opposition to the political system—the empire—that had been so recently put into place, thus challenging the executive to do something about it. But third, and rarely mentioned, is that the opposition legitimized the behavior of those whose politics consisted of a determination not to pay taxes or make loans to the new regime.

Mier's argument was that the will of the nation was vested in the legislature and not in the executive. On May 3, 1823, he proposed that a constitutional plan be written, and, as a result, deputies met at Mier's lodgings to draft and sign the Plan de la Constitución de la Nación Mexicana. As related by Lira, Mier in this moment became the Thomas Jefferson of Mexico. The signatories of this instrument hoped to stop the increasing federalization going on in the countryside where each province was busily claiming its own sovereignty. In contrast to what was clearly happening outside the capital, the delegates skillfully denied any federalist intention and used the word *estado* only to denote the nation-state. In their view, the nation derived its power from the votes of the citizenry for the legislature as well as from the establishment of an executive body and a judiciary. There were sound fiscal reasons for advocating a centralist structure as well; in the eventual Constitution of 1824 the national government lost 39 percent of its 1818 revenue to the states in very uncertain economic times.

Mier and company also imagined a senate charged with making the other branches obey the law. This impulse was clearly antifederalist, as Lira points out, because it constantly stressed the unity of the nation, while conceding that provincial congresses could adopt internal legislation and enact the taxes necessary to satisfy their own needs. Finally, they envisioned some sort of national institute that would study the physical and social sciences in order to create better citizens, a concept that would reappear in a somewhat revised form in the ideas of José María Luis Mora. The deputies thought of setting up a jury system but stifled the impulse; in a country "where more than half the population is composed of stupid and ignorant Indians," the establishment of that arrangement undoubtedly would have to await graduation ceremonies from the citizenship academy.

Lira shows us the moderating role of a Mier caught between the radical federalism of a Ramos Arizpe and the centralism of his fellow commissioners. It was for this reason that Mier advocated a conservative senate to protect the underpopulated northern states from the more peopled center that would control congress simply by virtue of its number of delegates. I am a bit skeptical of that argument because so many of the delegates then and later only paid lip service to the interests of the states they supposedly represented. However, I suppose that Mier was taking the most optimistic view in assuming that delegates would indeed defend the well-being of their "home" districts. His awareness of the problem was confirmed in his response to the argument made by delegates from Jalisco and other areas that they had to vote for federalism because they were mandated to do so. As Lira says, "This argument infuriated Mier, who indignantly replied that the deputies were not servants." Until the end, Mier insisted that the deputies represented the nation. The senate, he argued, would provide some balance by equalizing representation and giving additional clout to the north, which had more states.

I wish that Lira had explained more about why Mier, the eternal and constantly innovative rebel, chose to defend a conservative institution like a senate. It would be easy to point to his age (he was then nearing 60) and his many years spent outside the country as important factors. Then, too, although born in Monterrey, he had spent much of his life in Mexico in the capital and had been trained by the Dominicans. Still, Lira provides an important service in illuminating Mier's contribution to constitutional thought.

Hira de Gortari furnished the third essay on the nature of that process in his discussion of the constitutional debate concerning the federalist controversy, perhaps the most important in nineteenth-century Mexico. It is a pity that the general direction of graduate training in Mexican history in the United States in recent decades has minimized the importance of the creation and maintenance of laws in that country to concentrate on other matters. As the papers by Lira, Gortari, and Quinlan demonstrate, there is much to learn from a careful study of the making of the Mexican constitution.

In colonial Mexico, territorial entities existed de facto, but were institutionally invisible. Even the creation of a separate jurisdiction such as the Provincias Internas was subjected to all sorts of boundary changes prior to Independence. The Constitution of Cádiz contained the concept of a more formal division of the Viceroyalty with its territorial definitions established for voting for provincial deputations. The Mexican Constitution of 1824 had the obligation of establishing these juridical entities legally for the first time, giving them an entirely new status, and Gortari is right to draw our attention to the process of their formation. When the Plan de Casa Mata was proclaimed in opposition to Iturbide, provincial interests came to the fore, protesting both the emperor's centralism and his insistence on the use of naked executive power.

The federalist provinces insisted that sovereignty rested not in a congress but in the states themselves, which generously ceded some of that authority to a legislative body to form a national union. Jalisco, for example, espoused a very extreme federalism modeled explicitly on that of the United States. What Gortari does not mention is that Jalisco and its capital city Guadalajara were traditional rivals of Mexico City and that its arguments for federalism sought to lessen the power of the ancestral capital and gain more for themselves. So while Gortari dubs its stance "extreme," Jalisco was really quite moderate in that it urged representation on the basis of population, a concept that promised to combine the best of both worlds. On the one hand, the heavily populated Jalisco would have a mountain of delegates voting on national concerns, and on the other, it would have almost complete jurisdiction over its own affairs. As Gortari makes clear, other advocates of federalism could be just as self-serving. For example, José Miguel Ramos Arizpe, a leading proponent of state power, lamented that the colonial Provincias Internas were to be split into four states rather than one powerful entity with its capital in Monterrey, an arrangement that would have given much more clout to his Saltillo, which was soon to be incorporated in the ill-fated Coahuila y Téjas.

Delegate Juan Cayetano Gómez de Portugal, a cleric from Michoacán, framed the problem of federalism even more precisely; he noted that the internal affairs of the states had to be independent, not simply from the power of the national government, but from that of the other states as well. As Gortari shows, Mexicans recognized that parts of their territory differed from one another with respect to their customs and climates and that many were located far away from central Mexico. Conversely, even the most extreme federalists seemed willing to accept the power of the nation for foreign affairs, fiscal matters, and general economic development.

The constituents themselves recognized the problem of putting together a federation with "the multiplicity of latent and open interests." Nevertheless, they tried mightily to emphasize their common ground of language and faith, similar traditions, and the like despite the problems of distance. When all was said and done, the members gave power to the congress partly because of the precedent of the Constitution of Cádiz and partly as a way of empowering state legislatures as well. Yet congress found itself forced to resolve each and every question about state vs. national authority such as the input of the states on national policy on important questions concerning the election of presidents and members of the Supreme Court and so forth. Ultimately, as in all democratic situations, the Constitution of 1824 would embody a series of concessions dependent on the respective power and ability of the delegates and the entities they represented.

As Gortari notes, the delegates were divided as to how to handle the most crucial issue—the role of the state militia vs. the national army. This problem lay at the heart of the entire process because the very fate of civilian rule rested on its ability to deal satisfactorily with the army, an army that had participated in an eleven-year struggle for independence on one side or the other. Questions concerning the army abounded, and, since military men would come to dominate the history of the nation for the next fifty years, they assumed monumental importance. For example, how was the army to be rewarded when treasury funds were scarce? Would civilians respect the military's contribution to their freedom? These and other concerns not so openly discussed played a vital part in determining Mexico's future.

In the second of the essays concerning the evolution of the first Mexican constitution, David Quinlan has given us an analysis of the Constituent Congress of 1823–1824, which serves as a companion to the works by Richard Sinkin and Peter Smith on those of 1856 and 1917 respectively.[6] Frankly, the analysis could not have come at a better time. By examining the record of fifty roll-call votes, Quinlan found a high level of conflict within the congress, greater than that in 1856 and equal to that of the revolutionary gathering of 1917 in Querétaro. Luckily, he also details the arguments over each one, discussing personalities and tactics.

The naming of Mexico City as the capital of the new republic and its designation as a federal district, separate and apart from Mexico state, provoked the greatest uproar during the debates. The give-and-take became so vociferous that deputies from Yucatán and Puebla actually started kicking each other during the discussions! When the congress approved Mexico City as the national capital and subsequently created the Federal District, President Guadalupe Victoria put the garrison of Mexico City on

---

[6] Richard M. Sinkin, "The Mexican Constitutional Congress, 1856–57: A Statistical Analysis," *Hispanic American Historical Review* 53, no. 1 (February 1973): 1–26; and Peter H. Smith, "La política dentro de la Revolución: El congreso constituyente de 1916–1917," *Historia Mexicana* 22 (1973): 363–395.

alert in the event of attacks from partisans of Mexico state. Even then opponents tried valiantly to stall the implementation of the law, showing how quickly Mexican legislators had caught on to the intricacies of the representative process.

Another important bone of contention lay in how the executive was to be fashioned and how much power it could wield. A coalition of centralists, including Padre Mier and anti-Iturbide federalists, won the day and established a single executive with reduced powers. Yet, just one day before the sessions closed, congress passed a very curious, and little known, piece of early legislation—the Special Powers Law. According to this law, the president could expel any foreigner, send any federal employee or resident of any territory including the Federal District into internal exile, remove any state employee, and use federal troops against any governor who conspired against the federal system or independence. Although pro-Spanish plotting and unrest in Yucatán was cited as the cause for such wide-ranging authority, Quinlan rightfully points out that its provisions were too sweeping to have been devised merely to handle some problem in the provinces.

Both the Constitutive Act and the constitution had bestowed these powers on the president, but congress had removed them subsequently from the final documents. Quinlan speculates that congress reversed itself because Victoria seemed a reasonable leader unlike the "power hungry" Michelena or the "too centralist" Nicolás Bravo. Further, the congress passed an amnesty for all political offenses committed prior to the promulgation of the constitution, thus protecting many who might have been in harm's way from "special powers."

What is curious about the Special Powers Act is that it does much to strengthen the executive almost immediately following the Iturbide debacle. Its passage indicates that Mexican legislators had come to believe that civilian rule had successfully won the battle against militarism and that they had little to fear from forceful presidential authority. In addition, they had moved away somewhat from the position described by Rodríguez, which, following the Spanish Constitution of 1812, vested almost sole authority in the congress. The constitutions that followed, however, moved in the opposite direction and placed more and more power with the legislature.

As Quinlan interprets them, the laws creating the Federal District and special powers all relate to the fundamental issue affecting Mexican constitutional politics in the 1820s—the battle to contain the power and influence of Mexico City and its creole elite. This battle was joined, as I mentioned earlier, by the Bourbon reforms and their creation of alternative foci of political and economic authority in Guadalajara and the Bajío and in the Yucatán between Campeche and Mérida. This struggle needs much more elaboration to indicate the growing antagonism between the two and a straightforward comparison of their respective political and economic power. When we realize that the partisans of Jalisco included Valentín Gómez Farías, Lorenzo de Zavala, and Francisco García, the future anticlerical governor of Zacatecas who awarded José María Luis Mora a two-thousand-peso prize for the best essay on the extent of civil authority over the Church, we see that Mexican radicalism may have had greater objectives in mind in the 1830s in addition to the reduction of the power of the Church and the army.

Indeed, Quinlan discusses a struggle between Mexico and Jalisco or Mexico City and Guadalajara that focused on the pro-Iturbide forces in the capital. When the national government ordered the arrest of the "Celaya Street" conspirators who were planning the emperor's return, it supposedly found links to generals in Jalisco similarly inclined. It stripped the presumably pro-Iturbide (and twice future president) Anastasio Bustamante of his command over the region and appointed General Francisco Moctezuma. Three of the nation's top generals—Nicolás Bravo, Pedro Celestino Negrete, and José Joaquín de Herrera—led several thousand troops to Guadalajara to force Bustamante to resign. Ultimately, national forces occupied Guadalajara "peacefully," arrested Bustamante, and ordered him and another general into exile, and thus contained the Iturbide threat. Iturbide was eventually executed in July 1824 during his failed attempt to regain power.

However, let me add a word of caution about Quinlan's assumption that the vote concerning the repayment of pre-Independence debts would have benefited merchants and wealthy individuals in Mexico City alone. Similar moneyed individuals in the silver-rich Bajío were as affected by the law as those in Mexico City since they too had made substantial contributions to royal coffers in the years following 1770. I am not convinced, therefore, that this vote should be included with the others.

Quinlan notes that after congress had settled the fundamental constitutional issues, the underlying problem of "Center vs. Periphery" came to the fore, and he even detects a regional pattern to voting. He also comments that politics became even more argumentative after the publication of the constitution. This analysis endows the subsequent period of *pronunciamientos* from 1827 to 1880 with additional explanatory power. The constant rebellions against national authority may have been amplified reflections of that fundamental issue Quinlan perceived at the congress itself, one that was, like so many others, a direct outgrowth of the Bourbon reforms, and left unresolved well after the century of democratic revolutions was over. My one quibble with Quinlan is that he is not very clear in delineating the outlines of the various factions at the congress. I am not certain that those who wanted federalism were so much different from those who fought for the periphery against the center.

It is a pity that no one wrote on the army, but we did have an essay on the most significant institution in Mexico since the conquest—the

Catholic Church. As Anne Staples points out, the Church responded to Independence according to its particular members' position in the colonial hierarchy. She notes that the common wisdom states that following Independence, clerics were expelled from Mexico and were distressed by the reformism of 1833. As a result, they made common cause with those opposed to the secular state, particularly as the Church began to recoup its losses following the reestablishment of relations with the Holy See in the 1830s, which finally named new bishops to replace those who had left after 1821.

Staples examines the political role of the Church and finds it immensely varied. She speculates that post-Independence Mexico lacked educated leadership and thus needed the participation of well-trained clerics to aid in governing, despite laws enacted in Jalisco, Querétaro, and Coahuila y Téjas forbidding their participation. Beginning with Father Miguel Hidalgo, many members of the clergy led revolts. Others participated in governments and indeed, the Bases Orgánicas of 1843 made specific provision for them as members of congress. Many with clerical training relinquished the quiet devotion of parishioners altogether in favor of the rough-and-tumble of a political career.

Yet, despite their presence and their presumed oratorical skills, and irrespective of clerical power within Mexican society, which remains underrated to this day, the Church was still unable to protect itself from the long arm of the state, be it run by conservatives or liberals. Staples mentions Juan Manuel Irisarri y Peralta, nominated to become archbishop of Cesarea, as an important politician without noting that, according to José Fernando Ramírez, he played a very important role in arranging the mortgage of clerical property to moneylenders in Mexico City during the war with the United States, often to the detriment of the Church.[7] Other members of the clergy—like José María Luis Mora—were more dedicated to promoting a secular agenda than to furthering Church doctrine.

At times, the Church acted in unison; Staples mentions the example of clerical reaction at the time of the North American invasion. She correctly states that such support stopped short of convincing "the cathedral chapters to contribute funds for the nation's defense," but fails to note that when Vice-President Gómez Farías decreed the nationalization and sale of fifteen-million-pesos worth of Church property, the clerics of Mexico City financed the revolt of los Polkos against his government during that very war that threatened the continued existence of Catholicism in Mexico, not to mention its very sovereignty.

---

[7] José Fernando Ramírez, *Mexico during the War with the United States*, ed. Walter V. Scholes and trans. Elliot B. Scherr (Columbia: University of Missouri Press, 1950), 104–107, 113–114.

Staples concludes her essay with a very interesting idea about the nineteenth century in Mexico. She tells us that "the interests of group, family, and region prevailed" at that time. That continuity with the past and its traditional way of life remained constant from 1750 to 1850, oblivious to the transition from imperial subject to republican citizen. Nowhere is this concept more true than in the longevity of a category of men who called each other *hombres de bien*. As Michael Costeloe explains them, the *hombres de bien* were gentlemen who either owned property or earned above a certain income level. Usually of the middle class, the prototype did not work with his hands, but preferred "public office . . . employment in the civil or military bureaucracy . . . by the law and other professions."

The *hombre de bien* constructed by Costeloe for purposes of this essay had an income of over one thousand pesos annually and lived with his family and servants on the upper floors of a Church-owned house. He mixed easily with others of like social strata who believed "that same middle class to be the strongest support of our body social." What he and his group most feared was "social dissolution"—when the impoverished masses would rise up and destroy the world as they knew it.

These *hombres de bien,* therefore, were the direct descendants, both literally and figuratively, of those who had lent money to the Crown from 1780 to 1820 without any hope of repayment so as to preserve colonial society and its class structure. After 1821, they were the ones most scandalized by the sacking of the Parían in Mexico City and by Lucas Alamán's portrait of a Guanajuato overrun by Hidalgo's insurgent rabble. Caught between the "Asiatic luxury" of the life-styles of generals and moneylenders and the horrendous poverty suffered by the great mass of the population, the *hombres de bien* looked backward longingly to the colonial past with its strong Church, much as beleaguered parents in the United States today yearn for the passive and obedient youth of the 1950s. These outbreaks of nostalgia were, of course, the logical extensions of the fears that immediately followed Independence chronicled by Jaime Rodríguez in his essay.

Costeloe stresses the continuity of the generation of *hombres de bien* throughout the Age of Santa Anna, regardless of the chronic political instability that characterized the time. Nevertheless, he demonstrates serious weaknesses in his argument when he discusses the *hombre de bien* project of 1835–1836 and notes its failure. First, he has trouble in meaningfully defining this group. Although he includes liberals like Valentín Gómez Farías and Benito Juárez as *hombres de bien*, he seems to argue elsewhere that these figures were all conservatives. If the project of 1835–1836 was that of the *hombres de bien*, where does Gómez Farías, who had been deposed by the conservative movement, fit? But second, and much more significant, Costeloe does not seem to understand that the platform of Lucas Alamán and his supporters failed because it was unable to mount a successful reform of the national fiscal system and promote a truly viable export.

These years saw the appearance of wave upon wave of bond schemes designed to secure loans from the small, but extremely powerful, group of merchants and miners who lent money to the government for short periods at high interest. Each successive bond offering depleted and demoralized the treasury still further, leaving it even more prone to adopt disadvantageous money-raising schemes. The *hombres de bien* "failed . . . to stop the march of progress" because, quite simply, without a significant increase in trade propelled by a megaexport (like guano in Peru, for example), a fiscal economy based on tariff collections could never have yielded enough to pay for all the desiderata of any government, particularly one pledged to protect clerical wealth.

Nor does Costeloe consider how hard it might have been to maintain the precious one thousand pesos per annum in an uncertain economy. Certainly few *hombres de bien* could expect to live off their government salary, particularly given that the treasury rarely paid civilian workers on time and in full. When the *hombres de bien* received their IOUs, they quite naturally went to the moneylender of their choice, who also dined at the same restaurants and attended the same theaters, to sell the paper. I imagine a blackboard at the Lonja or "stock exchange" where daily quotations must have been listed for each variety of government promissory notes. Anyone who still preserves any illusions about the nature of the Mexican government in the 1830s and 1840s would do well to read the *Memoria de Hacienda 1840* of Treasury Minister Francisco María Lombardo, himself a moneylender, to learn how the treasury stayed afloat in these years.

If every Mexican government from 1827 to 1856 was cozily snuggled up in bed with the moneylenders, the *hombres de bien* were right there fighting for their share of the covers. Although we still know far too little about the economy in these years, it is safe to assume that quite frequently the much-needed one thousand pesos per annum was not forthcoming. How then to maintain one's all-important membership in the *hombres de bien* and avoid falling into the category of a miserable *vagabundo* who could only claim a mere 480 pesos yearly? It was then that the holding of government office became valuable for much more than sheer prestige, and a commodity to be marketed like any other. A government official could easily sell tidbits of inside information on future policies or his outright advocacy of this or that deal favorable to the moneylender with the largest purse. Some of these men were publicly accused during the period; others were either luckier, more discreet, or simply better connected.

Finally, Costeloe gives the *hombres de bien* a significance far out of proportion to their real importance. Since he excludes generals from this category by definition—in a period characterized by military activity—his singling out of the *hombres de bien*, and those in Mexico City at that, makes it appear that they were critical to the politics of the time. But a study of Mexican history from Independence to reform indicates otherwise. Take for example, Santa Anna's treatment of Lucas Alamán in 1853 when he paid lip service to a dying man until six weeks later he implemented policies totally at variance with what the *hombres de bien* wanted. It could be argued that from the time of the French Revolution to the present day, every country has had and continues to have its *hombres de bien*, whose social conservatism makes them easily manipulated by and for the greater good of the civilian wealthy and the military. They rarely hold actual power such as José de Gálvez did, rather they act as servitors to *los que mandan*.

By the close of this "century of democratic revolutions," leaders were still acting in accordance with their individual wills and in defiance of any sort of civil and institutional restraint. Even acknowledging that it was but a mere five years to the end of Santa Anna's career in 1855, his successors continue to manipulate circumstances to the benefit of executive power to this day. Yet, Mexico accomplished one significant feat that should not be hidden from view or discounted. Even though it has yet to attain a real system of checks and balances and invest genuine authority in the legislature, still it has managed to focus power in the civilian, rather than the military sector of society. Few nations in the hemisphere have had such a long-standing record of rule by politicians, albeit mostly from the same political party. However, it still remains to be seen if and when Mexico will finally perfect its democratic revolution.

Equally unclear, regrettably, is the date for the emperor's next visit to the tailor. Thanks to the excellent essays in this volume, his measurements have been taken and the rudimentary basting has been done. But until historians build on that fine beginning and continue reexamining the questions posed by the "century of democratic revolutions" in Mexico, he'd better keep his hat at the ready.

Bibliography

ARCHIVES AND SPECIAL COLLECTIONS

Archivo de la Cámara de Diputados, México, D.F.
    Libros Antiguos
Archivo General de las Indias, Sevilla, España
    Guadalajara
    Indiferente General
    Indiferente de Guerra
    México
Archivo General de la Nación, México, D.F.
    Ayuntamientos
    Correspondencia de Virreyes
    Criminal
    Gobernación
    Historia
    Infidencias
    Intendentes e Intendencias
    Operaciones de Guerra
    Provincias Internas
    Tierras
Archivo Histórico del Centro de Estudios sobre la Universidad, Universidad Nacional Autónoma de México, México, D.F.
Archivo Histórico Nacional, Madrid, España
    Estado
    Jesuitas
Archivo del Palacio, Madrid, España
Bancroft Library, University of California, Berkeley
Nettie Lee Benson Latin American Collection, University of Texas Library, Austin
    Arredondo Pamphlet Collection
    Genaro García Collection
    Valentín Gómez Farías Papers
    Hernández y Dávalos Papers
    Zeitlin Collection
Biblioteca "Crescencio Carrillo y Ancona," Mérida,
    Archivo del Ayuntamiento de Mérida

Biblioteca Nacional de México, México, D.F.
Archivo Francisco
Fondo de Origen
Library of Congress, Washington, DC
Iturbide Papers
Museo Naval, Madrid, España
Public Record Office, Kew, England
Foreign Office Records

PERIODICALS

La Abeja poblana, 1820, 1821
El Cosmopolita, 1842
Diario del Gobierno, 1835, 1837, 1838
Gazeta Extraordinaria del Gobierno de México, 1820
Gazeta del Gobierno de México, 1820, 1821
El Independiente, 1839
El Mexicano, 1839
New York Observer, 1825
Redactor Municipal, 1824
El Siglo XIX, 1843–1845
El Sol, 1822, 1824, 1826
Suplemento al Sol, 1824
La Voz del Pueblo, 1845

PRINTED SOURCES

Abad y Queipo, Manuel. "Representación sobre la inmunidad personal del clero. . . ." In *Crédito público*, edited by José María Luis Mora, Mexico: Universidad Nacional Autónoma de México, Miguel Angel Porrúa, 1986.

Academia Colombiana de Historia. *Archivo Santander*. 24 vols. Bogotá: Editorial Aguila Negra, 1914–1932.

Adams, Richard N. *The Second Sowing: Power and Secondary Development in Latin America*. San Francisco: Chandler, 1967.

Alamán, Lucas. *Historia de Méjico desde los primeros movimientos que prepararon su independencia en el año de 1808 hasta la época presente*. 5 vols. Mexico: Imprenta de J. M. Lara, 1849–1852.

―――. *Historia de Méjico desde los primeros movimientos que prepararon su independencia en el año de 1808 hasta la época presente*. 5 vols. Mexico: Fondo de Cultura Económica, Instituto Cultural Helénico, 1985.

―――. *Obras. Documentos diversos*. Vol. 2. Mexico: Editorial Jus, 1946.

Alba, Rafael, ed. *La Constitución de 1812 en la Nueva España*. 2 vols. Mexico: Imprenta Guerrero Hnos., 1912–1913.

Amann, Peter H., ed. *The Eighteenth-Century Revolution: French or Western*. Boston: Heath, 1963.

El Amante de la Constitución. Mexico: Alejandro Valdés, 1820.

Los Amantes de la verdad contra el liberal poblano. Mexico: Juan Bautista Arizpe, 1820.

Ancona, Eligio. *Historia de Yucatán*. 4 vols. Mérida: Manuel Heredia Argüelles, 1878–1880.

Anderson, W. Woodrow. "Reform as a Means to Quell Revolution." In *Mexico and the Spanish Cortes, 1810–1822*, edited by Nettie Lee Benson, 185–207. Austin: University of Texas Press, 1966.

Andrien, Kenneth J. "Economic Crisis, Taxes and the Quito Insurrection of 1765." *Past and Present* 129 (November 1990): 104–131.

Anna, Timothy E. *The Fall of the Royal Government in Mexico City.* Lincoln: University of Nebraska Press, 1978.

———. "Francisco Novella and the Last Stand of the Royal Army in New Spain." *Hispanic American Historical Review* 51, no. 1 (February 1971): 92–111.

———. *El imperio de Iturbide.* Translated by Adriana Sandoval. Mexico: Consejo Nacional para la Cultura y las Artes, Alianza Editorial, 1991.

———. *The Mexican Empire of Iturbide.* Lincoln: University of Nebraska Press, 1990.

Annino, Antonio. "Pratiche creole e liberalismo nella crisi dello spazio urbano coloniale. Il 29 novembre 1812 a Città del Messico." *Quaderni Storici* (69) 23, no. 3 (December 1988): 727–763.

Apuntes biográficos del señor prebendado de la Santa Iglesia Metropolitana de México, lic. d. Epigmenio de la Piedra. Mexico: Imprenta de la Voz de México, 1873. Catalogued in *Inventario e índice de las misceláneas de la Biblioteca Pública del Estado de Jalisco.* Guadalajara: Instituto Nacional de Antropología e Historia, 1978.

Archer, Christon I. *The Army in Bourbon Mexico, 1760–1810.* Albuquerque: University of New Mexico Press, 1977.

———. "Bite of the Hydra: The Rebellion of Cura Miguel Hidalgo." In *Patterns of Contention in Mexican History*, edited by Jaime E. Rodríguez O., 69–93. Wilmington: Scholarly Resources, 1992.

———. "The Cutting Edge: The Historical Relationship between Insurgency, Counterinsurgency, and Terrorism during Mexican Independence, 1810–1821." In *Terrorism: Roots, Impact, Responses*, edited by Lawrence Howard, 29–45. Westport, CT: Praeger, 1992.

———. *El ejército en el México borbónico. 1760–1810.* Translated by C. Valdés. Mexico: Fondo de Cultura Económica, 1983.

———. "The Militarization of Mexican Politics: The Role of the Army, 1815–1821." In *Five Centuries of Mexican History/Cinco siglos de historia de México*, 2 vols., edited by Virginia Guedea and Jaime E. Rodríguez O., 1:285–302. Mexico: Instituto Dr. José María Luis Mora, 1992.

———. "Politicization of the Army of New Spain during the War of Independence, 1810–1821." In *The Evolution of the Mexican Political System*, edited by Jaime E. Rodríguez O., 17–43. Wilmington: Scholarly Resources, 1993.

———. "¡Viva Nuestra Señora de Guadalupe! Recent Interpretations of Mexico's Independence Period." *Mexican Studies/Estudios Mexicanos* 7, no. 1 (Winter 1991): 143–165.

———. "Where Did All the Royalists Go?: New Light on the Military Collapse of New Spain, 1810–1821." In *The Mexican and Mexican American Experience in the 19th Century*, edited by Jaime E. Rodríguez O., 24–43. Tempe: Bilingual Press, 1989.

Arnaiz y Freg, Arturo. "Prologo." In *Ensayos, ideas y retratos*, by José María Luis Mora, v–xxiv. Mexico: Universidad Nacional Autónoma de México, 1979.

Arnold, Linda. *Bureaucracy and Bureaucrats in Mexico City, 1742–1835.* Tucson: University of Arizona Press, 1988.

Arrom, Silvia M. "Popular Politics in Mexico City: The Parian Riot, 1828." *Hispanic American Historical Review* 68, no. 2 (May 1988): 245–268.

———. *The Women of Mexico City, 1790–1857.* Stanford: Stanford University Press, 1985.

Artola, Miguel. *La España de Fernando VII*. Madrid: Espasa Calpe, 1968.
Baqueiro, Serapio. *Ensayo histórico sobre las revoluciones de Yucatán desde el año 1840 hasta 1864*. 3 vols. Mérida: Manuel Heredia Argüelles, 1878.
Bautista Morales, Juan. "Disertación contra la tolerancia religiosa." In *Rocafuerte, Juárez y la libertad de conciencia en México*. Puebla: Editorial Cajica, 1973.
Bazant, Jan. *Antonio Haro y Tamariz y sus aventuras políticas 1811–1869*. Mexico: El Colegio de México, 1985.
Bennett, Spencer, and David Bowers. *An Introduction to Multivariate Techniques for Social and Behavioral Sciences*. New York: Wiley, 1976.
Benson, Nettie Lee. "The Contested Mexican Elections of 1812." *Hispanic American Historical Review* 26, no. 3 (August 1946): 336–350.
⸺. *La Diputación Provincial y el federalismo mexicano*. Mexico: El Colegio de México, 1955.
⸺. "Iturbide y los planes de Independencia." *Historia Mexicana* 2, no. 3 (January-March 1953): 439–446.
⸺. *The Provincial Deputation in Mexico: Harbinger of Provincial Autonomy, Independence, and Federalism*. Austin: University of Texas Press, 1992.
Benson, Nettie Lee, ed. *Mexico and the Spanish Cortes, 1810–1822*. Austin: University of Texas Press, 1966.
Berry, Charles R. "The Elections of the Mexican Deputies to the Spanish Cortes, 1810–1822." In *Mexico and the Spanish Cortes, 1810–1822*, edited by Nettie Lee Benson, 10–42. Austin: University of Texas Press, 1966.
Beruete, Miguel. "Diario durante el imperio de Iturbide desde el 17 de mayo, 1822, hasta noviembre 23, 1825." Transcribed by Dolores Morgadanes. Tulane University Library. Typescript.
Bobb, Bernard E. *The Viceregency of Antonio María Bucareli in New Spain, 1771–1779*. Austin: University of Texas Press, 1962.
Bocanegra, José María. *Disertación apologética del sistema federal*. Mexico: Imprenta de la Federación Mexicana, 1825.
⸺. *Memorias para la historia de México independiente, 1822–1846*. 2 vols. Mexico: Imprenta del Gobierno Federal, 1892.
Brading, David A. *The First America: The Spanish Monarchy, Creole Patriots, and the Liberal State, 1492–1867*. Cambridge: Cambridge University Press, 1991.
⸺. *Miners and Merchants in Bourbon Mexico, 1763–1810*. New York: Cambridge University Press, 1971.
Brand, Donald. *Mexico: Land of Sunshine and Shadow*. Princeton: Van Nostrand, 1966.
Breedlove, James M. "Effect of the Cortes, 1810–1822, on Church Reform in Spain and Mexico." In *Mexico and the Spanish Cortes, 1810–1822*, edited by Nettie Lee Benson, 113–133. Austin: University of Texas Press, 1966.
Brown, Roger H. *Redeeming the Republic: Federalists, Taxation, and the Origins of the Constitution*. Baltimore: The Johns Hopkins University Press, 1993.
Burkholder, Mark A. "From Creole to Peninsular: The Transformation of the Audiencia of Lima." *Hispanic American Historical Review* 52, no. 3 (August 1972): 395–415.
Burkholder, Mark A., and D. S. Chandler. *De la impotencia a la autoridad*. Translated by R. Gómez Ciriza. Mexico: Fondo de Cultura Económica, 1984.
Bustamante, Carlos María de. *La Constitución de Cádiz o motivos de mi afecto a la constitución*. Mexico: Federación Editorial Mexicana, 1971.
⸺. *Continuación del cuadro histórico. Historia del emperador Agustín de Iturbide, hasta su muerte y sus consecuencias; y establecimiento de la república popular federal*. Mexico: Imprenta de I. Cumplido, 1846.

_____. *Continuación del cuadro histórico. Historia del emperador Agustín de Iturbide, hasta su muerte y sus consequencias; y establecimiento de la república popular federal.* Mexico: Fondo de Cultura Económica, 1985.

_____. *Continuación del cuadro histórico de la revolución mexicana.* 4 vols. Mexico: Publicaciones de la Biblioteca Nacional, 1953–1963.

_____. *Cuadro histórico de la revolución mexicana.* 3 vols. Mexico: Cámara de Diputados, 1961.

_____. "Diario histórico." Biblioteca Pública del Estado de Zacatecas. Microfilm.

_____. *Martirologio de algunos de los primeros insurgentes por la libertad e independencia de la América Mexicana.* Mexico: Impreso por J. M. Lara, 1841.

Calderón de la Barca, Fanny. *Life in Mexico.* London: Dent, 1960.

Calvillo, Manuel. *La consumación de la independencia y la instauración de la república federal, 1820–1824.* 2 vols. Mexico: Departamento del Distrito Federal, 1974.

Campbell, Leon G. *The Military and Society in Colonial Peru, 1750–1810.* Philadelphia: American Philosophical Society, 1978.

Carta de un constitucional de Méjico a otro de la Habana. Mexico: Alejandro Valdés, 1820.

Cartilla o catecismo del ciudadano constitucional. Mexico: Ontiveros, 1820.

Castro, Concepción de. *La revolución liberal y los municipios españoles (1812–1868).* Madrid: Alianza Editorial, 1979.

Castro Gutiérrez, Felipe. *Movimientos populares en Nueva España. Michoacán, 1766–1767.* Mexico: Universidad Nacional Autónoma de México, Instituto de Investigaciones Históricas, 1990.

Cervantes, Francisco. "De la impiedad y la usura. El crédito eclesiástico y los empresarios en Puebla, 1821– 1861." Ph.D. diss., El Colegio de México, 1993.

Chaunu, Pierre. *L'Amérique et les Amériques.* Paris: Armand Colin, 1964.

Comellas, José L. *El trienio constitucional.* Madrid: Ediciones Rialp, 1963.

Conniff, Roger L. "Mexican Municipal Electoral Reform, 1810–1822." In *Mexico and the Spanish Cortes, 1810–1822*, edited by Nettie Lee Benson, 59–86. Austin: University of Texas Press, 1966.

Cornblit, Oscar, Torcuato Di Tella, and Ezequiel Gallo. "A Model for Political Change in Latin America." *Social Science Information* 7, no. 2 (1968): 13–48.

Coromina, Amador, ed. *Recopilación de leyes, decretos, reglamentos y circulares expedidas en el Estado de Michoacán.* 28 vols. Morelia: Imprenta de I. Arango, 1886.

Costeloe, Michael P. *The Central Republic in Mexico, 1835–1846.* Hombres de bien *in the Age of Santa Anna.* New York: Cambridge University Press, 1993.

_____. *Church and State in Independent Mexico.* London: Royal Historical Society, 1978.

_____. "Federalism to Centralism in Mexico: The Conservative Case for Change, 1834–1835." *The Americas* 45 (October 1988): 173–185.

_____. "Los generales Santa Anna y Paredes y Arrillaga en México, 1841–1843: Rivales por el poder o una copa más." *Historia Mexicana* 39 (October-December 1989): 417–440.

_____. "Generals versus Presidents. Santa Anna and the 1842 Congressional Elections in Mexico." *Bulletin of Latin American Research* 8 (1989): 257–274.

_____. *La Primera República Federal de México (1824–1835).* Translated by Manuel Fernández Gasalla. Mexico: Fondo de Cultura Económica, 1975.

Cotner, Thomas E. *The Military and Political Career of José Joaquín de Herrera, 1792–1854.* Austin: University of Texas Press, 1949.

Cuevas, Luis G. *Porvenir de México.* Mexico: Editorial Jus, 1954.

Danks, Noblet B. *Revolts of 1766 and 1767 in Mining Communities of New Spain.* Ann Arbor: University Microfilms International, 1979.
Defensa del Instituto Religioso. Mexico: Alejandro Valdés, 1820.
Delgado, Jaime. *España y México en el siglo XIX.* 3 vols. Madrid: Consejo Superior de Investigaciones Científicas, 1950.
Díez de Sollano, José María de Jesús. *Manifestación que hace el obispo . . . contra la ley orgánica de las adiciones y reformas constitucionales.* Catalogued in *Inventario e índice de las misceláneas de la Biblioteca Pública del Estado de Jalisco.* Guadalajara: Instituto Nacional de Antropología e Historia, 1978.
_____. *Séptima carta pastoral que el ilmo . . . dirige . . . contra el protestantismo.* Catalogued in *Inventario e índice de las misceláneas de la Biblioteca Pública de Estado de Jalisco.* Guadalajara: Instituto Nacional de Antropología e Historia, 1978.
D. J. C. *Catecismo político arreglado a la Constitución de la Monarquía Española; para la ilustración de la juventud, y uso de las escuelas de primeras letras.* Puebla: Imprenta de San Felipe Neri, 1820.
Dublán, Manuel, and José María Lozano. *La legislación mexicana o colección completa de las disposiciones legislativas desde la Independencia de la República.* 30 vols. Mexico: Imprenta del Comercio, a cargo de Dublán y Lozano, hijos, 1876–1912.
Duchacek, Ivo D. *Comparative Federalism: The Territorial Dimensions of Politics.* New York: Holt, Rinehart, and Winston, 1970.
_____. *Power Maps: Comparative Politics of Constitutions.* Santa Barbara: ABC-Clio, 1973.
Durán, José Higinio. *Carta pastoral que dirige a los señores curas del Istmo de Panamá el ilmo. sr. dr. fr . . . su obispo diocesano.* Catalogued in *Inventario e índice de las misceláneas de la Biblioteca Pública del Estado de Jalisco.* Guadalajara: Instituto Nacional de Antropología e Historia, 1978.
Estrada, Dorothy Tanck. "Los catecismos políticos: De la Revolución francesa al México independiente." In *La Revolución francesa en México*, edited by Solange Alberro, Alicia Hernández Chávez, and Elías Trabulse. Mexico: El Colegio de México, 1992.
Exposición que el ilmo. sr. obispo, el señor supervisor y vicario general, y el v. cabildo de la diócesis de Chiapas, dirigen al soberano congreso general constituyente contra el proyecto de tolerancia de cultos en la república. Mexico: Imprenta de Tomás S. Gardida, 1855.
Ezquerra, Ramón. "La crítica española de la situación de América en el siglo XVIII." *Revista de Indias* no. 87–88 (1962): 158–286.
Farriss, Nancy. *Crown and Clergy in Colonial Mexico, 1759–1821: The Crisis of Ecclesiastical Privilege.* London: Athlone, 1968.
Fehrenbach, Charles W. "A Study of Spanish Liberalism: The Revolution of 1820." Ph.D. diss., University of Texas, Austin, 1961.
Fernández de Lizardi, José Joaquín. *Periódicos.* Vol. 4 of *Obras.* Mexico: Universidad Nacional Autónoma de México, 1970.
_____. *Prognóstico político del Pensador Mexicano, y explicación, de otro igual que escribió en el año de 1814.* Mexico: n.p., 1824.
Fisher, John. "The Intendant System and the Cabildos of Peru, 1784–1810." *Hispanic American Historical Review* 49, no. 4 (November 1969): 430–453.
Flores Caballero, Romeo. *La contrarrevolución en la independencia: Los españoles en la vida política, social y económica de México, 1804–1838.* Mexico: El Colegio de México, 1969.
Florescano, Enrique. *El nuevo pasado mexicano.* Mexico: Cal y Arena, 1991.
Fonseca, Fabián, and Carlos de Urrutia. *Historia general de Real Hacienda.* Vol. 3. Mexico: Vicente García Torres, 1849.

Formación de la república federal: Actas, manifiestos, bandos y decretos 1823–1824. Mexico: Secretaría de Gobernación, 1981.
Fuentes Mares, José. *Santa Anna: Aurora y ocaso de un comediante*. 3d ed. Mexico: Editorial Jus, 1967.
Galván Rivera, Mariano, ed. *Colección de constituciones de los Estados Unidos Mexicanos*. Facsimile ed. 3 vols. Mexico: Miguel Angel Porrúa, 1988.
―――. *Colección de órdenes y decretos de la Soberana junta provisional gubernativa y soberanos congresos de la Nación Mexicana*. 2d ed. Mexico: Imprenta de Galván, 1829.
Gálvez, José de. *Informe general que en virtud de real orden instruyó y entregó el excelentísimo señor marqués de Sonora [José de Gálvez], siendo visitador general de este reyno, al excelentísimo señor virrey frey don Antonio Bucareli y Ursúa, con fecha de 31 de diciembre de 1771*. Mexico: Imprenta de Santiago White, 1867.
―――. *Informe sobre las rebeliones populares de 1767 y otros documentos inéditos*. Edited by Felipe Castro Gutiérrez. Mexico: Universidad Nacional Autónoma de México, 1989.
García, Genaro, ed. *Documentos históricos mexicanos*. 2d ed. 7 vols. Mexico: Secretaría de Educación Pública, 1985.
―――. *Documentos inéditos o muy raros para la historia de México*. Vol. 56. Mexico: Editorial Porrúa, 1974.
García Cantú, Gastón. *El pensamiento de la reacción mexicana. Historia documental, tomo primero 1810–1859*. Mexico: Universidad Nacional Autónoma de México, 1986.
García Pelayo, Manuel. *Del mito y de la razón en el pensamiento político*. Madrid: Revista de Occidente, 1968.
Garritz, Amaya, Virginia Guedea, and Teresa Lozano, eds. *Impresos novohispanos, 1808–1821*. 2 vols. Mexico: Universidad Nacional Autónoma de México, 1990.
Gayón Córdova, María. *Condiciones de vida y de trabajo en la ciudad de México en el siglo XIX*. Mexico: Dirección de Estudios Históricos, Instituto Nacional de Antropología e Historia, 1988.
Gilliam, Albert. *Travels in Mexico during the Years 1843 and 1844*. Aberdeen: Clark, 1847.
Godechot, Jacques. *La Grande Nation: L'expansion révolutionnaire de la France dans le monde de 1789 à 1799*. 2 vols. Paris: Aubier, 1956.
Godoy, Manuel. *Memorias*. 2 vols. Biblioteca de Autores Españoles. Madrid: Gráfica Orbe, 1956.
Gómez Pedraza, Manuel. *Manifiesto que Manuel Gómez Pedraza, ciudadano de la República de Méjico dedica a sus compatriotas o sea una reseña de su vida pública*. New Orleans: Imprenta de Benjamín Levy, 1831.
Góngora, Mario. *Studies in the Colonial History of Spanish America*. Translated by Richard Southern. London: Cambridge University Press, 1975.
González Navarro, Moisés. *Anatomía del poder en México (1848–1853)*. Mexico: El Colegio de México, 1977.
Granados y Gálvez, José. *Tardes americanas*. Mexico: Matritense, 1778.
Guedea, Virginia. *En busca de un gobierno alterno: Los Guadalupes de México*. Mexico: Universidad Nacional Autónoma de México, 1992.
―――. "The Conspiracies of 1811 or How the Criollos Learned to Organize in Secret." Paper presented at the conference Mexican Wars of Independence, the Empire and the Early Republic, University of Calgary, April 4–5, 1991.
―――. "Criollos y peninsulares en 1808. Dos puntos de vista sobre lo español." Licenciatura tesis, Universidad Iberoamericana, 1964.

———. "De la fidelidad a la infidencia: Los gobernadores de la parcialidad de San Juan." In *Patterns of Contention in Mexican History*, edited by Jaime E. Rodríguez O., 95–123. Wilmington: Scholarly Resources, 1992.

———. "The First Popular Elections in Mexico City, 1812–1813." In *The Evolution of the Mexican Political System*, edited by Jaime E. Rodríguez O., 45–69. Wilmington: Scholarly Resources, 1993.

———. "El golpe de estado de 1808." *Universidad de México: Revista de la Universidad Nacional Autónoma de México* 488 (September 1991): 21–24.

———. "Una nueva forma de organización política: La sociedad secreta de Jalapa, 1812." Paper presented at the 107th Annual Meeting of the American Historical Association. Washington, D.C., December 27–30, 1992.

———. "Las primeras elecciones populares en la ciudad de México: 1812–1813." *Mexican Studies/Estudios Mexicanos* 7, no. 1 (Winter 1991): 1–28.

———. "Los procesos electorales insurgentes." *Estudios de historia novohispana* 11 (1991): 201–249.

———. "El pueblo de México y las elecciones de 1812." In *La ciudad de México en la primera mitad del siglo XIX*, edited by Regina Hernández Franyuti. Mexico: Instituto Dr. José María Luis Mora, in press.

———. "Las sociedades secretas durante el movimiento de independencia." In *The Independence of Mexico and the Creation of the New Nation*, edited by Jaime E. Rodríguez O., 45–62. Los Angeles: University of California, Los Angeles, Latin American Center, 1989.

Hale, Charles. *Mexican Liberalism in the Age of Mora, 1821–1853*. New Haven: Yale University Press, 1968.

Hall, Linda B. "Independence and Revolution: Continuities and Discontinuities." In *The Independence of Mexico and the Creation of the New Nation*, edited by Jaime E. Rodríguez O., 323–329. Los Angeles: University of California, Los Angeles, Latin American Center, 1989.

Halperín-Donghi, Tulio. *Historia contemporánea de América Latina*. Madrid: Alianza Editorial, 1969.

Hamnett, Brian R. *Politics and Trade in Southern Mexico, 1750–1810*. Cambridge: Cambridge University Press, 1971.

———. *Roots of Insurgency. Mexican Regions, 1750–1824*. Cambridge: Cambridge University Press, 1986.

———. "Royalist Counterinsurgency and the Continuity of Rebellion: Guanajuato and Michoacán, 1813–1820." *Hispanic American Historical Review* 62, no. 1 (February 1982): 19–48.

Herr, Richard. *The Eighteenth-Century Revolution in Spain*. Princeton: Princeton University Press, 1958.

Herrejón Peredo, Carlos, ed. *Actas de la Diputación Provincial de Nueva España, 1820–1821*. Mexico: Cámara de Diputados, 1985.

Hintze, Otto. *The Historical Essays of Hintze*. Edited by Felix Gilbert. New York: Oxford University Press, 1975.

Hobsbawm, Eric. *The Age of Revolution: Europe, 1789–1848*. Cleveland: World Publishing, 1962.

Huerta, Teresa, and Patricia Palacios, eds. *Rebeliones indígenas de la época colonial*. Mexico: Instituto Nacional de Antropología e Historia, 1976.

Huntington, Samuel P. *Political Order in Changing Societies*. New Haven: Yale University Press, 1968.

Iturbide, Agustín de. *Carrera militar y política de Don Agustín Iturbide, o sea memoria que escribió en Livorna*. Mexico: M. Ximeno, 1827.

———. *Correspondencia y diario militar, 1810–1821*. 3 vols. Mexico: Archivo General de la Nación, 1923–1930.

Jalisco, Congress, Constitutional Commission. *Dictamen de la comisión de constitución del honorable congreso de este estado, aprobado por el mismo en sesión [sic] secreta de 13 del presente mes de diciembre, sobre la Acta constitucional presentada al Congreso general de los Estados Unidos de México por su comisión de igual clase.* Guadalajara: Imprenta de Sanromán, 1823.
Jalisco, State of. *Colección de los decretos y órdenes del honorable congreso constitutyente del Estado Libre de Jalisco.* Guadalajara: Urbano Sanromán, 1826.
Jiménez Codinach, Guadalupe, ed. *Planes de la nación mexicana, 1808–1830.* Vol. 1. Mexico: Senado de la República, El Colegio de México, 1987.
Jones, Oakah L., Jr. *Santa Anna.* New York: Twayne, 1968.
Katz, Friedrich, ed. *Riot, Rebellion, and Revolution: Rural Social Conflict in Mexico.* Princeton: Princeton University Press, 1988.
Kicza, John E. *Colonial Entrepreneurs: Families and Business in Bourbon Mexico City.* Albuquerque: University of New Mexico Press, 1983.
Knapp, Frank A. *The Life of Sebastián Lerdo de Tejada, 1823–1889.* Austin: University of Texas Press, 1951.
Knowlton, Robert J. "La iglesia mexicana y la reforma: Respuesta y resultados." In *Iglesia y religiosidad.* Vol. 5 of *Lecturas de Historia Mexicana*, edited by El Colegio de México. Mexico: El Colegio de México, 1992.
Kuethe, Allan J. *Cuba, 1753–1815. Crown, Military, and Society.* Knoxville: University of Tennessee Press, 1986.
_____. *Military Reform and Society in New Granada, 1773–1808.* Gainesville: University Press of Florida, 1978.
Ladd, Doris M. *The Mexican Nobility at Independence 1780–1826.* Austin: University of Texas, Institute of Latin American Studies, 1976.
Lafuente Ferrari, Enrique. *El virrey Iturrigaray y los orígenes de la independencia de Méjico.* Madrid: Consejo Superior de Investigaciones Científicas, Instituto Gonzalo Fernández de Oviedo, 1941.
Lambert, Jacques. *Latin America: Social Structures and Political Institutions.* Translated by Helen Katel. Berkeley: University of California Press, 1967.
Liehr, Reinhard. *Ayuntamiento y oligarquía en Puebla, 1787–1810.* Vol. 2. Mexico: SepSetentas, 1976.
Lira González, Andrés, ed. *Espejo de discordias.* Mexico: Secretaría de Educación Pública, 1984.
Liss, Peggy K. *Atlantic Empires: The Networks of Trade and Revolution.* Baltimore: The Johns Hopkins University Press, 1983.
Loehlin, John C. *Latent Variable Models: An Introduction to Factor, Path, and Structural Analysis.* Hillsdale, NJ: Erlbaum, 1987.
López Lara, Abraham. "La proclamación de la Constitución de la Monarquía Española en Veracruz, 1820." *Boletín del Archivo General de la Nación* 6, no. 4 (1965): 715–755.
Lynch, John. *Bourbon Spain, 1700–1808.* Oxford: Basil Blackwell, 1989.
_____. *The Spanish American Revolutions, 1808–1826.* New York: Norton, 1973.
Macauley, Neill. "The Army of New Spain and the Mexican Delegation to the Spanish Cortes." In *Mexico and the Spanish Cortes, 1810–1822*, edited by Nettie Lee Benson, 134–152. Austin: University of Texas Press, 1966.
MacLachlan, Colin M. *Spain's Empire in the New World: The Role of Ideas in Institutional and Social Change.* Berkeley: University of California Press, 1988.
MacLachlan, Colin, and Jaime E. Rodríguez O. *The Forging of the Cosmic Race: A Reinterpretation of Colonial Mexico.* Berkeley: University of California Press, 1990.
Macune, Charles W., Jr. "The Expropriation of Mexico City: Regional Antipathy in Newly Independent Mexico." *PCCLAS Proceedings* 2 (1973): 117–142.

La Malinche de la Constitución. En los idiomas mejicano y castellano. Mexico: Oficina de Alejandro Valdés, 1820.

Malo, José R. *Apuntes históricos sobre el destierro, vuelta al territorio y muerte del libertador.* Mexico: Imprenta de la "Revista Universal," 1869.

Maravall, José Antonio. *Estudios de historia del pensamiento español.* Vol. 1. Madrid: Cultura Hispánica, 1983.

Mateos, Juan A. *Historia parlamentaria de los congresos mexicanos de 1821 a 1857.* 25 vols. Mexico: J. V. Villada, 1877–1912.

———. *Historia parlamentaria de los congresos mexicanos de 1821 a 1857.* 25 vols. Mexico: Imprenta de "El Partido Liberal," 1893. Reprint. Mexico: Archivo de Derechos de Autor, 1977.

Mather, P. M. *Computational Methods of Multivariate Analysis in Physical Geography.* New York: Wiley, 1976.

Maxwell, Vera Rogers. "The *Diario histórico* of Carlos María de Bustamante for 1824; Edited with Notes, Annotations, and a Complete Life of the Author." Ph.D. diss., University of Texas at Austin, 1947.

McAlister, Lyle N. *The "Fuero Militar" in New Spain, 1764–1800.* Gainesville: University Press of Florida, 1952.

McFarlane, Anthony. "The 'Rebellion of the Barrios': Urban Insurrection in Bourbon Quito." *Hispanic American Historical Review* 69, no. 2 (May 1989): 283–330.

Menéndez, Carlos R. *La huella del general Don Antonio López de Santa Anna en Yucatán.* Mérida: Compañía Tipográfica Yucateca, 1935.

Mexico. *Actas Constitucionales Mexicanas (1821–1824).* 2d ed. 9 vols. Mexico: Universidad Nacional Autónoma de México, 1980.

Mexico, Archivo General de la Nación. *La administración de D. Frey Antonio María de Bucareli y Ursúa, cuadragesimo sexto virrey de México.* 2 vols. Mexico: Talleres Gráficos de la Nación, 1936.

Mexico, Ayuntamiento. *Actas del Ayuntamiento Constitucional, 1821.* Mexico: n.p., 1916.

Mexico, Cámara de Diputados. *Crónicas de la Acta Constitutiva.* Mexico: Cámara de Diputados, 1974.

———. *Crónicas de la Constitución Federal de 1824.* 2 vols. Mexico: Cámara de Diputados, 1974.

Mexico, Congress. *Dictamen de la comisión encargada de abrirlo sobre la elección de un lugar para residencia de los Supremos Poderes de la federación.* Mexico: Imprenta del Supremo Gobierno de los Estados Unidos Mexicanos, 1824.

———. *Dictamen sobre el lugar de la residencia de los supremos poderes de la federación mexicana, presentado al soberano congreso del mismo por la comisión especial encargada de este asunto.* Mexico: Imprenta del Gobierno Supremo, 1824.

———. *Manifiesto que el soberano congreso constituyente hizo a los pueblos. En los momentos de publicarse el Acta Constitutiva de la Federación.* Mexico: Imprenta del Supremo Gobierno, en Palacio, 1824.

Mexico, Secretaría de Guerra y Marina. *Colección de documentos históricos mexicanos.* 4 vols. Paris and Mexico: Librería de la Vda. de Ch. Bouret and Antigua Imprenta de Murguía, 1920–1924.

Mexico, Soberana Junta Provisional Gubernativa. *Diario de las sesiones de la soberana junta provisional gubernativa del Imperio mexicano.* Mexico: Imprenta Imperial de Alejandro Valdés, 1821.

Mexico, State of. *Colección de decretos de los congresos constitucionales del estado libre y soberano de México.* Vol. 3. Mexico: Imprenta de J. Quijano, 1850.

———. *Decretos del congreso constituyente del Estado de México.* Mexico: Martín Rivera, 1824.
Meyer, Michael C., and William L. Sherman. *The Course of Mexican History.* 2d ed. New York: Oxford University Press, 1983.
Michelana, José Mariano. "Verdadero origen de la revolución de 1809 en el Departamento de Michoacán." In *Documentos Históricos Mexicanos,* edited by Genaro García. 2d ed. 7 vols. Mexico: Secretaría de Educación Pública, 1985.
Mier Noreiga y Guerra, Servando Teresa de. *Antología del pensamiento político americano: Fray Servando Teresa de Mier.* Edited by Edmundo O'Gorman. Mexico: Imprenta Universitaria, 1945.
———. *Cartas de un americano, 1811–1812.* Mexico: Secretaría de Educación Pública, 1987.
———. *Fray Servando. Biografía, discursos, cartas.* Edición conmemorativa. Mexico: Gobierno del Estado de Nuevo León, Universidad Autónoma de Nuevo León, 1977.
———. *Historia de la Revolución de Nueva España, antiguamente Anáhuac, o verdadero origen y causas de ella con relación de sus progresos hasta el presente año de 1813.* 2d ed. 2 vols. Mexico: Imprenta de la Cámara de Diputados, 1922.
———. *Historia de la Revolución de Nueva España, antiguamente Anáhuac o verdadero origen y causas de ella con la relación de sus progresos hasta el presente año de 1813.* Edited by Jeanne Chenu, Jean Pierre Clement, André Pons, Marie Laure Rieu-Millán, and Paul Roche. Paris: Publications de la Sorbonne, 1990.
———. *Obras completas.* 4 vols. Mexico: Universidad Nacional Autónoma de México, 1981–1983.
Montejano y Aguiñaga, Rafael. *El palacio de gobierno de San Luis Potosí.* San Luis Potosí: Academia de Historia Potosina, 1973.
Mora, José María Luis. *Ensayos, ideas y retratos.* Mexico: Universidad Nacional Autónoma de México, 1964.
———. *México y sus revoluciones.* Edited with prologue by Agustín Yáñez. 2d ed. Vols. 1 and 2. Mexico: Editorial Porrúa, 1965.
———. *Obras sueltas.* 2d ed. Mexico: Editorial Porrúa, 1963.
Morales, Francisco. *Clero y política en México (1767–1834). Algunas ideas sobre la autoridad, la independencia y la reforma eclesiástica.* Mexico: SepSetentas 224, 1975.
Moreno del Valle, Lucina. *Catálogo de la Colección Lafragua, 1821–1853.* Mexico: Universidad Nacional Autónoma de México, 1975.
Mörner, Magnus. *Race Mixture in the History of Latin America.* Boston: Little, Brown, 1967.
Morse, Richard M. "Toward a Theory of Spanish American Government." In *Politics and Social Change in Latin America: The Distinct Tradition,* edited by Howard Wiarda, 105–127. Amherst: University of Massachusetts Press, 1974.
M. T. y C. *La Constitución en triunfo.* Mexico: D. J. M. Benavente y socios, 1820.
———. *La defensa de la feas y su superioridad entre las bonitas.* Mexico: Ontiveros, 1820.
———. *Idea sucinta de las Cortes.* Mexico: Imprenta de Juan Bautista Arizpe, 1820.
Munguía, Clemente de Jesús. *Circular que el obispo de Michoacán, dirige al muy ilustre y venerable cabildo y venerable clero de su diocesis, explicando el sentido de las circulares expedidas con motivo del juramento de la constitución contra la falsa inteligencia que se les ha pretendido dar. . . .* Catalogued in *Inventario e índice de las misceláneas de la Biblioteca Pública del Estado de Jalisco.* Guadalajara: Instituto Nacional de Antropología e Historia, 1978.

———. *Exposición . . . sobre expropiación eclesiástica, pidiendo su derogación, y en caso necesario protestando contra él.* Catalogued in *Inventario e índice de las misceláneas de la Biblioteca Pública de Estado de Jalisco.* Guadalajara: Instituto Nacional de Antropología e Historia, 1978.
Muñoz Ora, Carlos E. "Pronóstico de la Independencia de América y un proyecto de monarquías en 1781." *Revista de Historia de América* no. 50 (1960): 439–473.
Muro, Luis. *Historia parliamentaria mexicana. Sesiones secretas, 1821–1824.* Mexico: Instituto de Investigaciones Legislativas, Cámara de Diputados, 1982.
Navarro García, Luis. *Don José de Gálvez y la Comandancia General de las Provincias Internas del norte de la Nueva España.* Sevilla: Escuela de Estudios Hispanoamericanos de Sevilla, 1964.
———. *Intendencias de Indias.* Sevilla: Escuela de Estudios Hispanoamericanos de Sevilla, 1959.
———. *Las provincias internas en el siglo XIX.* Sevilla: Escuela de Estudios Hispanoamericanos de Sevilla, 1965.
———. "El virrey marqués de Croix (1766–1771)." In *Los virreyes de Nueva España en el reinado de Carlos III*, edited by José A. Calderón Quijano, 161–381. Sevilla: Escuela de Estudios Hispanoamericanos de Sevilla, 1967.
Nepomuceno Troncoso, José. *Aviso al público.* Puebla: Oficina de Pedro de la Rosa, 1820.
Noriega Elío, Cecilia. *El Constituyente de 1842.* Mexico: Universidad Nacional Autónoma de México, 1986.
Ocampo, Javier. *Las ideas de un día. El pueblo mexicano antes la consumación de su Independencia.* Mexico: El Colegio de México, 1969.
Ochoa, Alvaro, ed. *Los insurgentes de Mezcala.* Zamora: El Colegio de Michoacán, 1985.
O'Gorman, Edmundo. *Antología del pensamiento político americano. Fray Servando Teresa de Mier.* Mexico: Imprenta Universitaria, 1945.
———. "Estudio preliminar." In *Obras completas*, vol. 1, edited by Servando Teresa de Mier, 24–128. Mexico: Universidad Nacional Autónoma de México, 1981.
———. *El heteródoxo guadalupano.* 3 vols. Mexico: Universidad Nacional Autónoma de México, Nueva Biblioteca Mexicana, 1981–1983.
———. *Historia de las divisiones territoriales de México.* 6th ed., rev. Mexico: Editorial Porrúa, 1985.
———. *Seis estudios históricos de tema mexicano.* Xalapa: Universidad Veracruzana, 1960.
———. *Servando Teresa de Mier. Ideario político.* Mexico: Imprenta Universitaria, 1945. Reprint. Caracas: Biblioteca Ayacucho, 1978.
Olmedilla, Carlos. "México, 1808–1821: Algunas aportaciones históricas." *Historia Mexicana* 9, no. 4 (April-June 1960): 586–600.
Overall, John E., and C. James Klett. *Applied Multivariate Statistics.* New York: McGraw-Hill, 1972.
El padre nuestro constitucional. Mexico: Ontiveros, 1820.
Palmer, R. R. *The Age of Democratic Revolution: Political History of Europe and America, 1760–1800.* 2 vols. Princeton: Princeton University Press, 1959–1964.
Pastor, Rodolfo. "El repartimiento de mercancías y los alcalde mayores novohispanos: Un sistema de explotación, de sus orígenes a la crisis de 1810." In *El gobierno provincial en Nueva España, 1570–1787*, edited by Woodrow Borah, 201–236. Mexico: Universidad Nacional Autónoma de México, 1985.

Patch, Robert W. *Maya and Spaniard in Yucatán, 1648–1812*. Stanford: Stanford University Press, 1993.
Penny, Edward B. *A Sketch of the Customs and Society of Mexico*. London: Longman, 1828.
Pérez Memen, Fernando. *El episcopado y la independencia de México, 1810–1836*. Mexico: Editorial Jus, 1977.
Phelan, John Leddy. *The People and the King. The Comunero Revolution in Colombia, 1781*. Madison: University of Wisconsin Press, 1978.
Priestley, Herbert Ingram. *José de Gálvez, Visitor-General of New Spain, 1765–1771*. Berkeley: University of California Press, 1916. Reprint. Philadelphia: Porcupine Press, 1980.
Prieto, Guillermo. *Memorias de mis tiempos*. Vol. 1. Mexico: Editorial Patria, 1948.
Prospecto para el establecimiento de la Academia Patriótica Constitucional en Méjico. Mexico: Oficina de Alejandro Valdés, 1820.
Puebla, Ayuntamiento de. *Representación que hace a S. M. las Cortes el . . . , para que en esta ciudad, cabeza de provincia, se establezca Diputación provincial como dispone la Constitución*. Puebla: Imprenta del Gobierno, 1820.
Puebla, Junta Electoral. *Representación, que hace al soberano congreso de Cortes la . . . de la provincia de la Puebla de los Angeles en N.E., para que en ella se establezca Diputación Provincial conforme al artículo 325 de la Constitución*. Puebla: Oficina de Pedro de la Rosa, 1820.
Ramírez, José Fernando. *Mexico during the War with the United States*. Edited by Walter V. Scholes. Translated by Elliot B. Scherr. Columbia: University of Missouri Press, 1950.
Ramos, Demetrio. "Los proyectos de independencia para América preparados por el Rey Carlos IV." *Revista de Indias* 28, nos. 111–112 (January-June 1968): 85–123.
Ramos Arizpe, Miguel. *Carta escrita a un americano sobre la forma de gobierno que para hacer practicable la constitución y las leyes, conviene establecer en Nueva España atendida su actual situación*. Madrid: Ibarra, Impresor de Cámara de S. M., 1822.
_____. *Discursos, memorias, e informes*. Edited by Vito Alessio Robles. Mexico: Ediciones de la Universidad Nacional Autónoma de México, 1942.
_____. *Idea general sobre la conducta política de D. Miguel Ramos Arizpe, natural de la provincia de Coahuila, como diputado que ha sido por esta provincia en las Cortes generales y extraordinarias de la monarchía [sic] española desde el año de 1810 hasta el de 1821*. Mexico: Imprenta de Herculana de Villa, 1822.
_____. "Memoria presentada a las Cortes de Cádiz. 1º de noviembre de 1812." In *Discursos, memorias e informes. Notas biográficas y bibliográficas y acotaciones de Vito Alessio Robles*, edited by Miguel Ramos Arizpe, 23–100. Mexico: Universidad Nacional Autónoma de México, 1942.
Real ordenanza para el establecimiento é instrucción de intendentes de exército y provincia en el reino de Nueva España. Madrid: n.p., 1876.
Rees Jones, Ricardo. *El despotismo ilustrado y los intendentes de la Nueva España*. México: Universidad Nacional Autónoma de México, 1983.
Reyna, María del Carmen. *La prensa censurada durante el siglo XIX*. Mexico: SepSetentas, 1976.
Riesgo, Juan Miguel. *Justo reclamo de la América a las Cortes de la Nación*. Mexico: Alejandro Valdés, 1820.
Riker, William H. "Federalism." In *Governmental Institutions and Processes*. Vol. 5 of *Handbook of Political Science*, edited by Fred Greenstein and Nelson Polsby, 93–172. Reading, MA: Addison-Wesley, 1975.

Río, Ignacio del. "Colonialismo y frontera. La imposición del tributo en Sinaloa y Sonora." *Estudios de Historia Novohispana* 10 (1991): 237–265.

———. "La gestión político-administrativa de Eusebio Ventura Beleña en Sonora y Sinaloa (1768–1770)." *Históricas* 23 (February 1988): 3–17.

Riva Palacio, Vicente, ed. *México a traves de los siglos*. 17th ed. 10 vols. Mexico: Editorial Cumbre, 1981.

Robertson, William Spence. *Iturbide of Mexico*. Durham: Duke University Press, 1952.

Rocafuerte, Vicente. *Bosquejo ligerísimo de la Revolución de Mégico desde el grito de Iguala hasta la proclamación imperial de Iturbide*. Philadelphia: Imprenta de Teracrouef y Naroajeb, 1822.

Rodríguez O., Jaime E. "The Conflict between the Church and State in Early Republican Mexico." *New World* 2 (1987): 93–112.

———. "La Constitución de 1824 y la formación del Estado mexicano." *Historia Mexicana* 40, no. 3 (January-March 1991): 507–535.

———. "The Constitution of 1824 and the Formation of the Mexican State." In *The Evolution of the Mexican Political System*, edited by Jaime E. Rodríguez O., 71–90. Wilmington: Scholarly Resources, 1993.

———. *Down from Colonialism: Mexico's Nineteenth-Century Crisis*. Los Angeles: University of California, Los Angeles, Chicano Studies Research Center, 1983.

———. *The Emergence of Spanish America: Vicente Rocafuerte and Spanish Americanism, 1808–1832*. Berkeley: University of California Press, 1975.

———. "La historiografía de la primera República." In *Memorias del Simposio de Historiografía Mexicanista*, 147–159. Mexico: Comité Mexicanos de Ciencias Históricas, 1990.

———. "La independencia dela América española: Una reinterpretación," *Historia Mexicana* 42, no. 3 (January-March, 1993): 571–620.

———. "Mexico's First Foreign Loans." In *The Independence of Mexico and the Creation of the New Nation*, edited by Jaime E. Rodríguez O., 215–235. Los Angeles: University of California, Los Angeles, Latin American Center, 1989.

———. "The Origins of the 1832 Rebellion." In *Patterns of Contention in Mexican History*, edited by Jaime E. Rodríguez O., 145–162. Wilmington: Scholarly Resources, 1992.

———. "The Struggle for Dominance: The Legislature versus the Executive in Early Mexico." Paper presented at the conference Mexican Wars of Independence, the Empire, and the Early Republic, University of Calgary, April 4–5, 1991.

———. "The Struggle for the Nation: The First Centralist-Federalist Conflict in Mexico." *The Americas* 49, no. 1 (July 1992): 1–22.

———. "Two Revolutions: France 1789 and Mexico 1810." *The Americas* 47, no. 2 (October 1990): 161–176.

Rodríguez O., Jaime E., ed. *La formación de un republicano*. Vol. 4 of *Obras completas* by Servando Teresa de Mier. Mexico: Universidad Nacional Autónoma de México, Nueva Biblioteca Mexicana, 1988.

———. *Patterns of Contention in Mexican History*. Wilmington: Scholarly Resources, 1992.

Rubio Mañé, J. Ignacio. "Los disputados mexicanos a las Cortes Españolas y el Plan de Iguala, 1820–1821." *Boletín del Archivo General de la Nación* 12, nos. 3–4 (1971): 349–395.

Rydjord, John. *Foreign Interest in the Independence of New Spain: An Introduction to the War of Independence*. Durham: Duke University Press, 1935.

Salinas, Miguel. *Datos para la historia de Toluca*. Facsimile ed. Toluca: Gobierno del Estado de México, 1987.

Salvucci, Linda K. "Costumbres viejas, 'hombres nuevos': José de Gálvez y la burocracia fiscal novohispana (1754–1800)." *Historia Mexicana* 33, no. 2 (October-December 1983): 224–264.
Samponaro, Frank N. "The Political Role of the Army in Mexico, 1821–1848." Ph.D. diss., State University of New York, Stony Brook, 1974.
Shils, Edward. *Center and Periphery: Essays in Macrosociology*. Chicago: University of Chicago Press, 1975.
Simpson, Lesley Byrd. *Many Mexicos*. 3d ed., rev. Berkeley: University of California Press, 1960.
Sims, Harold D. *La expulsión de los españoles de México (1821–1828)*. Translated by Roberto Gómez Ciriza. Mexico: Fondo de Cultura Económica, 1974.
_____. *The Expulsion of Mexico's Spaniards, 1821–1836*. Pittsburgh: University of Pittsburgh Press, 1990.
Sinkin, Richard M. "The Mexican Constitutional Congress, 1856–1857: A Statistical Analysis." *Hispanic American Historical Review* 53 (February 1973): 1–20.
Smith, Peter H. "La política dentro de la Revolución: El congreso constituyente de 1916–1917." *Historia Mexicana* 22, no. 3 (January-March 1973): 363–395.
Solórzano Pereira, Juan de. *Política indiana*. Vol. 1. Madrid: Iberoamericana, 1972.
Sordo Cedeño, Reyando. *El congreso en la primera república centralista*. Mexico: El Colegio de México, 1993.
Spain, Cortes. *Diario de las sesiones de Cortes: Legislatura de 1820*. 3 vols. Madrid: Imprenta de J. A. García, 1871–1873.
_____. *Diario de las sesiones de Cortes: Legislatura de 1821*. 3 vols. Madrid: Imprenta de J. A. García, 1871–1873.
Staples, Anne. "El abuso de las campanas en el siglo pasado." *Historia Mexicana* 27, no. 2 (1977): 177–194.
_____. *La iglesia en la primera república federal mexicana: 1824–1835*. Mexico: SepSetentas 237, 1976.
_____. "La lectura y los lectores en los años de vida independiente." In *Historia de la lectura en México*, 94–126. Mexico: El Colegio de México, El Ermitaño, 1986.
_____. "Secularización: Estado e iglesia en tiempos de Gómez Farías." *Estudios Modernos y Contemporáneos de México* 10 (1986): 109–136.
Stevens, Donald F. *Origins of Instability in Early Republican Mexico*. Durham: Duke University Press, 1991.
Stinchcombe, Arthur. "Social Structure and Politics." In *Macropolitical Theory*. Vol. 3 of *Handbook of Political Science*, edited by Fred I. Greenstein and Nelson W. Polsby, 557–622. Reading, MA: Addison-Wesley, 1975.
Stone, Lawrence. *The Causes of the English Revolution*. New York: Harper & Row, 1972.
Tena Ramírez, Felipe. *Leyes fundamentales de México, 1808–1871*. Mexico: Editorial Porrúa, 1971.
_____. *Leyes fundamentales de México, 1808–1991*. 16th ed. Mexico: Editorial Porrúa, 1991.
Tenenbaum, Barbara A. "The Chicken and the Egg in Mexican History: The Army and State Finances, 1821–1845." In *Five Centuries of Mexican History*, 2 vols., edited by Virginia Guedea and Jaime E. Rodríguez O., 1:355–370. Mexico: Instituto Dr. José María Luis Mora, 1992.
_____. *The Politics of Penury: Debts and Taxes in Mexico, 1821–1856*. Albuquerque: University of New Mexico Press, 1986.
_____. "Taxation and Tyranny: Public Finances during the Iturbide Regime, 1821–1823." In *The Independence of Mexico and the Creation of the New*

Nation, edited by Jaime E. Rodríguez O., 201–213. Los Angeles: University of California, Los Angeles, Latin American Center, 1989.

———. "'They Went Thataway': The Evolution of the *Pronunciamiento*, 1821–1856." In *Patterns of Contention in Mexican History*, edited by Jaime E. Rodríguez O., 194–201. Wilmington: Scholarly Resources, 1992.

Tepaske, John Jay. "The Financial Disintegration of the Royal Government of Mexico during the Epoch of Independence." In *The Independence of Mexico and the Creation of the New Nation*, edited by Jaime E. Rodríguez O., 63–83. Los Angeles: University of California, Los Angeles, Latin American Center, 1989.

Tepaske, John Jay, and Herbert S. Klein. *Ingresos y egresos de la Real Hacienda de Nueva España*. 2 vols. Mexico: Instituto Nacional de Antropología e Historia, 1986.

Thompson, Waddy. *Recollections of Mexico*. New York and London: Wiley and Putnam, 1846.

Thomson, Guy P. C. *Puebla de los Angeles: Industry and Society in a Mexican City, 1700–1850*. Boulder: Westview Press, 1989.

Timmons, Wilbert H. "Los Guadalupes: A Secret Society in the Mexican Revolution for Independence." *Hispanic American Historical Review* 30, no. 4 (November 1950): 453–479.

Torre, Ernesto de la, ed. *Los Guadalupes y la Independencia*. 2d ed. Mexico: Editorial Porrúa, 1985.

Tutino, John. *De la insurreción a la revolución en México: Las bases sociales de la violencia agraria, 1750–1940*. Translated by Julio Colón. Mexico: Ediciones Era, 1990.

———. *From Insurrection to Revolution in Mexico: Social Bases of Agrarian Violence, 1750–1940*. Princeton: Princeton University Press, 1940.

Uribe Vargas, Diego. *Las Constituciones de Colombia (historia crítica y textos)*. Madrid: Ediciones Cultura Hispánica, 1977.

Valadés, José C. *Alamán, estadista e historiador*. Mexico: Antigua Librería Robredo, J. Porrúa e hijos, 1938.

Van Young, Eric. *La crisis del orden colonial: Estructura agraria y rebeliones populares de la Nueva España, 1750–1821*. Mexico: Alianza Editorial, 1992.

———. "Millenium on the Northern Marches: The Mad Messiah of Durango and Popular Rebellion in Mexico, 1800–1815." *Comparative Studies in Society and History* 28, no. 3 (1986): 385–413.

———. "The Other Rebellion: Popular Violence and Ideology in Mexico, 1810–1817." Paper presented at Rutgers University, 1988.

———. "Quetzalcóatl, King Ferdinand, and Ignacio Allende Go to the Seashore; or Messianism and Mystical Kingship in Mexico, 1800–1821." In *The Independence of Mexico and the Creation of the New Nation*, edited by Jaime E. Rodríguez O., 109–127. Los Angeles: University of California, Los Angeles, Latin American Center, 1989.

———. "Recent Anglophone Scholarship on Mexico and Central America in the Age of Revolution (1750–1850)." *Hispanic American Historical Review* 65, no. 4 (November 1985): 725–743.

———. "Who Was That Masked Man Anyway: Symbols and Popular Ideology in the Mexican Wars of Independence." *Proceedings of the Rocky Mountain Council on Latin American Studies* 1 (1984): 18–36.

Van Young, Eric, ed. *Mexico's Regions: Comparative History and Development*. La Jolla: University of California, San Diego, Center for U.S.–Mexican Studies, 1992.

Varela Marcos, Jesús. "Los prolegómenos de la visita de José de Gálvez a la Nueva España (1766). Don Francisco de Armona y la instrucción secreta del marqués de Esquilache." *Revista de Indias* 46, no. 178 (July-December 1986): 453–470.
Vázquez, Josefina Zoraida. "Iglesia, ejército y centralismo." *Historia Mexicana* 29, no. 1 (July-September 1989): 205–234.
———. "Los pronunciamientos de 1832: Aspirantismo político e ideología." In *Patterns of Contention in Mexican History*, edited by Jaime E. Rodríguez O., 163–186. Wilmington: Scholarly Resources, 1992.
Vázquez, Josefina Zoraida, ed. *Planes de la nación mexicana*. Vol. 2. Mexico: Senado de la República, El Colegio de México, 1987.
Velázquez, Primo F. *Historia de San Luis Potosí*. Vol. 2. Mexico: Sociedad Mexicana de Geografía y Estadística, 1947.
Villavicencio, Pablo. *El Quitasol*. Mexico: Imprenta del Ciudadano Alejandro Valdés, 1824.
Villoro, Luis. *El proceso ideológico de la revolución de independencia*. 3d ed. Mexico: Universidad Nacional Autónoma de México, Coordinación de Humanidades, 1981.
Viva el Rey, por la constitución. Veracruz: Oficina de Priani y Compañía, 1820.
Voss, Stuart F. *On the Periphery of Nineteenth-Century Mexico: Sonora and Sinaloa, 1810–1877*. Tucson: University of Arizona Press, 1982.
Warwick, Paul. "A Reevaluation of Alternate Methodologies in Legislative Voting Analysis." *Social Science Research* 4, no. 3 (September 1975): 241–267.
Weckman, Luis. *El pensamiento político medieval y las bases para un nuevo derecho internacional*. Mexico: Universidad Nacional Autónoma de México, 1950.
Whitaker, Arthur P. "The Pseudo-Aranda Memoir of 1783." *Hispanic American Historical Review* 17, no. 3 (August 1937): 278–313.
Wilson, Bryan R. *Religion in Secular Society. A Sociological Comment*. London: Watts, 1966.
Wright, Almond R. "The Aranda Memorial: Genuine or Forged?" *Hispanic American Historical Review* 18, no. 4 (November 1938): 445–460.
Ynsfran, Pablo M. *Catálogo de los manuscritos del Archivo de Don Valentín Gómez Farías*. Mexico: Editorial Jus, 1968.
Zavala, Iris M. *Masones, comuneros y carbonarios*. Madrid: Siglo XXI de España Editories, 1971.
Zavala, Lorenzo de. *Ensayo histórico de las revoluciones de Mégico, desde 1808 hasta 1830*. 2 vols. Paris: Imprenta de P. Dupont et G. Laguione, 1831.
———. *Ensayo histórico de las revoluciones de México desde 1808 hasta 1830*. 2 vols. Mexico: Oficina Impresora de Hacienda, 1918.
———. *Obras*. Mexico: Editorial Porrúa, 1969.
Zozaya Bermúdez, José. *Oración cívica pronunciada en la Alameda el 27 de octubre de 1841*. Mexico: Oficina de Ignacio Cumplido, 1841.

Index

Abad y Queipo, Manuel, 25, 223
Abalos, José de, 111
Absolutism, 5, 23, 100
Acta Constitutiva. *See* Constitutive Act
Act of Teloloapan, 237
Adalid, María Josefa, 279
Adalid y Gómez, Ignacio: arrest of, 92; as autonomist, 75, 100; background of, 74–75; election to *ayuntamiento*, 88; election to *cortes*, 91; as a Guadalupe, 77; income of, 84–85; insurgency and, 77–86; loyalties of, 93–94; political posture of, 14, 74, 86–87, 93, 273–274, 288; suspicions about, 90–93
Adalid y Gómez, Manuel, 79, 91
Aguilar y Bustamante, José María, 83, 84, 92
Aguirre, José María, 232
Aguirrevengoa, Ignacio, 122
Alamán, Lucas: attack on, 186; autonomy and, 112; class solidarity and, 256; on Constituent Congress, 1823–1824, 197; failure of platforms, 299–300; on federalism, 179, 276; as *hombre de bien*, 247, 257; on Iturbide, 124; mentioned, 120, 190, 279; on nation building, 262; obedience to Viceroyalty, 211; on President Victoria, 6; on qualifications for political office, 248; resigns from cabinet, 191; role of single executive and, 193; on transitional government, 129
Alcalá, José María 87
Amati, Bernardino 112
Anna, Timothy E., 163
Arce, Francisco de, 78
Archer, Christon I.: essay of, 261–280; mentioned, 16, 107

Areche, Juan Antonio de, 264–266
Arechederreta, Juan Bautista, 228, 230
Arenas, Joaquín, 8, 237, 239, 240
Arista, Mariano, 288
Armijo, Gabriel, 189
Armona, Francisco de, 38
Armonia, Matías de, 38
Army: autonomy and, 121; budgetary constraints of, 30; conflict with municipal authority, 60–61; conflict with state militias, 10, 295; discontent of American commanders, 125; emancipation and, 98; mentioned, 12, 27, 28; reduction of, 11; restoration of Constitution of 1812 and, 106
Army of the Three Guarantees, 122, 125, 130
Arriaga, Julián de, 39, 269
Arrillaga, Basilio, 228, 232
Arrillaga, Francisco, 191, 194
Audiencia of Mexico, 64, 113, 121, 122
Autonomy: Canadian model, 5; in colonial New Spain, 24, 25; Constitution of 1812 and, 107; early eighteenth-century *americanos* and, 263; Guadalupes and, 77; in the provinces, 209, 218; pursuit of, 2–4, 5, 14, 95, 98–132, 267, 271, 283, 291; and Spanish *cortes*, 4, 178
Ayuntamiento: administration of, 24; autonomy and, 107, 110; election to, 88, 104–105; establishment of, 4, 87, 101–102; freedom of the press and, 126; importance of, 100, 289; membership of, 87; mentioned, 288; renovation of, 89; Treaty of Córdoba and, 128–129
Ayuntamiento of Mexico City, 3, 72, 181
Ayuntamiento of Puebla, 107, 126

Ayuntamiento of Valladolid, 109, 112
Azcárate, Juan Francisco de, 97, 119, 122

Barajas, Pedro, 230
Barbabosa, Mariano, 188
Barga, Alonso de, 30
Barradas, Isidrio, 237
Barradas, José, 86
Barri, Felipe, 38
Basco y Vargas, Alonso, 264
Bases Orgánicas, 12, 298
Bases de Tacubaya, 12
Bataller, Miguel, 94, 121, 122, 274
Becerra, José Luciano, 228, 230
Bennett, Spencer, 180
Benson, Nettie Lee, 211
Berriel, José María, 228
Beye de Cisneros, José, 111
Blanco White, José María, 165
Bocanegra, José María, 168, 179, 186, 262
Bonaparte, Napoleon. *See* Napoleon I
Bourbon reforms: impact on colonial Mexico, 2, 14, 58, 263, 266–267, 282, 286, 287, 289, 296; implementation of, 284; mentioned, 262, 264; reasons for, 265
Bowers, David, 180
Bravo, Leonardo, 78
Bravo, Nicolás: as centralist, 185; concept of single executive and, 195; as general, 189; Independence movement and, 126; mentioned, 8, 296, 297; rivalry with Victoria, 194; Supreme Executive Power and, 188, 191, 192
Bucareli, Antonio María de, 29, 46–48, 50–51, 53, 55, 268
Bustamante, Anastasio: arrest of, 190; as chief executive, 10, 12; financial base of Church and, 226; freedom of the press and, 193; Independence movement and, 125; mentioned, 188, 189; on presidency, 193; resignation of, 297; support for Iturbide, 121; as vice president, 10
Bustamante, Carlos María de: as centralist, 200; on congress, 177; on Constitution of 1812, 103, 106; on deputies of Constituent Congress, 1823–1824, 198; on history of Independence, 123; as *hombre de bien*, 253; insurgency and, 88; mentioned, 130, 227; on Mier, 163; on nation building, 262; on Plan de Iguala, 119; on Ramos Arizpe, 198
Bustamante, Javier, 172

Bustamante, José Antonio de, 84

Cabildo, 60, 64–65, 69
Calderón de la Barca, Fanny, 249
Calleja, Félix María, 88, 91, 99, 262, 272, 279
Calvillo, Manuel, 164, 172
Campeche: Cabildo of, 60–61, 63, 66–67, 267, 287; conflict with royal military, 60–61, 63; economy of, 59; independence from Yucatán, 67; municipal privileges and, 60–63; as political entity, 57; rivalry with Mérida, 57–59, 70, 267, 286–287, 290
Cano y Moctezuma, Dionisio, 87
Canseco, José Juan, 226, 231
Capitulados, 197
Cárdenas, Pedro Dionisio de, 87
Cardona, Antonio María, 83
Carlos III, 60, 111, 282
Carlos IV, 111
Carrera, Francisco, 231
Casáres, Joaquín, 181
Castellanos, Marcos, 269
Castilla, Luis de, 240
Castillejo, Clemente, 228
Castillo, Demetrio, 184, 228
Castillo Luna, Bals del, 128
Castro Gutiérrez, Felipe: essay of, 21–33; mentioned, 13, 70, 263, 279, 282–284
Catholic Church: autonomy and, 121; criticism of, 266; declining influence of, 254, 257; as economic power, 226, 230, 232; education and, 234; as affected by Independence, 225, 298; maintaining order and, 31; monarchy and, 22–23; politics and, 16, 26, 223–241, 261, 278, 298; property of, 11, 16, 247; relationship to Crown, 244; relationship to state, 8, 24, 193, 234–236, 241; restoration of Constitution of 1812 and, 107
Cavaleri, Miguel, 122
Celis, Diego Rubín de, 79,
Centralism: Bourbons and, 4; economics and, 292; mentioned, 185, 262, 293; opposition to, 11, 277; *El Plan de Constitución de la Nación Mexicana* and, 171–172; support for, 200; termination of, 12; versus federalism, 10, 15, 194;
Chamber of Deputies, 185, 187, 233
Charles III. *See* Carlos III
Church. *See* Catholic Church
Cisneros, Pascual, 267

Citizenship, 9–10
Ciudad de México. *See* Mexico City
Coahuila, 190, 220
Coahuila y Téjas, 172, 219, 229
Cobián, José María, 79, 90
Cobián, Manuel, 90
Committee on the Constitution, 201
Concha, Manuel de la, 274
Congreso constituyente de 1822: *See* Constituent Congress of 1822
Conservatives, 9, 11–12
Consolidation of Vales Reales, 226
Constitución de Cádiz: *See* Constitution of 1812
Constitución del Imperio: *See* Imperial Constitution
Constituent Congress of 1822, 161–162, 169, 213
Constituent Congress of 1823–1824: conflicts of, 15, 180–190, 197–201, 206–207, 295, 297 deputies to, 162, 201, 239; federalism and, 276; objective of, 197; public tranquility and, 213–214; voting record of, 180, 183, 186–188, 190–191, 195–196, 199–202, 203–206
Constituent Congress of 1842, 230, 231
Constituent Congress of 1856–1857, 179, 195
Constituent Congress of 1916–1917, 179, 195
Constitutional *ayuntamiento*. *See* Ayuntamiento
Constitution of 1787, 9, 12
Constitution of 1812: autonomy and, 115–116; challenged by Mier, 164; drafting of, 120, 167, 198; division of power, 163, 295, 296; division of territory, 294; implementation of, 88, 118, 273; mentioned, 98, 217; as a model, 6; reorganization of Spanish Empire and, 4, 86–87; restoration of, 5, 100–110, 120, 274
Constitution of 1824: abolition of, 233; creation of provincial deputations, 294; division of power, 15, 220–222; drafting of, 6, 177, 198, 239; on election of clergy to office, 229; federalism and, 201, 276; on issue of single executive, 194; mentioned, 186, 200; origin of Mexican States, 209; publication of, 195; representation and, 244, 295; restoration of, 12; significance of, 202; states' rights and, 218–220

Constitution of 1836, 253
Constitution of 1857, 237, 240
Constitution of the Spanish Monarchy. *See* Constitution of 1812
Constitutive Act: creation of federal republic and, 179; drafting of, 177, 191, 198, 214; executive power and, 185, 193, 296; mentioned, 186, 200; reform of, 189; states' rights and, 214–218
Corbalán, Pedro: intendancy system and, 14, 40–55, 268, 285–286; relationship to Gálvez, 14, 40–41, 43, 45, 50–51, 54, 286
Corral, Lázaro del, 238
Corregimiento, 62, 65
Cortázar, Luis, 121, 125
Cortázar, Manuel, 77, 80, 82, 85, 88, 90–92
Cortes, Mexican, 127, 129, 178, 187, 197–198, 201
Cortes, Spanish: abolition of, 4; American representation in, 164–165, 210; autonomy and, 4, 113; creation of, 210, 288; delegates to, 32, 88, 89, 94, 105, 187, 273; formation of provincial deputations and, 114–115; impact on New Spain, 3–4; Independence movement and, 196; mentioned, 110, 112, 119, 198, 201; suffrage and, 178
Costeloe, Michael P.: essay of, 243–257; mentioned, 16, 263, 278–280, 299
Council of the Indies, 66–67
Council of Regency, 5, 130
Couto, José Bernardo, 290
Couto, José María, 113
Covarrubias, José María, 181, 197
Crespo, Francisco Antonio, 50
Cristo y Conde, José Antonio, 89
Croix, Teodoro de: on injustices in New Spain, 26; intendancy system and, 37–40, 42, 46–47, 51–52, 55; mentioned, 45, 285; political reform of, 36–37, 43; support for Corbalán, 53; support for Gálvez, 25; uprising in Papantla and, 30
Crown: *See* Spanish Crown
Cruz, José de la, 114, 121, 261, 262, 274

Dávila, José, 165
Díaz, Porfirio, 13, 132, 279
Diez de Sollano, José María de Jesús, 236
Domínguez, José Agustín, 228
Domínguez, Miguel, 191
Duchacek, Ivo D., 177
Durán, Gabriel, 238

Echeagaray, Francisco de, 51
Echeveste, Juan José de, 48,
Economy: 6–7, 9–10, 17, 41, 45, 47
Elections: of 1812–1813, 87–88; of 1828, 8; of 1833, 10; of 1835, 11; eligibility to vote, 7; law of 1824, 187; participation in, 4–5, 86–90, 98, 289; won by clergy, 228
Elite: autonomy and, 98–101, 115, 274; as centralists, 200; cooperation with Crown, 58; as deputies to Constituent Congress, 1823–1824, 198, 201; federalism and, 211; financial support of, 7; influence of, 70, 100–101, 180, 296; mentioned, 98, 110; in Mexican *cortes*, 197; political activity of, 4–6, 14, 57–58, 69; relationship to Indians, 65; taxation and, 70; Three Estates and, 224
Elizondo, Domingo, 41, 43
England, 9, 111, 164, 174
Escoceses, 7, 8
Esparza, Mariano, 228
Espinosa, José Ignacio, 93–94, 200
Espinosa, Pedro José, 81
Espinosa y Dávalos, Pedro, 230
Espinosa de los Monteros, Juan José, 119, 121–122
Estados Unidos: *See* United States
Esteva, José Ignacio, 194
Executive branch: authority over, 169, 172; conflict with legislature, 9, 15, 131–132; election to, 170; establishment of, 292; mentioned, 228; power of, 7, 12, 162, 167, 183–184, 186, 194, 200, 240, 295; and proposal for a single executive, 191–195

Fagoaga, Francisco, 112
Fagoaga, José Juan de, 75
Fagoaga, José María, 77, 89, 98, 100, 122
Fajardo, Josefa, 82, 92
Federalism: adoption of, 279–280; balance of power and, 214–218; Constituent Congress, 1823–1824 and, 276; Constitution of 1824 and, 220–222; Constitutive Act and, 191; development in provinces, 212–214; elite and, 211; "father of," 187; formation of Mexican republic and, 172–176; opposition to, 199–201; origins of, 6, 177–178, 289; preserving national unity, 178, 262, 277; proposal for a single executive and, 194; restoration of, 12–13; support for, 15, 185, 192, 194, 199, 200, 294; versus centralism, 15, 194
Fernández de Lizardi, José Joaquín, 97
Fernando VII: abolishes *cortes*, 4; as absolute monarch, 111; allegiance to, 94, 237; captive of Napoleon, 271; mentioned, 113, 120, 121, 127, 197; and taxation, 274
Fifth National Constitutional Congress, 228
First Centralist Constitutional Congress, 5, 228, 229, 232
First Federal Republic: division of power, 6,7; formation of, 64, 172–176, 179; framework for, 177, 271; *Plan de la Constitución de la Nación Mexicana* and, 169; support of Mier, 161–176
Flon, Antonio, 121
Fonte, Pedro José de, 120, 124–125
France, 9, 164, 186, 252, 269
Freedom of the press, 4, 86, 88
French Revolution, 1, 3, 252, 269, 281
Fuero, 11, 63
Furlong, Joaquín, 123
Furlong, Patricio, 123

Gálvez, José de: death of, 268; mentioned, 45, 301; military and, 28, 30–31, 54; plans for political reform, 13, 21–28, 32–33, 35–40, 43–44, 49, 54, 263, 267–268, 282–284, 289; as secretary of the Indies, 51–52; successes of failures of, 29–30, 55; relation to Corbalán, 14, 40–41, 43, 45, 50, 51, 54, 286
Gálvez, Lucas de, 64, 66, 67
García, Carlos, 127
García, Francisco, 184, 201
García, Lombardo, 172
García, María Ignacia, 80, 82, 91
García Cantarines, Francisco, 228
García Yllueca, José Ignacio, 227
Godechot, Jacques, 1
Godoy, José Ignacio, 184
Godoy, Manuel, 111
Gómez Farías, Valentín: author's anti-Spanish proposals, 197; as confederalist, 201; as *hombre de bien*, 247, 299; on location of capital city, 180; as member of public tranquility committee, 184; on morality, 255; opposes *Plan de la Constitución de la Nación Mexicana*, 172; on powers of presidency, 184; reform measures of, 238; resignation of, 11; restraint of ecclesiastical privileges, 225, 227; as vice-president, 11, 298

Gómez de Navarrete, Juan, 117, 119, 121
Gómez Pedraza, Manuel, 8, 9, 10, 117, 119, 121
Gómez de Pedroso, María Concepción, 75
Gómez de Portugal, Juan Cayetano, 201, 228, 232, 294
Gortari Rabiela, Hira de: essay of, 209–222; mentioned, 15, 277, 279, 291, 293–295
Grimarest, Enrique, 62
Guadalajara, 190, 213, 236, 267
Guadalupes: cessation of society, 95; as delegates to *cortes*, 88; as delegates to provincial deputation, 89; electoral process and, 87–90; elite and, 98; formation of, 5, 75, 288; insurgent activities of, 76–90; membership in, 76; political power of, 14, 95–96; suspicions about, 91–93
Guanajuato, 27–28, 30–31, 108, 118, 218, 263
Guedea Rincón Gallardo, Virginia: essay of, 71–96; mentioned, 14, 98, 273, 277, 279, 288
Güera Rodríguez, la. *See* María Ignacia Rodríguez de Velasco
Guerra, Benito José, 94
Guerrero, Vicente: discrimination against, 248; as insurgent leader, 119, 276; member of Supreme Executive Power, 190, 191, 195; mentioned, 255; Plan of Iguala and, 124; presidency of, 8, 10
Guridi y Alcocer, José Miguel, 98, 122, 128
Gutiérrez del Coral, Luis, 231

Hale, Charles, 251
Haro y Tamariz, Antonio, 236
Hernández, Francisco, 237
Herrera, José Joaquín de, 125, 189, 191, 288, 297
Herrera, José Manuel de, 123
Herrera, Luis, 228
Hervey, Lionel, 196
Hidalgo, Miguel, 5, 73, 243, 262, 269, 271, 277, 298
Hobsbawm, Eric, 1
Hombres de bien: concerns of, 257; definition of, 246–249, 283, 299; failures of, 16, 257; life-style of, 249–251, 278–279;
politics and, 16, 251–256, 290, 300–301
Home rule. *See* autonomy
Horbegoso, Juan de, 121

Ibarra, Cayetano, 184
Indalecio Bernal, Ubaldo, 84
Independence: Bourbon reforms and, 58; crisis of 1808 and, 3; events leading to, 5, 289; impact of, 225, 234, 237, 244, 246, 271, 289; mentioned, 7, 9, 14, 98, 224, 233, 256; support for, 71, 231
Indians: freedom of, 103, 290; jurisdiction over in Yucatán, 60, 62, 287; labor of, 65, 68–69, 265; mentioned, 233, 264, 276; relationship to elite, 65
Inglaterra: *See* England
Inquisition: 4, 235
Irrisarri y Peralta, Juan Manuel, 232, 298
Iturbide, Agustín de: abdication of, 6, 168; Constitution of 1812 and, 292; execution of, 190; executive power and, 6; fear of, 15, 162, 188; Independence movement and, 15, 73, 95, 98, 116–132, 166, 196, 289; mentioned, 167, 194, 213, 239, 255, 262, 274; military and, 122, 289; named emperor, 178; opposition to, 170; Plan of Iguala and, 5, 119–124, 275; Plan of La Profesa and, 290–291; as president of Council of Regency, 130; supporters of, 168, 185, 188, 189, 197, 199; transitional government and, 129–131; Treaty of Córdoba and, 291
Iturrigaray, José de, 72, 120, 271

Jalisco: control of national government in, 189; federalism and, 294; position on clergy holding political office, 229; proposal for single executive and, 193; resistance to legislation of Reforma, 278; states' rights in, 178, 213, 217–220
Jiménez, José María, 168
Jovellanos, Gaspar Melchor de, 253
Juárez, Benito, 13, 132, 249, 279, 299
Judicial branch, 167, 169–172, 183, 191, 292
Junta, 95, 111, 122–123, 127, 129–130, 288
Junta Nacional Instituyente, 162, 168
Junta of Notables of 1843, 230
Junta of Provinces, 178
Junta de Real Hacienda, 47
Junta Suprema Central, 3

Kizca, John, 246
Klein, Herbert, 282
Knapp, Frank, 248

Ladrón de Guevara, J. Joaquín, 226, 231

Legislature: authority over, 169; conflict with executive branch, 9, 15, 131–132; duties of, 172; election to, 169–170, 172, 188, 214; establishment of, 292–293; power of, 6, 7, 170, 217, 220–221, 294–295; representation in, 173–174
Legitimacy, 9, 10, 30
Liberalism, 13
Liberals, 5, 9, 12, 13, 33, 87
Lira González, Andrés, essay of, 161–176; mentioned, 15, 275, 277, 279, 291–293
Llanos de Apan, 77–78, 80, 82, 83–85
Llave, Pablo de la, 184, 227
Llorente, Carlos María, 90, 91
Lobato, José María, 180, 191
Lobo, Juan Bautista, 122
Lombardo, Francisco María, 168, 188, 201, 300
Lope, Francisco, 80
Lope de Vergara, Félix, 77, 79, 80, 85, 88, 90, 91
López, Juan, 238
López Matoso, Antonio Ignacio, 94
López de Santa Anna, Antonio: centralism and, 11; financial base of Church of, 226; Independence movement and, 125; mentioned, 191, 228, 245, 256; as political figure, 255–256; presidency of, 11, 12; support for, 238
Luaces, Domingo, 121

Macune, Charles, 182
Mandimiento, 69
Manilla, Diego, 80–81, 84
Marín, José Mariano, 168
Márquez, Victor, 184, 197
Matamoros, Mariano, 81, 82
Mayerza, Juan de Dios, 168
Mendivil, José María, 183
Mérida: Cabildo of, 69; municipal privileges of, 60–63; rivalry with Campeche, 57–59, 70, 267, 286–287, 290
Merino y Ceballos, José de, 61–64, 66
Mexican-American War, 235
Mexican Empire, 2, 5, 127, 233
Mexican republic. *See* First Federal Republic
Mexico, state of, 181, 183, 218, 228, 239
Mexico City: 72, 98, 116, 175, 181, 247, 295
Michelena, José Mariano, as autonomist, 100, 109, 113–115; desire for power, 296;

mentioned, 290; proposal of, 111–112, 127; resigns from Supreme Executive Power, 191–192
Michoacán, 27, 108, 183, 218
Mier y Teran, Manuel, 190
Mier y Noriega, Servando Teresa de: on American rights, 2, 164–165; arrest of, 163; as centralist, 193, 200; as delegate to congress, 161–176, 277; on division of power, 166–167; favors national Church, 235; formation of Mexican republic and, 15, 173–176, 291–293; *Plan de la Constitución de la Nación Mexicana* and, 170, 172; proposal of single executive and, 193, 296; works of, 164–165
Military. *See* army
Moctezuma, Francisco, 189, 297
Montaño, Eugenio María, 77–80, 81, 84
Montaño, José Miguel, 83, 90
Monteagudo, Matías, 119, 121, 122, 129
Mora, José María Luis: defines *hombre de bien*, 247; ecclesiastical privileges and, 225, 233–234; on elections to political office, 248 mentioned, 249, 293; on nation building, 262; and religious tolerance, 235; views on citizenship, 9
Morales, Luis, 228
Morelos, José María: execution of, 5; as insurgent leader, 5, 75, 77–78, 80–82, 84, 88, 271, 277; mentioned, 88, 89
Moreno y Barrios, Ignacio, 88
Moreno y Jove, Manuel, 231
Morillo, Pablo, 114
Morse, Richard, 178
Munguía, Clemente de Jesús, 226, 237

Napoleon I, 3, 71, 174, 271, 287
National Legislative Assembly, 232
Navarro García, Luis, 47
Negrete, Pedro Celestino, 119, 121, 126, 189, 191, 226, 262, 273, 297
Neve, Felipe de, 52
Novella, Francisco, 126–129, 291

Oaxaca, 78, 88, 178, 187, 228
Odoardo, José Hipólito, 106, 107
O'Donojú, Juan: as captain-general and political chief of New Spain, 114–115, 274; death of, 131; Independence movement and, 127; mentioned, 289, 290; serves on Council of Regency, 130; transitional government and, 129–131; Treaty of Córdoba and, 291

O'Gorman, Edmundo, 161, 164, 175, 177, 209
Oller, José María, 231
O'Neil, Arturo, 67, 69
Ordóñez, Felipe, 29
Ortíz, Eugenio Antonio, 228
Ortiz, Jesús, 226, 232
Osés, Ramón, 122
Osorio, José, 82, 91, 92
Osorno, José Francisco, 78, 79, 82–85, 88, 91

Palmer, Robert R., 1
Paredes, Pedro, 197
Paredes y Arrillaga, Mariano, 256
Parnell, Charles, 276
Pastor Morales, Juan José, 122
Patch, Robert W.: essay of, 57–70; mentioned, 14, 267, 279, 286, 290
Paul, Fermín, 112
Payno, Manuel, 288
Paz, José Agustín, 188, 201
Pérez, Antonio Joaquín, 119, 121, 124–125
Pérez, Benito, 69
Pérez Martínez, Antonio, 227
Pezuela, Joaquín de la, 114
Piedra, Epigmenio de la, 239
Piedras, Francisco de las, 86
Pineda, Juan Claudio de, 42, 43
Piña y Mazo, Luis, 67
Piñeyro, Juan de, 61
Plan of Casa Mata, 178, 212, 277, 294
Plan de la Constitución de la Nación Mexicana: centralism and, 171–172; distribution of power and, 169–170; drafting of, 168, 292; formation of Mexican republic and, 174; on judicial matters, 171; on legislature, 173, 192; opposition to, 172
Plan of Cuernavaca, 239
Plan of Iguala, autonomy and, 5; comparison to Michelena proposal, 127; contents of, 121–122; formation of, 119–121; implementation of, 124–127; monarchy and, 162; publication of, 123, 125; ratification of, 122–123, 127; supporters of, 123–126
Plan of Jalisco, 189
Plan of San Luis Potosí, 213, 277
Plan of Veracruz, 237
Political institutions: alteration of, 283; analysis of, 14; development of intendancy system, 45–55, 64, 69; importance of, 289

Political parties, 253, 279
Political patronage, 245, 264
Political system, 5, 22, 24, 102, 177, 178
Pomposo Fernández de San Salvador, Agustín, 93
Posada y Garduño, Manuel, 232
Property qualifications, 12, 247
Provincial deputation: autonomy and, 107; creation of, 4, 6, 87, 108–109, 125–126, 178, 210, 212, 294; election of delegates to, 89, 102, 105, 127, 273; freedom of the press and, 126; importance of, 100, 189; restoration of, 102; states' rights and, 6, 15, 213; Treaty of Córdoba and, 128–129
Presidency. *See* Executive branch
Prudencio López, Agustín, 90
Puebla, 123, 126, 182, 183, 218, 267, 275, 289

Querétaro, 181, 183, 218, 229
Quinlan, David: essay of, 177–207; mentioned, 15, 276, 279, 291, 293, 295–297
Quintanar, Luis, 121, 126, 188, 190

Rafols, Juan, 275–276
Ramírez, José Fernando, 288, 298
Ramírez, José Miguel, 197
Ramos Arizpe, Miguel: anti-Spanish proposals and, 197; as autonomist, 100, 109, 113–115, 210; as federalist, 172–173, 187, 197–198, 200, 293–294; mentioned, 112, 182, 192, 290; on presidency, 183–184, 193; as rival of Mier, 174; serves in congress, 226–227; on states' rights, 219;
Raz y Guzmán, Juan Bautista, 98
Real Hacienda: intendancy system of, 14, 38–40, 42–55; mentioned, 27, 32
Reforma, 16, 262, 278, 280
Rejón, Manuel C., 183
Repartimiento, 59, 60, 65, 68–69
Reyes Heroles, Jesús, 202, 276
Riker, William H., 179
Río, Ignacio del: essay of, 35–55; mentioned, 14, 267, 279, 285–286
Rocafuerte, Vicente, 103
Rodríguez, Domingo, 231
Rodríguez O., Jaime E.: essay of, 1–17, 97–132; mentioned, 165, 273–275, 279, 281, 289–291, 296, 299
Rodríguez de Campomanes, Pedro, 284
Rodríguez de Velasco, María Ignacia, 116, 120

Rosa, Pedro de la, 123
Ruiz de Apodaca, Juan, 101, 110–111, 114, 121, 123, 126, 290–291
Ruiz Cabañas, Juan, 121

Sáenz de Enciso, Manuel, 83, 92
Sánchez de Tagle, Francisco Manuel, 88, 94, 98, 105–106, 122, 130
San Luis Potosí, 27–28, 31, 218, 238, 263
Sannroman, Juan Nepomuceno, 272–273
Santa Anna, Antonio López de. *See* López de Santa Anna, Antonio
Santaella, José María, 231
Sastre, Mateo, 45, 48–50
Savido de Vargas, José, 64, 66–67
Seguín, Erasmo, 191
Serrano, Miguel, 78, 82
Seven Laws, 12, 230, 233
Seven Years' War, 2, 282
Sinkin, Richard, 102, 198, 295
Sinaloa and Sonora: intendancy system of, 14, 38–40, 42–55; as source of income to Viceroyalty, 285
Sixth National Constitutional Congress, 228
Smith, Peter, 295
Sonora. *See* Sinaloa and Sonora
Sovereign Provisional Governing Junta, 5
Spanish Crown: abdication of, 71, 178; colonial elites and, 58; economy of, 3, 36, 285, 299; intendancy system and, 286–287; mentioned, 43, 224; relationship to Church, 244; relationship to New Spaniards, 2, 22, 25, 67, 288, 290; struggle for power, 65, 126
Spanish Empire, 2, 178, 179
Special Powers Law, 184–185, 296
Staples, Anne: essay of, 223–241; mentioned, 16, 277, 278, 280, 298–299
Stevens, Donald, 245
Suarez Pereda, Rafael, 122
Suprema Junta Nacional Americana, 75
Supreme American National Congress, 90, 98
Supreme Conservative Power, 12, 253
Supreme Executive Power, 190, 191, 193–194
Supremo Congreso Nacional Americano. *See* Supreme American National Congress
Supremo Tribunal General, 166, 170, 171

Taxation: authority to tax, 7, 9; increase in, 12, 263, 283–284, 286; mentioned, 27, 32, 270; military budgets and, 274; resistance to, 271
Tenenbaum, Barbara, essay of, 281–301; mentioned, 16
Te Paske, John, 282
Texas, 11, 190–191, 257
Thompson, Waddy, 249
Tienda de Cuervo, José, 41
Tornel, José María, 249
Torres, Rafael, 237
Tratados de Córdoba. *See* Treaty of Córdoba
Treaty of Córdoba, 97, 127–129, 131, 162, 291
Troncoso, Juan N., 109
Tueros, Pedro, 49

United States: Articles of Confederation of, 217; independence of, 1, 110; invasion of Mexico, 12; mentioned, 111, 173, 174, 179, 294; political conflict and, 9

Valencia, Gabriel, 251;
Valentín y Tamayo, Miguel, 232–233
Valera, Juan Antonio, 40
Valladolid, 60, 65, 263, 267
Valle, José del, 168
Van Young, Eric, 244
Vargas, Tomás, 180, 200
Vargas Machuca, Juan, 79–80, 81, 83–84
Vasconcelos, Nicolás, 231
Vélez, Santos, 180, 184, 197
Venegas, Francisco Javier de, 84, 88
Ventura Beleña, Eusebio: intendancy system and, 38–42, 44–46, 55; judged by Gálvez, 54
Veracruz, 14, 27, 35, 54, 58, 218, 267
Verdía, José Luis, 232
Vicario, Leona, 92
Victoria, Guadalupe: administration of, 182–183; as captain general of Veracruz, 191; federalization of Mexico City and, 295; Independence movement and, 126 presidency of, 6–9 on triumvirate versus single executive, 195
Villanueva, Epigmenio, 230
Villasusana, Ana de, 82
Villaurrutia, Jacobo, 100
Villavicencio, Pablo, 186
Viña, Agustín de la, 275
Vizcarra, Mariano, 233

War of Reform, 225, 233–234, 240
Wenceslao de la Barquera, Juan María, 172

Yañez, Isidro, 122
Yorkinos, 7, 8, 10
Yturralde, Juan Pedro de, 68
Yucatán: Campeche's independence from, 67; economy of, 59; on federalization of Mexico City, 182; inclusion in Mexican republic, 64; mentioned, 183; political instability and, 57–70, 267; power structure and, 14, 70

Zacatecas, 11, 178
Zavala, Lorenzo de, 112, 168, 172, 181, 193, 196, 201, 252, 262
Zozaya Bermúdez, José Manuel, 77, 93, 94, 119, 121

About the Book

For a century beginning in the 1750s, Europe and the Americas underwent a series of profound political, economic, and social changes, ushering in the modern era. This book examines the experience of Mexico during that "age of democratic revolutions."

Among the specific issues examined in the book are the policies of José de Gálvez, political transformations in colonial Sonora and Yucatan, elite politics during the movement for independence and the socioeconomic status of early national politicians, the transition from colonial to independent state, the Constitution of 1824, and the roles of the clergy and the regions in early national politics. Five out of the thirteen chapters are in Spanish. The authors offer a broadly based picture of the newly independent Mexico, plagued by economic stagnation, sectarian politics, regionalism, and foreign threats, but ultimately successful, after several decades, in consolidating its power.